Irving Stone
Vincent van Gogh

IRVING STONE

VINCENT VAN GOGH

Ein Leben in Leidenschaft
Roman

HERBIG

Titel der amerikanischen Originalausgabe:
LUST FOR LIVE (A Novel of Vincent van Gogh)
Deutsche Übersetzung von Mildred Harnack-Fish

© Doubleday & Company, Inc.
Alle Rechte der deutschen Ausgabe beim Universitas
Verlag, Berlin
Lizenzausgabe für den F. A. Herbig Verlag, München
Umschlagentwurf: Christl Aumann
Herstellung: Mohndruck Reinhard Mohn OHG, Gütersloh
Printed in Germany 1977
ISBN 3-7766-0798-X

LONDON

Theodorus van Gogh holte seinen Sohn Vincent, der eben von London kam, mit Pferd und Wagen vom Bahnhof in Breda ab. Er erschien in seinem feierlichen, schwarzen Pfarrrock, der tiefausgeschnittenen Weste über dem sorgfältig gestärkten weißen Hemd und einer riesigen schwarzen Schleife, unter der nur ein kleiner Streifen des hohen Kragens hervorsah. Vincent fielen sofort wieder die beiden Eigenheiten auf, die das Gesicht seines Vaters kennzeichneten: Das rechte Augenlid hing tiefer als das linke, das Auge selbst war kaum zu sehen. Und dann der Mund. Auf der linken Seite war er nur eben angedeutet – eine dünne, gespannte Linie, die nach rechts hinüber in volle, fast sinnliche Lippen überging. Seine Augen waren genau wie seine ganze Art, ein einfaches: Das bin ich; kein Zugreifen, kein Sich-das-Leben-kämpferisch-Gestalten. Die Leute aus Zundert sagten oft: Domine Theodorus behält selbst dann den Zylinder auf, wenn er zu den Armen geht und Gutes tut.

Bis zu seinem Tode blieb es ihm unverständlich, warum er in seinem Leben nicht mehr Erfolg gehabt hatte. Seinem Gefühl nach hätte er bereits vor Jahren eine Berufung nach Amsterdam oder dem Haag erhalten müssen. Der »schöne« Herr Pfarrer aber, wie seine Pfarrkinder ihn nannten, war wohlgebildet, liebenswürdig, feingeistig und unermüdlich im Dienste Gottes. Und doch lebte er nun bereits seit fünfundzwanzig Jahren, vergraben und vergessen, im kleinen Dorfe Zundert.

Er war der einzige der sechs Brüder van Gogh, der es zu keinem Ansehen über seinen Wirkungsort hinaus, zu keiner wichtigen Stellung gebracht hatte. Drei von ihnen spielten eine bedeutende Rolle im europäischen Kunsthandel. Cornelius war Chef der größten Bilderhandlung Hollands, Hendrik besaß große Läden in Brüssel und Amsterdam, und Vincent war zur Hälfte an den Goupil-Galerien beteiligt, die Niederlassungen in Paris, Berlin, Brüssel, dem Haag und Amsterdam unterhielten.

Vincent war krank und kinderlos. Kein Wunder, wenn die Angestellten der Londoner Niederlassung tuschelten: der

Neffe, der des Onkels Namen trug und der seit einem Jahr mit ihnen zusammen arbeitete, sei der Erbe und zukünftige Eigentümer des Unternehmens. Daß der junge Mann sich bescheiden und kollegial gegen sie verhielt und sich auch in seiner Tätigkeit bewährte, konnten sie nicht leugnen. Er hatte von unten herauf angefangen, im »dritten Zimmer«, das hinter der eigentlichen, mit schweren Teppichen und Draperien ausgestatteten Gemäldegalerie – Bilder von Miller, Boughton und Turner hingen dort – und dem daran anschließenden Raum für Studien und Lithographien lag. Er erwies sich als besonders geschickt im Verkauf von Reproduktionen, die für Goupils eine nicht unwichtige Einnahmequelle bildeten. Vor kurzer Zeit war er zu seiner großen Freude befördert worden. Das hieß nicht nur, daß er in das »zweite Zimmer« und damit in den Vorraum des eigentlichen Kunsthandels übersiedelte, es brachte ihm auch eine Erhöhung seines Gehalts auf fünf Pfund monatlich, eine sehr ansehnliche Summe, wie ihm schien, jedenfalls groß genug, um eine Ehe darauf zu gründen. Eine Ehe mit Ursula.

Vincents Mutter, Anna Cornelia, stand im Vorderzimmer und wartete auf die Ankunft des Wagens. Als sie ihn kommen sah, lief sie vom Fenster fort und hatte die Tür schon aufgerissen, ehe der Wagen noch richtig hielt. Sie drückte ihren Sohn mit liebevoller Zärtlichkeit an den breiten Busen, aber schon bei der ersten Begrüßung merkte sie, daß irgend etwas mit Vincent nicht in Ordnung war.

»Mein lieber Sohn«, murmelte sie, »mein Vincent.«

Ihre Augen, deren Farbe ständig zwischen blau und grün wechselte, waren immer weit offen, als wollten sie den Menschen mitten ins Herz sehen. Ihr Urteil war niemals sehr hart. Eine leichte Linie zog sich von den Nasenflügeln zu den Mundwinkeln hin. Die Jahre prägten sie immer tiefer ein. Es war, als läge stets ein Lächeln auf ihrem Gesicht.

Anna Cornelia Carbentus stammte aus dem Haag, wo ihr Vater den Titel »Königlicher Hofbuchbinder« getragen hatte. William Carbentus hatte ein blühendes Geschäft. Als man ihn dann dazu erkor, die erste holländische Verfassung zu binden, wurde er überall im ganzen Land bekannt. Seine Töchter waren wohlerzogen und gebildet. Die eine heiratete Onkel Vincent van Gogh und eine dritte den wohlbekannten Dechanten Stricker aus Amsterdam.

Anna Cornelia war eine herzensgute Frau. Für sie gab es nichts Böses in der Welt. Sie kannte nur Schwäche, Versuchung, Sorge und Leid. In seiner Art war auch Theodorus ein guter Mensch, aber er wußte wohl, daß die Welt voll von Bösem war – er verurteilte es und bekämpfte es voller Schärfe.

Das Eßzimmer war der Mittelpunkt des van Goghschen Hauses. Das ganze Familienleben spielte sich um den großen Tisch ab, besonders des Abends, wenn das Geschirr abgeräumt war. Da versammelten sich alle unter der freundlich leuchtenden Öllampe, um den Abend gemeinsam zu verbringen. Anna Cornelia war Vincents wegen besorgt. Er kam ihr dünn und nervös vor.

»Fehlt dir irgend etwas, Vincent?« fragte sie eines Abends nach dem Essen. »Du siehst nicht gut aus.«

»Nein«, sagte er stockend. »Nichts.«

»Sagt London dir zu?« fragte Theodorus. »Wenn es dir dort nicht gefällt, kann ich mit Onkel Vincent sprechen. Ich glaube, er würde dich auch in einen der Pariser Läden übernehmen.«

Vincent wurde ganz aufgeregt: »Nein, nein. Das darfst du nicht tun«, rief er aus. »Ich will nicht von London fort. Ich . . .« Er versuchte ruhig weiterzusprechen. »Wenn Onkel Vincent mich versetzen will, denkt er sicher von selbst daran.«

»Ganz wie du willst«, lenkte Theodorus ein.

»Da steckt sicher dieses Londoner Mädchen dahinter«, sagte Anna Cornelia vor sich hin. »Deshalb stimmte auch etwas in seinen Briefen nicht.« –

Das Pfarrhaus in Zundert – Vincents Geburtshaus – war ein Fachwerkgebäude, das am Marktplatz gegenüber dem Stadthaus lag. Im Garten hinter der Küche standen Akazien, und

durch die zierlich gehaltenen Blumenbeete schlängelten sich
sauber geharkte Pfade. Die Kirche war ein winziges Holz-
gebäude, das unter Bäumen versteckt hinter dem Garten
lag. An jeder Seite hatte es zwei schmale gotische Fenster aus
unbebildertem Glas, auf dem hölzernen Fußboden standen
etwa ein Dutzend harter Bänke. Wärmflaschen hingen Sommer und Winter an den Wänden. Im Hintergrund führte
eine Treppe zu der alten Orgel. Es war ein schlichter, fast
strenger Andachtsraum, den der Geist Calvins und der Re-
formation beherrschte.
Kiefernwälder und Eichengruppen standen auf der Heide bei
Zundert. Stundenlang wanderte Vincent einsam durch die
Felder und starrte verloren in die zahlreichen Teiche, die die
Heide durchsetzten. Die einzige Ablenkung, die ihm Freude
machte, war das Zeichnen. Er machte mehrere Skizzen vom
Garten, zeichnete den Sonnabendnachmittagsmarkt vom
Fenster des Pfarrhauses aus und skizzierte die alte Eingangs-
tür zum Haus. Es lenkte ihn ab. Er bekam es fertig, für Augen-
blicke nicht an Ursula zu denken.

Ursula Loyer war die Tochter der Dame, bei der Vincent in
London wohnte. Sie und ihre Mutter, Witwe eines Geistlichen aus der Provence, hatten einen Kindergarten für Knaben, der in einem Häuschen hinten im Garten untergebracht
war. Ursula war neunzehn Jahre alt, ein lächelnd großäugi-
ges Geschöpf mit einem ovalen, fein pastellfarbenen Gesicht
und einer schlanken, aber kräftigen Figur, schnell und graziös
in ihren Bewegungen. Sie hatte die Angewohnheit, von
Menschen ihrer Umgebung so zu sprechen, als ob sie sich
nicht im Zimmer befänden: Er ist ... Er hat ... Das wirkte
eigenartig, aber reizvoll.
Vincent war als junger Mann ein etwas abseitiger Einzel-
gänger gewesen. Man hielt ihn für einen Querkopf und für
ein bißchen exzentrisch. Ursula hatte ihn in seinem Wesen
völlig umgewandelt. Seither schien es ihm erstrebenswert,
ein angenehmer Gesellschafter zu sein. Sie hatte ihn aus sich
herausgebracht und ihm geholfen, den Geist der Güte auch

in den alltäglichen Vorgängen des Lebens zu sehen – so glaubte er wenigstens.

Am Tage, an dem er von seiner Gehaltserhöhung erfuhr, war ihm klar, daß Ursula seine Frau werden müßte. Er wußte, daß es ihm schwerfallen würde, sie zu fragen, ungelenk in der Sprache, wie er war. Er zweifelte nicht, daß sie ihn wiederliebte; sie hatte sich von Monat zu Monat anteilnehmender und wärmer gegen ihn gezeigt, sie bezog ihn in ihre Arbeit ein, in die kleinen Sorgen und Freuden ihres Lebens. Vor allem waren es die Kinder, die sie betreute, ihre »poupons«, wie sie sie in zärtlichem Scherz nannte, die sie einander nahegebracht hatten. Er wußte, daß er anders aussah als englische Männer. Sein Kopf war schwer, seine Augen unter dem roten Haar lagen in tiefen Höhlen, seine Stirn war gewölbt und hoch, sein Nacken etwas gedrungen und dick, sein massiges Kinn wirkte wie die Inkarnation holländischen Wesens und holländischer Art.

Er hatte ihr an diesem Abend eine Zeichnung Brabants mit eigenhändiger Widmung des ihm befreundeten Malers mitgebracht. Sie hingen sie unter Neckereien in einem Raum des Kindergartens auf. Er glaubte zu fühlen, daß sie auf etwas wartete. Er fand das erste Wort nicht. Sie wandte ihm den Kopf zu, sah ihm über die leichtgehobene Schulter in die Augen und lief aus der Tür.

Er folgte ihr, erschreckt, daß die Gelegenheit vorübergehen könnte. Unter dem Apfelbaum blieb sie einen Augenblick stehen.

»Ursula – hören Sie ...«

Die Nacht war schwarz mit Sternen, der Duft von Ursulas Haar kam zu ihm herüber.

»Ich wollte mit Ihnen sprechen ... Sehen Sie ... ich ... nämlich ... Ich möchte Ihnen etwas sagen, was Sie schon wissen. Ich liebe Sie von ganzem Herzen und kann nur glücklich sein, wenn Sie meine Frau werden.«

Er merkte, wie überrascht sie war. Galt es seiner ungewohnten Sicherheit?

»Ihre Frau?« Ihre Stimme schwang ein paar Töne höher.

»Aber ... Herr van Gogh ... das ist unmöglich. Ich bin seit einem Jahr verlobt.«

»Warum haben Sie mir ein ganzes Jahr nichts davon gesagt? Sie wußten, daß ich Sie liebe!« sagte er, ohne zu zögern oder zu stammeln.

»Muß ich jeden Mann heiraten, der sich in mich verliebt? Ich wollte nur Freundschaft zwischen uns.«

»Nein, nein, das kann nicht sein«, rief Vincent.

Er verlor alle Selbstbeherrschung, er griff nach ihr und küßte sie fast grob auf ihren Mund, der sich wehrte. Er spürte ihre feuchten Lippen, die Süße ihres Mundes, den Duft ihres Haares. Seine Leidenschaft überwältigte ihn.

Sie riß sich los und lief atemlos den dunklen Pfad hinunter. Als sie die Stufen zum Haus erreichte, wandte sie sich um:

»Rotköpfiger Narr!«

Sie hatte es hervorgezischt, aber in der Erinnerung erschien es ihm wie ein Schrei. Und nun war er hier auf Ferien bei den Eltern. Er kam nicht darüber hinweg, er dachte daran herum: es konnte nicht sein, einmal mußte sie ihn lieben.

Er war viel mit dem Vater unterwegs. Theodorus ergriff die Gelegenheit, mit dem Sohn von etwas zu sprechen, das ihm schon lange am Herzen lag. Es hatte den Vater von je geschmerzt und enttäuscht, daß sein ältester Sohn nicht seinen Beruf ergriffen hatte. Als sie eines Abends nach einem gemeinsamen Krankenbesuch auf der Heimfahrt waren, ließen sie den Wagen in der Heide halten, stiegen aus und wanderten eine Strecke zu Fuß. Dunkelrot ging die Sonne hinter den Kiefern unter, der Abendhimmel spiegelte sich in den Wassertümpeln. Wohltuend ruhig breitete sich die Heide um sie aus, gelbe Sandwege schnitten durch die rosige Fülle des Heidekrauts.

»Mein Vater war Pfarrer, Vincent – ich habe immer gehofft, daß du die alte Tradition weitertragen würdest.«

»Wie kommst du darauf, daß ich meinen Beruf aufgeben möchte?«

»Ich meinte nur – ich habe schon immer einmal mit dir darüber sprechen wollen. Du könntest gut bei Onkel Jan in

Amsterdam wohnen, wenn du drüben studierst. Und Dechant Stricker hat sich erboten, deine Ausbildung zu leiten.«

»Möchtest du denn, daß ich meine Stellung bei Goupils aufgebe?«

»Aber nein. Gewiß nicht. Ich dachte nur – wenn du dich nicht wohl fühlst – man ändert ja manchmal seine Neigungen.«

»Ich weiß. Aber ich habe keinerlei Absicht, von Goupils wegzugehen.«

Vater und Mutter brachten Vincent an die Bahn nach Breda, als er nach London zurückfuhr.

»Sollen wir wieder an dieselbe Adresse schreiben?« fragte Anna Cornelia.

»Nein, ich ziehe um.«

Er wandte den Kopf ab. Das war das Schlimmste, das Demütigendste gewesen. Ursula hatte über das Vorgefallene mit einer oberflächlichen Geste weggehen wollen. Er ertrug es nicht. Er fing immer wieder davon an. Sie wurde ärgerlich, es fiel ihm auf, daß sie und ihre Mutter jetzt oft ein Gespräch unterbrachen, wenn er ins Zimmer kam.

Als er vor der Abreise die Miete für die kommenden Wochen hatte bezahlen wollen, sagte Frau Loyer: »Ich glaube, es ist besser, wenn Sie Ihre Sachen mitnehmen, Herr van Gogh. Der Bräutigam meiner Tochter wünscht nicht, daß Sie noch länger im Hause wohnen.« – – –

»Ich bin froh, daß du von Loyers wegziehst«, sagte Theodorus. »Ich habe die Leute nie gemocht. Sie hatten zuviel Geheimnisse.«

Vincent wurde sichtlich zurückhaltend. Seine Mutter legte warm die Hand auf seinen Arm und sagte leise, damit ihr Mann es nicht hörte: »Gräm dich nicht, Lieber. Ein nettes holländisches Mädchen ist richtiger für dich – später, wenn du eine Existenz hast. Dieses Mädchen, diese Ursula paßt nicht zu dir.«

Woher wußte seine Mutter, was in ihm vorging!

Nach London zurückgekehrt, nahm Vincent sich möblierte Zimmer in Kennington New Road. Seine Wirtin war eine alte Frau, die sich Abend für Abend pünktlich um acht Uhr auf ihr Zimmer zurückzog. Nicht der leiseste Laut war im Hause zu hören. Jeden Abend führte Vincent einen harten Kampf mit sich selbst; ein fast unüberwindliches Verlangen trieb ihn, zu den Loyers zu laufen. Er verriegelte die Tür hinter sich und schwor, unter Aufbietung aller Willenskräfte, daß er schlafengehen würde. Und doch befand er sich dann kaum eine Viertelstunde nach dem vorher gefaßten Entschluß wie magnetisch angezogen auf der Straße unterwegs zu Ursula.

Er fühlte sie, fühlte alles, was ihn an sie fesselte, sobald er nur in die Nähe ihres Hauses kam. Dieses eindringliche Immer-von-neuem-Durchlebenmüssen seines Gefühls war eine Quälerei; denn er wußte wohl, daß sie für ihn unerreichbar war. Und trotzdem war es eine noch weit größere Qual, wenn er zu Hause blieb und nicht einmal im Bannkreis ihrer Persönlichkeit weilen konnte.

Der Schmerz verwandelte ihn. Er bekam ein feines Gefühl für den Schmerz der andern. Er wurde unduldsam, wo immer er auf Billiges, Lautes und auf schalen Erfolg stieß. Für seine Arbeit in der Galerie wurde er fast unbrauchbar. Wenn Kunden kamen und nach bestimmten Drucken fragten, nahm er kein Blatt vor den Mund und sagte ihnen klar und eindeutig, wie scheußlich er dieses Bild oder jenes fand – dann verzichteten sie gewöhnlich auf den Ankauf. Die einzigen Bilder, in denen er tiefes Gefühl finden konnte und die ihm die Wirklichkeit getreu wiederzugeben schienen, waren die, in denen der Künstler Schmerz und Leid gestaltet hatte.

Gegen Ende Oktober erschien eine stattliche Matrone im Laden. Sie trug einen hohen Spitzenkragen, einen Zobelpelz und einen runden Samthut, auf dem eine blaue Feder wippte. Sie wollte sich Bilder für ihr neues Haus in der Stadt aussuchen. Vincent hatte sie zu bedienen.

»Ich möchte die besten Sachen kaufen, die Sie haben«, sagte sie. »Der Preis spielt keine Rolle. Hier sind die Maße. Im

Wohnzimmer sind zwei ungeteilte Wände, von je fünfzig Fuß Länge, eine Wand mit zwei Fenstern, der Raum dazwischen beträgt – – –«

Vincent brachte den größten Teil des Nachmittags damit zu, ihr einige Radierungen nach Vorbildern von Rembrandt, die ausgezeichnete Reproduktion einer Venetianischen Szene nach Turner, ein paar Lithographien nach Thys Maris und Museumsphotographien nach Corot und Daubigny zu verkaufen. Mit sicherem Instinkt wählte die Frau immer wieder die übelsten aller überhaupt vorhandenen Bilder aus. Immer neue Sachen legte Vincent ihr vor, die Zeit verfloß, und mit jeder neuen Stunde wurde die Frau ihm mehr zum Symbol der kleinbürgerlichen Verständnislosigkeit und des rein materiellen Geistes.

»So«, sagte sie schließlich, »ich glaube, ich habe keine schlechte Wahl getroffen.«

»Wenn Sie mit geschlossenen Augen gewählt hätten, hätte es auch nicht schlimmer sein können«, brach es aus Vincent heraus.

Das Blut stieg ihr in den Kopf, man konnte die Pulse unter ihrem hohen Spitzenkragen pochen sehen.

»Sie . . . Sie . . . Bauerntölpel«, rief sie zornbebend.

Sie stürmte aus dem Laden, die Feder wippte auf ihrem Hut hin und her.

Mr. Obach war empört. »Mein lieber Vincent«, schrie er, »was fällt Ihnen denn ein? Sie haben das größte Geschäft dieser Woche verpfuscht und diese Frau beleidigt!«

»Mr. Obach, würden Sie mir wohl eine Frage beantworten?«

»Welche? Ich habe auch ein paar Fragen zu stellen!«

Vincent schob die Drucke und Radierungen, die sich die Frau ausgesucht hatte, achtlos beiseite und stützte sich mit beiden Händen auf die Tischkante. »Vielleicht können Sie mir dann sagen, wie ein Mensch es verantworten kann, daß er das eine Leben, das er hat, damit verbringt, dummen Leuten schlechte Bilder zu verkaufen!«

Obach würdigte ihn keiner Antwort. »Wenn das so weitergeht«, sagte er, »fühle ich mich verpflichtet, Ihrem Onkel davon Mitteilung zu machen. Er kann Sie dann meinetwegen in irgendeiner andern Filiale unterbringen; mein Geschäft aber lasse ich mir durch Sie nicht verderben.«

Vincent schob Mr. Obachs Vorwürfe mit einer Handbewegung von sich fort: »Wer gibt uns das Recht, große Gewinne einzustreichen für diesen Schund, Mr. Obach? Und woher kommt es eigentlich, daß die armen Teufel, die einen wirklichen Sinn für Kunst besitzen, keinen Pfennig übrig haben, um sich einmal einen Druck für ihr Zimmer zu kaufen?«

Obach maß ihn mit einem seltsamen Blick: »Was soll das nun wieder sein: Sozialismus, eh?«

Als Vincent am Abend nach Hause kam, nahm er einen Band Renan auf, der auf dem Tisch lag. Er schlug die Seite auf, die er sich schon früher einmal angemerkt hatte. »Um sich in dieser Welt richtig zu verhalten«, las er, »muß man sich selbst abtöten. Der Mensch ist nicht nur auf der Welt, um glücklich zu sein, auch nicht, um einfach ›anständig‹ zu sein, sondern dazu, daß er die großen Dinge, die die Menschheit angehen, verwirklichen helfe. Es gilt, den Menschen zu adeln und die Gemeinheit zu überwinden, in der die meisten Menschen ihr Leben hinschleppen.«

Etwa eine Woche vor Weihnachten stellten die Loyers einen reizend geschmückten Weihnachtsbaum ins Fenster. Zwei Abende später ging Vincent wieder vorbei und sah überall Licht im ganzen Haus, viele Nachbarn gingen durch die Pforte. Lachen und Stimmengewirr schlugen ihm entgegen. Die Loyers gaben ihre Weihnachtsgesellschaft. Vincent lief eilig nach Hause, rasierte sich, zog ein frisches Hemd an, band den besten Schlips um und lief, so schnell er nur konnte, nach Clapham zurück. Er blieb am Fuß der Treppe stehen, um erst einmal tief Atem zu holen.

Weihnachten, die Zeit der Güte und Vergebung! Er stieg die Treppe hinauf – die Schläge des Türklopfers hämmerten durch das Haus. Er hörte, wie ein vertrauter Schritt sich näherte, wie eine vertraute Stimme noch etwas den versammelten Gästen zurief – dann öffnete sich die Tür. Der Lichtschein von innen fiel auf sein Gesicht. Er schaute Ursula an.

Sie war ihm noch nie so schön erschienen. Sie trug ein ärmelloses grünes Gewand, das mit großen Schleifen und ganzen Wasserfällen von Spitze geschmückt war.

»Ursula«, sagte er scheu.

Der Ausdruck ihres Gesichtes war wie eine Wiederholung alles dessen, was sie ihm damals im Garten entgegengeschleudert hatte. Alle bösen Worte fielen ihm wieder ein, als er in ihr Gesicht sah.

»Gehen Sie!« – Sie schlug ihm die Tür vor der Nase zu.

Am nächsten Morgen fuhr er nach Holland zurück.

Während der Weihnachtszeit gab es in den Goupil-Galerien am meisten zu tun. Mr. Obach schrieb an Vincents Onkel und erklärte ihm, daß Vincent, ohne vorher auch nur eine Anfrage für nötig erachtet zu haben, auf Ferien gegangen wäre. Onkel Vincent entschloß sich daraufhin, seinen Neffen in der Hauptniederlassung des Unternehmens in der Rue Chaptal, Paris, zu beschäftigen.

Vincent teilte ihm in aller Ruhe mit, daß er mit dem Kunsthandel nichts mehr zu tun haben wolle. Onkel Vincent war sehr erstaunt und aufs tiefste verletzt. Vincent könne nicht mehr auf ihn rechnen, schrieb er gekränkt. Nach den Feiertagen ließ er sich dann doch dazu bewegen, dem Neffen, der seinen Namen trug, eine Stellung als Buchhalter in der Buchhandlung Blusse & Braam in Dordrecht zu verschaffen. Von der Zeit ab hatten die beiden Vincent van Goghs nichts mehr miteinander zu tun.

Vincent blieb fast vier Monate lang in Dordrecht. Er war nicht glücklich – aber auch nicht unglücklich, er hatte keine Mißerfolge, aber auch keine Erfolge. Es war so, als ob er überhaupt nicht da wäre. Eines Samstagsabends nahm er den letzten Zug von Dordrecht nach Oudenbosch und wanderte von da aus heim nach Zundert. Es war eine herrliche Nacht, die Luft war lau, und die Heide duftete süß. Trotz der Dunkelheit konnte er die Kiefernwälder und Moore sehen, die sich weit um ihn erstreckten und erst in der Ferne im Grau der Nacht verschwammen. Der Himmel war leicht bewölkt, aber zwischen den Wolken glitzerten die Sterne. In der ersten

Morgendämmerung erreichte er den Friedhof bei Zundert. Über den Feldern, auf denen das junge Getreide sproß, stiegen die Lerchen auf und erfüllten die Morgenluft mit ihrem Gesang.

Seine Eltern hatten Verständnis dafür, daß ihr Sohn sich in einer inneren Krise befand. Als der Sommer kam, siedelte die Familie nach Etten über, wo Theodorus als Pfarrherr eingesetzt worden war. Etten lag wenige Kilometer von dem alten Wohnsitz entfernt. Es war ein kleiner Marktflecken mit einem großen, von Ulmen überschatteten Marktplatz. Eine Dampfbahn verband es mit der wichtigen Stadt Breda. Für Theodorus war die Versetzung eine kleine Beförderung.

Im Spätsommer wurde es nötig, einen neuen Entschluß zu fassen. Noch war Ursula nicht verheiratet. –

»Du bist kein Mensch, der sich für das Geschäftsleben eignet, Vincent«, sagte sein Vater. »Dein Herz treibt dich schon seit langem zum Dienst an Gott.«

»Ich weiß, Vater.«

»Warum willst du dann nicht nach Amsterdam gehen und dort studieren?«

»Ich würde schon gern . . . aber . . .«

»Kannst du noch zögern?«

»Ja . . . ich kann es dir jetzt nicht erklären. Laß mir etwas Zeit.«

»Onkel Jan war auf der Durchreise in Etten. Es ist immer ein Zimmer für dich in Amsterdam bereit, Vincent«, ermunterte er ihn.

»Dechant Stricker schreibt, daß er dir gute Lehrer besorgen könnte«, fügte seine Mutter hinzu.

Seit er die Gabe des Schmerzes von Ursula empfing, hatte Vincent die Sache der Enterbten dieser Erde zu seiner eigenen gemacht. Er war davon überzeugt, daß er auf der Universität in Amsterdam die beste Ausbildung erhalten würde, um dieser Sache zu dienen.

Die Familien van Gogh und Stricker würden ihn aufnehmen, ihn ermutigen, ihm finanziell helfen, ihm Bücher leihen und mit teilnahmsvollem Verständnis nicht karg sein.

Aber es war ihm noch nicht möglich, einen klaren Strich unter sein vergangenes Leben zu ziehen. Ursula war noch in England – noch nicht durch eine Ehe gebunden. Seit er in Holland lebte, hatte er jede Verbindung mit ihr verloren. Er ließ sich englische Zeitungen senden, bewarb sich auf Grund verschiedener Annoncen und erhielt schließlich eine Anstellung als Lehrer in Ramsgate, einer kleinen Stadt an der Küste, die vierundeinhalbe Eisenbahnstunde von London entfernt lag.

Vierundzwanzig Knaben zwischen zehn und vierzehn Jahren besuchten Mr. Stokes' Schule. Vincent hatte Französisch, Deutsch und Holländisch zu unterrichten und mußte die Jungen nach Schulschluß beaufsichtigen. Dafür erhielt er freie Wohnung und Verpflegung, aber kein bares Geld.

Ramsgate war ein melancholisches Nest, doch das paßte in seine Stimmung. Er pflegte seinen Schmerz wie einen willkommenen Freund und guten Gefährten, durch ihn fühlte er ein stetes Verbundensein mit Ursula. Da er mit dem Mädchen, das er liebte, nicht zusammen sein konnte, war es gleichgültig, wo er war. Er verlangte nur, daß ihn innerlich nichts von diesem Gefühl für Ursula trennte, von dem er Körper und Seele erfüllt fühlte.

»Können Sie mir nicht wenigstens ein kleines Gehalt zahlen, Mr. Stokes?« fragte Vincent. »Nur so viel, daß ich mir gelegentlich ein bißchen Tabak und etwas zum Anziehen kaufen kann?«

»Nein, das geht auf keinen Fall«, erwiderte Stokes kühl. »Ich kann genug Lehrer bekommen, die mit Wohnung und Essen zufrieden sind.«

Als der erste Sonnabend gekommen war, machte sich Vincent früh vor Tagesgrauen auf den Weg nach London. Der Weg war weit, und das Wetter war bis in den Abend hinein fast unerträglich heiß. Er erreichte schließlich Canterbury, wo er sich im Schatten der alten Bäume, die die Kathedrale umstehen, ausruhte. Er gönnte sich keine lange Rast und wanderte weiter, bis er an einen kleinen Teich kam, in dessen Nähe ein Buchenhain lag. Dort schlief er, bis ihn – gegen vier Uhr – der Gesang der Vögel weckte. Am Nachmittag erreichte er Chatham. Hinter den Wiesen, die zum Teil unter Wasser standen, erblickte er die Themse mit ihren vielen Schiffen. Gegen Abend durchschritt er die vertrauten Vororte Londons. Trotz der Müdigkeit hielt er in seiner Wanderung nicht inne, sondern ging rüstig weiter, um zum Hause der Loyers zu gelangen.

Das Gefühl, Ursula nahe zu sein, überfiel ihn mit starker Erregung, sobald er das Haus von ferne sah. Die Verbindung mit Ursula – das hatte ihn nach London gezogen. Solange sie noch in England war, gehörte sie zu ihm, denn er konnte ihre Nähe fühlen.

Sein Herz klopfte mit gewaltigen Schlägen. Er lehnte sich gegen einen Baum, ein Schmerz wühlte in ihm, der außerhalb des Bereichs von Worten oder klar faßbaren Gedanken lag. Er ließ den Blick nicht von den Fenstern – endlich erlosch das Licht im Wohnzimmer, es wurde in ihrem Schlafzimmer hell – und dann war es im ganzen Hause dunkel. Vincent riß sich los und taumelte müde die Straße entlang. Sobald er das Haus nicht mehr mit seinen Blicken umfassen konnte, war ihm so trübe zumute, als hätte er Ursula wieder von neuem verloren.

Wenn er sich jetzt eine Ehe mit Ursula vorstellte, so dachte er nicht mehr an sie als an die Frau eines erfolgreichen Kunsthändlers, sondern an die treue, geduldige Gefährtin eines Evangelienverkünders, die Seite an Seite mit ihm arbeitet, um den Armen in den Elendsvierteln zu helfen.

Er ließ kaum ein Wochenende vorübergehen, an dem er nicht versuchte, nach London zu wandern. Nur ließ es sich schwer einrichten, daß er zum Unterricht am Montagmorgen pünktlich zurück war. Manchmal ging er schon Freitagabend los und wanderte die Nächte hindurch, weil er wenigstens einen Blick von Ursula auf dem Kirchweg am Sonntagmorgen erhaschen wollte. Er hatte kein Geld, um sich unterwegs etwas zu essen zu kaufen oder für eine Nacht wenigstens ein Zimmer zu nehmen. Als dann der Winter kam, wurde es noch schlimmer: er fror erbärmlich. Wenn er

Montag in aller Frühe in Ramsgate ankam, war er übermüdet und ausgehungert und zitterte vor Kälte. Er brauchte
die ganze Woche, um sich halbwegs wieder zu erholen.
Nach einigen Monaten fand er eine bessere Stellung in der
Methodistenschule von Mr. Jones in Isleworth. Mr. Jones
hatte einen großen Pfarrbezirk. Er stellte Vincent als Lehrer
an; es dauerte aber nicht lange, so schob er ihm die Arbeiten
eines Pfarrgehilfen zu.
Immer wieder umgaukelten ihn Zukunftsbilder, in denen
Ursula jetzt die Stellung einer tüchtigen Landpfarrersfrau
einnahm.
Er vertrieb jeden Gedanken daran, daß Ursulas Hochzeitstag immer näher rückte. Für ihn war dieser andere Mann
niemals Wirklichkeit gewesen. Er erklärte sich Ursulas Ablehnung stets mit Fehlern und Mängeln, die er in sich selber
trug und die er nur zu beseitigen brauche, um sie zu gewinnen.
Mr. Jones' Schüler, meist Söhne verarmter Eltern, kamen aus
London. Der Schulmeister gab Vincent die Adressen der Eltern und schickte ihn zu Fuß zu ihnen, um die Schulgelder
zu kassieren. Die meisten wohnten mitten in Whitechapel.
Es lag ein scheußlicher Geruch über den Straßen; in kalten
und nackten Räumen waren große Familien zusammenge-
pfercht.
Aus jedem Augenpaar starrten ihm Hunger und Krankheit
entgegen. Einige der Väter machten Geschäfte mit minder-
wertigem und sogar krankem Fleisch, das von der Regierung
auf den regulären Märkten nicht zugelassen war. Vincent
traf manche der Familien in Lumpen an. ihr Abendbrot bestand aus harten Brotkrusten und verdorbenem Fleisch. Er
blieb wie gebannt sitzen und hörte ihren Erzählungen zu,
die nur von Elend, Heruntergekommensein und Verfall be-
richteten. Und er vergaß darüber ganz, die Gelder einzu-
kassieren.
Er hatte die Wanderung nach London begrüßt, weil er so
Gelegenheit hatte, auf dem Heimweg an Ursulas Haus vor-
beizugehen. Was er in den Elendsvierteln sah und hörte,

vertrieb jeden andern Gedanken – er ging nicht über Clapham zurück, und – er brachte Herrn Jones nicht einen Pfennig mit heim. –

An einem Donnerstagabend während des Gottesdienstes beugte sich der Geistliche zu seinem »Hilfsgeistlichen« hinüber und behauptete, er sei zum Umfallen müde. »Ich fühle mich furchtbar erschöpft, Vincent. Haben Sie nicht die ganze Zeit über Predigten aufgesetzt? Lassen Sie uns eine davon hören. Ich möchte gern wissen, ob Sie das Zeug zum Geistlichen in sich haben.«

Vincent bestieg die Kanzel, er zitterte vor unterdrückter Erregung. Das Blut war ihm in den Kopf geschossen, und er wußte nichts mit seinen Händen anzufangen. Er stolperte durch die schön gerundeten Sätze, die er sich so sorgfältig ausgearbeitet hatte. Aber er fühlte, daß sein Geist doch durch die gebrochenen, gestammelten Worte brach.

»Gut gemacht, Vincent«, sagte Mr. Jones. »Nächste Woche predigen Sie in Richmond.«

Es war ein durchsichtig klarer Herbsttag, und die Wanderung von Isleworth nach Richmond, immer an der Themse entlang, war herrlich. Der blaue Himmel und die großen Kastanienbäume mit der Last der goldenen Blätter spiegelten sich im Wasser. Die Leute in Richmond schrieben Mr. Jones, daß sie den jungen holländischen Prediger gern gemocht hätten. Darauf beschloß der gute Mann, Vincent eine Gelegenheit zum Weiterkommen zu geben. Die Kirche, die Mr. Jones in Turnham Green hatte, gehörte zu den bedeutenden, die Gemeinde war groß und recht kritisch. Gelang es Vincent, dort eine gute Predigt zu halten, so konnte er getrost von jeder Kanzel sprechen.

Vincent legte seiner Predigt den Text aus dem Psalm CXIX, 1 zugrunde: »Ich bin ein Fremdling auf dieser Erde, verbirg deine Gebote nicht vor mir.« Er sprach mit Feuer, aber doch schlicht. Seine Jugend, seine Hingabe, seine etwas schwerfällige Gestalt, der wuchtige Kopf und die durchdringend blickenden Augen machten einen ungeheuren Eindruck auf die lauschende Gemeinde.

Nach der Predigt kamen viele zu ihm, um ihm zu danken. Er gab ihnen die Hand und lächelte. Sobald alle fort waren, schlüpfte er aus dem Hinterstübchen der Kirche und schlug den Weg nach London ein.

Ein Sturm erhob sich. Er hatte Hut und Mantel vergessen. Das Wasser der Themse war gelb. Ungeheure graue Wolken hingen prall am Himmel – der Regen kam in Strömen. Er wurde bis auf die Haut naß – aber er ging wie im Rausch mit weit ausholenden Schritten voran.

Endlich winkte ihm Erfolg, endlich hatte er sich selbst gefunden. Den Triumph seines Abends mußte er mit Ursula teilen, ihn ihr zu Füßen legen!

Der Regen spülte den Schmutz auf den Fußweg – die Büsche am Rande der Straße duckten sich unter den schweren Schlägen.

Er kämpfte sich durch und kam schließlich in London an, völlig durchnäßt und mit aufgeweichten Schuhen. Es war Spätnachmittag, ehe er das Haus der Loyers erreichte. Der Nebel hing jetzt in den Straßen.

Von fern her drang Musik herüber, Geigen jauchzten – was mochte wohl los sein?

Alle Zimmer im Hause waren strahlend erhellt. Vor der Tür stand eine ganze Anzahl Wagen. Durch eins der Fenster erblickte Vincent tanzende Paare. Ein alter Kutscher saß in der Nähe auf einem Bock unter einem riesigen Regenschirm.

»Was ist hier los?« fragte Vincent.

»Hochzeit, sicherlich.«

Vincent lehnte sich gegen den Wagen, aus seinem roten Haarschopf strömten kleine Wasserbäche über sein Gesicht. Nach kurzer Zeit öffnete sich die Tür. Im Türrahmen erschien Ursula mit einem hochgewachsenen schlanken Mann. Die Menge der Gäste strömte auf die Veranda. Lachen und Scherze erfüllten die Luft.

Vincent schlich sich zur Rückseite des Wagens. Ursula und ihr Mann stiegen ein. Der Droschkenkutscher ließ die Peitsche knallen. Der Wagen fuhr an. Vincent trat ein paar Schritte nach vorn und preßte sein Gesicht gegen das Fenster. Ursula lag innig umschlungen in den Armen ihres Mannes – Mund an Mund. Der Wagen fuhr fort.

In diesem Augenblick zersprang etwas in Vincents Herzen. Der Zauber war gebrochen. Er hatte nicht geahnt, daß es so leicht gehen würde.

Er schleppte sich nach Isleworth zurück, packte seine Sachen zusammen und verließ England für immer.

BORINAGE

Der Herr Vizeadmiral Johannes van Gogh, Offizier von höchstem Rang in der holländischen Flotte, stand auf der Schwelle seines geräumigen Diensthauses, das hinter der Marinewerft lag. Seinem Neffen zu Ehren, dessen Ankunft er heute erwartete, hatte er sich in seine Paradeuniform geworfen. Unter der hohen, gewölbten Stirn sprang gerade und kräftig die Nase hervor. Er hatte das energische Kinn der van Goghs.

»Es freut mich sehr, Vincent, daß du zu mir kommst«, sagte er. »Das Haus ist still geworden, seit meine Kinder sich verheiratet haben und fortgezogen sind.«

Sie gingen die breite, wuchtige Treppe hinauf. Onkel Jan stieß die Tür zu einem der Zimmer auf. Vincent trat ein und stellte den Koffer ab. Durch ein großes Fenster konnte er auf die Werft hinuntersehen. Onkel Jan setzte sich auf den Bettrand und gab sich Mühe, so ungezwungen auszusehen, wie die steife und feierliche Uniform es nur erlaubte. –

»Ich war froh, als ich erfuhr, daß du dich für das geistliche Amt vorbereiten willst«, sagte er. »In jeder Generation hat es bisher unter den van Goghs einen Diener Gottes gegeben.«

Vincent griff nach seiner Pfeife und stopfte sie umständlich, um Zeit zum Nachdenken zu gewinnen.

»Ich möchte Prediger werden«, sagte er zögernd, »und gleich an die Arbeit gehen.«

»Das ist doch nichts für dich, Vincent, Laienprediger sind ungebildete Leute. Sie predigen weiß Gott was für einen Mischmasch. Nein, mein Junge, die van Goghs sind alle Akademiker gewesen und haben erst gründlich studiert. Aber ich denke, du wirst jetzt auspacken wollen. Wir essen um acht.«

Das Zimmer machte einen behaglichen Eindruck. Das Bett war breit und bequem, die Kommode geräumig, der glatte, niedrige Schreibtisch lud zum Arbeiten ein. Und doch fühlte Vincent sich fremd in dieser Umgebung. Er stülpte die Mütze auf und lief über den Damm. Er fand einen Buchhändler, der besonders schöne Stiche und Drucke ausgestellt hatte. Nach einigem Überlegen wählte Vincent dreizehn davon aus und lief eilig nach Hause zurück. Er atmete den schweren Geruch des Teers, der über diesem Stadtviertel lag, tief in sich ein.

Als er dabei war, die Drucke vorsichtig an den Wänden zu befestigen, um die Tapeten nicht zu beschädigen, klopfte es. Vincents Onkel mütterlicherseits, der bekannte Amsterdamer Dechant Stricker, trat ein. Er war elegant gekleidet. Man schätzte ihn allgemein als geistreichen und klugen Geistlichen.

Sie begrüßten sich. Dann sagte der Dechant: »Es ist mir gelungen, Mendes da Costa, einen der feinsten Altphilologen, als Privatlehrer für dich zu bekommen. Er wird dir Unterricht in Griechisch und Lateinisch geben. Du gehst Montag um drei zu ihm. Morgen ist Sonntag. Übrigens, der eigentliche Zweck meines Besuches ist der: Wir möchten dich morgen zum Essen bei uns haben. Deine Tante Wilhelmina und deine Kusine Kay sind sehr gespannt auf dich. Wir essen gleich nach dem letzten Gottesdienst.«

Die Keizersgracht, an der die Strickers wohnten, gehörte zu den vornehmsten Straßen Amsterdams. Sie war sehr gepflegt, das Wasser des Kanals durchsichtig klar. Hier wuchsen keine schleimigen Algen, die in den ärmeren Stadtteilen überall seit Jahrhunderten die Kanäle bedeckten.

Die Häuser, die in dieser Straße liegen, sind in rein flämischem Stil erbaut. Schmal und dicht beieinander stehen sie da, wie eine Reihe steifer, puritanischer Soldaten, die in Reih und Glied angetreten sind.

Am folgenden Morgen hörte Vincent Onkel Stricker in der Kirche predigen. Dann machte er sich auf den Weg zu dessen Haus.

Leuchtender Sonnenschein hatte die grauen Wolken verjagt, die ewig über den Himmel von Holland hinziehen. Selbst die Luft schien für Augenblicke ganz von Licht erfüllt. Es war noch früh. In Gedanken versunken schlenderte Vincent am Kanal entlang und beobachtete die Kanalboote, die gegen die Strömung gestakt wurden.

Es waren meist Sandboote, längliche Ovale, die an den Enden in scharfen Spitzen ausliefen. Der schwarze Anstrich war verblichen, vom Wasser verwaschen; in der Mitte der Boote waren tiefe Höhlungen, um die Ladung aufzunehmen. Vom Vorderschiff zum Heck waren Seile gespannt, an denen gewöhnlich die Familienwäsche hing. Der Schiffer stemmte eine lange Holzstange in den Wassergrund und drückte mit seinem Körper so stark dagegen, daß er ganz verzerrt schien. Dabei glitt das Boot unter ihm weg, den Strom hinauf. Seine Frau, eine schwerfällige, rundliche Person mit rotem Gesicht, saß unbeweglich am Helmstock und bediente das schwere Holzsteuer. Die Kinder tollten mit dem Hund und liefen alle Augenblicke in die elende Kajüte, die ihre einzige Heimat bildete.

Das Haus des Dechanten Stricker war schmal, drei Stockwerke hoch und mit einem länglichen Turm gekrönt. Von Fenster zu Fenster schlangen sich ineinanderfließende Arabesken.

Tante Wilhelmina hieß Vincent willkommen und führte ihn ins Speisezimmer. An der Wand hing ein Bild Calvins, silbernes Tafelgeschirr glänzte auf der Anrichte. Die Wände waren dunkel getäfelt.

Ehe sich Vincent noch an das Dämmerlicht, das in diesem Zimmer herrschte, gewöhnen konnte, trat ein schlankes, graziöses Mädchen auf ihn zu und begrüßte ihn herzlich:

»Du kennst mich sicher nicht«, sagte sie mit sanfter, vollklingender Stimme. »Ich bin deine Kusine Kay. Wir haben uns noch nie gesehen«, fuhr sie in vertraulichem Ton fort, »das ist komisch, nicht wahr? Ich bin jetzt schon sechsundzwanzig Jahre – und du?«

Vincent sah sie schweigend an. Es schien ihm gar nicht aufzugehen, daß sie eine Antwort von ihm erwarten könne. Dann merkte er plötzlich, daß er sich tölpelhaft benahm, und platzte mit lauter, rauher Stimme los:

»Vierundzwanzig. Jünger als du.«

»Ja richtig. Eigentlich ist es gar nicht so verwunderlich, daß wir uns jetzt erst kennenlernen. Du warst niemals in

Amsterdam und ich niemals in Brabant. Ich bin aber unaufmerksam gegen meinen Gast«, unterbrach sie sich plötzlich, »bitte, nimm doch Platz!«

Er setzte sich auf den Rand des angebotenen Stuhles und wurde mit einem Male gewandt und gesprächig.

»Meine Mutter hat schon oft den Wunsch geäußert, daß ihr uns besuchen möchtet. Ich glaube, Brabant würde dir bestimmt gefallen. Es ist landschaftlich sehr schön.«

»Ich weiß, Tante Anna hat auch in ihren Briefen davon geschrieben. Ich muß wirklich einmal hinfahren.«

»Ja«, sagte Vincent, »das solltest du wirklich tun.«

Er hörte kaum, was sie sagte, er war zerstreut und antwortete mechanisch. Es war ihm aufgegangen, wie schön Kay war. Sie hatte die kräftigen Gesichtszüge der niederländischen Frauen, nur feiner und zarter. Die Farbe ihres Haares war weder kornblond noch kraß rot, wie bei ihren Landsmänninnen. Es war ein seltsames Gemisch aus beiden Farben: Das Feuer der einen hatte das Licht der andern in einer glühend feinen Wärme eingefangen. Ihre Haut war nie der Sonne und dem Wind ausgesetzt gewesen. Die Weiße des Kinns ging leise in die Röte der Wangen über, so abgetönt wie auf den Bildern holländischer Meister. Ihre Augen waren von tiefem Blau und glänzten voll Lebensfreude, ihre Lippen waren voll und weich.

Sie merkte, daß Vincent schwieg, und fragte: »Woran denkst du, Vetter, du bist zerstreut.«

»Ich dachte nur, daß Rembrandt dich gerne gemalt haben würde.« Kay lachte. »Rembrandt hat nur häßliche, alte Frauen gemalt, nicht wahr?« fragte sie.

»Nein«, antwortete Vincent. »Er hat schöne, alte Frauen gemalt, Frauen, die arm waren oder sonst irgendwie unglücklich, die aber durch ihren Kummer eine Seele gewonnen hatten.«

Zum erstenmal blickte Kay Vincent voll an. Sie hatte ihn bloß flüchtig angesehen, als er hereinkam, hatte nur den Wust der rostroten Haare und das schwere Gesicht bemerkt. Nun sah sie den vollen Mund, die leuchtenden Augen in ihren tiefen Höhlen, die hohe, ebenmäßige Stirn der van Goghs und das willensstarke Kinn.

»Verzeihe, daß ich so dumm war«, sagte sie leise. »Ich verstehe, was du meinst. Rembrandt hält das wesenhaft Schöne fest, wenn er vom Leben gezeichnete, alte Leute malt, in deren Gesichtern Leid und Niederlage eingemeißelt sind.«

»Worüber unterhaltet ihr euch denn so ernst, Kinder?« fragte der Dechant Stricker von der Tür her.

»Wir haben uns miteinander bekannt gemacht«, antwortete Kay. »Warum hast du mir nicht gesagt, daß ich einen so netten Vetter habe?«

Ein schlanker, hochgewachsener Mann kam herein, ein leises Lächeln spielte um seinen Mund. Kay sprang auf und küßte ihn. »Vetter Vincent«, sagte sie, »das ist mein Mann, Mijnheer Vos.«

Sie verschwand einige Augenblicke und kam dann mit einem blonden, zwei Jahre alten Knaben zurück. Er war lebhaft, das Gesicht zart und fein, und die Augen so blau wie die seiner Mutter. Kay hob ihn auf, und Vos umarmte sie beide.

»Willst du dich hier zu mir setzen, Vincent?« fragte Tante Wilhelmina.

Vincent gegenüber saß Kay, neben ihr auf der einen Seite Vos und auf der andern das Kind, dem man einen kleinen Berg Kissen untergeschoben hatte. Jetzt, wo ihr Mann da war, schien Vincent vergessen. Freude färbte ihre Wangen lebhafter. Als ihr Mann sich einmal zu ihr neigte, um ihr leicht vertraulich etwas zu sagen, ergriff sie zärtlich seinen Kopf und küßte ihn.

Vincent stand jeden Morgen vor Sonnenaufgang auf, um in der Bibel zu lesen. Die Sonne ging ungefähr um fünf Uhr auf; dann trat er zum Fenster, das auf die Marinewerft hinausging, und sah zu, wie die Arbeiter durchs Tor kamen, eine lange Reihe schwarzer Gestalten. Kleine Dampfer kamen und gingen auf der Zuidersee, und in der Ferne sah er die dahingleitenden braunen Segel der Fischkutter.

Danach aß Vincent ein Stück trockenes Brot und trank ein

Glas Bier dazu. Das war seine erste Mahlzeit; dann fing ein sieben Stunden langer, verbissener Kampf mit Latein und Griechisch an.

Nach vier bis fünf Stunden konzentriertester Arbeit wurde ihm der Kopf schwer, oft brannte der Schädel, und die Gedanken verwirrten sich. Nach all den Jahren schien es fast unbegreiflich, daß er hier saß, übers Buch gebeugt, als ob er noch auf der Schule wäre. Er paukte Regeln, bis die Sonne auf der andern Seite des Himmels herabstieg und die Zeit gekommen war, wo er zu Mendes da Costa zum Unterricht mußte. Auf dem Wege dahin ging er die Buitekant entlang, um die Oudezyds-Kapelle, um die Alte und die Südkirche herum, durch krumme Straßen mit Schmieden, Böttchern und Bilderläden. Die Luft in dem Stadtteil, in dem Mendes' Wohnung lag, war dumpf und stickig. Vollgepfropft mit sieben Stunden Latein und Griechisch und noch mehr Stunden niederländischer Geschichte und Grammatik, unterhielt Vincent sich mit Mendes gern über Lithographien.

Wenn er nach zweistündigem Unterricht nach Hause ging, blieb er gewöhnlich vor den Häusern stehen und sah ins Innere, wo Holzhacker, Tischler und Schiffsproviandhändler bei der Arbeit waren. Die Tür zu einem großen Weinkeller stand offen. In dem dunklen Gewölbe rannten Männer mit Lichtern hin und her.

Onkel Jan ging auf eine Woche nach Helvoort. Da Kay und Vos wußten, daß Vincent in dem großen Haus hinter der Werft allein sein werde, kamen sie eines Nachmittags spät, um ihn zum Essen abzuholen.

»Bis Onkel Jan zurück ist, mußt du jeden Abend kommen«, forderte Kay ihn auf. »Mutter möchte auch gerne wissen, ob du Lust hast, Sonntag zu uns zu Tisch zu kommen.« – – –

Nachdem sie gegessen hatten, wurde Karten gespielt. Vincent kannte das Spiel nicht, deswegen setzte er sich in eine ruhige Ecke und las August Grusons »Geschichte der Kreuzzüge«. Von seinem Platz aus konnte er Kay unbemerkt beobachten, den ständig wechselnden Ausdruck ihres Gesichts, ihr Lächeln, das etwas Herausforderndes hatte.

Sie stand auf und kam zu ihm. »Was liest du, Vetter Vincent?« fragte sie.

Er sagte es ihr. Dann setzte er hinzu: »Es ist ein feines, kleines Buch. Ich möchte fast sagen, es entstammt dem gleichen Gefühl wie die Werke von Thys Maris.«

Kay lächelte wieder. Immer machte er diese komischen literarischen Anspielungen. »Wieso Thys Maris?« fragte sie.

»Hier, lies das. Erinnert dich das nicht an ein Maris-Gemälde? Hier diese Zeilen, wo der Autor eine alte Burg hoch oben auf einem Berggipfel beschreibt, inmitten der im Zwielicht liegenden Herbstfelder, davor die dunklen Äcker mit einem Bauern, der mit einem weißen Pferd pflügt.«

Kay las. Vincent zog einen Stuhl für sie heran. Sie sah ihn an und überlegte. Die blauen Augen wurden nachdenklich.

»Ja«, sagte sie, »es ist tatsächlich wie ein Maris. Der Maler und der Schriftsteller benützen nur verschiedene Mittel, um dasselbe auszudrücken.«

Vincent nahm das Buch und ließ den Finger eine Zeile entlang gleiten. Er sprach lebhaft. »Diese Zeile könnte direkt von Carlyle oder Michelet kommen.«

»Weißt du, Vetter Vincent, für einen Mann, der so wenig Zeit zu regelrechtem Studium gehabt hat wie du, bist du erstaunlich gebildet. Liest du noch immer viele Bücher?«

Vos kam herüber und sagte: »Wir fangen ein neues Spiel an, Kay.«

Kay sah noch einmal in die lebendigen, wie Kohle glühenden Augen Vincents, dann nahm sie den Arm ihres Mannes und ging mit ihm zu den andern Kartenspielern zurück. –

Mendes da Costa wußte, daß Vincent sich gern mit ihm über die allgemeinen Fragen des Lebens unterhielt. Deswegen erfand er mehrmals in der Woche einen Vorwand, um ihn nach dem Unterricht begleiten zu können.

Eines Tages führte er Vincent durch die interessante Vorstadt, die sich vom Leidschen Hafen nahe beim Vondel-Park bis zum holländischen Bahnhof hinzieht. Hier in der Vorstadt waren überall Sägemühlen und Arbeiterhäuschen mit kleinen

Gärten; sie war dicht bevölkert. Das Viertel war von vielen kleinen Kanälen durchzogen.

»In solchem Viertel als Seelsorger zu wirken, muß wundervoll sein«, sagte Vincent.

»Ja«, erwiderte Mendes, stopfte seine Pfeife und reichte Vincent den kegelförmigen Tabakbeutel, »diese Leute hier brauchen Gott und die Religion mehr als unsere Freunde in der besseren Gegend.«

Sie gingen über eine kleine Holzbrücke, die zart wie die Brücken auf japanischen Holzschnitten war. Vincent hielt inne: »Was meinen Sie damit, Mijnheer?«

»Diese Arbeiter«, sagte Mendes mit einer leichten Bewegung des Armes, »haben ein schweres Leben. Wenn sie krank werden, reicht das Geld nicht für einen Arzt. Das Essen von morgen wird mit der Arbeit von heute verdient. Und die Arbeit ist schwer genug. Ihre Häuser sind klein und ärmlich, wie Sie sehen, Not und Entbehrung sind immer nahe. Sie brauchen den Gedanken an Gott, um wenigstens einen Trost zu haben.«

Vincent zündete die Pfeife an und ließ das Streichholz in den kleinen Kanal hinunterfallen. »Und die anderen in den vornehmen Vierteln?« fragte er.

»Sie haben gute Kleider, haben sichere Stellungen und Geld für Zeiten der Not. Für sie ist Gott ein wohlbekannter, alter Herr, der mit sich selbst zufrieden ist, weil ihm die Erde, die er schuf, gefällt.«

»Alles in allem«, sagte Vincent, »sie sind satt und stumpf.«

»Um Gottes willen«, rief Mendes aus, »das habe ich nicht gesagt.«

»Aber ich.«

An diesem Abend legte Vincent die griechischen Bücher aufgeschlagen vor sich hin. Seine Gedanken wanderten. Die Armenviertel Londons tauchten wieder vor ihm auf, all die Not und das Elend; von neuem regte sich der Wunsch in ihm, Evangelist zu werden und den Bedrückten zu helfen.

Sechs Monate waren seit seiner Ankunft in Amsterdam verflossen. Er fing langsam an zu verstehen, daß eifrige Arbeit noch lange kein Ersatz für natürliche Begabung ist. Er schob die Grammatiken beiseite und öffnete das Algebrabuch. Um Mitternacht kam Onkel Jan.

»Ich sah Licht unter der Tür, Vincent«, sagte der Vizeadmiral, »und der Nachtwächter sagte mir, er hätte dich um vier Uhr morgens schon in der Werft auf und ab gehen sehen. Wie viele Stunden arbeitest du eigentlich täglich?« –

»Je nachdem, zwischen achtzehn und zwanzig.«

»Zwanzig!« Onkel Jan schüttelte den Kopf. Dem Vizeadmiral fiel es schwer, sich an den Gedanken zu gewöhnen, daß es auch Versager in der Familie van Gogh geben könnte. »Das dürfte nicht nötig sein!«

»Ich muß die Arbeit schaffen, Onkel Jan.«

Onkel Jan zog die buschigen Augenbrauen in die Höhe. »Wie dem auch sei«, sagte er, »ich habe deinen Eltern versprochen, mich um dich zu kümmern, also geh gefälligst ins Bett und arbeite in Zukunft nicht so spät.«

Vincent schob die Hefte und Bücher beiseite. Er hatte kein Bedürfnis nach Schlaf. Er fühlte nur ein Bedürfnis: genug zu lernen, um die Prüfung bestehen und Geistlicher werden zu können. Er sehnte sich danach, für Gott praktische Arbeit auf Erden zu leisten.

Im Mai, ein Jahr nachdem er nach Amsterdam gekommen war, wurde es Vincent klar, daß er für rein formale Bildung kein Talent habe, daß er daran scheitern würde. Das war keine Tatsache, die man hinnehmen konnte, es war eine Niederlage.

Wenn es sich bloß darum gehandelt hätte, die Schwierigkeit, die in der Arbeit selbst lag, und seine offenbare Untauglichkeit dafür zu überwinden, hätte es ihn nicht weiter aufgeregt. Aber die Frage, die ihn Tag und Nacht quälte, war eine andere: Wollte er wirklich ein kluger und vornehmer Pastor werden, wie Onkel Stricker? Wenn er noch fünf Jahre länger nichts anderes tat, als Deklinationen und Formeln zu lernen, was würde da aus seinem Ideal? Wie konnte er sich dann dem Dienst an den Armen und Unterdrückten widmen?

Eines Nachmittags, spät im Mai, als die Unterrichtsstunde bei Mendes beendet war, fragte Vincent: »Mijnheer da Costa haben wohl Zeit, ein Stück mit mir zu gehen?«

Mendes hatte den wachsenden inneren Kampf in Vincent gespürt, er ahnte, daß der Jüngere den Punkt erreicht hatte, wo er sich zu einem Entschluß durchringen mußte.

»Ich komme gern mit«, entgegnete er.

Sie gingen durch die abendlichen Straßen und kamen an dem Haus, wo einmal Rembrandt gelebt hatte, vorbei.

»Er starb in Armut und Ungnade«, sagte Mendes.

Vincent sah schnell zu ihm auf: »Aber er war nicht unglücklich, als er starb.«

»Nein, das nicht«, sagte Mendes. »Er hatte seinen Gedanken und Gefühlen Ausdruck verliehen und kannte den Wert dessen, was er getan hatte. Er allein wußte, was sein Werk bedeutete!«

»War es denn damit gut, daß er es erkannte? Wenn er sich nun geirrt hätte? Was, wenn die Welt ein Recht gehabt hätte, ihn geringschätzig zu behandeln?«

»Was die Welt dachte, machte wenig aus; Rembrandt mußte malen, ob gut oder schlecht, das war gleichgültig. Im Malen lag für ihn das Wesen des Lebens, es machte ihn erst zum vollen Menschen. Der Hauptwert der Kunst, Vincent, liegt darin, daß sie dem Künstler die Möglichkeit gibt, sich selbst auszudrücken. Rembrandt erfüllte das, was er als den Zweck seines Lebens erkannte. Das rechtfertigte ihn. Selbst wenn seine Arbeit wertlos gewesen wäre, so wäre er doch tausendmal erfolgreicher gewesen, als wenn er den Willen zur Kunst in sich erstickt hätte. Und wäre er der reichste Kaufmann in Amsterdam geworden!«

»Ich verstehe.«

»Die Tatsache, daß Rembrandts Arbeit heute der ganzen Welt Freude bringt«, fuhr Mendes fort, als ob er nur den eigenen Gedanken nachginge, »ist gänzlich belanglos. Sein Leben war in sich vollendet und sinnvoll, als er starb, obwohl er ins Grab gehetzt worden ist. Das Buch seines Lebens war damit abgeschlossen, und es war ein schönes Werk.

Seine Beharrlichkeit und die Treue zu seiner Idee, das war das Wichtige. Nicht die Qualität seiner Werke.«

Sie blieben stehen und sahen den Männern zu, die Sand fortkarrten. Dann wanderten sie durch viele enge Gassen mit Gärten, die ganz von Efeu eingesponnen waren.

»Aber wie soll ein junger Mann wissen, daß er das Richtige gewählt hat, Mijnheer? Nehmen wir an, er denkt, daß er berufen sei, etwas Besonderes aus seinem Leben zu machen, und nachher entdeckt er, daß er es nicht war.«

Mendes zog das Kinn aus dem Mantelkragen, und seine schwarzen Augen leuchteten auf. »Schauen Sie, Vincent«, rief er, »wie der Sonnenuntergang die grauen Wolken zum Leuchten bringt.«

Sie hatten den Hafen erreicht. Die Masten der Schiffe und eine Reihe alter Häuser hoben sich gegen das Licht ab. Das Wasser der Zuidersee spiegelte alles wider. Mendes füllte seine Pfeife und reichte Vincent den Beutel. Sie gingen in freundlichem Schweigen nebeneinander her, dann sagte Mendes: »Man kann nie einer Sache für alle Ewigkeit sicher sein, Vincent. Man kann bloß Mut haben und den Willen, das zu tun, was man für richtig hält. Es kann sein, daß es falsch ist, aber dann hat man es wenigstens getan – ja, und das ist es, worauf es ankommt. Wir müssen nach bestem Ermessen handeln und es Gott überlassen, ein Urteil über den Wert des Werkes zu fällen. Wenn Sie in diesem Augenblick davon überzeugt sind, daß Sie auf die eine oder andere Weise dem Schöpfer dienen müssen, dann ist dieser Glaube der einzige Weiser in die Zukunft. Fürchten Sie sich nicht, und haben Sie volles Vertrauen.«

»Aber wenn ich nicht zu dieser Arbeit tauge?«

»Nicht dazu taugen, Gott zu dienen?« Mendes sah ihn mit einem scheuen Lächeln an.

»Nein, ich meine, wenn ich nicht dazu tauge, ein akademischer Pastor zu werden.«

Mendes wollte nicht auf Vincents persönliche Nöte eingehen, nur das Grundsätzliche konnte er lösen helfen. Die Entscheidung blieb bei Vincent.

»Jeder Mensch folgt seinem eigenen Gesetz, Vincent«, sagte er. »Und wenn er darauf hört und ihm wirklich folgt, muß sich zum Guten wenden, was er auch immer tut.«

»Wenn Sie Kunsthändler geblieben wären«, fuhr Mendes fort, »hätte die Lauterkeit Ihres Wesens dafür gebürgt, daß Sie ein guter Kunsthändler geworden wären. Dasselbe gilt für Ihren Unterricht. Sie werden eines Tages den vollkommenen Ausdruck für Ihr Wesen finden – wodurch, das ist ziemlich gleichgültig.«

»Und wenn ich nicht in Amsterdam bleibe und kein vollgültiger Theologe werde?«

»Darauf kommt es nicht an. Dann werden Sie als Prediger nach London zurückkehren, oder in einem Laden arbeiten, oder aber Bauer in Brabant werden. Aber was Sie auch tun werden, Sie werden es gut tun. Ich habe gespürt, daß Sie aus gutem Stoff gemacht sind. Manches Mal wird es Ihnen vorkommen, als hätten Sie versagt, aber schließlich werden Sie doch den Ausdruck, die Gestaltungsmöglichkeit finden, die Ihr Wesen verlangt, und dieser Ausdruck wird Ihr Leben rechtfertigen.«

»Ich danke Ihnen von Herzen, Mijnheer da Costa. Was Sie da sagen, zeigt mir den Weg.«

Am folgenden Tage stand Vincent in der Abenddämmerung am Fenster, das über den Werfthof hinaussah. In der Allee zeichneten sich die schlanken Pappeln mit ihren dünnen Ästen zart gegen den grauen Abendhimmel ab.

»Bedeutet die Tatsache, daß ich mich nicht zum Studium eigne«, fragte sich Vincent, »daß ich der Welt nichts nutzen kann? Was haben schließlich Latein und Griechisch mit Nächstenliebe zu tun? – Mein Wunsch ist es von jeher gewesen, praktisch im Dienste Gottes zu wirken, nicht aber Dreiecke und Kreise zu zeichnen. Ich habe niemals danach gestrebt, eine große Kirche zu haben und schön gesetzte Predigten zu halten. Ich gehöre dorthin, wo die Armen und Leidenden sind, und zwar *jetzt, nicht erst nach fünf Jahren!*«

In diesem Augenblick schlug die Glocke an, und der dichte Strom der Arbeiter begann durch das Tor zu strömen. Der Laternenanzünder kam, um die Laterne im Werfthof anzuzünden. Vincent wandte sich vom Fenster fort.

Er wußte, daß der Vater, Onkel Jan und Onkel Stricker im Laufe des vergangenen Jahres viel Zeit und Geld an ihn gewandt hatten. Sie würden der Meinung sein, daß ihre Bemühungen ganz umsonst gewesen seien, wenn er das Studium aufgab.

Aber hatte er sich nicht ernstlich bemüht? Mehr als zwanzig Stunden täglich konnte er schließlich beim besten Willen nicht arbeiten. Er hatte zu spät begonnen. Wenn er morgen als Prediger hinausging, um für Gottes Volk zu schaffen, würde das dann auch ein Versagen sein? Wenn er Kranke pflegte und heilte, Müde erquickte, Sünder tröstete, Ungläubige bekehrte, würde das alles ein Versagen sein?

Die Familie würde es wohl dafür halten. Sie würden behaupten, daß er es nie zu etwas bringen würde, daß er unnütz und undankbar sei, das schwarze Schaf in der Familie der van Goghs.

»Was immer Sie tun«, hatte Mendes gesagt, »Sie werden es gut tun. Schließlich werden Sie den Ausdruck finden, den Ihr Wesen verlangt. Das wird Ihr Leben rechtfertigen.«

Er packte schnell seinen Koffer und verließ, ohne sich zu verabschieden, das Haus.

Das Belgische Komitee für Unterricht im Evangelium, das aus den Herren Pastoren van den Brink, de Jong und Pietersen bestand, machte gerade eine neue Schule in Brüssel auf, wo kostenloser Unterricht erteilt wurde. Die Schüler hatten nur eine geringe Summe für Unterkunft und Verpflegung zu zahlen. Vincent stellte sich vor und wurde als Schüler aufgenommen.

»Nach Ablauf von drei Monaten«, sagte Pastor Pietersen, »werden wir Ihnen irgendwo in Belgien eine Anstellung geben.«

»Vorausgesetzt, daß er sich als befähigt erweist«, sagte Pastor de Jong finster zu Pietersen gewandt. De Jong hatte als Junge durch einen Maschinenunfall einen Daumen verloren. Das war der Grund, weshalb er zur Theologie gekommen war.

»Was bei unserer Arbeit verlangt wird, Herr van Gogh«, sagte Pastor van den Brink, »ist die Fähigkeit, volkstümliche und fesselnde Reden zu halten.«

Pietersen begleitete Vincent, als er die Kirche verließ, in der die Zusammenkunft stattgefunden hatte. Er nahm seinen Arm, als sie in die brennende Sonne Brüssels hinaustraten. »Ich bin froh, daß Sie zu uns gekommen sind, mein Sohn«, sagte er. »Es ist noch viel gute Arbeit in Belgien zu leisten, und aus Ihrer Begeisterung und Hingabe schließe ich, daß Sie sehr wohl fähig sind, diese Arbeit aufzunehmen.«

Vincent wußte nicht, was ihn mehr wärmte, die heiße Sonne oder die unverhoffte Freundlichkeit des Mannes. Sie gingen zusammen zwischen den Klüften der sechsstöckigen Steinhäuser die Straße hinunter. Vincent rang nach Worten Der Pastor blieb stehen.

»Hier muß ich Sie verlassen«, sagte er. »Da, nehmen Sie meine Karte; wenn Sie einmal einen freien Abend haben, besuchen Sie mich. Ich würde mich gern mehr mit Ihnen unterhalten.«

Mit Vincent zusammen waren es nur drei Schüler auf der Predigerschule. Sie waren Lehrer Bokma überlassen, einem kleinen, zähen Manne mit einem komisch nach innen gewölbten Gesicht.

Vincents Mitschüler waren neunzehnjährige Jungens vom Lande. Die beiden befreundeten sich sofort, und ihre Freundschaft wurde noch fester dadurch, daß sie sich gemeinsam über Vincent lustig machten.

Aber mit Schulmeister Bokma hatte es Vincent am schwersten. Bokma wollte seine Schüler zu guten Rednern machen. Jeden Abend mußten sie sich einen Vortrag einüben, den sie am folgenden Tage in der Klasse zu halten hatten. Die beiden Jungen machten sich glatte, jugendlich unreife Ansprachen zurecht, die sie fließend herunterleierten. Vincent arbeitete lange an seinen Predigten und legte sein Herz in jede Zeile. Hinter seinen Worten stand die Tiefe seines Gefühls. Wenn er dann aber in der Klasse aufstand, um seinen Vortrag zu halten, kamen die Worte schwer und holprig heraus.

»Wie können Sie nur glauben, ein Prediger zu sein, van Gogh«, fragte Bokma herausfordern, »wenn Sie nicht einmal sprechen können? Wer soll Ihnen denn zuhören?«

Bokmas Zorn erreichte den Höhepunkt, als Vincent sich glatt weigerte, ex tempore zu sprechen. Er arbeitete bis spät in die Nacht, um gehaltvolle Vorträge zusammenzustellen. Jedes Wort schrieb er sorgfältig auf und feilte an dem französischen Text, bis auch sprachlich alles sauber und schön dastand. Am nächsten Tag sprachen die beiden Jungens in der Klasse mühelos über den Herrn Jesus und die Erlösung. Nur gelegentlich sahen sie einmal in ihr Konzept. Bokma nickte anerkennend. Dann kam Vincent an die Reihe. Er legte sein Manuskript vor sich hin und fing an abzulesen. Bokma hörte nicht einmal zu.

»Van Gogh, noch nie hat jemand meine Klasse verlassen, der nicht ohne lange Vorbereitung ex tempore sprechen konnte und imstande war, seine Zuhörer durch seinen Vortrag zu fesseln und zu rühren.«

Vincent versuchte es, aber er konnte sich nicht an den logischen Ablauf der Gedanken, die er am Abend vorher aufgeschrieben hatte, erinnern. Die Mitschüler lachten laut über seine stolpernden Versuche. Bokma lachte mit. Vincents Nerven waren aufs äußerste gespannt.

»Herr Bokma«, erklärte er, »ich werde meine Predigten so sprechen, wie ich es für richtig halte. Meine Arbeit ist gut, und ich verbitte mir Ihre Beleidigungen.«

Bokma war außer sich. »Sie werden es so machen, wie ich es verlange«, schrie er, »oder ich verbiete Ihnen die Teilnahme an meinem Unterricht.«

Von da an war offener Kampf zwischen den beiden Männern. Vincent schrieb viermal so viele Predigten, als von ihm verlangt wurden, er arbeitete nachts, denn er fand keinen Schlaf. Er verlor den Appetit, wurde mager und nervös.

Im November wurde er vor das Komitee geladen. Die Ernennungen sollten bekanntgemacht werden. Endlich waren alle Hindernisse aus dem Wege geräumt, und er fühlte eine etwas müde Genugtuung. Als er zur Kirche kam, waren seine beiden Mitschüler bereits anwesend. Pastor Pietersen sah ihn nicht an, als er hereinkam, dafür aber maß ihn Bokma mit einem eigentümlichen Blick.

Pastor de Jong beglückwünschte die Jungen zu ihrer erfolgreichen Arbeit und gab ihnen Stellen in Hoogstraeten und Etiehove. Sie verließen den Raum Arm in Arm.

»Monsieur van Gogh«, sagte de Jong, »das Komitee hat leider den Eindruck nicht gewinnen können, daß Sie genügend vorbereitet sind, um dem Volk das Wort Gottes zu bringen. Ich muß zu unserm Bedauern sagen, daß wir keine Stellung für Sie haben.«

Es verging eine Zeit, ehe Vincent, ganz benommen, fragen konnte: »Was war mit meiner Arbeit nicht in Ordnung?«

»Sie haben den Gehorsam verweigert. Das erste Gebot der Kirche aber ist absoluter Gehorsam. Außerdem haben Sie nicht gelernt, ex tempore zu reden. Ihr Lehrer hat das Gefühl, daß Sie nicht befähigt sind, Predigten zu halten!«

Vincent sah auf Pastor Pietersen, aber sein Freund sah starr aus dem Fenster. »Was soll ich nun tun?« fragte er ins Leere.

»Sie können noch einen Sechsmonatskurs in der Schule mitmachen, wenn Sie das wollen«, antwortete van den Brink. »Vielleicht wäre es nach Ablauf dieser Zeit . . .«

Vincent starrte auf seine groben, klobigen Schuhe herunter. Im Augenblick schien ihn nichts weiter zu beschäftigen als die Entdeckung, daß das Leder überall brüchig war. Kein Wort der Entgegnung fiel ihm ein, deswegen wandte er sich schweigend um und ging stumm davon.

Er durcheilte die Straßen der Stadt und fand sich plötzlich in Laeken. Warum er lief, wußte er nicht. Er ging mit langen schnellen Schritten auf dem Leinpfad weiter. Aus den Werkstätten drang das Geräusch geschäftiger Arbeit. Bald lagen die Häuser hinter ihm, er kam auf offenes Feld. Ein alter Schimmel, der von einem Leben harter Arbeit abgetrieben und mager aussah, stand dort. Der Ort war einsam und verlassen. Auf der Erde lag der Schädel eines Pferdes und im Hintergrund, bei der Hütte des Abdeckers, das gebleichte Skelett des Tieres.

Langsam verließ ihn die dumpfe Benommenheit, das Gefühl kehrte zurück. Er griff nach seiner Pfeife, aber sie schmeckte ihm bitter. Er setzte sich auf einen Holzklotz, der auf dem Felde lag. Der alte Schimmel kam herüber und rieb die Nase gegen Vincents Rücken. Er drehte sich um und streichelte zärtlich den dürren Nacken des Pferdes.

Als er auf sein Zimmer zurückkam, fand er Pastor Pietersen dort. »Ich bin hergekommen, um Sie zum Essen einzuladen, Vincent«, sagte er.

Sie begegneten auf ihrem Weg überall Arbeitern, die zum Abendbrot heimkehrten. Pietersen redete von alltäglichen Dingen, als wäre gar nichts geschehen. Dann führte er Vincent in das Vorderzimmer, das er in ein Atelier verwandelt hatte. An den Wänden hingen einige Aquarelle, und in einer Ecke stand eine Staffelei.

»Oh«, sagte Vincent. »Sie malen. Das habe ich nicht gewußt.«

Pietersen war verlegen. »Ich bin nur ein Dilettant«, antwortete er. »Ich zeichne ein bißchen in meiner freien Zeit – nur so, zur Erholung. Vielleicht sagen Sie es besser nicht meinen Amtsbrüdern.«

Sie setzten sich zu Tisch. Pietersen hatte eine Tochter, ein scheues, zurückhaltendes Mädchen von fünfzehn Jahren, das niemals die Augen vom Teller hob. Pietersen fuhr fort, von belanglosen Dingen zu sprechen, während Vincent sich aus Höflichkeit zwang, ein paar Bissen herunterzuwürgen. Plötzlich horchte er auf.

»Die Borinage«, sagte sein Gastgeber gerade, »ist ein Bergwerksbezirk. Fast die ganze Bevölkerung arbeitet dort in den Gruben. Sie ist stets von tausend sich immer wiederholenden Gefahren umgeben, und dabei ist ihr Lohn so gering, daß er kaum genügt, um Leib und Seele zusammenzuhalten. Sie wohnen in verfallenen Hütten. Ihre Frauen und Kinder verbringen darin den größten Teil des Jahres, von Hunger, Fieber und Kälte gequält.«

Vincent überlegte, warum Pietersen ihm das erzählte. »Wo liegt die Borinage?« fragte er.

»In Südbelgien, in der Nähe von Mons. Ich habe kürzlich dort einige Zeit zugebracht und – Vincent, wenn jemals ein Volk einen Mann brauchte, der zu ihnen predigt und sie tröstet, so sind es die Bewohner der Borinage.«

Vincent blieb der Bissen im Halse stecken. Er legte die Gabel nieder. Warum spannte ihn Pietersen auf die Folter?

»Vincent«, sagt der Pastor, »warum gehen Sie nicht in die Borinage? Mit Ihrer Kraft und Ihrer Begeisterung könnten Sie dort viel Gutes wirken!«

»Aber wie kann ich? Das Komitee . . .«

»Ja, ich weiß. Ich habe vor einigen Tagen an Ihren Vater geschrieben und ihm einen klaren Überblick über die Lage gegeben. Nun erhielt ich heute nachmittag seine Antwort. Er schreibt, er sei bereit, Sie in der Borinage so lange zu unterstützen, bis ich eine richtige Stelle für Sie besorgt habe.«

Vincent sprang auf. »Sie wollen mir also eine Stelle besorgen?«

»Ja, aber Sie müssen mir etwas Zeit lassen. Wenn das Komitee sieht, was für wertvolle Arbeit Sie leisten können, wird es sicher nachgeben. Und wenn nicht – nun, de Jong und van den Brink werden schon eines Tages zu mir kommen, um mich um eine Gefälligkeit zu bitten. Dann kann ich als Gegenleistung – – Die Armen in diesem Lande brauchen Männer wie Sie, Vincent. Gott ist mein Richter. Jedes Mittel ist recht, das Sie dorthin bringt.«

Als sich der Zug dem Süden näherte, tauchte am Horizont eine Gruppe von Bergen auf. Nach dem monotonen Flachland von Flandern fühlte sich Vincent bei diesem Anblick freudig erleichtert. Nachdem er die Berge einige Augenblicke lang betrachtet hatte, entdeckte er, daß sie höchst merkwürdig waren. Jeder Berg stand gänzlich allein, erhob sich jäh und ohne Übergang aus dem flachen Land.

»Schwarzes Ägypten«, sagte er leise vor sich hin, während er vom Fenster her die lange Kette phantastisch geformter Pyramiden scharf ins Auge faßte. Er wandte sich an einen Mann, der neben ihm saß, und fragte: »Können Sie mir sagen, wie diese Berge entstanden sind?«

»Gerne«, erwiderte der Nachbar, »sie sind aus Terril, aus den Schlacken, die mit der Kohle aus der Erde gefördert werden. Sehen Sie dort den kleinen Karren, der eben die Spitze des Hügels erreicht? Behalten Sie ihn einen Augenblick im Auge.«

Während er sprach, legte sich der Karren auf die Seite und spie eine schwarze Wolke aus, die sich den Abhang herunterwälzte. »Da, sehen Sie«, sagte der Mann, »so entstehen sie! Seit fünfzig Jahren sehe ich, wie sie täglich um ein winziges Stückchen höher wachsen.«

Der Zug hielt in Wasmes. Vincent stieg aus. Die Kleinstadt lag tief in einem öden Tal. Die Sonne stand schon im Westen, aber eine dicke Schicht Kohlendunst lag zwischen Vincent und dem Himmel. Wasmes wand sich in zwei Reihen schmutziger roter Ziegelhäuser mühsam den Abhang hinauf. Dort, wo kurz vor dem Gipfel die Ziegelhäuser aufhörten, lag Petit Wasmes.

Während er den langen steilen Weg heraufging, überlegte sich Vincent, warum der Ort einen so verlassenen Eindruck machte. Nirgends war ein Mann zu erblicken, gelegentlich stand eine Frau in der Tür, ihr Gesicht war stumpf und ausdruckslos.

Petit Wasmes war ein Bergarbeiterdorf. Es besaß nur ein einziges Haus aus Ziegelsteinen, die Wohnung von Jean Baptiste Denis, die auf der Höhe des Hügels lag. Zu diesem Haus ging Vincent. Denis hatte an Pastor Pietersen geschrieben und sich erboten, falls ein Prediger in den Ort geschickt werden sollte, ihm Kost und Logis zu geben.

Madame Denis hieß Vincent herzlich willkommen. Sie führte

ihn durch die warme Bäckereistube mit dem Geruch der frischen Brote und zeigte ihm sein Zimmer, eine kleine Dachkammer, von deren Fenster aus man auf die Rue Petit Wasmes hinuntersehen konnte. Das Zimmerchen war von Madame Denis' kräftigen Händen sauber geschrubbt. Vincent fühlte sich sofort wohl. Er war so aufgeregt, daß er nicht einmal seine Sachen auspacken konnte – er lief die ungestrichenen Holztreppen herunter in die Bäckerei, um Madame Denis mitzuteilen, daß er noch in den Ort wollte, um sich ein bißchen umzusehen.

»Vergessen Sie nicht das Abendbrot«, sagte sie. »Wir essen um fünf.«

Vincent mochte Madame Denis gerne. Er fühlte, daß sie Verständnis für viele Dinge hatte, ohne daß sie lange darüber nachzudenken brauchte. »Ich werde zurück sein, Madame«, sagte er. »Ich möchte bloß meine neue Umgebung etwas kennenlernen.«

»Wir haben heute abend einen Freund zu Besuch, den Sie treffen sollten. Er ist Werkmeister und kann Ihnen vieles sagen, was Ihnen bei Ihrer Arbeit von Nutzen sein wird.«

Es hatte heftig geschneit. Als Vincent den Weg hinunterging, sah er, wie selbst die Dornenhecken, die Gärten und Felder umgaben, verrußt waren von dem Rauch, der Stunde für Stunde aus den Schloten der Bergwerke quoll. Östlich vom Haus der Denis befand sich eine tiefe Schlucht, in der die Hütten der Bergarbeiter lagen. An der andern Seite breitete sich ein weites offenes Feld, aus dem sich einer der schwarzen Terrilberge erhob. Überall ragten die Schornsteine der Kohlenbergwerke, in denen die größte Zahl der Bergarbeiter von Petit Wasmes arbeitete. Jenseits des Feldes war ein Hohlweg, ganz von Dorngebüsch überwuchert und von den Wurzeln knorriger Bäume zerrissen.

Marcasse war nur eins von den sieben Bergwerken, die der »Charbonnage Belgique« gehörten, aber es war die älteste und gefahrenreichste Grube. Sie stand in schlechtem Ruf, schon viele Menschen hatten dort ihr Leben lassen müssen, sei es beim Ein- oder Ausfahren, durch giftige Gase, Explosionen, Wassereinbruch oder den Einsturz alter Tunnel. Über Tag lagen zwei niedrige Ziegelgebäude. Dort standen die Maschinen, die die Kohlen heraufbrachten, dort wurde die Kohle sortiert und in Karren gekippt. Aus den hohen Schornsteinen, deren Ziegel früher einmal gelb gewesen waren, quoll Tag und Nacht dichter schwarzer Rauch, der sich über alles legte, was in der Nähe war. Um den Marcasse herum lagen die Hütten der armen Bergleute, abgestorbene Bäume, rauchgeschwärzte Dornenhecken, Müll- und Schutthaufen, aufgeschüttete unbrauchbare Kohle, alles überragt von dem schwarzen Berg. Es war ein düsterer Ort, auf den ersten Blick schien Vincent alles trostlos und verlassen.

»Kein Wunder, daß dies das ›Schwarze Land‹ genannt wird«, sagte er sich.

Nach einiger Zeit begannen die Bergleute aus den Toren zu strömen. Sie waren in groben, zerfetzten Kleidern und hatten Lederhüte auf den Kopf gestülpt. Die Frauen trugen die gleiche Kleidung wie die Männer. Alle waren völlig schwarz und sahen wie Schornsteinfeger aus. Das Weiß der Augen stach merkwürdig aus den kohlegeschwärzten Gesichtern hervor. Der Glanz der schwachen Nachmittagssonne tat ihren Augen weh, denn sie hatten seit dem Morgengrauen im Dunkel der Erde gearbeitet. Geblendet stolperten sie aus den Toren, sie sprachen miteinander in schnellem, unverständlichem Dialekt. Sie waren klein, hatten schmale Schultern und knochig magere Glieder.

Jetzt verstand Vincent, warum das Dorf am Nachmittag so leer gewesen war. Das wirkliche Petit Wasmes war nicht das kleine Häufchen Hütten in der Schlucht, sondern die vielfach gewundene Stadt lief unter der Erde, wo beinahe die ganze Bevölkerung den größten Teil ihrer Zeit verbrachte.

»Jacques Verney hat sich selbst hochgearbeitet«, erzählte Madame Denis Vincent beim Abendbrot, »er ist aber trotzdem ein treuer Freund der Bergarbeiter geblieben.«

»Ist das so etwas Besonderes?«

»O ja, Monsieur Vincent. Nicht alle, die hochkommen, bleiben den Arbeitern treu. Sobald sie von Petit Wasmes nach Wasmes gezogen sind, fangen die meisten an, die Dinge mit andern Augen zu sehen. Das ist schnell vergessen, daß sie selbst einmal wie die Sklaven in den Bergwerken geschuftet haben. Für Geld und gute Worte stehen sie für die Interessen der Besitzenden ein. Mit Jacques ist das anders, der ist treu und ehrlich. Wenn Streiks sind, ist er der einzige, auf den die Bergarbeiter hören. Aber er hat nicht mehr lange zu leben, der Arme!«

»Was fehlt ihm denn?« fragte Vincent.

»Ach, das alte Leiden: kranke Lungen. Jeder, der unter Tag arbeitet, holt sich das. Wahrscheinlich wird er den Winter nicht überleben.«

Etwas später trat Jacques Verney ein. Er war klein, mit hängenden Schultern und den tiefen, melancholischen Augen der Leute aus der Borinage.

Aus Ohren und Nase hingen ihm zottige Haarbüschel, über den leicht entzündeten Lidern standen buschige Augenbrauen, aber der Kopf war kahl. Als er hörte, daß Vincent Prediger war und den Bergarbeitern helfen wollte, seufzte er tief auf: »Ach, Herr«, sagte er, »das hat schon mancher versucht – aber hier läßt sich nichts ändern.«

»Sind die Verhältnisse in der Borinage denn so schlecht?« fragte Vincent.

Jacques schwieg einen Augenblick, dann sagte er: »Nicht gerade für mich selbst. Meine Mutter hat mir etwas Lesen beigebracht, und da hat man mich schließlich zum Werkmeister gemacht. Ich habe ein Häuschen am Weg, der nach Wasmes führt, und zu hungern brauchen wir nicht. Ich kann mich also eigentlich nicht beklagen...« Ein heftiger Hustenanfall unterbrach seine Rede. Vincent hatte das Gefühl, als müßte die Erschütterung dem Ärmsten den Brustkasten auseinandersprengen. Endlich konnte Jacques weitersprechen.

»Sie verstehen, Herr, ich war schon neunundzwanzig, als ich Werkmeister wurde. Da waren die Lungen schon kaputt.

Trotzdem, es ist mir nicht schlecht gegangen in den letzten Jahren. Aber die Bergarbeiter...«

Er blickte zu Madame Denis hinüber und fragte: »Was meinen Sie? Soll ich ihn mit zu Henri Decrucq hinunternehmen?«

»Warum nicht? Es kann nichts schaden, die Wahrheit zu hören.«

Jacques Verney wandte sich, als müßte er um Entschuldigung bitten, wieder an Vincent: »Schließlich bin ich eben doch ein Werkmeister, Herr, und schulde ›denen‹ eine gewisse Treue. Aber Henri – der wird's Ihnen schon zeigen, wie's ist.«

Vincent trat mit Jacques in die kalte Nacht hinaus. Die Schlucht, in der die Bergarbeiterhütten lagen, nahm sie auf.

Einfache, aus einem Raum bestehende Holzschuppen, das waren die Wohnungen der Bergarbeiter. Der Anlage lag kein Plan zugrunde, sie waren hingesetzt, wo und wie es gerade kam. Sie standen in irrsinnigen Winkeln zueinander und bildeten ein Labyrinth von schmutzigen Gäßchen, durch das nur ein Eingeweihter hindurchfinden konnte. Vincent stolperte hinter Jacques her, überall waren Steine, Baumstämme und Kehrichthaufen im Wege. Decrucqs Hütte lag etwa auf halber Höhe. Durch das kleine Hinterfenster schimmerte Licht. Madame Decrucq machte ihnen auf.

Die Hütte, in der die Decrucqs lebten, war genau wie all die andern, die in dieser Schlucht lagen. Festgetretene Erde bildete den Fußboden, das Dach war mit Moos gedeckt und zwischen die auseinanderklaffenden Balken waren Leinwandfetzen gestopft, damit der Wind nicht durch die Löcher pfeifen konnte. Im Hintergrund stand in jeder Ecke ein Bett. In dem einen schliefen schon die drei Kinder. Das Mobiliar bestand aus einem brüchigen Ofen, einem Holztisch mit Bänken rundherum und einem Stuhl. Eine Kiste war an die Wand genagelt und diente als Geschirrschrank. Wie fast alle in der Borinage hielten die Decrucqs sich Kaninchen und eine Ziege, um wenigstens gelegentlich einmal einen Braten zu haben. Die Ziege schlief unter dem Bett der Kinder, und die Kaninchen hatten eine Strohhütte hinterm Ofen.

Madame Decrucq hatte bis zu ihrer Hochzeit mit ihrem Mann jahrelang in der gleichen Schicht gearbeitet. Sie war vorzeitig gealtert, blaß und abgezehrt und fast verbraucht. Dabei war sie noch nicht einmal ganze sechsundzwanzig Jahre alt.

Decrucq sprang auf, als er Jacques eintreten sah. »Sieh da«, rief er, »Ihr seid lange nicht mehr hier gewesen. Das ist fein, daß Ihr Euch wieder einmal sehen laßt. Und das ist Ihr Freund? Herzlich willkommen!«

Decrucq behauptete stolz, daß er der einzige Mann in der Borinage sei, den die Gruben nicht kriegen würden. »Ich werde an Altersschwäche sterben – im Bett«, pflegte er zu sagen. »Mich bringen sie nicht um, weil ich es nicht zulassen werde!«

Er hatte eine große Narbe auf dem Kopf, das Fleisch schien durch die Haare hindurch. Das hatte er als Erinnerung zurückbehalten an damals, als der Förderkorb, mit dem sie einfuhren, plötzlich hundert Meter heruntersauste. Die andern neunundzwanzig hatten daran glauben müssen, er kam mit der »leichten« Schramme davon. Ein andermal knickten dort die Steifen zusammen, wo er arbeitete, fünf Tage lang war er unten eingeschlossen – davon hinkte er nun und mußte sein Bein mühselig nachziehen. Dann war er einmal bei einer Explosion von Grubengasen gegen einen Kohlenwagen geschleudert worden und hatte sich dabei drei Rippen gebrochen, die nie wieder ganz in Ordnung kamen. Aber er war ein richtiger Kampfhahn, durch nichts unterzukriegen. Er wurde immer dort angesetzt, wo die Arbeit am schwierigsten und die Gefahren am größten waren. Die Gesellschaft mochte ihn nicht, weil er mit seiner Meinung über die unmenschlichen Verhältnisse nicht hinterm Berg hielt. Je mehr man ihm auflud, desto leidenschaftlicher entflammte sein Zorn gegen »die Großen« und auch gegen die unbekannten, unsichtbaren, aber stets gegenwärtigen Feinde.

»Monsieur van Gogh«, sagte er, »Sie haben sich den richtigen Platz ausgesucht. Wir hier in der Borinage, wir sind nicht nur Sklaven, wir sind Vieh. Um drei Uhr früh fahren wir ein in den Marcasse, fünfzehn Minuten Ruhe- oder Mittagspause, und dann wird weitergearbeitet bis um vier Uhr nachmittags. Schwarze Nacht ist da unten, Herr, und eine Höllenhitze. Da braucht man keine Kleider, da kann man nackt arbeiten. Kohlenstaub und giftige Gase gibt es genug, kaum daß man atmen kann. Wir müssen auf den Knien rutschen, um die Kohle 'rauszukriegen, denn Platz zum Geradestehen gibt es nicht. So mit acht, neun Jahren fängt das an, ganz gleich, ob Junge oder Mädel. Mit zwanzig ist dann das Fieber da, und die Lunge hat ihren Knacks weg. Wenn wir nicht vorher durch Grubengas sterben oder sonst einen kleinen Unfall haben, können wir vierzig Jahre alt werden, bis die Schwindsucht uns holt. Schwindle ich, oder ist das die Wahrheit, Verney?«

Vincent hatte ihm kaum folgen können, denn Decrucq hatte Dialekt geredet, der in der Erregung noch schwerer verständlich war als gewöhnlich. Seine Augen glühten im Zorn.

»Du hast recht, Decrucq, so ist es«, sagte Jacques.

Madame Decrucq hatte sich aufs Bett gehockt. Der schwache Schein der Petroleumlampe drang kaum bis zu ihr hin, sie saß halb im Schatten. Sie lauschte angespannt auf das, was ihr Mann erzählte, obwohl sie es schon tausendmal gehört hatte. Die Jahre der harten Arbeit, die Geburt von drei Kindern, die bitterkalten Winter hier in der Hütte, durch die der Wind trotz der zugestopften Ritzen fuhr, hatten ihr jeden Lebensmut und alle Widerstandskraft genommen.

Decrucq wandte sich Vincent zu: »Und was ist unser Lohn, Herr? Eine Hütte mit einer einzigen Stube und gerad genug zum Essen, damit wir noch eine Haue schwingen können. Und was für ein Essen: Brot, saurer Käse, schwarzer Kaffee. Wenn wir Glück haben, auch ein- oder zweimal im Jahr Fleisch! Wenn man uns auch nur 50 Centimes pro Tag abzöge, dann könnten wir glatt verhungern. Wir könnten ihnen dann ihre Kohle nicht mehr 'raufholen, das ist der einzige

Grund, warum sie uns keinen geringeren Lohn bezahlen. An jedem Tag unseres Lebens spazieren wir am Rande des Todes, mein Herr. Wenn wir krank werden, gibt es nicht einen Franc mehr, wenn wir krepieren, müssen unsere Frauen und Kinder von den Nachbarn durchgefüttert werden. Vom achten bis zum vierzigsten Jahr – zweiunddreißig Jahre lang – hocken wir in der finsteren Erde, und dann buddelt man uns ein Loch da drüben hinterm Hügel – dann können wir ausruhen und vergessen.«

Vincent fand, daß die Arbeiter unwissend und ungebildet waren. Die meisten konnten nicht einmal lesen, dabei waren sie intelligent, tapfer, freimütig und aufgeschlossen, ihre schwierige Arbeit verrichteten sie schnell und geschickt. Das Fieber hatte sie alle gezeichnet, sie waren blaß und dünn, sahen überanstrengt und unterernährt aus. Nur sonntags kamen sie einmal in die Sonne. Sie hatten die tiefliegenden, melancholischen Augen der Unterdrückten, die sich gegen ihr Elend nicht wehren können. Vincent mochte sie gern. Es waren einfache und gute Menschen, ihr Wesen erinnerte ihn an den ihm vertrauten Menschenschlag aus Zundert und Etten. Das Gefühl der Verlassenheit, das die Landschaft ihm eingeflößt hatte, verlor sich. Er erkannte, daß die Borinage einen ausgeprägten eigenen Charakter hatte, der zu ihm sprach.

Nach einigen Tagen hielt Vincent seine erste Predigt. Die Gemeinde versammelte sich in einem Schuppen hinter der Bäckerei. Er hatte ihn vorher gründlich gereinigt und dann die Bänke hineingestellt. Um fünf Uhr erschienen die Bergarbeiter mit ihren Familien. Eine einzige Petroleumlampe verbreitete ein kümmerliches Licht. Die Leute saßen im Dunkel auf den roh zugehauenen Bänken. Aufmerksam beobachteten sie Vincent, der, über seine Bibel geneigt, vor ihnen stand. Die Mützen behielten sie auf dem Kopf, und die Wollschals hatten sie fest um den Hals gezogen, denn der Raum war ungeheizt.

Vincent suchte lange, um die geeignete Bibelstelle für seine

erste Predigt zu finden. Schließlich wählte er Apostelge-
schichte XVI, 9. »Und Paulus erschien ein Gesicht bei der
Nacht; das war ein Mann aus Mazedonien, der stand und bat
ihn und sprach: Komm herüber nach Mazedonien und hilf
uns.«

»Wir müssen uns den Mazedonier als einen Arbeiter vorstellen, meine Freunde«, sagte er, »als einen Arbeiter, dem
Leid, Sorge und Müdigkeit ihre Zeichen ins Gesicht gegra-
ben haben. Er ist nicht ohne Glanz und Größe, denn er besitzt eine unsterbliche Seele. Was ihm not tut, ist die Nahrung, die nicht verderben kann: Gottes Wort. Gott will, daß
der Mensch sich das Leben Jesu Christi als Vorbild nehme,
bescheiden lebe wie er, nicht mit hochtrabenden Zielen
seine Zeit vergeude, sondern des Wortes aus der Heiligen
Schrift eingedenk bleibe: Selig sind die Einfältigen und die
Sanftmütigen, denn ihrer ist das Himmelreich, und sie werden Gott schauen.« – – –

Im Dorf waren viele Kranke, und jeden Tag machte Vincent
wie ein Arzt die Runde. Wenn er nur irgend konnte, brachte
er ihnen ein paar Tropfen Milch oder ein Stückchen Brot
mit, für den einen hatte er ein Paar wollene Strümpfe, für
den andern eine warme Decke. Dann kam der Typhus, und
ein bösartiges Fieber ging um, quälende Träume und Angst-
vorstellungen trieben die Menschen fast zum Wahnsinn.
Die Zahl der Bergarbeiter, die, ausgemergelt, elend und
schwach, auf das Krankenlager geworfen wurden, stieg von
Tag zu Tag.

Ganz Petit Wasmes nannte ihn nur noch Monsieur Vincent.
Sie hatten Zuneigung und Vertrauen zu ihm, wenn auch
die Zurückhaltung, die sie jedem Fremden gegenüber übten,
noch nicht völlig gewichen war.

Kurz vor Weihnachten stieß Vincent in der Nähe der Marcasse auf einen großen verlassenen Stall, der an hundert
Menschen aufnehmen konnte. Es war ein kahler, kalter und
trostloser Raum, aber die Bergarbeiter füllten ihn bis zur
Tür. Andächtig hörten sie Vincent zu, der ihnen die Geschichte von Bethlehem und vom Frieden auf Erden erzählte.

Seit sechs Wochen weilte er nun in der Borinage; er hatte mit angesehen, wie die Zustände von Tag zu Tag schlechter wurden. Aber nun konnte er hier, in einem einfachen Stall, den nur ein paar schwelende Lampen schwach erhellten, den frierenden Bergarbeitern Jesus Christus bringen und ihre Herzen durch die Verheißung des nahenden Himmelreiches erwärmen.

Nur eins machte ihm Kummer und trübte die Freude, die ihm die Arbeit bereitete: noch immer mußte sein Vater ihn unterstützen. Jeden Tag betete er darum, daß die Zeit kommen möge, in der er selbst die paar Francs verdienen würde, die er brauchte, um seinen bescheidenen Lebensunterhalt zu bestreiten.

Das Wetter wurde abscheulich. Die ganze Gegend war mit schwarzen Wolken verhängt. Der Regen fiel in Strömen, die Hohlwege verwandelten sich in schlammige Bäche. Am Neujahrstag ging Jean Baptiste nach Wasmes hinunter und kam mit einem Brief für Vincent zurück. Links oben auf dem Briefumschlag stand der Name von Ehrwürden Pietersen. Vincent lief vor Aufregung zitternd in sein Dachstübchen. Der Regen peitschte gegen das Dach, aber er hörte ihn nicht. Mit ungeschickten Fingern riß er den Briefumschlag auf und las:

»Lieber Vincent,
Das Komitee zur Verbreitung des Evangeliums hat von Ihrer großartigen Arbeit gehört und bietet Ihnen deshalb vorläufig eine Beschäftigung für die nächsten sechs Monate an, d. h. also vom 1. Januar ab.
Sollte bis Ende Juni alles gut gehen, so werden Sie fest angestellt. In der Zwischenzeit beziehen Sie ein Gehalt von fünfzig Francs.
Schreiben Sie mir oft und halten Sie den Kopf hoch!
                    Herzlichst Ihr
                                        Pietersen«

Jubelnd warf er sich aufs Bett, seine Hände umklammerten den Brief. Er hatte es also doch erreicht. Endlich hatte er seine Lebensarbeit gefunden! Das war es, was er sich von jeher gewünscht hatte, nur hatten Kraft und Mut ihm gefehlt, um geradewegs draufloszusteuern. Fünfzig Francs Monatsgehalt – mehr als genug, um Kost und Logis zu zahlen. Nie, nie wieder brauchte er von irgend jemand abhängig zu sein!

Er setzte sich an den Tisch und schrieb seinem Vater einen jubelnden, triumphierenden Brief. Er teilte ihm mit, daß er seine Hilfe nun nicht mehr brauche, daß er von nun ab seiner Familie nur Ehre und Freude machen würde. Als er fertig war, dämmerte es bereits; drüben, über dem Marcasse zuckten die Blitze, grollte der Donner. Er lief die Treppen hinab, durch die Küche und stürzte fröhlich in den Regen hinaus. Madame Denis rannte ihm nach.

»Monsieur Vincent! Wo gehen Sie hin? Sie haben Mantel und Hut vergessen!«

Vincent lief weiter, ohne ihr Antwort zu geben. Er lief zum nahen Hügel.

In der Ferne konnte er ein großes Stück der Borinage sehen: Schornsteine, Kohlenhaufen, Bergarbeiterhütten und hin und her laufende Gestalten, die eben aus den Gruben kamen und nun wie ein Ameisenhaufen durcheinanderwimmelten. Gegen den dunklen Kiefernwald am Horizont zeichneten sich klar die kleinen weißen Hütten ab, und in noch weiterer Ferne standen ein Kirchturm und eine alte Mühle. Ein leichter Nebel hing über der Landschaft. Wolkenschatten jagten darüber hin. Der Wechsel von Hell und Dunkel machte einen phantastischen Eindruck. Plötzlich mußte er an Bilder von Michel und Ruisdael denken.

Da Vincent nun bestallter Prediger war, brauchte er einen Raum, wo er regelmäßig Zusammenkünfte abhalten konnte. Er mußte ziemlich lange suchen, ehe er tief in der Schlucht, an dem kleinen Weg, der durch die Kiefernwälder führt, ein geräumiges Haus fand. Man nannte es allgemein den »Salon du Bébé«, da dort die Kinder der Gemeinde früher einmal tanzen gelernt hatten. Nachdem Vincent alle seine Bilder an den Wänden angebracht hatte, machte das Haus einen anheimelnden Eindruck. Jeden Nachmittag versammelte er nun hier die Kinder im Alter von vier bis acht Jahren. Er lehrte sie lesen und erzählte ihnen die wichtigsten biblischen Geschichten. Für die meisten war dies der einzige Unterricht, den sie je im Leben erhielten.

»Wo bekommen wir Kohlen her?« Vincent stellte die Frage an Jacques Verney, der ihm beim Erwerb des Hauses behilflich gewesen war. »Die Kinder dürfen nicht frieren. Und dann können im geheizten Raum auch die Zusammenkünfte länger dauern.«

Jacques dachte einen Augenblick nach, dann sagte er: »Seien Sie morgen mittag hier, dann zeige ich Ihnen, wie Sie sich Kohle verschaffen können.«

Als Vincent am nächsten Tage zum Versammlungshaus kam, fand er bereits eine Gruppe von Frauen und Töchtern der Bergarbeiter versammelt. Sie hatten schwarze Blusen und lange schwarze Röcke angezogen und blaue Tücher um den Kopf geknotet. Alle hatten Säcke mitgebracht.

Sie kletterten zusammen zwischen den Hütten hindurch durch das Gewirr der Gäßchen zur Bäckerei hoch oben auf dem Hügel und überquerten das Feld um den Marcasse, gingen an den dort liegenden Gebäuden entlang und kamen schließlich zur schwarzen Kohlenpyramide. Dort teilten sie sich. Jeder ging dem Berg von einem andern Punkt aus zu Leibe, von allen Seiten kletterten sie, wie winzige Käfer, die Abhänge hinauf.

»Sie müssen bis obenhin gehen, ehe Sie Kohle finden, Monsieur Vincent«, sagte Fräulein Verney. »Unten haben wir schon alles ratzekahl abgesucht. Kommen Sie mit, ich zeige Ihnen, was Kohle ist.«

Sie sprang wie ein junges Zicklein den schwarzen Abhang hinauf, aber Vincent mußte fast den ganzen Weg auf Händen und Knien zurücklegen, denn das Gestein glitt ihm unter den Füßen fort. Fräulein Verney sprang immer vor ihm her.

Sie war ein hübsches Ding mit frischen Farben und in ihrer Art recht lebendig und aufgeschlossen. Sie war sieben Jahre alt gewesen, als ihr Vater Werkmeister wurde, und hatte deshalb nie mit zur Arbeit ins Bergwerk gemußt.

Bis ganz nach oben kamen sie nicht, denn fortwährend schütteten die Loren ihre Lasten aus. Der Kohlenstaub und -abfall flog zuerst die eine, dann die andere Seite hinunter. Es war keine leichte Aufgabe, auf dieser Pyramide Kohlen zu finden. Fräulein Verney zeigte Vincent, wie man Hände voll Terril nahm und Schmutz, Steine und Erde wie durch ein Sieb durch die losen Finger sickern ließ. Es war nicht gerade viel, was die Gesellschaft an Kohle im Abfall übrigließ. Das einzige, was den Frauen überlassen blieb, war eine Schlacke, die man beim besten Willen nicht verkaufen konnte. Das Terril war naß von Schnee und Regen. Vincents Hände waren bald zerschunden, aber es gelang ihm doch, seinen Sack zu einem Viertel mit etwas zu füllen, von dem er wenigstens hoffte, daß es sich als Kohle herausstellen würde. Die Frauen hatten inzwischen ihre Säcke fast bis obenhin gefüllt.

Die vollen Säcke wurden in den Versammlungsraum gebracht, dann liefen die Frauen eilends nach Hause, um das Abendbrot für die Familie zu richten. Vorher versprachen sie jedoch, daß sie alle am Abend zur Andacht wiederkommen würden. Fräulein Verney lud Vincent ein, bei ihnen zu Hause zu Abend zu essen. Er nahm die Einladung gern an. Das Haus der Verneys bestand aus zwei Räumen. In dem einen stand der Kochherd mit allem Küchengerät und Geschirr, in dem andern standen die Betten. Obwohl die Verneys in verhältnismäßig guten Verhältnissen lebten, gab es keine Seife im Hause, denn Seife galt als überflüssiger Luxus, den sich die Bewohner der Borinage nicht leisten konnten. Von dem Tage an, wo der junge Mensch zum erstenmal in das Bergwerk einfährt und die Mädchen Terril zu sammeln beginnen, verschwindet der Kohlenstaub nie wieder ganz aus ihren Gesichtern.

Fräulein Verney stellte eine Schüssel mit kaltem Wasser für

Vincent vor die Tür. Er schrubbte sich ab, so gut es ging. Inwieweit seine Reinigung erfolgreich war, konnte er nicht beurteilen. Als er dem jungen Mädchen gegenübersaß und die schwarzen Ränder sah, die der Kohlenstaub auf ihrem Gesicht hinterlassen hatte, konnte er sich denken, daß er nicht viel besser aussah. Fräulein Verney schwatzte während des ganzen Essens munter drauflos.

»Wissen Sie, Monsieur Vincent«, sagte Jacques, »Sie sind nun fast zwei Monate in Petit Wasmes, und trotzdem kennen Sie die eigentliche Borinage noch nicht.«

»Das stimmt, Monsieur Verney«, erwiderte Vincent in aller Bescheidenheit; »aber ich glaube, ich fange doch langsam an, die Leute hier zu verstehen.«

»Das meine ich nicht«, sagte Jacques nachdenklich. »Ich meine, Sie haben bisher nur unser Leben über der Erde gesehen. Das ist aber nicht wichtig. Über der Erde schlafen wir bloß. Wenn Sie sehen wollen, wie wir wirklich leben, dann müssen Sie in eins der Bergwerke mitkommen und sich ansehen, wo und wie wir zwischen drei Uhr morgens und vier Uhr nachmittags arbeiten.«

»Das möchte ich unbedingt«, antwortete Vincent, »aber meinen Sie, daß die Gesellschaft mir die Erlaubnis dazu erteilen wird?«

»Ich habe bereits nachgefragt«, antwortete Jacques. »Morgen fahre ich in den Marcasse ein. Ich soll dort die Sicherheitsvorrichtungen prüfen. Seien Sie um drei Viertel drei morgen früh vor Ihrem Haus, dann nehme ich Sie mit.«

Die ganze Familie begleitete Vincent zum Versammlungshaus. Unterwegs jedoch wurde Jacques, der in seinem warmen Haus so gesund und gut imstande ausgesehen hatte, von einem heftigen Hustenanfall überfallen und mußte nach Hause zurückkehren. Als Vincent zum Versammlungshaus kam, fand er Henri Decrucq bereits vor, der sein totes Bein hinter sich herschleppte und sich am Ofen zu schaffen machte.

»Ah, guten Abend, Monsieur Vincent«, rief er, und ein Lächeln ging über sein breites Gesicht. »Ich bin der einzige in ganz Petit Wasmes, der diesen Ofen in Gang bringen kann. Ich kenne das von früher her, als wir hier noch Versammlungen abhielten. Er ist bösartig, aber ich kenne seine Mukken.«

Der Inhalt der Säcke war feucht, er bestand nur zu einem geringen Teil aus brauchbarer Kohle, aber Decrucq hatte es bald zuwege gebracht, daß der bauchige Ofen brannte und eine wohltuende Wärme verbreitete.

Es fehlte kaum eine der Bergarbeiterfamilien aus Petit Wasmes an diesem Abend. Alle wollten Vincents erste Predigt in seiner eigenen Kirche mit anhören. Als die Bänke besetzt waren, trugen die Familien, die in der Nähe wohnten, Stühle und Kisten herbei. Über dreihundert Menschen füllten den Raum. Vincent war warm ums Herz. Die Freundlichkeit der Bergarbeiterfrauen am Nachmittag hatte ihn froh gestimmt. Und dann konnte er doch heute zum erstenmal in seinem eigenen Gotteshaus sprechen. Er hielt eine so von Herzen kommende und glaubenerfüllte Predigt, daß die Gesichter der Leute aus der Borinage sich aufhellten.

»Es ist ein alter Glaube – und ein guter«, sagte Vincent zu seiner Gemeinde, »daß wir Fremde auf dieser Erde sind. Doch wir sind nicht allein, denn unser Vater ist mit uns. Wir sind Pilger, und unser Leben gleicht einer langen Pilgerfahrt von der Erde zum Himmel.

Sorge ist besser als Freude – selbst in der Fröhlichkeit bleibt das Herz traurig. Es ist besser, in ein Haus der Trauer als zu einem Fest zu gehen, denn durch Traurigkeit wird das Herz geläutert.

Für die, die an Jesum Christum glauben, gibt es keine Sorge, die nicht Hoffnung in sich trägt. Immer von neuem werden wir geboren. Wir wandern unaufhörlich aus der Finsternis zum Lichte.

Vater, wir bitten dich, bewahre uns vor dem Übel! Gib uns nicht Armut, gib uns nicht Reichtum, sondern gib uns das Brot zur Nahrung, dessen wir bedürfen.

Amen!«

Madame Decrucq stand als erste bei ihm. In ihren Augen

schimmerte es feucht, und ihre Lippen zuckten. »Monsieur Vincent«, sagte sie, »mein Leben war so hart, daß ich Gott verloren hatte. Sie haben ihn mir wiedergegeben. Ich danke Ihnen!«

Als alle fort waren, schloß Vincent den Versammlungsraum und wanderte nachdenklich den Hügel hinauf zu den Denis. Er konnte nach allem, was er heute erfahren hatte, sagen, daß er nun das Vertrauen seiner Gemeinde besaß, daß ihre Scheu und Zurückhaltung überwunden war. Die Bergarbeiter hatten ihn jetzt als Diener Gottes voll anerkannt.

Die Denis waren schon schlafen gegangen. Noch lag der süße Geruch des frischen Brotes über der Backstube. Vincent schöpfte sich einen Eimer voll Wasser aus dem tiefen Brunnen, der in die Küche eingelassen war, goß sich eine Schüssel voll ab und ging nach oben, um sich Seife und Spiegel zu holen. Er lehnte den Spiegel gegen die Wand und betrachtete sein Bild. Das hatte er sich gedacht: Augenlider und Kinnladen waren noch immer schwarz. Er hatte nur etwas von dem Kohlenstaub bei Verneys abgewaschen. Bei dem Gedanken, daß er das neue Gotteshaus mit diesem rußverschmierten Gesicht eingeweiht hatte, mußte er lachen. Wie entsetzt wären sein Vater und Onkel Stricker gewesen, wenn sie ihn dabei gesehen hätten!

Er tauchte seine Hände in das kalte Wasser, schlug die Seife zu Schaum, die er von Brüssel mitgebracht hatte, und war gerade dabei, sich den Schaum ins Gesicht zu reiben, als ihm plötzlich etwas in den Sinn kam. Er hielt mitten in der Bewegung der Arme inne. Er sah nochmals in den Spiegel und sah, daß überall, in den Furchen auf der Stirn, auf den Lidern, den Wangen und auf dem großen Kinn, Rußstreifen waren.

»Natürlich«, sagte er laut, »deswegen haben sie mich anerkannt. Endlich bin ich einer der Ihren geworden.« – – –

Er spülte die Seife von den Händen und ging zu Bett, ohne sein Gesicht auch nur berührt zu haben. Solange er in der Borinage blieb, rieb er sich täglich das Gesicht voll Kohlenstaub, um so auszusehen wie alle um ihn herum.

Am nächsten Morgen stand Vincent um halb drei auf, aß in der Küche ein Stück trockenes Brot und traf sich um drei Viertel drei vor der Tür mit Jacques. Während der Nacht hatte es heftig geschneit. Der Weg zum Marcasse war wie fortgewischt. Als sie über die Felder eilten, den schwarzen Schloten und den Terrilbergen entgegen, sah Vincent aus allen Richtungen Bergarbeiter durch den Schnee stapfen. Es war bitter kalt, die Arbeiter hatten ihre Mantelkragen hochgeschlagen, um nicht zu sehr zu frieren.

Jacques führte ihn zuerst in einen Raum, in dem viele Petroleumlampen hingen. Jede war mit einer besonderen Nummer versehen. »Wenn wir unten einen Unfall haben«, belehrte Jacques, »wissen wir gleich, wen es erwischt hat. Wir brauchen nur zu sehen, wessen Lampe fehlt.«
Die Bergarbeiter kamen herein, griffen hastig nach den Lampen und stürzten über den schneebedeckten Hof auf ein Ziegelsteingebäude zu, in dem sich der Aufzug befand. Vincent und Jacques schlossen sich ihnen an. Der niedergehende Förderkorb hatte sechs übereinanderliegende Abteile, in jedem konnte ein Kohlenwagen nach oben gebracht werden. Ein Abteil war gerade groß genug, daß zwei Männer während der Einfahrt bequem auf ihren Schenkeln hocken konnten. In jedes Abteil wurden jedoch fünf Arbeiter hineingezwängt und wie ein Haufen Kohlen nach unten befördert.
Da Jacques Vorarbeiter war, hatten er, Vincent und einer seiner Arbeiter das obere Abteil für sich allein. Sie kauerten sich nieder. Es war nicht Platz genug, um die Beine auszustrecken. Mit den Köpfen stießen sie gegen das Drahtgitter über ihnen.
»Halten Sie die Hände schön fest am Körper, Monsieur Vincent«, sagte Jacques. »Wenn sie an die Seitenwände kommen, sind Sie sie los.«
Ein Signal ertönte, und der Förderkorb sauste an seinen zwei stählernen Halteseilen in die Tiefe. Der Schacht, durch den er hinunterfuhr, war nur um den Bruchteil eines Zolls breiter

als der hindurchsausende Förerkorb. Vincent lief es kalt über den Rücken, als er die Dunkelheit sah, die sich eine halbe Meile tief unter ihm erstreckte. Er wußte, daß es den sicheren Tod bedeuten würde, wenn etwas schiefging. Sie würden in die unergründliche Tiefe dieses Schlundes hinunterstürzen und zerschmettern.

Er sprach zu Jacques von dem Schrecken, der ihn wider Willen überfiel. Jacques lächelte verständnisvoll. »Das fühlt jeder Bergarbeiter«, sagte er.

»Aber man gewöhnt sich doch sicher daran?«

»Nie. Ein unbesiegbares Gefühl des Entsetzens und Grauens bleibt bis ans Lebensende mit dem Gedanken an den Förderkorb verbunden.«

»Auch bei Ihnen?«

»Ich habe innerlich eben genauso gezittert wie Sie – und ich fahre nun schon seit dreiunddreißig Jahren ein.«

Auf halbem Wege – in dreihundertfünfzig Meter Tiefe – stoppte der Förderkorb einen Augenblick, dann rasselte er weiter. In Strömen lief das Wasser an den Seiten des Schachtes herunter, und wieder erschauerte Vincent. Über sich konnte er nur ein Fetzchen Tageslicht – nicht größer als ein Stern – schimmern sehen. In sechshundertfünfzig Meter Tiefe stiegen sie aus, die Bergarbeiter fuhren noch weiter. Vincent befand sich in einem breiten Schacht mit vielen Gängen, die in das Gestein und in den Lehm eingeschnitten waren.

Er hatte erwartet, in eine Höllenhitze zu kommen, der Durchgang war jedoch ziemlich kühl.

»Das ist gar nicht so schlimm, Monsieur Verney«, rief er aus.

»Nein, aber hier arbeitet auch niemand. Die Schächte sind seit langem erschöpft. Wir bekommen hier von oben her Luft, aber das hilft den Leuten unten nichts.«

Sie gingen ungefähr eine Meile weiter durch den Tunnel.

»Folgen Sie mir, Monsieur Vincent«, sagte Jacques, »aber sachte, sachte, ein Fehltritt, und wir sind geliefert!«

Er verschwand vor Vincents Augen in die Tiefe. Vincent stolperte vorwärts, fand eine Öffnung in der Erde und tastete sich zur Leiter. Das Loch war gerade groß genug, um einen dünnen Menschen durchzulassen. Vincent zwängte sich mit Mühe und Not hindurch. Die ersten fünf Meter waren nicht schwer. Auf halbem Wege jedoch mußte Vincent plötzlich kehrtmachen und in entgegengesetzter Richtung weiter hinuntersteigen. Aus dem Gestein sickerte Wasser, glitschiger Schlamm bedeckte die Leitersprossen.

Endlich kamen sie unten an. Sie krochen auf Händen und Knien durch einen langen Gang, der zu den Höhlungen führte, die am weitesten vom Ausgang entfernt lagen. Hier befand sich Zelle neben Zelle, die Wände waren von unbehauenen Stämmen gestützt. In jeder Zelle arbeitete eine Gruppe von fünf Mann. Zwei davon schlugen die Kohle mit ihren Hauen heraus, ein dritter schaufelte sie unter ihren Füßen fort, ein vierter lud sie in kleine Wagen, die dann der fünfte einen schmalen Gang hinunterstoßen mußte.

Die Hauer arbeiteten in groben Leinenanzügen, die vor Schmutz starrten. Das Einschaufeln besorgte gewöhnlich ein junger Bursche, der nur mit einem Leinenschurz bekleidet war. Die Wagen wurden von Mädchen den dreißig Fuß langen Gang hinuntergestoßen. Sie sahen genauso schwarz aus wie die Männer und trugen die gleiche grobe Kleidung. Durch die Decken der Zellen sickerte das Wasser. Man konnte meinen, man wäre in einer Tropfsteinhöhle. Eine kleine Lampe, deren Docht man aus Sparsamkeitsgründen heruntergedreht hatte, gab ein kärgliches Licht. Ventilation gab es nicht. Die Luft war zum Zerschneiden. In den ersten Zellen konnten die Arbeiter noch aufrecht stehen, je weiter man kam, desto niedriger wurden die Zellen. In den hintersten konnten die Arbeiter nur noch auf dem Bauch liegen und auf die Ellenbogen gestützt ihre Hauen schwingen.

»Hier verdienen die Leute zweiundeinenhalben Franc pro Tag«, sagte Jacques zu Vincent. »Das heißt, wenn der Inspektor an der Kontrollstelle mit der Qualität der abgelieferten Kohle zufrieden ist. Vor fünf Jahren verdienten sie noch drei Francs, aber seitdem sind die Löhne jedes Jahr gesenkt worden.«

Jacques prüfte die Steifen, die über Leben und Tod der Bergarbeiter entschieden. Dann wendete er sich an die Hauer.

»Eure Steifen sind schlecht«, sagte er ihnen. »Sie geben immer mehr nach. Beim ersten Anlaß kann euch die Decke auf den Kopf fallen.«

Einer der Hauer, der Führer der Arbeitsgruppe, schimpfte und fluchte. Vincent konnte kaum ein Wort von dem verstehen, was er herausstieß.

»Wenn Sie dafür bezahlen«, schrie der Mann, »werden wir sie in Ordnung halten. Wenn wir aber unsere Zeit zum Stützen verwenden, wie sollen wir da Kohle nach oben bringen? Schließlich ist es gleich, ob wir verschüttgehen oder zu Hause verhungern.«

Jenseits der letzten Zelle befand sich wieder ein Loch im Boden. Diesmal stand nicht einmal eine Leiter bereit. Baumstämme waren in Abständen darübergedeckt, damit der Schmutz nicht hineinfiel und die Bergarbeiter unter sich begrub. Jacques nahm Vincents Lampe und hakte sie an seinem Gürtel fest. »Sachte, Monsieur Vincent«, wiederholte er. »Treten Sie mir nicht auf den Kopf, sonst stürze ich ab.« Sie stiegen noch fünf Meter tiefer, mit jedem Schritt in schwärzere Dunkelheit.

Hier lag ein anderer Stollen, aber die Bergarbeiter hatten hier nicht einmal Zellen, in denen sie arbeiten konnten. Die Kohle mußte in schmalem Winkel aus der Wand herausgeschlagen werden. Die Männer krochen auf den Knien, stemmten den Rücken gegen die steinige Decke und schlugen mit der Hacke gegen die Ecke, aus der die Kohle herausgeholt werden sollte. In der Erinnerung erschienen Vincent jetzt die oberen Zellen im Vergleich zu diesen hier kühl und fast behaglich. Hier unten war es wie im Backofen. Vincent hatte das Gefühl, daß er in dieser Glut und in diesem Staub auch nicht eine Minute länger bleiben könne. Dabei sah er nur müßig zu. Die Bergarbeiter dagegen verrichteten schwere körperliche Arbeit, sie brauchten tausendmal mehr Kraft als er. Sie konnten nicht eine Minute Pause machen, um sich etwas abzukühlen und zu erholen, sonst bekamen sie nicht die

erforderliche Anzahl von Kohlenwagen zusammen, und das
hätte bedeutet, daß man ihnen ihre zweiundeinenhalben
Francs nicht auszahlen würde.

Vincent und Jacques krochen auf Händen und Füßen durch
den Tunnel, der die bienenstockartigen Zellen miteinander
verband. Alle paar Sekunden mußten sie sich platt gegen die
Wand drücken, um die kleinen Kohlenwagen vorbeizulas-
sen. Der Durchgang hier unten war noch enger als der darüber. Die Mädchen, die die Wagen abstießen, waren besonders jung, keines von ihnen älter als zehn Jahre. Die
Kohlenwagen waren schwer, und die Mädchen mußten sich
abmühen und plagen, um sie die Geleise entlang zu
schieben.

Am Ende des Ganges befand sich eine abschüssige Metall-
rinne, auf der die kleinen Wagen an Tauen nach unten befördert wurden. »Kommen Sie, Monsieur Vincent«, sagte
Jacques, »ich möchte Sie zum untersten Stollen mitnehmen,
der siebenhundert Meter tief liegt. Da sollen Sie etwas sehen,
was es in der ganzen Welt nicht noch einmal gibt.«

Sie glitten etwa dreißig Meter lang die Abschußbahn hinunter, und dann befanden sie sich in einem geräumigen,
zweigleisigen Tunnel. Sie gingen eine halbe Meile weit in
den Tunnel hinein. Am Ende angekommen, zogen sie sich
an einem Vorsprung hoch, krochen durch einen Durchgang
und ließen sich auf der andern Seite in ein frisch gegrabenes
Loch hinunter.

»Das ist ein neuer Schacht«, sagte Jacques, »die gefährlichste
Grube der Welt.«

Von der Höhle aus, in der sie gelandet waren, kam man in
zwölf kleine schwarze Löcher. Jacques schob sich in das eine
und rief: »Folgen Sie mir!« Vincent zwängte sich durch die
Öffnung und kroch dann bäuchlings wie eine Schlange vorwärts. Mit Händen und Zehen mußte er sich seinen Weg
bahnen. Er konnte keine drei Zoll weit sehen. Der durch
diesen Felsen führende Tunnel war nur einundeinhalb Fuß
hoch und zweiundeinenhalben Fuß breit. Schon in der
Grube, von der aus man den Durchgang begonnen hatte,

war nicht viel Luft, aber im Vergleich zu diesem Ort war sie ein Paradies.

Schließlich kam man zu einer kleinen, rundgewölbten Höhle, in der ein ausgewachsener Mann gerade noch aufrecht stehen konnte. Es war hier finster wie die Nacht, und Vincent konnte nichts sehen. Schließlich glühten an der Wand vier kleine blaue Lichter vor ihm auf. Schweißperlen bedeckten seinen Körper, Kohlenstaub drang ihm ins Auge und brannte grausam. Er keuchte, um nach der langen Kriecherei wieder Atem zu schöpfen. Aber was er einatmete, das war keine Luft, das war Feuer, flüssiges Feuer, das ihm versengend durch die Lungen fuhr, so daß er fast erstickte. Das hier war das schlimmste Loch im ganzen Marcasse, eine Folterkammer, die dem Mittelalter alle Ehre gemacht hätte.

»Tiens, tiens!« schrie eine bekannte Stimme. »Der Herr Vincent. Sie wollen sich wohl einmal ansehen, wie wir unsere zweieinhalb Francs täglich verdienen, Monsieur?«

Jacques ging schnell zu den Grubenlampen und inspizierte sie.

»Er sollte hier nicht herkommen«, flüsterte Decrucq Vincent ins Ohr. »Er wird sich den Tod holen in diesem Tunnel. Dann können wir ihn mit Flaschenzug und Winden nach oben schleppen.«

»Decrucq«, rief Jacques, »brennen die Lampen schon den ganzen Tag so?«

»Ja«, antwortete Decrucq gleichmütig. »Das nimmt von Tag zu Tag zu. Eines schönen Tages gibt's eine Explosion – dann haben wir ausgesorgt.«

»Die Zellen sind doch erst am letzten Sonntag ausgepumpt worden!«

»Da kümmern sich die Gase nicht drum, sie kommen immer wieder«, sagte Decrucq und kratzte hämisch vergnügt die Narbe auf seinem Kopf.

»Dann müßt Ihr eben einen Tag aussetzen, damit wir's wieder in Ordnung bringen.«

Ein Sturm des Protestes erhob sich unter den Bergarbeitern. »Wir haben schon jetzt nicht genug Brot für die Kinder.

66

Wir können so schon nicht von dem Hungerlohn leben. Da sollen wir auch noch einen Tageslohn verlieren. Das Auspumpen können sie gefälligst besorgen, wenn wir nicht drin sind. Wir müssen genauso essen wie die andern alle.«

»Ist schon recht«, lachte Decrucq, »mich kriegen die Gruben nicht – haben's schon oft genug versucht. Ich sterbe in meinem Bett an Altersschwäche. Da vom Essen die Rede ist: Wie spät ist es eigentlich, Verney?«

Jacques hielt seine Uhr in den blauen Lichtschein: »Neun.«

»Gut, dann können wir frühstücken.«

Vincent war nun schon sechs Stunden lang unten. Er konnte nicht mehr atmen. Es schien ihm unmöglich, diese Qualen auch nur noch einen Augenblick länger zu ertragen. Deshalb war er dankbar, als Jacques sagte, daß sie nun gehen müßten.

»Gib acht auf das schlagende Wetter, Decrucq«, mahnte Jacques, ehe er im Loch verschwand. »Wenn es schlimmer wird, macht, daß ihr nach oben kommt.«

Ein bitteres Lachen war die Antwort: »Dann wird man uns oben unsere zweieinhalb Francs so zum Vergnügen ausbezahlen, nicht wahr?«

Die Frage blieb ohne Anwort. Decrucq kannte sie so gut wie Verney. Jacques zuckte nur die Achseln und kroch auf seinem Bauch durch den Tunnel. Vincent folgte ihm. Er war durch den stechenden, schmutzigen Schweiß, der ihm in die Augen gekommen war, wie geblendet.

Sie gingen etwa eine halbe Stunde lang, ehe sie den Ort erreichten, von wo der Förderkorb Kohle und Menschen nach oben brachte.

Als sie dann im Förderkorb herauffuhren, wandte sich Vincent fragend an seinen Freund: »Monsieur, sagen Sie mir nur eins: Wie ist es möglich, daß die Leute noch immer in diese Hölle hinuntergehen? Gibt es denn anderswo keine Arbeit? Warum gehen sie nicht fort?«

»Ah, mein lieber Monsieur Vincent. Erstens einmal gibt es keine andre Arbeit. Und außerdem können sie nicht anderswo hingehen, da sie kein Geld dazu haben. Es gibt nicht eine Bergarbeiterfamilie in der ganzen Borinage, die auch nur zehn Francs beiseite gelegt hat. Aber selbst wenn wir gehen könnten, Monsieur, wir würden es doch nicht tun. Die Seeleute wissen auch, daß auf dem Schiff Gefahren jeder Art auf sie lauern – aber sind sie einmal an Land, bekommen sie sofort Heimweh nach dem Meer. Genauso geht es uns auch, Monsieur. Wir lieben unsere Gruben, wir stecken lieber in der Erde drinnen, als daß wir oben im Freien herumlaufen. Wir verlangen nichts weiter als einen Lohn, bei dem man sich satt essen kann, eine vernünftige Arbeitszeit und Schutzvorrichtungen.«

Der Förderkorb langte oben an. Vincent schritt über den schneebedeckten Hof. Das matte Sonnenlicht blendete ihn. Der Spiegel im Waschraum zeigte ihm sein Gesicht: es war pechschwarz. Er nahm sich nicht die Zeit zum Waschen. Er ging quer über das Feld, taumelnd, nur halb bei Bewußtsein, und trank gierig die frische Luft in sich ein.

Gedankenlos stolperte er durch das schmutzige Labyrinth der Gassen zu Decrucqs Hütte. Zuerst antwortete niemand auf sein Klopfen. Nach einer Weile kam der sechs Jahre alte Junge. Er war klein und blaß, aber in dem kleinen Kerl steckte bereits etwas von Decrucqs Kampfesfreude.

»Mutter ist draußen und sucht Terril«, sagte der Junge mit hoher, dünner Stimme. »Sie müssen warten, Monsieur Vincent. Ich habe auf die Kinder aufzupassen.«

Vincent wußte selbst nicht recht, warum er in diese traurige Hütte gekommen war. Irgendein Gefühl der Teilnahme trieb ihn, den Bewohnern etwas Freundliches zu sagen, ihnen mit seinen geringen Kräften zu helfen.

Madame Decrucq kam heim mit zerschundenen Händen und verschmiertem Gesicht. Sie lief rasch zu der kleinen Kiste hin, in der sie ihre Vorräte aufbewahrte, und stellte ein Töpfchen Kaffee auf den Herd. Sie bot Vincent eine Tasse an, er war kaum lauwarm, schmeckte bitter und holzig, aber Vincent trank ihn, um der Frau eine Freude zu machen.

»In der letzten Zeit ist das Terril besonders schlecht, Monsieur Vincent«, klagte sie. »Die Gesellschaft läßt nichts durch, nicht einmal ein paar Brocken. Ich weiß nicht mehr, wie ich die Kinder warmhalten soll. Zum Anziehen haben sie auch nichts außer den Hemdchen und ein paar Fetzen Leinwand.«

Gab es denn keinen Gott im Himmel, der sich dieser Not erbarmte? Vincent hatte ein paar Francs in der Tasche. Er reichte sie Madame Decrucq.

»Kaufen Sie den Kindern wollenes Unterzeug«, sagte er.

Er wußte wohl, daß es nicht viel mehr als eine Geste war. Außer diesen hier froren Hunderte von Kindern in der Borinage. Die warmen Sachen, die sich die Frau für das bißchen Geld anschaffen konnte, würden bald aufgebraucht sein, und dann fing das Elend wieder von vorne an.

Nachdenklich ging er den Hügel hinauf zu den Denis. In der Bäckerei war es warm und behaglich. Madame Denis machte ihm Wasser warm, damit er sich waschen konnte. Dann bereitete sie ihm aus den Resten des Kaninchenbratens vom vorigen Abend ein kräftiges Gericht. Da sie merkte, wie sehr ihn die heutigen Erlebnisse mitgenommen hatten, reichte sie ihm noch ein Stück Butter zum Brot.

Dann ging Vincent nach oben in sein Zimmer. Er fühlte sich gesättigt, es war ihm warm. Das Bett war breit und bequem, die Laken sauber, und das Kopfkissen steckte in einem weißen Bezug. An den Wänden hingen Reproduktionen der großen Meisterwerke. Er zog die Schubfächer seiner Kommode auf, da lagen Hemden, Unterwäsche, Socken und warme Jacken sorgfältig ausgebreitet. Er ging zum Schrank und sah seine Schuhe, den warmen Mantel, die Anzüge. Plötzlich war ihm zumute, als wäre er ein Lügner und Feigling. Er gab vor, das Los der Armen zu teilen, und hier hingen schöne, saubere Kleider, da stand ein bequemes Bett, und zu essen hatte er während einer einzigen Mahlzeit so viel wie die Bergarbeiter in der ganzen Woche! Dabei verdiente er sich diese Bequemlichkeiten und diesen Luxus nicht einmal durch seiner Hände Arbeit.

Er nahm alle seine Sachen aus der Kommode und packte sie schnell in seinen Koffer. Die Anzüge legte er dazu, dann auch die Schuhe, Bücher und Bilder und schloß den Koffer. Vorläufig ließ er ihn auf dem Stuhl stehen und lief erleichtert zur Tür hinaus. –

Tief in der Schlucht floß ein kleiner Bach. Am Abhang dahinter stand der Kiefernwald. Im Walde verstreut lagen einige Arbeiterhütten. Vincent fragte hier und dort nach und erfuhr schließlich, daß eine davon nicht bewohnt war. Es war ein einfaches Holzhaus, ohne Fenster. Der Fußboden bestand aus Erde, die durch langes Bewohnen festgetreten war. An der höchstgelegenen Stelle der Wand sickerte das Wasser des schmelzenden Schnees durch die Bretter hindurch. Rohe Balken stützten das Dach. Das ganze Haus war in einem verfallenen und verwahrlosten Zustand, durch die Astlöcher und Ritzen fuhr der Wind.

»Wem gehört das Haus?« fragte Vincent die Frau, die ihn bei seiner Suche begleitet hatte.

»Einem Händler in Wasmes.«

»Wissen Sie, was die Miete kostet?«

»Fünf Francs im Monat.«

»Gut, ich nehme es.«

»Aber Monsieur Vincent, Sie können hier nicht wohnen.«

»Warum nicht?«

»Weil ... nun, die Hütte ist zu schlecht. Sie ist sogar noch schlimmer als meine eigene ... es ist die elendste Hütte in Petit Wasmes.«

»Das ist grad' recht für mich.«

Er kletterte den Hügel wieder hinauf. Ein Gefühl der Ruhe zog in sein Herz.

Während seiner Abwesenheit war Madame Denis aus irgendeinem Grunde in seinem Zimmer gewesen und hatte den gepackten Koffer stehen sehen.

»Was ist passiert, Monsieur Vincent?« rief sie ihm entgegen. »Warum wollen Sie so bald nach Holland zurück?«

»Ich gehe nicht fort von hier, Madame Denis. Ich bleibe in der Borinage.«

»Ja ... aber warum haben Sie denn ...« Sie war ganz verwirrt.

Als sie Vincents Antwort gehört hatte, sagte sie weich: »Glauben Sie mir, Monsieur Vincent, Sie können so nicht leben, Sie sind das nicht gewohnt. Die Zeiten haben sich geändert, seitdem der Herr Jesus auf Erden wandelte. Heutzutage sollen wir alle so gut leben, wie es geht. Die Leute wissen doch bereits durch alles, was Sie getan haben, daß Sie ein guter Mensch sind.«

Vincent war von seinem Plan nicht abzubringen. Er suchte den Händler in Wasmes auf, mietete die Hütte und zog ein. Als sein erstes Gehalt, ein Scheck über fünfzig Francs, eintraf, kaufte er sich ein kleines Holzbett und einen gebrauchten Herd. Nach diesen Ausgaben behielt er gerade genug Geld, um sich während des übrigen Monats von Brot, saurem Käse und Kaffee ernähren zu können. Er häufte Erde gegen die höhergelegene Hauswand, damit kein Wasser mehr hineindringen könne. Die Ritzen und Löcher verstopfte er mit Lumpen. Jetzt hatte er keine bessere Wohnung mehr als der ärmste Bergarbeiter. Er hatte das gleiche zu essen wie sie, schlief in einem ebenso unbequemen Bett. Er war einer der Ihren. Nun hatte er das innere Recht, ihnen das Wort Gottes zu verkünden.

Der Direktor der »Charbonnage Belgique«, dem die vier Bergwerke bei Wasmes gehörten, war nicht etwa ein wildes, böses Tier, wie Vincent ihn sich vorgestellt hatte. Er war ein bißchen rundlich, hatte freundliche Augen, und in seinem Wesen konnte man spüren, daß er auch schon manches erlitten hatte.

»Ich weiß, Monsieur van Gogh«, sagte er, nachdem er aufmerksam Vincents Schilderung vom Elend der Bergarbeiter angehört hatte, »es ist immer die alte Geschichte. Die Bergarbeiter bilden sich ein, wir ließen sie verhungern, um für uns selbst größeren Profit zu haben. Sie dürfen mir glauben, Monsieur Vincent, das stimmt nicht. Erlauben Sie mir, daß ich Ihnen einige Tabellen vom Internationalen Bergwerksamt in Paris vorlege.«

Er breitete eine große Tabelle auf dem Tisch aus und fuhr mit dem Finger ganz unten einen blauen Strich entlang.

»Sehen Sie«, sagte er, »wir stehen an letzter Stelle. Die belgischen Kohlenbergwerke sind die ärmsten der Welt. Man kommt schwer an die Kohle heran – man hat so hohe Ausgaben, daß man kaum noch auf dem Markt konkurrieren kann. Unsere Produktionskosten sind so hoch wie nirgends sonst in Europa – unser Gewinn ist niedriger als anderswo, denn wir können unsere Kohlen ja nicht teurer verkaufen als die Werke, die mit dem geringsten Kostenaufwand pro Tonne arbeiten. Wir stehen immer mit einem Bein im Bankrott – verstehen Sie, was ich meine?«

»Ich glaube, ja.«

»Wenn wir den Bergarbeitern einen Franc pro Tag zulegen würden, brauchten wir die Kohlen erst gar nicht auf den Markt zu bringen. Die Produktionskosten würden höher sein als der erzielte Preis. Dann könnten wir die Bude zumachen. Dann bliebe den Bergarbeitern nichts weiter übrig, als wirklich zu verhungern.«

»Könnten die Grubenbesitzer nicht etwas weniger Gewinn für sich behalten – dann bliebe mehr für die Arbeiter.«

Der Direktor schüttelte traurig den Kopf. »Wissen Sie, was die Triebfeder aller Bergwerksunternehmungen ist? Kapital. Wie überall in der Industrie. Und das investierte Kapital muß Zinsen tragen, sonst wandert es ab in eine andere Industrie. Die Aktien der ›Charbonnage Belgique‹ bringen heute ganze drei Prozent Dividende! Ein halbes Prozent weniger, und sie finden keine Aktionäre mehr, die hier ihr Geld investieren wollen. Und dann? Nun, ohne Kapital können wir nicht arbeiten, und die Bergarbeiter säßen wiederum auf der Straße und könnten verhungern. Sie sehen also, Monsieur van Gogh, die Bergwerksbesitzer und Direktoren sind nicht schuld an diesem Elend in der Borinage. Es liegt einzig und allein an der schlechten Lage der Gruben.«

»Aber könnten Sie nicht wenigstens etwas in bezug auf die Arbeitszeit tun? Dreizehn Stunden täglich da unten in dieser Hölle? Eines Tages wird der ganze Ort ausgestorben sein!«

»Nein, das geht nicht. Eine Herabsetzung der Arbeitszeit würde dasselbe bedeuten wie eine Lohnerhöhung. Wenn sie weniger arbeiten, produzieren sie soundsoviel Tonnen weniger Kohle für ihren täglichen Lohn von zweiundeinhalb Francs. Das hieße also, daß unsere Produktionskosten stiegen.«

»Aber eins kann sicherlich anders und besser werden.«

»Sie meinen die gefahrvollen Arbeitsbedingungen?«

»Ja. Die Zahl der Unglücksfälle und Todesopfer kann doch herabgedrückt werden.«

Der Direktor schüttelte geduldig den Kopf. Nein, Monsieur van Gogh. Wie ich Ihnen schon sagte, können wir kaum Aktionäre finden, die unser Unternehmen finanzieren, weil die Dividende zu gering ist. Wir haben kein Geld übrig, um es in Verbesserungen zu stecken. Der schmale Profit würde dadurch noch mehr zusammenschrumpfen. Die Lage ist hoffnungslos, mein Herr. Es ist ein verhexter Kreis von Gründen und Gegengründen – man findet nicht 'raus, ich habe es selbst tausendmal versucht. Das hat mich aus einem gläubigen Katholiken schließlich zu einem erbitterten Atheisten gemacht. Es will mir nicht in den Kopf, daß es einen Gott im Himmel geben kann, der diese Zustände geschaffen hat und nun zuläßt, daß die Menschen jahrhundertelang wie die Sklaven leben – und keine Stunde der Barmherzigkeit!«

Darauf wußte Vincent keine Antwort. Er ging benommen und aufgewühlt nach Hause zurück.

Der Februar aber war in diesem Jahr der bitterste von allen Monaten. Die nackten Winde, die durch das Tal und über den Hügel fegten, machten den kleinsten Gang durch die Straßen fast unmöglich. Die Bergarbeiter hätten jetzt die Terrilkohle nötiger als je gebraucht, um es wenigstens in den Hütten ein bißchen warm zu haben, aber der eisige Wind war so schneidend und scharf, daß die Frauen nicht zum schwarzen Berg gehen konnten, um Kohlen zu sammeln. Rock, Bluse, baumwollne Strümpfe, ein Kopftuch, das war alles, was sie hatten, um sich gegen den beißenden Wind zu schützen.

Tagelang wurden die Kinder im Bett gehalten, weil sie sonst

erfroren wären. Warmes Essen kam kaum noch auf den Tisch, da keine Kohle da war, um den Herd zu heizen. Wenn die Männer aus den kochend heißen Eingeweiden der Erde kamen, tauchten sie ohne Übergang in den Frost und mußten in dem schneidenden Wind über die schneebedeckten Halden stapfen. Schwindsucht und Lungenentzündung forderten tagtäglich ihre Opfer. In diesem Monat hatte Vincent viele Totenmessen zu halten.

Die Gesichter der Kinder waren blau vor Frost. Vincent hatte es aufgegeben, sie im Lesen zu unterrichten. Er verbrachte seine Tage auf dem Mont Marcasse. Er sammelte Kohlen, um sie in den Hütten zu verteilen, in denen das Elend am größten war. Jetzt brauchte er sich keinen Kohlenstaub ins Gesicht zu schmieren – immer war es verschmiert. Wenn ein Fremder nach Petit Wasmes gekommen wäre, hätte er gesagt: »Das ist auch nur ein Bergarbeiter wie die anderen.«

Wenn er viele Stunden auf den Abraumhalden, die pyramidenförmig aufstiegen, gearbeitet hatte, dann war ein knapper halber Sack voll. Seine Hände waren blau vor Kälte, zerrissen von dem eisigen Gestein. Kurz vor vier Uhr beschloß er, Schluß zu machen, um das Gesammelte ins Dorf zu bringen. Wenigstens ein paar Frauen sollten ihren Männern heißen Kaffee machen können. Er kam gerade zum Tor vom Marcasse, als die Bergarbeiter herauszuströmen begannen. Ein paar erkannten ihn und murmelten »Bòjoù«, die andern aber gingen mit den Händen in den Hosentaschen mit vornübergebeugten Schultern, den Blick zu Boden gerichtet, vorbei.

Der letzte, der aus dem Tor trat, war ein kleiner, alter Mann. Der Husten schüttelte ihn so, daß er kaum gehen konnte. Seine Knie zitterten. Wenn ihn ein eisiger Windstoß von den schneebedeckten Halden her traf, taumelte er, als hätte ihm jemand plötzlich einen Schlag versetzt. Er sah aus, als würde er gleich mit dem Gesicht auf das Glatteis schlagen. Einen Augenblick sammelte er sich und ging dann langsam querfeldein, seitlich gegen den Wind gestemmt. Über die

Schultern hatte er einen Sack geschlagen, den er irgendwo in einem Laden in Wasmes aufgetrieben hatte. Vincent sah, daß etwas darauf gedruckt war. Er strengte die Augen an, um zu entziffern, was darauf stand. Er las: VORSICHT, ZERBRECHLICH.

Als er die Kohle in den Hütten der Bergarbeiter verteilt hatte, ging er in sein eigenes armseliges Häuschen und breitete seinen ganzen Kleider- und Wäschevorrat auf dem Bett aus. Da waren fünf Hemden, drei Garnituren Unterzeug und noch ein Soldatenmantel. Ein Hemd, ein Paar Socken und eine Garnitur Wäsche ließ er auf dem Bett zurück. Alles andere stopfte er in den Sack.

Den Anzug brachte er dem alten Mann, der die Aufschrift auf dem Rücken getragen hatte. Aus der Unterwäsche und den Hemden konnten Kinderkleider zurechtgeschneidert werden. Die Socken waren für die Schwindsüchtigen bestimmt, die in den Berg zur Arbeit mußten. Den warmen Mantel gab er einer schwangeren Frau, deren Mann vor ein paar Tagen bei einem Einsturz umgekommen war. Sie hatte seinen Platz im Bergwerk übernehmen müssen, um ihre beiden Kinderchen ernähren zu können.

Der »Salon du Bébé« war geschlossen. Vincent konnte den Raum nicht heizen. Jedes Stück Kohle wäre Raub an den Hausfrauen gewesen. Außerdem scheuten sich die Familien, durch das Schneewasser zu stapfen und sich nasse Füße zu holen. Deshalb hielt Vincent auf seinen Rundgängen kleine Andachten in den Hütten ab. Überhaupt fand er bald, daß es nötiger sei, sich dem praktischen Gottesdienst zu widmen, Kranke zu pflegen und sie gesund zu machen. Einreibungen waren nötig, und heiße Tränke und Arzneien mußten zubereitet werden. Schließlich ließ er die Heilige Schrift überhaupt zu Hause. Er fand doch niemals Zeit, sie zu öffnen. Gottes Wort war ein Luxus geworden, den die Bergarbeiter sich jetzt nicht leisten konnten.

Der März brachte etwas milderes Wetter, aber da setzte das Fieber ein. Vincent gab von seinem Februargehalt vierzig Francs ab, um Nahrungsmittel und Medizin für die Kranken zu beschaffen. Er selbst hungerte sich mit wenig durch. Weil er nicht genug zu essen hatte, magerte er mehr und mehr ab. Leichte nervöse Störungen wurden immer deutlicher. Die Kälte untergrub seine Lebenskraft, er lief herum, Fieber schüttelte ihn. Wie flackernde Feuer brannten die Augen in den tiefen Höhlen, und der gewaltige Kopf der van Goghs schien zusammenzuschrumpfen. Höhlen bildeten sich in den Backen unter den Augen, aber das hervorstechende Kinn blieb so fest wie immer.

Das älteste Kind der Decrucqs bekam Typhus. Man wußte nicht, wie man es mit den Schlafgelegenheiten einrichten sollte. Es gab nur zwei Betten im ganzen Haus. In dem einen schliefen die Eltern, in dem andern die drei Kinder. Blieben die drei Kinder in demselben Bett, in dem der kranke Knabe lag, so bestand die Gefahr, daß sie sich ansteckten. Packte man sie auf den Fußboden, so holten sie sich gewiß eine Lungenentzündung. Aber es ging auch nicht, daß die Eltern auf der Erde schliefen, sie hätten am andern Tage nicht zur Arbeit gehen können. Vincent sah sofort, was zu tun war.

»Decrucq«, sagte er, als der Bergmann von der Arbeit nach Hause kam, »würden Sie mir wohl einen Augenblick helfen, ehe Sie sich zum Abendbrot setzen?«

Decrucq war müde und krank, der Kopf schmerzte ihn, aber er folgte Vincent, ohne weiter zu fragen. Das tote Bein schleppte er nach. Als sie in Vincents Hütte angekommen waren, sagte Vincent: »Fassen Sie an dem andern Ende an, wir werden es zu Ihnen hinübertragen, für den Jungen.«

Decrucq knirschte mit den Zähnen. »Wir haben drei Kinder«, sagte er »wenn es Gottes Wille ist, können wir ruhig eins verlieren. Aber es gibt bloß einen Monsieur Vincent, um die Kranken im Dorf zu pflegen, und ich werde nicht zulassen, daß er sich zugrunde richtet.«

Müde hinkte er aus dem Häuschen. Vincent nahm das Bett auseinander, packte es auf die Schultern, ging mit schweren Schritten zum Hause Decrucqs und setzte es dort wieder zusammen. Decrucq und seine Frau saßen bei Brot und Kaffee, ihrem Abendessen, und sahen ihm zu. Vincent trug das Kind in sein Bett und pflegte es.

Auf dem Rückweg ging er zu den Denis und fragte, ob sie etwas Stroh hätten, er wolle es mitnehmen, um sich ein Lager daraus zu machen. Madame Denis war entsetzt, als sie hörte, was er getan hatte.

»Monsieur Vincent«, rief sie aus – es war ihr eingefallen –, »Ihr früheres Zimmer ist noch unbewohnt. Sie müssen wieder hierherziehen und bei uns wohnen.«

»Sie sind sehr gut, Madame Denis, aber ich kann nicht.«

»Ich weiß, Sie machen sich Sorgen wegen der Bezahlung. Aber das macht uns nichts. Jean-Baptiste und ich verdienen genug, um ordentlich zu leben. Sie können umsonst bei uns wohnen wie ein Bruder. Sagen Sie denn nicht, daß alle Menschen Brüder sind?«

Vincent fror, er zitterte vor Kälte. Er fühlte Hunger. Wochenlang hatte er das Fieber verschleppt, und jetzt phantasierte er. Er war schwach vor Unterernährung, aus Mangel an Schlaf. Die ständig wachsende Not, das Elend des Dorfes quälten ihn fast bis zum Wahnsinn. Hier oben im Hause war das Bett warm und weich und sauber. Madame Denis würde ihm zu essen geben, das nagende Gefühl im Innern würde nachlassen, sie würde ihn in seinem Fieber pflegen, ihm heiße, kräftige Getränke geben, bis die Kälte aus den Knochen wich. Er zitterte, fast wäre er vor Schwäche auf dem roten Kachelboden der Bäckerei zusammengebrochen.

Das war die letzte Prüfung Gottes. Wenn er jetzt nicht durchhielt, war seine ganze Anstrengung vergebens. Sollte er jetzt versagen, wo das Dorf im schrecklichsten Stadium seines Leidens und seiner Not lag? Sollte er ein schwacher, verachtungswürdiger Feigling werden, der sich in Bequemlichkeit und Luxus rettete? »Gott sieht Ihre Güte, Madame Denis«, sagte er, »und er wird Sie belohnen. Aber führen Sie mich nicht in Versuchung, meiner Pflicht untreu zu werden. Wenn Sie nicht etwas Stroh für mich haben, fürchte ich, daß ich auf dem nackten Boden schlafen muß. Aber sonst bringen Sie bitte nichts, ich kann nichts annehmen.«

Er breitete das Stroh auf die feuchte Erde in einer Ecke seines Häuschens aus und deckte sich mit einer dünnen Decke zu. Die ganze Nacht schlief er nicht. Als der Morgen kam, hustete er, und seine Augen lagen noch tiefer als sonst in ihren Höhlen. Das Fieber war schlimmer geworden, er war sich kaum bewußt, was er tat. In der Hütte war keine Kohle für den Ofen. Es schien ihm unrecht, auch nur eine Handvoll davon den Bergarbeitern wegzunehmen. Er würgte etwas hartes, trocknes Brot herunter, dann machte er sich auf den Weg, um seine Arbeit fortzusetzen.

Die Märzstürme hatten sich allmählich ausgetobt, und im April wurde die Lage etwas besser. Der Wind ließ nach, die Sonnenstrahlen fielen steiler, und endlich taute es. Die schwarzen Felder tauchten wieder hervor, die Lerchen begannen zu singen, und im Walde schlugen die Holunderbäume aus. Das Fieber ließ nach, und bei dem warmen Wetter schwärmten die Frauen aus zum schwarzen Berg, um Kohle zu holen. Bald machte die Feuersglut in den ovalen Öfen die Hütten wieder behaglich. Jetzt brauchten die Kinder nicht tagsüber im Bett zu liegen, und Vincent machte den »Salon du Bébé« wieder auf. Zur ersten Predigt kam das ganze Dorf. Ein fast unmerkliches Lächeln lag wieder in den schwermütigen Augen der Bergleute, sie trugen den Kopf wieder etwas höher. Decrucq, der sich zum Pförtner des Salons ernannt hatte, riß Witze am Ofen, während er sich energisch den Kopf rieb.

»Es kommen bessere Zeiten«, rief Vincent freudig von der Kanzel herab. »Gott hat euch geprüft und euch treu befunden. Das schlimmste Leiden ist vorüber. Auf den Feldern wird das Korn reifen, die Sonne wird euch wärmen, wenn ihr nach der Arbeit vor den Türen sitzt. Die Kinder werden aus dem Haus laufen, um die Lerchen zu sehen, um im Walde Beeren zu pflücken. Erhebt eure Augen zu Gott, denn die guten Dinge des Lebens sind für euch bereitet. Gott ist barmherzig. Gott ist gerecht. Er wird euch belohnen für euren

Glauben und eure Wachsamkeit. Dankt ihm, denn bessere Zeiten kommen.«

Die Bergarbeiter dankten aus inbrünstigem Herzen. Heitere Stimmen erfüllten den Raum, und jeder wiederholte seinem Nachbarn: »Monsieur Vincent hat recht. Unser Leiden ist vorbei. Der Winter ist vergangen. Bessere Zeiten kommen.«

Als Vincent mit ein paar Kindern einige Tage später hinter dem Marcasse Kohle sammelte, sahen sie kleine schwarze Gestalten aus dem Förderschacht herausströmen und in allen Richtungen über die Felder eilen.

»Was ist geschehen?« rief Vincent aus. »Es kann doch nicht schon drei Uhr sein! Die Sonne steht noch nicht einmal im Mittag.«

»Das ist ein Unglück!« schrie einer der älteren Knaben. »Ich habe sie schon einmal so laufen sehen! Unten ist etwas zu Bruch gegangen.«

Sie kletterten, so schnell sie konnten, den Berg hinunter. Die Steine zerrissen ihnen Hände und Kleider. Das ganze Feld um den Marcasse war voll schwarzer Ameisen, die blindlings Deckung suchten. Aber als Vincent und die Kinder unten ankamen, hatte bereits eine Gegenströmung eingesetzt. Nun lief es aus allen Richtungen hastig heran, erschreckte Frauen und Kinder. Die Frauen trugen die Kleinsten auf dem Arm, die Größeren liefen hinterher.

Als Vincent das Tor erreichte, hörte er aufgeregte Stimmen: »Grisou! Grisou! Der neue Stollen! Sie sind abgesperrt! Sie sind in der Falle!«

Jacques Verney, der während der schweren Kälte das Bett hatte hüten müssen, raste über das Feld. Er war noch dünner geworden, die Brust war eingefallen. Vincent hielt ihn im Vorbeigehen an und sagte: »Was ist denn passiert?«

»Decrucqs Stollen! Erinnern Sie sich an die blauen Lampen? Ich wußte, daß es sie schnappen würde!«

»Wie viele? Wie viele sind es? Kann man nicht an sie heran?«

»Zwölf. Sie haben sie gesehen.«

»Sind sie nicht zu retten?«

»Ich weiß nicht. Eine Mannschaft von Freiwilligen steigt gleich mit mir nach unten.«

»Lassen Sie mich mitkommen! Lassen Sie mich helfen!«

»Nein, ich brauche erfahrene Männer!« Er lief über den Hof zum Aufzug.

Der kleine Wagen mit dem weißen Pferd bewegte sich auf das Tor zu. Es war der gleiche Wagen, der schon so viele Tote und Verletzte zu den kleinen Häusern am Abhang gebracht hatte. Die Bergarbeiter, die über die Felder geflüchtet waren, kamen nach und nach mit ihren Angehörigen wieder zurück. Einige Frauen schrien hysterisch, andre starrten mit weit aufgerissenen Augen vor sich hin. Die Kinder wimmerten, die Steiger liefen herum und schrien mit hohen Stimmen. Sie organisierten die Rettungsmannschaften.

Plötzlich wurde es still. Eine kleine Gruppe kam aus dem Förderturm und stieg langsam die Treppen herab. Sie trugen etwas, das in Decken gehüllt war. Einen Augenblick nur dauerte die Stille. Dann fingen alle zur gleichen Zeit an zu schreien und zu klagen.

»Wer ist es? Sind sie tot? Leben sie? Um Gottes willen, sagt uns doch die Namen! Zeigt sie uns! Mein Mann ist da unten. Meine Kinder! Zwei meiner Kleinen sind in dem Schacht!«

Die Gruppe hielt an dem kleinen Wagen mit dem weißen Pferd. Einer der Männer sprach: »Drei von den Kindern, die gerade Kohlen kippten, sind gerettet. Aber sie sind furchtbar verbrannt.«

»Wer ist es? Um Jesu willen sagt, wer ist es? Laßt doch sehen, laßt sehen! Mein Kleines ist da unten! Mein Kind! Mein Kind!«

Die Männer hoben die Decken von den versengten Gesichtern: zwei Mädchen, die neun Jahre alt sein mochten, und ein zehnjähriger Junge. Alle drei waren bewußtlos. Die Angehörigen der Kinder stürzten sich mit Schreien der Freude und der Angst auf sie. Die drei in Decken eingehüllten Gestalten wurden in den Wagen gelegt, und das weiße Pferd zog ihn über den Hohlweg ins Feld. Schwer atmend liefen

Vincent und die Angehörigen hinterher. Die Schreie der Angst und des Schmerzes schwollen an. Vincent hörte sie. Er sah sich im Laufen um. Am Horizont stand die lange Kette der Terrilberge.

»Schwarzes Ägypten«, schrie er laut, »schwarzes Ägypten, wo das auserwählte Volk wieder in Ketten liegt! Gott, wie konntest du! Wie konntest du!«

Die Kinder waren fast zu Tode verbrannt. Jeder Körperteil, der den Flammen ausgesetzt gewesen war, Haut und Haare waren versengt. Vincent ging in die erste Hütte. Die Mutter rang in Qual die Hände. Vincent zog das Kind aus und schrie: »Schnell Öl!« Die Frau hatte ein wenig Öl im Hause. Vincent träufelte es auf die Brandwunden. »Verbandzeug her!« Die Frau stand da und starrte ihn an. Angst lag in ihren Augen. Vincent wurde böse. »Verbandzeug! Wollen Sie denn, daß Ihr Kind stirbt?«

»Wir haben nichts« – sie schluchzte –, »kein Stück weißen Stoffes ist im Hause. Den ganzen Winter haben wir so was nicht gehabt.«

Das Kind regte sich und stöhnte. Vincent riß sich die Jacke ab und zog Hemd und Unterhemd aus. Die Jacke zog er wieder an, die anderen Kleidungsstücke zerriß er und verband damit das Kind von Kopf bis Fuß. Er nahm die Ölkanne und lief zum zweiten Kind. Er verband es genauso wie das erste. Als er zum dritten Kind kam, waren Hemd und Unterhemd schon aufgebraucht. Der zehnjährige Knabe lag im Sterben. Vincent zog die Hosen und die wollenen Unterhosen aus, zog die Hosen wieder an und zerschnitt die Unterhosen zu Binden.

Dann schloß er die Jacke über der nackten Brust und lief über das Feld zum Marcasse. Die ganze Zeit über hörte er hinter sich das unendliche Klagen der Mutter.

Die Bergleute standen um das Tor herum. Es konnte nur eine Rettungsmannschaft auf einmal dort unten arbeiten. Der Weg war eng. Die Männer warteten, bis sie an die Reihe kamen. Vincent wendete sich an einen der anderen Steiger:

»Wie sind die Aussichten?«

»Sie werden nicht mehr am Leben sein.«

»Können wir nicht zu ihnen?«

»Sie sind unterm Gestein begraben.«

»Wie lange wird es dauern, bis man durchkommt?«

»Wochen, vielleicht Monate.«

»Aber warum denn, warum denn?«

»Na, es hat halt immer so lange gedauert.«

»Dann sind sie verloren!«

»Siebenundfünfzig Männer und Mädchen!«

»Alle verloren!«

»Die sieht man nicht wieder.«

Sechsunddreißig Stunden lang wechselten die Schichten einander ab. Frauen, deren Männer und Kinder unten waren, waren nicht wegzubringen. Die Männer oben sagten ihnen immer wieder, daß die Rettung sicher sein würde. Die Frauen wußten, das war eine Lüge. Bergmannsfrauen, die niemanden verloren hatten, brachten heißen Kaffee und Brot über das Feld. Aber die betroffenen Frauen aßen nichts. Mitten in der Nacht wurde Jacques Verney in eine Decke gehüllt nach oben gebracht. Er hatte einen Blutsturz bekommen. Er starb am folgenden Tage.

Achtundvierzig Stunden vergingen, ehe Vincent Madame Decrucq überreden konnte, mit den Kindern nach Hause zurückzukehren. Zwölf Tage lang arbeiteten die Rettungsmannschaften ununterbrochen. Die Bergarbeiten wurden nicht fortgesetzt. Da keine Kohle gefördert wurde, gab es auch keinen Lohn. Die paar Sparfranken im Dorf waren bald aufgebraucht. Madame Denis backte Brot und gab es auf Kredit. Aber ihr Kapital erschöpfte sich bald, und sie mußte den Laden zumachen. Die Gesellschaft gab nichts her. Als der zwölfte Tag vorüber war, wurden die Rettungsmannschaften angewiesen, aufzuhören. Die Männer wurden an die Arbeit zurückgeschickt. Petit Wasmes hatte keinen Centime mehr, es war am Verhungern.

Die Bergleute streikten.

Vincents Aprilgehalt kam. Er ging nach Wasmes, um für fünfzig Francs Nahrungsmittel zu kaufen, die er dann unter die Familien verteilte. Das Dorf lebte sechs Tage davon. Danach gingen die Leute in den Wald, um Beeren, Blätter, Gras zu sammeln. Sie suchten alles zusammen, was lebte: Ratten, Schnecken, Laubfrösche, Katzen, Hunde, alles, was nur den Schmerz des nagenden Hungers lindern konnte. Zuletzt aber war auch da nichts mehr zu holen. Vincent wandte sich nach Brüssel um Hilfe. Es kam keine Hilfe. Die Frauen und Kinder der Bergarbeiter verhungerten unter den Augen ihrer Männer.

Sie baten Vincent, eine Totenandacht für die siebenundfünfzig Kameraden, die den Bergmannstod schon vor ihnen gestorben waren, abzuhalten. An die hundert Frauen, Männer und Kinder zwängten sich in Vincents enge Hütte. Tagelang hatte Vincent nichts genossen als Kaffee. Er konnte vor Schwäche nicht stehen. Die schwarzen Augen waren winzig klein geworden, die Wangen eingefallen. Die Backenknochen zeichneten sich scharf unter den Augen ab, der ungeschorene Bart wucherte schmutzig und wirr. Er hatte sich in rauhe Sackleinwand gehüllt, da er keine Unterwäsche mehr hatte. Eine einzige Laterne beleuchtete das elende kleine Haus. Sie hing an einem zerbrochenen Sparren. Das Licht flackerte. Auf dem Stroh in der Ecke lag Vincent, den Kopf auf den Ellenbogen gestützt. Die Laterne warf phantastische Schatten über die rauhe Bretterwand und die hundert Leute, die ihr Leid schweigend trugen.

Er fieberte, und seine Kehle war trocken, aber als er zu sprechen anfing, war jedes Wort in der Stille klar zu hören. Die Bergleute, abgemagert, von Hunger und der erlittenen Niederlage zerquält, richteten die Augen auf ihn, als ob er Gott selber wäre. Denn Gott war ihnen sehr weit.

Laute und entrüstete fremde Stimmen erhoben sich plötzlich draußen vor der Hütte. Die Tür wurde aufgerissen, und eine Kinderstimme rief: »Monsieur Vincent ist hier drin, Messieurs.«

Vincent hörte auf zu sprechen. Die Leute sahen nach der Tür.

Zwei gut gekleidete Männer traten ein. Einen kurzen Augenblick flammte das Licht auf. Vincent sah auf den fremden Gesichtern Entsetzen und Furcht.

»Sie sind willkommen, ehrwürdiger Herr de Jong und ehrwürdiger Herr van den Brink«, sagte er, ohne aufzustehen. »Wir halten eine Andacht ab für die siebenundfünfzig Bergarbeiter, die im Marcasse lebendig begraben worden sind. Vielleicht würden Sie den Leuten ein Wort des Trostes sagen.«

Die Pastoren fanden lange keine Worte.

»Unerhört! Das ist einfach unerhört!« schrie de Jong. Dabei schlug er sich kräftig auf den dicken Bauch.

»Man könnte meinen, man wäre bei den Hottentotten«, sagte van den Brink.

»Der Himmel weiß, was er nun wieder angerichtet hat.«

»Es kann Jahre dauern, bis man diese Leute wieder zu Christen macht.«

De Jong faltete die Hände über seinem Wanst und rief: »Gleich zu Anfang habe ich Ihnen gesagt, geben Sie ihm keine Stellung.«

»Ich weiß, aber... Pietersen... Wer hätte jemals einen solchen Zustand im Traum für möglich gehalten? Der Kerl ist total verrückt!«

»Ich fürchtete schon immer, daß er nicht recht bei Sinnen sei. Ich habe niemals Vertrauen zu ihm gehabt.«

Die ehrwürdigen Herren sprachen ein schnelles und perfektes Französisch, von dem die Leute aus der Borinage kein Wort verstanden. Vincent war zu schwach und zu krank, um zu fassen, was sie sagten.

De Jong schob sich durch die Menge zu Vincent hin und sagte mit grimmiger Ruhe: »Schicken Sie dieses schmutzige Pack nach Hause!«

»Aber die Totenandacht. Wir sind noch nicht fertig.«

»Lassen Sie die Andacht! Schicken Sie sie weg.«

Die Bergarbeiter gingen einer nach dem andern langsam davon. Sie verstanden nicht, wieso. Die beiden Pfarrer standen vor Vincent.

»Was in aller Welt haben Sie aus sich gemacht? Was soll das bedeuten? In einem solchen Loch Gottesdienst abzuhalten. Was für eine neue barbarische Sekte haben Sie gegründet? Haben Sie denn kein Gefühl für das, was sich schickt? Benehmen Sie sich, wie es einem christlichen Pfarrer entspricht? Sind Sie denn völlig verrückt, daß Sie sich so gebärden? Wollen Sie unserer Kirche Schande machen?«

Pastor de Jong hielt einen Augenblick inne, er sah sich in der elenden schmutzigen Hütte um, er sah das Strohlager, auf dem Vincent lag, die Sackleinwand, in die er gewickelt war – seine tiefliegenden, fiebrigen Augen.

»Es ist nur gut für die Kirche, Herr van Gogh«, sagte er, »daß wir Ihnen bloß vorübergehend eine Stellung gegeben haben. Sie sind jetzt Ihres Amtes enthoben. Es wird Ihnen nie wieder vergönnt sein, zu amtieren. Ihr Benehmen ist empörend und entehrend. Sie werden kein Gehalt mehr empfangen, wir werden sofort einen neuen Herrn hierherschicken, der Ihren Platz einnehmen wird. Wenn ich nicht nachsichtig wäre und Sie für krank hielte, würde ich Sie als den schlimmsten Feind des Christentums bezeichnen, den die belgische Evangelische Kirche jemals gehabt hat.«

Es war lange still im Zimmer. »Nun, Monsieur van Gogh, wollen Sie sich gar nicht verteidigen?«

Vincent erinnerte sich an den Tag in Brüssel, an dem sie es abgelehnt hatten, ihm eine Stelle zu geben. Er konnte nichts fühlen – nichts sagen.

»Wir gehen am besten, Bruder de Jong«, sagte Pastor van den Brink nach einiger Zeit. »Hier ist nichts zu machen. Es ist völlig hoffnungslos. Wenn wir kein gutes Hotel in Wasmes finden, werden wir noch heute nach Mons zurückfahren müssen.«

Am folgenden Morgen kam eine Gruppe der älteren Bergarbeiter zu Vincent. »Monsieur«, sagten sie, »wo nun Jacques Verney tot ist, sind Sie der einzige, zu dem wir Vertrauen haben. Sie müssen uns sagen, was wir tun sollen. Wir wollen nicht verhungern, wenn es nicht notwendig ist.

Vielleicht können Sie sie dazu bringen, unsere Wünsche zu erfüllen. Nachdem Sie mit ihnen gesprochen haben, werden wir wieder an die Arbeit gehen, wenn Sie es sagen. Und wenn Sie uns sagen: ›Verhungert‹, dann werden wir auch das tun. Wir hören auf Sie, Monsieur, und auf niemand sonst.«

Die Büros der Charbonnage Belgique lagen totenstill. Der Vorsteher freute sich, Vincent zu sehen, und hörte mit Anteilnahme an, was er zu sagen hatte. »Ich weiß, Monsieur van Gogh«, sagte er, »daß die Bergarbeiter außer sich sind, daß wir nicht bis zu den Leichen vorgestoßen sind. Aber was hätte es genützt? Die Gesellschaft hat sich entschlossen, diesen Stollen nicht wieder in Betrieb zu nehmen, er macht sich nicht bezahlt. Wir hätten sonst vielleicht die Bergungsarbeiten einen Monat lang fortsetzen müssen, und was wäre das Ergebnis gewesen? Einfach, daß man die Männer aus einem Grab in ein anderes getan hätte.«

»Aber wie steht es mit den Lebenden? Können Sie nichts tun, um ihre Lage unter Tage zu verbessern? Müssen sie alle Tage ihres Lebens mit dem Tod im Nacken arbeiten?«

»Oui, Monsieur, das müssen sie. Das müssen sie. Die Gesellschaft hat kein Geld übrig für Sicherheitseinrichtungen. Die Bergarbeiter ziehen den kürzeren in diesem Streit. Sie können unmöglich gewinnen, weil eherne wirtschaftliche Gesetze gegen sie sind. Noch schlimmer: wenn sie nicht innerhalb einer Woche wieder an die Arbeit gehen, wird das Marcasse-Werk für immer geschlossen. Dann mag Gott wissen, was aus ihnen wird.«

Vincent fühlte sich geschlagen. Er lief den langen, gewundenen Weg nach Petit Wasmes hinauf. Voller Bitterkeit sagte er sich: »Vielleicht weiß Gott es – aber vielleicht auch nicht!«

Es war klar, daß er den Bergarbeitern in nichts mehr helfen konnte. Er mußte ihnen sagen, daß sie wieder an die Arbeit gehen, dreizehn Stunden am Tage in den Gruben arbeiten sollten, um sich am Ende nicht einmal ernähren zu können, um zu fünfzig Prozent vom Tod in der Grube überfallen zu werden und zur anderen Hälfte sich langsam zu Tode zu husten. Er hatte versagt. Er hatte ihnen in keiner Weise helfen können. Er war in die Borinage gekommen, um das Wort Gottes in ihre Herzen zu senken, aber was blieb ihm noch zu sagen im Angesicht der Tatsache, daß der ewige Feind der Bergarbeiter nicht der Eigentümer war, sondern der allmächtige Gott selbst.

Von dem Augenblick an, wo er den Bergarbeitern sagen mußte, sie sollten wieder an die Arbeit gehen, ihr Sklavenjoch wiederaufnehmen, war es aus. Nie mehr würde er eine Predigt halten können – selbst wenn das Komitee es ihm erlaubte –, denn was nützte das Evangelium jetzt? Gott hatte die Bergarbeiter nicht gehört, und Vincent hatte ihn nicht erweichen können.

Plötzlich wurde ihm etwas klar, was er lange im Innersten geahnt hatte. Das ganze Gerede um Gott war kindische Ausflucht, war verzweifelte Lüge, die der geängstete Sterbliche sich selbst zuflüsterte in kalter, dunkler, ewiger Nacht. Es gab keinen Gott! Ja, so war es, es gab keinen Gott! Es gab nur Chaos: von Elend und Leid erfülltes, grausames, ausweglöses, blindes, endloses Chaos.

Die Bergarbeiter nahmen die Arbeit wieder auf. Theodorus van Gogh, der von der Kommission zur Verkündung des Evangeliums Nachricht erhalten hatte, schickte Vincent Geld und bat ihn, nach Etten zurückzukommen. Vincent aber zog statt dessen zu den Denis. Er besuchte den »Salon« noch ein letztes Mal, nahm alle Stiche von der Wand und hängte sie in seinem Dachzimmerchen auf.

Wieder einmal versagt! Es war an der Zeit, eine geistige Bestandsaufnahme vorzunehmen. Worüber? Er hatte keine Stellung, kein Geld, keine Gesundheit, keine Kraft, keine Ideale. – Das schlimmste aber war, daß sein Leben keinen Mittelpunkt hatte. Er war sechsundzwanzig Jahre alt, fünfmal hatte er Schiffbruch erlitten. Ihm fehlte der Mut, wieder von vorn anzufangen.

Fragend betrachtete er sein Bild im Spiegel. Der rötliche Bart umwucherte wild sein Gesicht. Das Haar wurde spärlich, der ehemals volle, runde Mund war jetzt dünn und zusammengepreßt. Die Augen verloren sich in tiefen, dunklen Höhlen. Die ganze Gestalt, die einmal van Gogh gewesen war, schien zusammengeschrumpft, erstarrt, wie tot.

Er lieh sich von Madame Denis etwas Seife, stellte sich in ein Waschbecken und schrubbte sich von Kopf bis Fuß. Er sah nieder auf den Körper, der einstmals mächtig und kraftvoll gewesen war – wie dünn und ausgezehrt war er jetzt. Er rasierte sich sorgfältig und wunderte sich dabei über die vielen seltsamen Knochen, die sich in seinem Gesicht abzeichneten. Zum ersten Male seit Monaten kämmte er sich die Haare so wie früher. Madame Denis brachte ihm ein Hemd und eine Garnitur Unterwäsche von ihrem Mann herauf. Er zog sich an und ging in die freundliche Küche der Bäckerei hinunter. Er setzte sich mit den Denis zu Tisch. Es war das erste Mal seit der Grubenkatastrophe, daß er warmes Essen zu sich nahm. Es schien ihm merkwürdig, daß er sich überhaupt die Mühe machen sollte zu essen. Es schmeckte ihm fade wie gekochtes Stroh.

Er hatte den Bergarbeitern nichts davon gesagt, daß man ihm verboten hatte, weiter zu predigen. Sie baten ihn nicht darum. Predigten interessierten sie anscheinend nicht mehr. Vincent sprach nur noch selten mit ihnen. Er sprach überhaupt selten mit irgend jemandem. Ein kurzes »Bon jour« im Vorbeigehen, das war alles. Er besuchte sie jetzt nicht mehr in ihren Hütten, er nahm keinen Anteil an ihrem täglichen Tun und Denken. Die Bergarbeiter sprachen nicht über ihn. Es war ein tiefes Einverständnis, ein schweigendes Übereinkommen. Sie beantworteten sein förmliches Verhalten mit gleicher Förmlichkeit, aber sie klagten nicht über die Änderung ihrer Beziehung. Sie verstanden ihn ohne viele Worte. Und das Leben in der Borinage ging weiter.

Von zu Hause teilte man ihm mit ein paar Zeilen mit, daß Kay Vos' Mann plötzlich gestorben sei. Aber sein Herz war durch das viele Leid, das er erfahren hatte, so erschöpft, daß er diese Tatsache bloß stumpf zur Kenntnis nahm.

Die Wochen vergingen. Vincent tat nichts als essen und schlafen. Er saß stundenlang wie betäubt und starrte vor sich hin. Langsam wurde das Fieber aus dem Körper vertrieben. Er nahm zu und wurde kräftiger. Aber seine Augen waren gläsern, leer und nach innen gekehrt, wie auf ein Leichenfeld. Der Sommer kam. Die schwarzen Felder, Schornsteine und Terrilkohlen glänzten in der Sonne. Vincent ging über Land. Nicht, um sich Bewegung zu machen – nicht, weil es ihn freute. Er steckte sich kein Ziel, er sah nichts um sich herum. Er ging spazieren, weil er des Liegens, Sitzens, Stehens müde war. Wenn er des Laufens müde wurde, setzte er sich, legte sich hin, stand wieder auf.

Kurz nachdem sein Geld aufgebraucht war, erhielt er einen Brief von seinem Bruder Theo aus Paris, der ihn bat, seine Zeit nicht in der Borinage zu vergeuden, sondern die mitgesandten Banknoten dazu zu benützen, etwas Neues anzufangen, um sich zu rehabilitieren. Vincent gab das Geld Madame Denis. Er blieb in der Borinage, nicht, weil er daran hing, er blieb, weil ihm nichts anderes offenstand, weil es zu viel Anstrengung gekostet hätte, wegzugehen.

Er hatte Gott und sich selbst verloren. Nun verlor er auch noch das, was ihm am allerwichtigsten gewesen war: den einzigen Menschen, der immer mit ihm gefühlt hatte, der ihn so verstand, wie er es nur irgend hoffen konnte. Theo gab seinen Bruder auf. Den ganzen Winter hindurch hatte er zwei- bis dreimal wöchentlich lange, aufheiternde Briefe voller Liebe und Anteilnahme geschrieben. Und nun setzten sie aus. Theo – auch er – hatte den Glauben an den Bruder verloren, hatte alle Hoffnung aufgegeben. So war Vincent allein, selbst seinen Schöpfer hatte er verloren. Er war wie jemand, der in einer verlassenen Welt umherirrt und sich fragt, warum er eigentlich noch da ist.

Das Laub des Sommers fiel. Es wurde Herbst. Als die letzten spärlichen Pflanzen starben, erwachte in Vincent etwas zu neuem Leben. Noch konnte er seinem eigenen Leben nicht gegenübertreten, deshalb wandte er sich dem anderer zu. Er kehrte zu seinen Büchern zurück. Das Lesen war immer eine seiner schönsten und beständigsten Freuden gewesen. Jetzt fand er in den Geschichten, die von anderer Menschen Aufstieg und Scheitern, Freud und Leid erzählten, Trost und Ruhe vor dem Gespenst seines eigenen Versagens, das ihn ständig verfolgte.

Wenn das Wetter es erlaubte, ging er auf die Felder hinaus und las dort den ganzen Tag. Wenn es regnete, hockte er auf seinem Bett unterm Dach oder stellte sich einen Stuhl gegen die Küchenwand bei den Denis und saß stundenlang völlig in sich versunken. Im Laufe der Wochen lernte er die Schicksale vieler Menschen kennen, die ihm glichen. Sie alle hatten sich bemüht, hatten ein bißchen Erfolg geerntet und viele Fehlschläge erlebt. Von ihnen lernte er, sich selbst mit einer gewissen objektiven Distanz zu betrachten. Der Satz, der immer wieder in ihm gebohrt hatte: »Ich bin ein Versager«, »Ich bin ein Versager«, »Ich bin ein Versager«, wich einem anderen: »Was soll ich nun tun? Zu welcher Arbeit eigne ich mich am besten? Wo ist der richtige Platz für mich in der Welt?« In jedem Buch, das er las, suchte er nach der Bestätigung, die seinem Leben wieder Sinn und Richtung würde geben können.

In den Briefen von zu Hause nannte man seine Art zu leben empörend. Seines Vaters Meinung war, daß er durch sein Faulenzerleben alle Gesetze der Schicklichkeit, alle gesellschaftlichen Sitten verletze. Wann beabsichtigte er wohl, wieder eine Stellung zu suchen, selbst für seinen Unterhalt zu sorgen, ein nützliches Glied der menschlichen Gesellschaft zu werden und seinen Teil zur Arbeit in der Welt beizutragen? Die Antwort darauf hätte Vincent gern selbst gewußt.

Schließlich bekam er das Lesen satt, er mochte kein Buch mehr anrühren. Während der Wochen, die auf seinen Zusammenbruch folgten, war er zu sehr erschüttert, zu krank gewesen, um etwas zu empfinden. Später hatte er sich den Büchern zugewandt, um seine Gefühle zu betäuben. Es war ihm gelungen. Nun aber hatte er sich beinah wieder erholt, und die Flut des Schmerzes, die sich monatelang in ihm gestaut hatte, brach durch wie ein rasender Strom und riß ihn in Trübsal und Verzweiflung. Die geistige Distanz, die er sich errungen hatte, konnte ihm nicht helfen.

Er hatte den Tiefpunkt seines Lebens erreicht, und er wußte es.

Er fühlte, daß etwas Wertvolles in ihm war, daß er nicht nur ein Narr, ein arbeitsscheuer Lump war und daß er der Welt etwas zu geben hatte. Aber was? Geschäftsroutine besaß er nicht, und alles andere, wofür er vielleicht tauglich sein mochte, hatte er bereits versucht. War er dazu verdammt, immer Schiffbruch zu leiden und von Schmerz zerwühlt zu werden? War das Leben für ihn tatsächlich vorbei?

Solche Fragen kamen von selbst, aber sie brachten keine Antwort. So trieb er mit den Tagen dahin, und der Winter schlich heran. Von Zeit zu Zeit wurde sein Vater sehr ärgerlich über ihn, dann hörte er auf, ihm Geld zu schicken. Vincent konnte nicht mehr bei den Denis essen, er schnürte den Riemen fester. Dann wieder fühlte Theo Gewissensbisse und schickte ein paar Banknoten. Wenn ihm dann wieder die Geduld riß, fühlte der Vater eine gewisse Verantwortung. So hatte Vincent etwa die Hälfte der Zeit zu essen.

Es war ein klarer Novembertag. Vincent ging ziellos zum Marcasse mit leeren Händen und leerem Kopf. Er setzte sich auf ein rostiges Eisenrad vor der Mauer. Ein alter Bergarbeiter kam aus dem Tor. Er hatte die schwarze Kappe in die Stirn gezogen, die Schultern waren nach vorn gebeugt, die Hände in den Taschen, die Knie stießen knochig hervor. Etwas an dem Mann – er konnte nicht sagen, was es war – fesselte Vincent. Lässig, ohne besonderes Interesse, langte er in die Tasche, zog einen Bleistiftstumpf und einen Brief von zu Hause hervor und zeichnete mit schnellen Strichen auf der Rückseite des Briefumschlags die kleine Gestalt, die mit schweren Schritten über das schwarze Feld stapfte.

Vincent öffnete seines Vaters Brief und sah, daß er nur auf einer Seite beschrieben war. Ein paar Augenblicke später kam ein anderer Bergarbeiter aus dem Tor heraus, ein junger Mann, etwa siebzehn Jahre alt. Er war größer, hielt sich aufrechter, seine Schultern waren gestreckt, als er sich an der hohen Steinmauer des Marcasse entlang auf die Eisenbahnstrecke zu auf den Weg machte. Vincent hatte einige Minuten Zeit, um ihn zu skizzieren, ehe er verschwand.

Bei den Denis fand er einige Seiten sauberes, weißes Papier und einen dicken Bleistift. Er legte die zwei flüchtigen Skizzen auf den Schreibtisch und fing an, sie ins reine zu übertragen. Seine Hand war unbeholfen und steif. Die Linien, die er im Kopf hatte, wollten sich nicht zu Papier bringen lassen. Den Radiergummi benutzte er mehr als den Bleistift. Er arbeitete immer aufs neue daran, die Gestalten wiederzugeben. Er war so vertieft, daß er die herankriechende Dunkelheit im Zimmer nicht bemerkte. Madame Denis klopfte an die Tür. Er schreckte auf.

»Monsieur Vincent«, rief sie, »das Abendessen steht auf dem Tisch.«

»Abendessen?« rief Vincent. »Aber es kann doch noch nicht so spät sein!«

Bei Tisch sprach er lebhaft mit den Denis. Seine Augen glänzten ein wenig. Die Denis wechselten vielsagende Blicke. Nach der leichten Mahlzeit entschuldigte sich Vincent und ging sofort auf sein Zimmer. Er zündete die Lampe an, steckte die beiden Zeichnungen an die Wand und stellte sich so weit wie möglich von ihnen entfernt auf, um sie aus der richtigen Entfernung zu sehen.

»Schlecht sind sie«, sagte er zu sich mit seltsamem Grinsen, »sehr schlecht. Aber vielleicht wird es mir morgen ein bißchen besser gelingen.«

Er legte sich zu Bett, setzte die Petroleumlampe neben sich auf den Boden. Sein Blick ruhte lange auf den beiden Skizzen, dann sah er zu den Stichen hin, die an der Wand hingen. Zum erstenmal sah er sie seit dem Tag vor sieben Monaten, als er sie von den Wänden des »Salon« genommen hatte. Plötzlich begriff er, daß er Heimweh hatte nach der Welt der Bilder. Einst hatte er gewußt, wer Rembrandt, wer Millet, Jules Dupré, Delacroix und Maris waren. – Er dachte an all die wunderschönen Stiche, die er zu dieser oder jener Zeit besessen hatte, an die Lithographien und Radierungen, die er Theo oder den Eltern geschickt hatte. Er dachte an all die

Gemälde, die er in den Museen von London und Amsterdam gesehen hatte, und wie er so daran dachte, vergaß er sein Elend und seine Verlassenheit und fiel in einen tiefen und ruhigen Schlaf. Die Petroleumlampe flackerte, flammte blau auf – erlosch.

Er erwachte am nächsten Morgen um halb drei und fühlte sich frisch und unternehmend. Mit einem Satz sprang er aus dem Bett, zog sich an, ergriff Bleistift und Schreibblock, stöberte ein Brettchen, das als Zeichenbrett dienen konnte, in der Bäckerei auf und machte sich auf den Weg zum Marcasse. Er setzte sich wieder auf das rostige Eisenrad und wartete hier auf die einfahrenden Bergarbeiter. Es war noch völlig dunkel.

Er zeichnete hastig, in groben Umrissen, denn er wollte und konnte ja nur den ersten Eindruck von den Vorübereilenden einfangen. Als dann nach einer Stunde alle Bergarbeiter eingefahren waren, hatte er fünf Skizzen vor sich liegen. Er lief eilig über das Feld nach Hause zurück, trank schnell eine Tasse Kaffee und stieg in sein Zimmer hinauf. Endlich wurde es hell, so daß er sich an die Arbeit begeben und die flüchtig hingeworfenen Skizzen ausführen konnte. Er versuchte, all das festzuhalten, was die Bewohner der Borinage charakterisierte und von irgendwelchen beliebigen Menschen sonst unterschied: kleine Eigenarten und Züge, die ihm so vertraut waren, die er aber in der Dunkelheit und Eile nicht hatte erfassen können.

Anatomisch betrachtet waren die Bilder falsch, die Proportionen waren grotesk verzeichnet, und dennoch: was da vor ihm lag, das waren die Leute aus der Borinage. Niemand hätte sie für etwas anderes halten können. Vincent lächelte belustigt über seine eigene Ungeschicklichkeit und zerriß die Zeichnungen. Dann setzte er sich auf die Bettkante und versuchte ein Bild von Allebé nachzuzeichnen, das ihm gegenüber hing. Es war das Bild einer verhutzelten alten Wasserträgerin, die durch verschneite Straßen ging. Die Frau selbst konnte er sich gut vorstellen, aber alles um sie herum: Häuser, Straßen und die Luft, wollte sich nicht einfügen. Er knüllte den Bogen zusammen, warf ihn in eine Ecke und rückte seinen Stuhl vor eine Studie von Bosboom. Ein schlichtes Bild: nichts weiter als ein einsamer Baum vor einem wolkigen Himmel. Es schien so einfach, die richtigen Töne zu treffen. Aber Bosboom hatte eine eigene, klare Art zu zeichnen, und Vincent mußte erkennen, daß gerade das Einfache in der Kunst ein diszipliniertes Fortlassen aller unwichtigen Einzelheiten voraussetzt und sich keineswegs leicht nachahmen läßt.

Der Vormittag verging, ohne daß er es merkte. Das letzte Blatt Papier war verbraucht. Vincent durchsuchte seine Habseligkeiten gründlich, um festzustellen, wieviel Geld noch in seinem Besitz war. Es fanden sich zwei Francs zusammen. Das sollte genügen, um ein paar Bogen gutes Zeichenpapier und vielleicht ein Stück Holzkohle in Mons zu erstehen. Er machte sich auf, um die zwölf Kilometer nach Mons zu Fuß zu wandern. Als er den langen Hügelweg zwischen Petit Wasmes und Wasmes hinunterging, sah er ein paar Bergarbeiterfrauen vor den Türen stehen. Er war so gut gestimmt, daß er seinem gewöhnlichen »Bon jour« heute noch ein herzliches »Comment ça va?« hinzufügte. In Paturages, auf halbem Wege nach Mons, fiel ihm ein hübsches Mädchen auf, das er durch die Schaufenster einer Bäckerei sah. Er ging in den Laden und verlangte für fünf Centimes eine Semmel, nur um sie näher sehen zu können. In Mons kaufte er einen Block getöntes Papier, ein paar Kohlestifte und einen schönen Bleistift. Vor dem Laden waren Kästen mit alten Stichen. Stundenlang stöberte er darin herum, obwohl er genau wußte, daß er keinen würde kaufen können. Der Ladeninhaber trat zu ihm, und sie diskutierten eifrig über die verschiedenen Werke. Sie schauten und sprachen und schauten wieder, als wären sie alte Freunde, die sich gemeinsam ein Museum besehen.

Langsam und bedächtig ging er die zwölf Kilometer wieder zurück. Die sinkende Sonne goß rötliche Glut über die dahintreibenden Wolken, als schwarze Silhouetten reckten sich die Kohlepyramiden in den Himmel. Er stand auf dem Gipfel eines Hügels. Friedlich lag das weite grüne Tal vor ihm. Er fühlte sich glücklich und hätte selbst nicht zu sagen gewußt, warum!

Am nächsten Tag ging er zum Marcasse und zeichnete die Frauen und Mädchen beim Terrilsuchen.

Nach dem Essen bat er Monsieur und Madame Denis, noch ein Weilchen am Tisch sitzenzubleiben: »Ich möchte gern einen kleinen Versuch machen.«

Er lief schnell in sein Zimmer und holte sich Zeichenblock und Kohle, nach kurzer Zeit hatte er seine Freunde auf dem Papier festgehalten. Madame Denis sah ihm über die Schulter. »Aber Monsieur Vincent«, rief sie aus, »Sie sind ein Künstler!«

Wieder stieg er nun zu den Arbeiterhütten hinunter, aber jetzt kam er nicht mit der Heiligen Schrift, sondern mit seinem Zeichenstift. Sein Besuch freute die Leute nicht weniger als früher. Er zeichnete die Kinder beim Spiel, die Frauen beim Kochen und die Familien, wenn sie nach dem Essen feierabendlich beisammensaßen. Er zeichnete den Marcasse mit den ragenden Schornsteinen, die schwarzen Felder, den Kiefernwald hinter der Schlucht und die pflügenden Bauern bei Paturages. War das Wetter schlecht, dann blieb er auf seinem Zimmer. Er führte die Skizzen aus, die er am Tage vorher angefertigt hatte, oder zeichnete die Bilder der Meister ab, die an den Wänden hingen. Beim Zubettgehen hatte er dann das Gefühl, daß ihm das eine oder andere heute besser gelungen war als noch vor wenigen Tagen. Der nächste Morgen jedoch brachte bereits die nüchterne Erkenntnis, daß alles, was er gemacht hatte, verkehrt und völlig mißlungen war. Er warf die Versuche erbarmungslos fort.

Als er nach einigen Wochen alle im Raum befindlichen Bilder abgezeichnet hatte, wurde es ihm klar, daß er neue Vorlagen haben müsse, wenn er weiterkommen wollte. Obwohl Theo ihm seit einem Jahr nicht geschrieben hatte, überwand er seinen Stolz und schickte ihm ein Päckchen Zeichnungen. Er legte folgenden Brief bei:

»Lieber Theo,
Wenn ich nicht irre, hast Du noch den Millet: ›Les Travaux des Champs‹. Könntest Du mir das Buch wohl auf einige Zeit überlassen und per Post zuschicken?

Ich wollte Dir noch mitteilen, daß ich etliche große Zeichnungen von Bosboom und Allebé abgezeichnet habe. Wenn Du sie sähest, würdest Du sie vielleicht gar nicht einmal so übel finden.

Schicke mir, was Du kannst, und bange Dich nicht um mich. Wenn ich nur mit der Arbeit weiterkomme, kommt auch alles andere wieder in Ordnung.

Ich stecke mitten in der Zeichnerei und will meine Arbeit nicht lange unterbrechen, deshalb schreibe ich nur kurz.

Also gute Nacht. Schicke mir die Bilder so schnell wie möglich!

Mit einem kräftigen Händedruck in Gedanken

Vincent«

Allmählich erwachte eine neue Sehnsucht in ihm: er wollte mit andern Künstlern über seine Arbeit sprechen, um zu erfahren, ob er auf dem richtigen Wege war. Er wußte zwar, daß an seinen Zeichnungen vieles falsch war. Aber er stand ihnen noch zu nah, um die eigentlichen Gründe dafür zu erkennen.

An wen sollte er sich wenden? Es drängte ihn, mit andern Menschen in Verbindung zu kommen, die Künstler waren wie er, die die gleichen technischen Probleme zu bewältigen hatten, die im Denken und Fühlen auf der gleichen Ebene mit ihm standen.

An einem regnerischen Nachmittag tauchte plötzlich das Bild Pastor Pietersens vor ihm auf. Hatte er nicht auch gemalt? Ein Lächeln zog über sein Gesicht, als er sich an Pietersens Worte erinnerte: »Bitte, erzählen Sie meinen Amtsbrüdern nichts davon.« Er wußte: das war der richtige Mann. Er sah seine Zeichnungen durch und wählte etliche aus. Die Gestalt eines Bergarbeiters, die einer Frau, die über den bauchigen Ofen gebeugt stand, und dann noch die einer alten Frau, die Terril sammelte. Dann machte er sich auf den Weg nach Brüssel.

Er hatte knapp drei Francs in der Tasche, zur Bahnfahrt reichte es also nicht. Immerhin eine lange Fußwanderung, denn die Entfernung betrug sechzig Kilometer. Er wanderte unermüdlich den Nachmittag, die ganze Nacht durch und noch den größeren Teil des folgenden Tages, bis er sich Brüssel bis auf etwa dreißig Kilometer genähert hatte. Er wäre noch weiter gewandert, wenn seine dünnen Schuhe nicht zerrissen wären. Die Zehen kamen durch das brüchige Oberleder. Der Mantel, den er das ganze Jahr durch in Petit Wasmes getragen hatte, war voller Straßenstaub. Zu früher Morgenstunde wanderte er am nächsten Tage weiter. Er war hungrig, durstig und müde – aber er war so glücklich, wie nur ein Mensch sein kann. Er sollte ja tatsächlich einen andern Künstler sehen und mit ihm sprechen.

Er kam ohne einen Centime in der Tasche am Nachmittag in Brüssel an. Er hatte sich Pietersens Wohnung genau gemerkt und eilte sicher auf sein Ziel zu. Wo er vorüberkam, wichen die Leute zur Seite, war er vorbei, schauten sie ihm neugierig und kopfschüttelnd nach. Vincent merkte nichts davon. Er lief, so schnell ihn seine wunden Füße nur tragen konnten. Pietersen kam zur Tür, erkannte ihn sofort und lächelte herzlich.

»Vincent, mein Sohn«, rief er aus, »wie schön, Sie zu sehen! Kommen Sie schnell herein!«

Er führte Vincent in sein Arbeitszimmer und gab ihm einen bequemen Stuhl. Die Spannung, die Vincent durch alle Strapazen hindurch aufrecht gehalten hatte, ließ plötzlich nach. Jetzt, am Ziel, spürte er die sechzig Kilometer, die er in zwei Tagen, nur von Brot und Käse lebend, zurückgelegt hatte. Es fiel ihm schwer, aufrecht zu sitzen.

»Eine Bekannte in der Nähe hat ein Zimmer frei, Vincent«, sagte Pietersen. »Sie möchten sich sicher gern nach der Reise waschen und ausruhen.«

»Ja! Ich wußte nicht, daß ich so müde bin.«

Der Pastor nahm seinen Hut und ging mit Vincent die Straße hinunter. Er achtete nicht auf die neugierigen Blicke der Nachbarn.

»Sie werden wahrscheinlich tüchtig schlafen wollen«, sagte er, »aber morgen mittag kommen Sie um zwölf zum Essen, nicht wahr? Wir werden viel miteinander zu reden haben.«

Obwohl es früh am Abend war, schlief Vincent sofort ein, ohne noch etwas gegessen zu haben. Er erwachte nicht vor zehn Uhr am nächsten Morgen, und auch dann nur, weil der Hunger ihn weckte und quälte.

Er schämte sich seines Heißhungers nicht und aß, soviel sein Magen nur vertragen konnte. Pietersen plauderte währenddessen über dies und das, was alles so in letzter Zeit in Brüssel geschehen war. Dann zogen sich die beiden in das Arbeitszimmer zurück.

»Sie haben fleißig gearbeitet«, sagte Vincent. »Die Zeichnungen an den Wänden sind fast alle neu.«

»Ja«, erwiderte Pietersen, »ich bekomme langsam mehr Freude am Malen als am Predigen.«

Vincent sagte lächelnd: »Haben Sie Gewissensbisse, weil es Ihnen zuviel Zeit von der eigentlichen Arbeit wegnimmt?«

Pietersen lachte und sagte: »Kennen Sie die Geschichte mit Rubens? Er war als holländischer Botschafter in Spanien und pflegte die Nachmittage in den königlichen Gärten vor seiner Staffelei zuzubringen. Eines Tages bemerkte ein junger Mann, der dem spanischen Hof angehörte: ›Wie ich sehe, vertreibt sich der Diplomat die Zeit ein bißchen mit Malen.‹ Rubens erwiderte darauf: ›O nein, der Maler vertreibt sich gelegentlich die Zeit mit diplomatischen Arbeiten.‹«

Pietersen und Vincent sahen sich mit einem verständnisvollen Lächeln an. Dann machte Vincent sein Bündel auf und packte die mitgebrachten Zeichnungen aus. »Ich habe auch etwas gezeichnet. Ich habe Ihnen drei Zeichnungen mitgebracht. Ich möchte gern wissen, was Sie davon halten.«

Pietersen zuckte ein wenig zusammen. Es ist immer eine undankbare Aufgabe, einen jungen Anfänger zu kritisieren. Trotzdem stellte er die drei Studien auf die Staffelei und trat etwas zurück, um sie betrachten zu können. Vincent sah die Zeichnungen plötzlich mit den Augen seines Freundes. Er erkannte mit einemmal, wie dilettantisch sie waren.

»Hm«, sagte Pietersen nach einer Weile. »Mein erster Eindruck ist der, daß Sie sehr nahe an den Modellen stehen, wenn Sie arbeiten. Stimmt das?«

»Ja. Das muß ich leider. Ich arbeite nämlich größtenteils in den engen Arbeiterhütten.«

»So. Nun, das erklärt den Mangel an richtiger Perspektive. Könnten Sie sich nicht einen Raum beschaffen, in dem Sie Ihre Modelle weiter von sich fort stellen können? Ich meine, Sie würden sie dann viel klarer und richtiger sehen.«

»Es gibt ein paar verhältnismäßig geräumige Arbeiterhütten. Ich könnte für ziemlich wenig Geld eine mieten und als Atelier benutzen.«

»Ausgezeichnet!« Er schwieg wieder. Dann fragte er nachdenklich: »Haben Sie jemals zeichnen gelernt? Visieren Sie? Studieren Sie die Maßverhältnisse? Die Fragen kamen langsam.

Vincent errötete. »Ich weiß nicht, wie man das macht. Ich habe nämlich niemals Unterricht gehabt. Ich dachte, man kann sich einfach an die Arbeit machen und loszeichnen.«

»Ach nein«, sagte Pietersen betrübt. »Sie müssen zuerst einmal die notwendige Technik beherrschen lernen. Dann kommt das Zeichnenkönnen langsam nach. Hier, passen Sie einmal auf, ich will Ihnen zeigen, was an dieser Frau nicht in Ordnung ist.«

Er nahm das Lineal, visierte nach Kopf und Gestalt, bestimmte die Proportionen, die von Vincent überhaupt nicht beachtet waren. Dann zeichnete er an dem Kopf herum, gab Erklärungen, zeichnete wieder und trat zurück, um sein Werk zu betrachten: »So, ich glaube, jetzt ist es richtig.«

Vincent ging bis an das andere Zimmerende und betrachtete nachdenklich das Blättchen Papier. Kein Zweifel, die Proportionen waren jetzt richtig. Aber das war keine Bergarbeiterfrau mehr, das war irgendeine gebeugt stehende Frau, richtig gezeichnet, richtig proportioniert, aber –

Er ging wortlos zur Staffelei und stellte die zweite Studie über diese. Es war das Blatt von der Frau, die über den bauchigen Ofen gebeugt hantiert. Dann stellte er sich wieder neben Pietersen.

»Hm, tscha . . .«, sagte Pietersen, »ich sehe schon, was Sie meinen. Proportionen habe ich dem Bild gegeben, aber das Charakteristische ist weg.«

Sie standen lange schweigend vor der Staffelei. Dann sagte Pietersen unvermittelt: »Wissen Sie, Vincent, die Frau am

Herd ist nicht schlecht ... nein, gar nicht übel. Die Zeichnung selbst ist zwar falsch ... das Gesicht ist schauerlich ... eigentlich hat sie überhaupt kein Gesicht. Aber an dem Bild ist etwas dran. Sie haben da etwas herausgeholt – was es eigentlich ist, ist schwer zu sagen.« Er wandte sich Vincent zu: »Wissen Sie es eigentlich?«

»Ich weiß es auch nicht. Ich habe sie eben so gezeichnet, wie ich sie vor mir sah.«

Diesmal war es Pietersen, der schnell zur Staffelei schritt. Er warf die Zeichnung, die er verbessert hatte, in den Papierkorb und bat: »Sie haben nichts dagegen, nicht wahr? Ich habe sie sowieso verdorben.« Dann stellte er die zweite Studie noch einmal vor sich auf. Sie setzten sich beide davor. Pietersen setzte verschiedentlich zum Sprechen an, aber es fiel ihm schwer, das Richtige zu finden. Dann sagte er stockend: »Vincent, ich sage es eigentlich nicht gern – aber ich glaube, daß mir die Frau gefällt. Zuerst fand ich sie scheußlich. Aber allmählich ... es ist etwas an ihr ...«

»Und warum sagen Sie das nicht gerne?« fragte Vincent.

»Weil mir die Studie eigentlich nicht gefallen dürfte. Sie ist grundverkehrt gezeichnet. In der Kunstschule würde man von Ihnen verlangen, daß Sie sie sofort zerreißen und von vorn anfangen, aber sie hat irgend etwas, was mich anzieht. Ich könnte fast sagen, sie ist mir vertraut – ich muß sie schon einmal irgendwo gesehen haben.«

»Vielleicht haben Sie sie in der Borinage gesehen! Damals bei Ihrem Aufenthalt.«

Pietersen blickte schnell zu ihm hinüber. Sollte das ein Spaß sein? Dann sagte er einfach: »Ich glaube, Sie haben recht. Sie hat kein Gesicht, sie ist nicht irgendein bestimmter Mensch. In ihr leben alle Frauen der Borinage. Das ›Etwas‹, das Sie da in dieser einzelnen Frau festgehalten haben, ist d i e Bergwerksfrau, Vincent. Und das ist tausendmal wichtiger als korrektes Zeichnen. Ja, diese Frauengestalt ist mir lieb. Sie sagt mir wirklich etwas.«

Vincent zitterte, er scheute sich zu sprechen. Pietersen, ein erfahrener Künstler, kein Dilettant, sprach so zu ihm!

»Könnten Sie sie entbehren, Vincent? Ich würde sie mir gern hier im Zimmer aufhängen. Ich glaube, wir würden gute Freunde werden.«

Als Vincent schließlich wieder nach Petit Wasmes zurückkehren mußte, gab ihm Pietersen ein Paar alte, aber feste Schuhe von sich und Geld genug, um in die Borinage zurück*fahren* zu können. Vincent nahm die Geschenke ohne Widerstreben. Er wußte, daß zwischen Menschen wie ihm und Pietersen Geben und Nehmen kein Problem ist.

Im Zug kamen ihm zwei Tatsachen zum Bewußtsein: Nicht einmal hatte Pietersen erwähnt, daß er als Prediger versagt hatte. Und dann hatte er ihn sogar als gleichwertig, als Künstler und Kamerad anerkannt. Er hatte die Zeichnung der Frau so gern gehabt, daß er sie besitzen wollte. Er hatte also die Probe bestanden!

»Das ist der Anfang«, sagte sich Vincent. »Ich habe hier zum erstenmal einen Menschen gefunden, der meine Arbeit versteht und gern hat – andere werden folgen.«

Als er nach Hause kam, fand er »Les Travaux des Champs« vor, die Theo ihm inzwischen geschickt hatte. Ein Brief lag nicht bei. Das Beisammensein mit Pietersen hatte ihn gestärkt, er ging sogleich eifrig an die Arbeit und studierte das Buch. Theo hatte gutes, grobes Zeichenpapier mitgeschickt – in wenigen Tagen hatte Vincent alle Bilder des ersten Bandes abgezeichnet. Er wußte, wie notwendig es für ihn war, Akt zeichnen zu können, aber er wußte auch, daß kein Mensch in der Borinage sich dazu hergeben würde. Deshalb schrieb er seinem alten Bekannten Tersteeg, Leiter der Goupil-Galerien im Haag, einen Brief mit der Bitte, ihm die »Exercices au Fusain« von Bargue zu leihen.

Inzwischen nahm er sich Pietersens Rat zu Herzen und mietete für neun Francs monatlich eine Bergarbeiterhütte, die fast auf der höchsten Spitze der Rue Petit Wasmes lag. Diesmal nahm er die beste, nicht wie damals die schlechteste Hütte, die er finden konnte. Sie hatte einen rohen Holzfußboden, zwei große Fenster, durch die das Licht strömte, ein

Bett, einen Stuhl und einen Herd. Sie war geräumig genug, um das Modell so weit ab von sich zu stellen, daß die Perspektive richtig herauskommen mußte. Jeder einzelne in Petit Wasmes war bereit, ihm Modell zu stehen, denn alle hatten nur Gutes von ihm erfahren. An den freien Sonntagen strömten die Bergarbeiter in Scharen herbei, um sich von Vincent skizzieren zu lassen. Es machte ihnen den größten Spaß. Das Haus war immer voller Menschen, die verwundert und interessiert dem »Maler« über die Schultern guckten.

Schließlich kamen auch die »Exercices au Fusain«, und Vincent kopierte die nächsten zwei Wochen etwa sechzig Studien aus diesem Werk. Er arbeitete vom frühen Morgen bis in den sinkenden Abend.

Eine ganze Woche hindurch erschien er täglich um halb drei vor dem Tor vom Marcasse und zeichnete an einem großen Bild: Die Bergarbeiter, Männer und Frauen, eilen zur Arbeit. Über einen verschneiten Pfad, an einer Dornenhecke vorüber, gleiten sie wie Schatten durch den dämmernden Morgen. Als Hintergrund zeichnete er in großen, schweren Linien die Bergwerksgebäude und die Schlackenberge, die in den Himmel ragen. Nachdem die Skizze fertig war, schickte er eine Kopie davon in einem Brief an Theo.

So verflossen zwei Monate. Er entwarf von früh bis abends, um dann beim Lampenlicht ans Nachzeichnen zu gehen. Von neuem erwachte der Hunger in ihm, mit einem andern Künstler zu sprechen und seine Meinung über seine Arbeit und den Fortschritt in seiner Arbeit zu hören. Seine Sehnsucht war diesmal viel bestimmter als das erste Mal. Es mußte ein Künstler sein, der ihn unter seine Flügel nehmen und ihn langsam und sorgsam in die handwerklichen Elemente seiner Kunst einführen würde. Zu jeder Gegenleistung war er bereit, kein Dienst erschien ihm zu niedrig, wenn er nur jemand fände, der ihm helfen würde.

Jules Breton, den er seit langem bewunderte, lebte in Courrieres, das war einhundertsiebzig Kilometer entfernt. Solange das Geld reichte, fuhr Vincent mit der Bahn, dann ging er fünf Tage lang zu Fuß, nachts fand er einen Unterschlupf in

Heuschobern. Er nährte sich von erbetteltem Brot, für das er häufig mit einer Zeichnung bezahlte. Als er dann unter den Bäumen von Courrieres stand und das neue Atelier erblickte, das Breton sich gerade hatte bauen lassen, verließ ihn der Mut zu seinem kühnen Unternehmen. Zwei Tage lang irrte er noch in der Stadt umher. Es nutzte nichts, er konnte es nicht über sich bringen, dieses kühle, stattliche und ungastliche Atelier aufzusuchen. Müde und durch tagelanges Fasten geschwächt, machte er sich auf den Rückweg. Er hatte keinen Pfennig mehr in der Tasche, und die Schuhe, die ihm Pietersen geschenkt hatte, waren nun auch durchgelaufen. Und einhundertsiebzig Kilometer lagen vor ihm.

Krank und verzweifelt kam er schließlich wieder in seiner Hütte an. Er fand keinen Brief und auch kein Geld vor. Er ging zerschlagen zu Bett. Die Bergarbeiterfrauen kamen und pflegten ihn. Sie brachten ihm ein paar Bissen zu essen – nicht viel – es war alles, was sich ihre Kinder und ihre Männer vom Munde absparen konnten.

Er war wieder mager geworden, die Wangen waren hohl, das Fieber glühte in den tiefen, schwarz-grünen Augen. Aber sein Geist war klar, und klar war seine Erkenntnis, daß er zu dem Punkt seines Lebens gekommen war, wo eine grundsätzliche Entscheidung sich nicht länger umgehen ließ.

Was war Sinn und Ziel seines Lebens?

Eines Tages, als er sich wieder kräftiger fühlte und auf Kissen gestützt Theodor Rousseaus »Le Four dans les Landes« abzeichnete, öffnete sich plötzlich die Tür.

Sein Bruder Theo stand vor ihm.

Theo hatte sich in diesen Jahren entwickelt. Er war erst dreiundzwanzig Jahre alt, aber er hatte sich schon einen Namen als Kunsthändler gemacht und war bei seinen Kollegen geachtet und beliebt.

Theo blieb erschreckt im Türrahmen stehen. Vor wenigen Stunden erst hatte er Paris verlassen, noch vor wenigen Stunden war die harmonisch gepflegte Atmosphäre seiner Wohnung um ihn gewesen. Zierliche Louis-Philippe-Möbel, weiche

Teppiche, das Licht dämpfende Vorhänge, sein Schreibtisch, gewählte Bilder – Bücher – mildes Lampenlicht – und hier lag sein Bruder auf einer schmutzigen Matratze, ohne Bettwäsche, nur mit einer alten Decke zugedeckt. Rohe Holzbretter als Fußboden, Latten an den Wänden statt geschmackvoller Tapeten.

»Theo . . .«, sagte Vincent scheu.

Theo ging schnell zu ihm hin und beugte sich über ihn. »Vincent, was ist los, um Himmels willen? Was hast du denn gemacht?«

»Nichts. Es ist schon wieder gut. Ich war krank.«

»Aber . . . dieses . . . das Loch hier! Du wohnst doch nicht hier, nicht wahr? Das ist doch nicht dein Zuhause!«

»Wieso? Es ist alles da, was man braucht. Ich habe es als Atelier benutzt.«

»Ach, Vincent.« Er strich Vincent übers Haar. Er konnte nicht sprechen, die Kehle war ihm wie zugeschnürt.

»Gut, daß du da bist, Theo.«

Dann erzählte er ihm von der erfolglosen Wanderung nach Courrieres, von seiner Erschöpfung und seiner Krankheit, und wie rührend die armen Bergleute für ihn gesorgt hätten, damit er wenigstens etwas Brot und Kaffee, ein Stückchen Käse oder Kaninchenbraten bekam.

»Aber von Brot und Kaffee kannst du nicht kräftig werden. Warum hast du dir nicht Eier, Gemüse und Fleisch kaufen lassen?«

»Das kostet hier wie überall Geld.«

Theo setzte sich auf das Bett. »Vincent, vergib mir. Ich habe es nicht gewußt – nicht verstanden.«

»Du hast alles getan, was du konntest – es ist schon recht. Es geht mir jetzt viel besser – noch ein paar Tage, dann bin ich wieder auf den Beinen.«

Theo fuhr sich mit der Hand über die Augen, als läge ein Spinnwebschleier vor seinem Gesicht, den er fortwischen müßte. »Nein . . . daß ich so im unklaren war – – Ich dachte, du . . . ach, Vincent, ich habe nicht verstanden . . . einfach nicht verstanden.«

»Ach, komm. Es ist alles gut. Wie steht's in Paris? Wo willst du hin? Bist du schon in Etten gewesen?«

Theo sprang auf: »Gibt's in dieser gottverlassenen Stadt Läden? Kann man hier Sachen kaufen?«

»Ja, unten in Wasmes. Aber bring jetzt deinen Stuhl her, ich möchte mit dir reden. Mein Gott, Theo, fast zwei Jahre sind's her...«

Theo strich sanft über das hagere Gesicht seines Bruders und sagte: »Zuerst wirst du jetzt einmal mit dem besten Essen, das ich hier auftreiben kann, vollgestopft. Was dir fehlt, ist eine kräftige Mahlzeit. Und dann wird etwas geschluckt, damit das Fieber verschwindet. Dann wird geschlafen, und zwar auf einem weichen Kissen. So, das ist das Programm. Nur gut, daß ich gerade gekommen bin. Wenn ich nur die geringste Ahnung gehabt hätte... Jetzt wird stillgelegen, bis ich wieder da bin.«

Er rannte fort. Vincent nahm seinen Bleistift und betrachtete »Le Four dans les Landes«, dann machte er sich wieder an die Arbeit. Nach einer halben Stunde kam Theo zurück, zwei kleine Jungen schleppten seine Einkäufe heran. Er hatte zwei Bettücher, ein Kissen, Töpfe, Tiegel, Teller und Schüsseln und große Pakete mit Lebensmitteln eingekauft. Er bettete Vincent zwischen die kühlen, weißen Laken.

»So – und wie kann man jetzt Feuer machen?« fragte er – er hatte schon die gute Jacke ausgezogen und die Hemdsärmel aufgerollt.

»In einer Ecke liegt Papier und dürres Holz. Steck das erst an, und dann müssen Kohlen draufgetan werden.«

Theo starrte den Terril an. »Das sollen Kohlen sein?«

»Mit denen wird bei uns geheizt. Ich zeige dir, wie man es macht.«

Er war schon mit einem Fuß aus dem Bett, aber Theo sprang auf ihn zu: »Wirst du wohl im Bett bleiben! Prügel verdienst du.« Zum ersten Male seit Monaten mußte Vincent lachen.

Theo tat zwei Eier in einen der neuen Töpfe und schnitt grüne Bohnen in einen andern. Er stellte Milch auf und machte Röstbrot zurecht.

Endlich war die Mahlzeit fertig. Theo schob den Tisch an das Bett und breitete ein sauberes, weißes Handtuch, das er noch im Koffer hatte, darüber. Er tat ein schönes Stück Butter an die Bohnen, schlug die weichgekochten Eier in eine Schüssel und nahm einen Löffel.

»So«, sagte er. »Jetzt Mund auf! Die erste anständige Mahlzeit seit weiß Gott wie lange!«

Als Vincent alles schön brav aufgegessen hatte, legte er den Kopf in die Kissen zurück. Mit einem Seufzer der Befriedigung sagte er: »Essen ist etwas Schönes! – Ich hatte schon ganz vergessen, wie das schmeckt.«

»So schnell wirst du nicht wieder Gelegenheit haben, das zu vergessen, mein Junge.«

»Theo, jetzt erzähl mir alles, was inzwischen geschehen ist. Wie geht's bei Goupils? Ich habe solchen Hunger danach, etwas aus der Welt draußen zu erfahren.«

»*Den* Hunger wirst du noch ein bißchen länger ertragen müssen. Hier, nimm das zum Schlafen. Ich will, daß du jetzt ganz still liegst – damit das Essen seine Wirkung tun kann.«

»Aber Theo, ich will nicht schlafen. Ich will mit dir reden. Schlafen kann ich zu jeder andern Zeit.«

»Du wirst nicht gefragt, was du willst. Hier wird gehorcht. Hier, sei ein lieber Kerl und trink das aus. Nachher, wenn du ausgeschlafen hast, habe ich ein feines Stück Steak mit Kartoffeln für dich. Das wird dich wieder auf die Beine bringen.«

Vincent schlief fest bis gegen Abend. Er fühlte sich wunderbar frisch, als er aufwachte. Theo saß beim Fenster und besah sich Vincents Zeichnungen. Vincent schaute ihm eine ganze Weile zu. Es war ihm still und friedlich ums Herz. Als Theo merkte, daß er wach war, sprang er vergnügt lächelnd auf: »Na, wie geht's jetzt? Besser? Du hast ordentlich geschlafen.«

»Was hältst du von den Skizzen? Gefällt dir die eine oder andere?«

»Einen Augenblick, ich muß erst das Fleisch aufs Feuer setzen. Die Kartoffeln sind schon geschält.«

Er hantierte am Herd herum und brachte eine Schüssel mit warmem Wasser ans Bett. Dann wurde Vincent rasiert, frisch gewaschen, gekämmt und mußte ein sauberes Hemd von Theo anziehen.

Er deckte den Tisch, trug die Mahlzeit auf, und Vincent langte herzhaft zu.

Hinterher stopfte Theo Vincents Pfeife mit gutem Pariser Tabak. »Da, rauch! Eigentlich sollte ich's ja nicht erlauben. Aber ein gutes Pfeifchen kann nichts schaden.«

Theo saß in Nachdenken versunken da, er schaute über seinen Pfeifenkopf weg in die Ferne. Seine Gedanken wanderten nach Brabant zurück, die Kindheit mit Vincent... Ja, Vincent war ihm von je der wichtigste Mensch auf Erden gewesen, wichtiger selbst als Vater und Mutter. Vincent hatte Theos Kindheit lieb und gut gemacht. Das hatte er während des letzten Jahres in Paris vergessen, er durfte es nie wieder vergessen. Ohne Vincent war das Leben irgendwie unvollkommen. Vincent war ein Teil seiner selbst und er ein Teil Vincents. Er brauchte Vincent, wenn sein Leben ganz sein sollte. Und Vincent brauchte ihn, denn im Herzen war er ein Kind geblieben. Ja, er hatte dafür zu sorgen, daß er aus diesem Loch herauskam, daß er wieder auf die Beine kam...

»Vincent«, sagte er, »ich gebe dir ein – zwei Tage, damit du dich erholst. Dann nehme ich dich mit nach Hause – nach Etten.«

Vincent rauchte schweigend. Er wußte, daß die ganze Geschichte aufgerollt werden mußte – und daß man sich eben nur durch Worte verständigen konnte. Ja, er mußte es fertigbekommen, daß Theo ihn verstand. Danach würde sich alles ordnen lassen.

»Theo, was kommt dabei heraus, wenn ich nach Hause gehe? Wider meinen Willen ist es dazu gekommen, daß man mich als unmöglichen Menschen, ja als verdächtiges Subjekt ansieht. Jedenfalls hat man zu Hause kein Vertrauen mehr zu mir. Ich glaube, es ist wirklich das vernünftigste, in angemessener Entfernung zu bleiben, damit man mich vergessen kann. – Ich bin leidenschaftlich – ich mache verrückte Sachen. Ich kaufe mir zum Beispiel Bücher und Bilder und vergesse, daß man essen muß. Du kannst das verstehen, Theo, ja?«

»Ja, ich verstehe dich. Aber in deinem Alter ist Bilderansehen und Bücherlesen nur eine Ablenkung. Mit dem eigentlichen, praktischen Leben hat es nichts zu tun. Du bist nun seit fast fünf Jahren ohne feste Beschäftigung, du wanderst hierhin und dorthin. Und es geht mit dir bergab, mein Lieber.«

Vincent schüttelte etwas Tabak auf die Handfläche, rieb ihn zwischen den Händen, um ihn feucht werden zu lassen, und stopfte sich nachdenklich eine neue Pfeife. Das Anzünden vergaß er.

»Es ist wahr«, sagte er, »gelegentlich habe ich mir meine Kruste Brot selbst verdient, gelegentlich habe ich sie von Freunden, als Almosen, erhalten. Es ist wahr, ich habe das Vertrauen von manch einem verloren, um meine finanziellen Verhältnisse ist es schlecht bestellt, und meine Zukunft ist trübe. Aber bedeutet das, daß es mit mir ›bergab‹ geht? Theo, ich muß jetzt auf dem Wege weitergehen, den ich mir gewählt habe. Wenn ich nicht weiter bei meinen Büchern und Bildern bleibe, forsche – suche –, dann bin ich verloren.«

Theo lief ein paar Schritte unruhig im Zimmer auf und ab und setzte sich dann wieder auf das Bett. »Weißt du, was mir eben durch den Kopf geschossen ist?« fragte er.

»Nein.«

»Die alte Mühle in Ryswyk.«

»Die war schön, nicht?«

»Ja.«

»Und die ganze Kindheit drum herum.«

»Du warst es, durch den meine Kindheit schön wurde, Vincent. Meine ersten Erinnerungen drehen sich alle um dich.«

Ein langes Schweigen folgte.

»Vincent, ich hoffe, du weißt, daß mir keine der Beschuldigungen, die ich erhoben habe, aus dem Herzen kommt. Ich habe sie oft von der Familie gehört, daß ich selbst fast daran glaubte. Sie haben mich beredet, zu dir zu fahren. Sie meinten, du würdest dich so vor mir schämen, daß du dich bereit erklärtest, nach Holland zurückzukommen und dir eine Stellung zu suchen.«

»Es ist schon recht, Theo. Was sie sagen, das stimmt alles, nur können sie meine Beweggründe nicht verstehen. Sie wissen nicht, welche Bedeutung diese Lebensphase, in der ich jetzt bin, für mein ganzes Leben hat. – – Mag ich ›bergab‹ gegangen sein, du bist wenigstens vorangekommen. Habe ich ihr Wohlwollen verloren, so bist du wenigstens in ihrer Achtung gestiegen. Und das freut mich für dich. Ich bin sehr glücklich darüber. Ich sage das von ganzem Herzen. Nur einen Wunsch habe ich: daß *du* in mir nicht nur einen Müßiggänger schlimmster Sorte sehen möchtest.‹

»Laß uns diese bösen Worte vergessen. Wenn ich dir das ganze Jahr über nicht geschrieben habe, so war es mehr Nachlässigkeit als Ablehnung und Tadel. Schon als Kind, wenn wir Hand in Hand durch das hohe Gras über die Wiesen bei Zundert gingen, habe ich dir vertraut und an dich geglaubt. Und es ist jetzt nicht anders. Ich brauche bloß in deiner Nähe zu sein, und sofort weiß ich wieder, daß alles, was du tust – schließlich und endlich das Richtige ist.«

Über Vincents Gesicht lag ein breites, glückliches Lächeln – ein Lächeln so voll und warm, wie man es nur in Brabant treffen kann. »Das zu hören tut gut, Theo!«

Theos Tatendrang erwachte.

»Schau her, Vincent, wir wollen die Geschichte gleich jetzt und hier in Ordnung bringen. Ich habe so ein Gefühl, daß hinter allen deinen allgemeinen Redensarten etwas ganz Bestimmtes steckt. Du hast irgend etwas vor, von dem du überzeugt bist, daß es das Richtige für dich ist, daß dort für dich Glück und Erfolg winkt: Also: heraus damit! Ich habe während des letzten Jahres zwei Gehaltserhöhungen bei Goupils bekommen. Ich habe mehr Geld, als ich brauchen kann. Wenn du also gern etwas tun möchtest, wobei du für den Anfang Hilfe brauchst, sage mir einfach: ich habe endlich meine Lebensarbeit gefunden, das und das ist es – dann werde ich stiller Teilhaber in dem Unternehmen. Du lieferst die Arbeit, und ich liefere das Geld. Rentiert sich die Sache später, kannst du mir die Kapitalsanlage mit Zinsen und Zinseszinsen zurückzahlen. Also: beichte. Was hast du im Sinn? Sicher

hast du schon lange einen ganz bestimmten Entschluß gefaßt,
was du mit dem Rest deines Lebens anfangen willst!«

Vincent sah zu dem Bündel Zeichnungen hin, die Theo sich
vorhin angesehen hatte. Sollte es möglich sein ... er konnte
es nicht glauben ... und doch. Sein Gesicht leuchtete auf –
er strahlte selig.

»Wie seltsam das ist«, murmelte er vor sich hin, »– das also
habe ich die ganze Zeit sagen wollen ... und hab' es nicht
gewußt.«

Theo folgte Vincents Blick, der auf den Skizzen ruhte. »Das
habe ich mir fast gedacht«, sagte er leise.

Vincent zitterte vor freudiger Erregung. Es war ihm, als wäre
er plötzlich aus tiefem Schlaf erwacht.

»Theo, du hast es gewußt, ehe ich selbst es wußte! Ich habe
dagegen angekämpft – ich hatte Furcht. Natürlich muß ich etwas tun! Darauf also war mein ganzes Leben gerichtet – und
ich habe nichts davon geahnt. Schon damals während des Stu-
diums in Brüssel und Amsterdam steckte dieser Drang in mir
– zu zeichnen, was ich sah, zu Papier zu bringen. Ich habe
dem Drang nicht nachgegeben, aus Angst, daß er mich in meiner wirklichen Arbeit stören könnte. Meine wirkliche Arbeit!
Wie blind war ich doch! Die ganzen Jahre über wollte sich in
mir etwas zum Licht durchringen – ich ließ es nicht zu – ich
drängte es zurück. Hier bin ich nun – siebenundzwanzig
Jahre alt – und habe nichts geleistet. Was für ein Narr ich war,
ein blinder, dummer Narr!«

»Das ist jetzt gleich, Vincent«, beruhigte ihn Theo. »Du wirst
mit deiner Kraft und Entschlossenheit tausendmal mehr schaffen als Anfänger sonst. Und schließlich liegt noch ein langes
Leben vor dir.«

»Ach, Theo, alle diese bitterschweren Monate hindurch bin
ich auf ein Ziel zugesteuert, habe versucht, dahinterzukom-
men, wo der Sinn und Zweck meines Lebens liegt. Und ich
habe nichts davon gewußt. Jetzt aber weiß ich es – jetzt
kann es keine Mutlosigkeit, keine Kleingläubigkeit mehr geben. Endlich, endlich – nach all den verlorenen Jahren habe
ich mich gefunden! Natürlich: Künstler muß ich werden! Dazu

bin ich berufen, und deshalb habe ich überall sonst versagt.
Jetzt habe ich etwas, wo es kein Versagen mehr geben kann.
Ach, Theo, endlich öffnet sich der Kerker – und du, du hast
mir das Tor geöffnet!«

»Nichts wird uns von neuem entfremden können, Vincent,
nicht wahr? Wir haben uns wiedergefunden.«

»Ja, Theo – fürs Leben!«

ETTEN

Theo und Vincent verbrachten einen Tag zusammen in Brüssel, und dann kehrte Theo nach Paris zurück. Der Frühling stand vor der Tür, die Brabanter Landschaft lockte, und die Heimat erschien wie ein Hafen voll Zauberkraft und Verheißung.

Vincent kaufte sich einen Anzug aus grobem schwarzem Manchester, wie ihn die Arbeiter trugen, etwas ungebleichtes, gelbliches Zeichenpapier und nahm den nächsten Zug, der ihn heimwärts nach Etten brachte.

Anna Cornelia mißbilligte das Leben, das Vincent führte, weil sie merkte, daß es ihm mehr Leid als Freude brachte. Theodorus hatte objektive Gründe für seine Mißbilligung. Wäre Vincent nicht sein eigener Sohn gewesen, so hätte er nichts mit ihm zu tun haben wollen. Für ihn stand fest, daß Vincents Lebensführung Gott nicht wohlgefallen konnte — andererseits aber ahnte er, daß es Gott noch weniger wohlgefallen würde, wenn ein Vater seinen Sohn verstieß.

Vincent sah sofort, daß seines Vaters Haar grau geworden war und daß das rechte Lid noch tiefer als bisher über das Auge hing. Seine Mutter fand er kräftiger und anziehender als je. Das Alter hatte sie geformt, nicht zerstört. In ihrem Lächeln lag Vergebung für alle Fehler und Schwächen. Ihr Gesicht war voll und breit und gütig. Jeder Zug ein freudiges Bekenntnis zur Schönheit des Lebens.

Die Familie verwöhnte Vincent mit kräftiger Nahrung und warmer Zuneigung. Es schien vergessen, daß er kein Geld, keine Zukunft hatte. Er wanderte über die Heide, an den verstreut liegenden Häuschen mit ihren Strohdächern vorbei, schaute den Holzfällern zu, die geschäftig an der Arbeit waren, schlenderte langsam den Weg nach Roozendaal hin, an Wiesen und Friedhof vorüber. Langsam schwand die Erinnerung an die Borinage. Gesundheit und Kraft strömten in ihn ein, und schon nach kurzer Zeit war er begierig darauf, sich wieder an die Arbeit zu machen.

An einem regnerischen Morgen ging Anna Cornelia zeitiger als sonst in die Küche hinunter, das Feuer im Herd prasselte bereits. Vincent saß davor, hatte die Füße gegen den Rost gestemmt und hielt eine halbfertige Kopie nach »Les Heures de la Journée« auf dem Schoß.

»Guten Morgen, mein Sohn«, rief sie erstaunt.

»Guten Morgen, Mutter«, er küßte sie zärtlich auf die Backe.

»Was hat dich so früh aus dem Bett getrieben?«

»Ich wollte arbeiten.«

»Arbeiten?«

Anna Cornelia sah erst auf die Skizze auf seinem Schoß und dann auf den glühenden Ofen. »Ach so, du meinst, du wolltest Feuer machen. Dafür brauchst du nicht aufzustehen.«

»Nein, ich meine, ich wollte zeichnen.«

Wieder sah Anna Cornelia verwundert auf die Skizze. Zeichnen?

Vincent erklärte ihr seinen Entschluß, auch, daß Theo bereit sei, ihm zu helfen. Anna Cornelia schien wider Erwarten Gefallen an seinem Plan zu finden.

»Unser Vetter Mauve ist auch Maler«, sagte sie, »und er soll ein gutes Stück Geld damit verdienen. Ich habe grad' neulich einen Brief von meiner Schwester bekommen. Du weißt, Mauve heiratete ihre Tochter Jet – nun schreibt sie, daß Mijnheer Tersteeg bei Goupils alles, was Anton macht, für fünf- bis sechshundert Gulden verkauft.«

»Ja, Mauve ist auf dem Weg, einer unsrer bedeutenden Maler zu werden.«

»Wie lange braucht man, um solch ein Bild zu malen, Vincent?«

»Das kommt drauf an, Mutter. An manchen malt man ein paar Tage, an andern wieder ein paar Jahre.«

»Ein paar Jahre! Du meine Güte!«

Anna Cornelia dachte einen Augenblick nach und fragte dann: »Kannst du die Leute so zeichnen, daß nachher eine Ähnlichkeit da ist?«

»Das weiß ich nicht recht. Oben habe ich ein paar Skizzen, ich hole sie rasch, dann kannst du selber sehen.«

Als er zurückkam, hatte sich seine Mutter eine weiße Küchenschürze vorgebunden und ihr Häubchen aufgesetzt, sie war gerade dabei, die Wasserkessel aufzusetzen. Die glänzenden, blau-weißen Kacheln der Wände gaben dem Raum ein behagliches Aussehen.

»Ist es schön, wieder zu Hause bei der Mutter zu sein?« fragte sie.

Statt einer Antwort kniff er sie fröhlich in die runzligen, aber noch immer frischen Wangen. »Liebe!« sagte er bloß.

Sie nahm die Skizzen, die er von den Leuten aus der Borinage gemacht hatte, und betrachtete sie lange.

»Aber Vincent, was ist denn mit den Gesichtern los?«

»Wieso?«

»Sie haben gar keine!«

»Ich weiß. Mich hat nur ihre Gestalt und ihre Haltung interessiert.«

»Aber du kannst doch Gesichter zeichnen, nicht wahr? Ich bin sicher, daß viele Damen hier in Etten sich gern von dir malen lassen würden. Davon könntest du leben.«

»Mag sein. Aber ich muß warten, bis ich im Zeichnen ganz meiner sicher bin.«

Seine Mutter schlug grade Eier in eine Schüssel mit saurem Käse, den sie am vorigen Tag durch ein Sieb gepreßt hatte. Sie drehte sich vom Herd zu ihm hin, in jeder Hand eine halbe Eierschale.

»Du meinst, du mußt so gut zeichnen können, daß deine Porträts verkäuflich werden?«

»Nein«, erwiderte Vincent, eilig weiterskizzierend. »Ich muß die Zeichnung meistern, damit – nun, damit zeichnerisch eben alles so ist, wie es sein soll.«

Anna Cornelia rührte nachdenklich den Eidotter in den Käse und sagte: »Das kann ich nicht verstehen.«

»Ich auch nicht«, sagte Vincent, »aber jedenfalls ist es so.«

Beim Frühstück, den leicht golden gebackenen Käse vor sich, erzählte Anna Cornelia dem Gatten von dieser Unterhaltung. Die beiden hatten schon manche wenig angenehme Auseinandersetzung über Vincent gehabt.

»Hast du eigentlich Aussichten damit, Vincent?« fragte ihn der Vater. »Wirst du davon leben können?«

»Zuerst wohl nicht. Theo will mir helfen, bis ich auf eigenen

Füßen stehe. Wenn ich einmal genau zeichnen kann, kann ich Geld damit verdienen. Technische Zeichner verdienen in London und Paris zwischen zehn und fünfzehn Francs täglich, auch Illustratoren werden gut bezahlt.«

Theodorus fühlte sich erleichtert, weil Vincent die Zukunft im Auge behielt und sich nicht richtungslos treiben ließ wie in den ganzen letzten Jahren.

»Ich will nur hoffen, daß du diesmal durchhältst, Vincent. Du erreichst nichts, wenn du immerfort umsattelst.«

»Damit ist es zu Ende, Vater. Ich werde nicht mehr umsatteln.«

Nach einiger Zeit hörte das Regenwetter auf, es begann wieder warm zu werden. Vincent nahm Zeichenmaterial und Staffelei und fing an, sich in der Gegend umzusehen. Er arbeitete am liebsten in der Heide, nahe bei Seppe, manchmal ging er auch zu einem großen Sumpf im Passievaart, um Wasserlilien zu zeichnen. Etten war eine kleine, enggebaute Landstadt. Es blieb nicht aus, daß er auffiel. Der schwarze Samtanzug war der erste seiner Art im Ort, und auch einen erwachsenen Menschen, der seine Tage bloß mit Zeichenstift und Papier auf den Wiesen verbrachte, hatte es hier nie gegeben. Vincent erweckte ihr Mißtrauen und ihre Scheu, obwohl er niemandem etwas zuleide tat und nur in Ruhe gelassen werden wollte. Er war eben anders.

Vincent merkte nichts davon, er ahnte nicht, daß die Leute ihn nicht mochten.

Er machte eine große Studie an einem Kiefernwald, der abgehauen werden sollte. Ein einsamer Baum, der am Rande der Lichtung stand, machte ihm besonders zu schaffen. Von den Arbeitern, die mit Roden beschäftigt waren, kam manchmal einer zu ihm und sah ihm, wenn er zeichnete, mit geistlosem Grinsen über die Schulter. Gelegentlich brach er auch in ein lautes Gekicher aus.

Abends saß Vincent mit der übrigen Familie um den riesigen Holztisch im Wohnzimmer. Man nähte, las, schrieb Briefe. Cor, sein jüngster Bruder, war ein ruhiges Kind, das selten sprach. Von den Schwestern hatte Anna geheiratet, sie war fortgezogen. Elisabeth mochte Vincent so wenig, daß sie sich betont so benahm, als sei er überhaupt nicht anwesend. Willemien war freundlich und verständnisvoll. Er brauchte sie nie vergebens um etwas zu bitten, sie kam ihm mit unkritischer Freundschaft entgegen. Aber sie sprachen bloß über alltägliche Dinge miteinander.

Auch Vincent arbeitete am Tisch im Schein der großen gelben Lampe, die in der Mitte stand. Er übte sich im Abzeichnen oder beschäftigte sich mit den Zeichnungen, die er am Tage in den Wiesen gemacht hatte.

Theodorus beobachtete ihn, wie er eine Figur ein dutzendmal neu zeichnete und wieder wegwarf, weil sie ihm nicht genügte. Endlich konnte er nicht umhin, eine Bemerkung zu machen.

»Vincent«, sagte er, indem er sich über den breiten Tisch lehnte, »wirst du nicht fertig damit?«

»Nein«, antwortete Vincent.

»Dann scheint mir, du hast einen Fehler gemacht.«

»Ich mache viele Fehler, Vater. Was meinst du?«

»Ich denke mir, wenn du wirklich künstlerisch begabt wärst, müßten die Zeichnungen gleich das erstemal richtig werden.«

Vincent sah auf die Studie eines Bauern nieder, der vor einem Sack kniete und Kartoffeln hineintat. Er fand die richtige Linie für den Arm nicht.

»Die Natur leistet am Anfang dem Künstler immer Widerstand«, sagte er, ohne den Bleistift hinzulegen. »Aber dieser Widerstand darf mich nicht beirren. Im Gegenteil, er spornt mich an.«

»Das sehe ich nicht ein«, sagte Theodorus kopfschüttelnd. »Wie aus Bösem nichts Gutes werden kann, kann auch aus schlechter Arbeit keine gute werden.«

»Das stimmt vielleicht in der Theologie«, sagte Vincent. Er radierte den Kartoffelsack aus, der linke Arm des Mannes hing steif in der Luft. »Zuletzt stimmen die Natur und der wahre Künstler überein. Man muß vielleicht jahrelang ringen und kämpfen, ehe sie sich ergibt.«

»Aber wenn es überhaupt nicht gut wird? Tagelang zeichnest

du nun den knienden Mann, und noch immer ist er schlecht. Wenn das nun jahrelang so weiterginge?«

Vincent zuckte die Achseln. »Der Künstler arbeitet selbst auf *die* Gefahr hin, Vater.«

»Ist der Lohn der Mühe wert?«

»Welcher Lohn?«

»Die Bezahlung. Und die gesellschaftliche Stellung.«

Vincent blickte zum erstenmal von seiner Zeichnung auf und sah prüfend in das Gesicht des Vaters, als ob er einen völlig Fremden betrachtete. »Ich dachte, wir hätten über gute und schlechte Kunst gesprochen«, sagte er.

Vincent arbeitete Tag und Nacht. Wenn er überhaupt an die Zukunft dachte, so nur, um sich vorzustellen, daß er dann Theo nicht mehr zur Last fallen und sein Werk der Vollendung nahekommen werde. War er zum Zeichnen zu müde, so las er. War er zu müde zu beidem, schlief er.

Theo schickte gutes Zeichenpapier, Bilder aus einer tierärztlichen Schule: die Anatomie eines Pferdes, einer Kuh, eines Schafes, einige Holbeins aus der Sammlung »Große Künstler als Vorlagen«, Zeichenstifte, die Nachbildung eines menschlichen Skeletts, Sepia, so viel Geld, wie er erübrigen konnte. Er feuerte ihn an, hart zu arbeiten und kein mittelmäßiger Künstler zu werden. Auf diesen Rat antwortete Vincent: »Ich werde tun, was ich kann, aber Mittelmäßigkeit im gewöhnlichen Sinne des Wortes verachte ich keineswegs. Mittelmäßigkeit verachten heißt noch nicht, daß man sich darüber erhebt. Was du aber über die Arbeit sagst, ist vollkommen richtig: ›Kein Tag ohne Linie‹, wie Gavarni uns zuruft.«

Immer stärker empfand er, daß figürliches Zeichnen ihn förderte und indirekt auch das landschaftliche vorteilhaft beeinflußte. Wenn er einen Weidenbaum so zeichnete, als ob er ein lebendiges Wesen sei – zuletzt war er das ja –, so ergab sich später die Umgebung von selbst. Er mußte sich nur auf den Raum konzentrieren und nicht nachlassen, bis er Leben hineingebracht hatte. Er liebte Landschaften sehr, aber zehnmal mehr liebte er jene erstaunlich realistischen Studien nach dem Leben, wie sie Gavarni, Daumier, Doré, Degroux und Félicien Rops gezeichnet hatten.

Einmal sagte sein Vater, der dachte, daß er zum Vergnügen lebe: »Vincent, du redest immer davon, wie hart du arbeiten mußt. Warum verträdelst du dann deine Zeit über diesen dummen französischen Büchern?«

Vincent legte den Finger zwischen die Seiten des Buches, das er gerade las, und sah auf. Er hoffte immer noch, daß sein Vater ihn eines Tages verstehen würde. »Siehst du«, sagte er langsam, »das Zeichnen von Figuren und Szenen verlangt nicht nur handwerkliches Können, sondern auch tiefgehende literarische Studien. Wie ich keine Figur zeichnen kann ohne Kenntnis der Knochen, Muskeln und Sehnen, so kann ich keinen Kopf zeichnen, wenn ich nicht weiß, was darin vorgeht. Um das Leben zu verstehen, braucht man nicht nur Anatomie, sondern auch Wissen um das, was die Menschen über die Welt, in der sie leben, fühlen und denken. Der Künstler, der nur sein Handwerk kennt und nichts weiter, wird zu guter Letzt nur ein oberflächlicher Künstler sein.«

»Vincent«, entgegnete sein Vater und seufzte, »ich fürchte, du bildest dich noch zum Theoretiker aus.«

Vincent wandte sich wieder seinem Buch, dem »Père Goriot« von Balzac, zu.

Die Tage gingen geschäftig und glücklich in den Sommer hinein. Was Vincent jetzt von der Heide fernhielt, war nicht der Regen, sondern die Hitze. Er zeichnete seine Schwester Willemien, wie sie vor der Maschine saß und nähte, er zeichnete zum drittenmal die Übungen nach Bargue, fünfmal einen Mann mit einer Hacke, in verschiedenen Stellungen, zweimal einen Säemann, zweimal ein Mädchen mit einem Besen, dann eine Frau mit weißer Mütze, die beim Kartoffelschälen war, einen Hirten, der sich auf seinen Stab lehnte, endlich einen armen alten Bauern, der auf einem Stuhl am Herd saß, den Kopf zwischen den Händen, die Ellbogen auf die Knie gestützt, Landarbeiter, die das Land umgruben, säten oder pflügten, Männer und Frauen, alles, was Eindruck auf ihn machte. Es verlockte ihn, alles festzuhalten, was zum Land-

leben gehörte. Er stand jetzt nicht mehr ganz so hilflos vor
der Natur. Das gab ihm einen Aufschwung, wie er ihn nie
zuvor in seinem Leben gekannt hatte.

Noch immer hielten die Bewohner des Städtchens ihn für
einen Sonderling und machten einen Bogen um ihn. Obwohl
seine Mutter und Willemien – sogar auf seine Art der Vater –
ihn mit Freundlichkeit und Liebe überschütteten, war er in
der Tiefe seines Herzens erschreckend einsam.

Mit der Zeit aber fanden die Bauern zu ihm hin, sie begannen, ihn gern zu haben und ihm zu vertrauen. In ihrer Ein-
fachheit fand Vincent etwas, was der Erde glich, die sie bear-
beiteten. Er versuchte das in Zeichnungen zum Ausdruck zu
bringen. Oft konnten seine Leute nicht genau sagen, wo der
Bauer aufhörte und wo die Erde begann. Vincent wußte nicht,
wie das in seinen Zeichnungen geradezu herauskam, aber er
fühlte, daß es gerade so richtig war.

»Es darf keine deutliche Linie dazwischen sein«, sagte er zu
seiner Mutter, die eines Tages danach fragte. »Es sind nur
zwei Arten Erde, die zueinander gehören und ineinanderfließen. Zwei Formen desselben Stoffes, nicht zu unterscheiden in
ihrem Wesensgehalt.«

Die Mutter kam zu der Überzeugung, daß sie seine Angelegenheiten in die Hand nehmen müsse, wenn er erfolgreich
sein solle. »Vincent«, sagte sie eines Morgens zu ihm, »ich
möchte gern, daß du mit zu einer Teegesellschaft kommst.«

»Aber Mutter, ich kann meine Zeit doch nicht damit verbringen.«

»Wieso: damit verbringen?«

»Weil es bei einer Teegesellschaft nichts zum Malen gibt.«

»Gerade das stimmt nicht. Alle tonangebenden Damen aus
Etten sind da.«

Vincent blickte zur Küchentür. Er wäre am liebsten davon-
gelaufen. Er überwand sich und suchte zu erklären.

»Ich meine, Mutter«, erwiderte er, »die Frauen in einer Teegesellschaft haben nichts Persönliches an sich.«

»Aber du zeichnest doch jeden Arbeiter und Landmann auf
dem Feld.«

»Ah, ja, Arbeiter und Landleute . . .«

»Aber, was nützt dir das? Sie sind alle arm und können doch nichts kaufen. Die Damen aus der Stadt aber bezahlen dich für ihre Porträts.«

Vincent legte den Arm um sie und nahm ihr Kinn in seine Hand. Ihre blauen Augen waren so klar, so tief, so freundlich und liebenswert. Warum verstand sie ihn nicht?

»Liebe«, sagte er ruhig, »bitte habe ein bißchen Vertrauen zu mir. Ich weiß, wie ich es machen muß, und wenn du mir Zeit läßt, werde ich auch Erfolg haben. Wenn ich an den Dingen, die dir so nutzlos erscheinen, rastlos weiterarbeite, werde ich möglicherweise meine Zeichnungen auch einmal so gut verkaufen, daß ich davon leben kann.«

»Du mußt wissen, was das beste für dich ist«, antwortete sie. »Ich wollte dir nur helfen.«

Er ging an diesem Tag nicht aufs Feld, sondern bat den Gärtner Piet Kaufmann, ihm Modell zu stehen. Es kostete ein wenig Überredung, aber schließlich willigte Piet ein.

»Nach Tisch«, stimmte er zu, »im Garten.«

Als Vincent in den Garten kam, fand er Piet sorgfältig gewaschen und in seinem besten Sonntagsanzug vor. »Halt«, rief Piet aufgeregt. »Ich muß mir nur noch einen Stuhl holen. Dann bin ich fertig.«

Er stellte einen Stuhl hinter sich und ließ sich nieder. Er saß da steif wie eine Bohnenstange mit einem richtigen Photographiergesicht.

Vincent mußte wider Willen lachen. »Aber Piet«, sagte er, »ich kann dich doch in dem Aufzug nicht malen!«

Piet sah erstaunt an seinem Anzug hinunter. »Was ist denn nicht in Ordnung damit?« fragte er. »Ich habe ihn nur ein paarmal sonntags zur Kirche angehabt.

»Weiß ich«, sagte Vincent, »aber das ist es gerade. Ich möchte dich in deinen alten Sachen malen, wie du dich gerade über eine Harke beugst. Nur so kommen deine Umrisse heraus. Ich will deine Ellbogen, deine Knie und deine Schulterblätter sehen. Jetzt seh' ich weiter nichts als deinen Anzug.«

»Schulterblätter« – das war zuviel für Piet.

»Meine alten Sachen sind schmutzig und geflickt«, sagte er störrisch. »Wenn Sie mich malen wollen, müssen Sie es schon so tun, wie ich jetzt bin.«

Und so ging Vincent wieder aufs Feld und malte die Arbeitenden, wie sie sich beim Graben über den Boden beugten. Als der Sommer zu Ende ging, war ihm klar geworden, daß er durch Selbstunterricht nichts mehr lernen konnte. Das Bedürfnis meldete sich wieder, mit einem Künstler in Verbindung zu treten und seine Arbeit in einem guten Atelier weiterzutreiben. Er fühlte, daß es unbedingt nötig sei, gute Sachen kennenzulernen, Künstler an der Arbeit zu sehen. Nur so konnte er sich klar darüber werden, was ihm fehlte und wie er es besser machen sollte.

Theo lud ihn ein, nach Paris zu kommen, aber Vincent sah ein, daß er zu diesem großen Sprung noch nicht reif war. Seine Arbeit blieb noch zu roh, ungeschickt und dilettantisch. Der Haag lag nur ein paar Stunden weit entfernt, doch konnte er Hilfe von seinem Freund Mijnheer Tersteeg, dem Geschäftsführer von Goupil & Co., erhoffen, auch von seinem Vetter Anton Mauve. Vielleicht würde es überhaupt besser sein, sich während des nächsten Abschnitts der langen Lehrzeit im Haag niederzulassen. Er schrieb an Theo und bat ihn um Rat. Theo antwortete mit dem Fahrgeld für die Bahnfahrt.

Mijnheer Herman Gijsbert Tersteeg war der Begründer der Haager Schule der Malerei. Er war der bedeutendste Kunsthändler in Holland. Aus dem ganzen Lande kamen die Leute zu ihm, um sich durch ihn beim Ankauf von Bildern beraten zu lassen. Mijnheers Urteil entschied über die Güte eines Bildes. Als Mijnheer Tersteeg, Onkel Vincent van Goghs Nachfolger, Leiter von Goupil & Co. wurde, waren alle jungen holländischen Künstler, die zu Hoffnungen berechtigten, über das ganze Land verstreut. Anton Mauve und Josef wohnten in Amsterdam, Jacob und Willem Maris in den Provinzen, und Josef Israels, Johannes Bosboom und Blommers hatten keinen festen Wohnsitz und lebten einmal in dieser, einmal in jener Stadt. Tersteeg schrieb einem nach dem andern.

»Warum sollen wir nicht hier im Haag unsere Kräfte vereinen und diese Stadt zum Mittelpunkt der Kunst machen? Wir können uns gegenseitig helfen, voneinander lernen und durch unsere gemeinsame Arbeit der holländischen Kunst wieder den Platz in der Welt gewinnen, den sie im Zeitalter eines Frans Hals und Rembrandt einnahm.«

Es dauerte einige Zeit, ehe die verschiedenen Künstler auf diesen Aufruf antworteten, aber im Laufe der Jahre siedelten alle die jungen Künstler, die Tersteeg auserlesen hatte, in den Haag über. Zu jener Zeit bestand noch keine Nachfrage nach ihren Werken. Tersteeg hatte sie gewählt, nicht weil sich ihre Bilder gut verkaufen ließen, sondern weil ihr Werk Bedeutung für die Zukunft versprach. Sechs Jahre dauerte es, bis er das Publikum dazu bringen konnte, Gefallen daran zu finden. Jahr für Jahr kaufte er geduldig die Werke von Israels, Mauve, Jacob Maris, Bosboom und Neuhuys und stellte sie im hinteren Teil des Ladens mit der Bildseite zur Wand. Er wußte, daß ihre Schöpfer unterstützt werden mußten, während sie sich zur Reife durchrangen. Wenn das holländische Publikum zu blind war, den Genius des eigenen Landes zu erkennen, würde er, der Kritiker und Kaufmann, dafür sorgen, daß diese begabten jungen Menschen der Welt nicht durch Armut, Verlassenheit und Entmutigung verlorengingen. Und er kaufte nicht nur ihre Gemälde, er übte auch Kritik an ihren Arbeiten, er brachte sie mit anderen Malern zusammen und ermutigte sie die harten Jahre hindurch. Tagaus, tagein kämpfte er um die Erziehung des holländischen Publikums, damit es die Augen öffne vor der Ausdruckskraft seiner eigenen Künstler.

Als Vincent ihn im Haag besuchte, war es soweit. Mauve, Neuhuys, Israels, Jacob und Willem Maris, Bosboom und Blommers hatten nicht nur ihre ganzen Werke an Goupil & Co. verkauft, sie waren schon auf dem besten Wege, klassisch zu werden.

Mijnheer Tersteeg war eine ansehnliche Erscheinung von echt holländischem Typ. Er hatte ein scharf gezeichnetes Gesicht, eine hohe Stirn, braunes, nach hinten zurückgekämmtes Haar.

Er trug eine schwarze Jacke à la Prinz Albert und weite gestreifte Hosen, die ihm über die Schuhe fielen.

Tersteeg hatte van Gogh immer gern gehabt. Als Vincent in die Londoner Niederlassung von Goupil & Co. eintrat, hatte er dem dortigen Leiter einen warmen Empfehlungsbrief geschrieben. Er hatte Vincent die »Exercices au Fusain« in die Borinage gesandt und zur weiteren Hilfe den »Cours de Dessin« von Bargue beigefügt. Wenn es auch zutraf, daß Goupil & Co. im Haag das Eigentum Onkel van Goghs war, so hatte Vincent doch alle Ursache, zu glauben, daß Tersteeg ihn um seiner selbst willen gern mochte. Er war kein Schmeichler.

Die Galerie von Goupil & Co. lag Plaats 20, am vornehmsten und teuersten Platz des Haag. Nur einen Steinwurf entfernt davon stand das s'Gravenhage-Schloß, die Keimzelle der Stadt. Der Schloßhof war aus dem Mittelalter erhalten, den Graben hatte man in einen schönen See verwandelt, am jenseitigen Ende lag das Mauritshuis, wo neben Rubens, Hals und Rembrandt die kleinen holländischen Meister hingen.

Vincent ging vom Bahnhof die enge, gewundene, belebte Wagenstraat hinunter, durch Plein und Binnenhof des Schlosses und stand auf dem Plaats. Acht Jahre waren vergangen, seitdem er Goupils verlassen hatte. Der Gedanke an das viele Leid, von dem diese Jahre erfüllt gewesen waren, überfiel ihn lähmend.

Acht Jahre. Jeder hatte ihn gern gehabt, jeder war stolz auf ihn. Er war der Lieblingsneffe seines Onkels Vincent gewesen, er hätte jetzt ein mächtiger und wohlhabender Mann sein können, geachtet und bewundert von jedem, mit dem er zusammenkam, der Besitzer der bedeutendsten, über den ganzen Kontinent verzweigten Kunsthandlung.

Was war denn mit ihm geschehen?

Er nahm sich nicht die Zeit, zu antworten, er überquerte den Plaats und trat bei Goupil & Co. ein. Er hatte vergessen, wie wundervoll die Räumlichkeiten ausgestattet waren. Er fühlte sich plötzlich kümmerlich und ungepflegt in seinem Arbeiteranzug aus grauem und schwarzem Velvet. Das Erdgeschoß der Galerie war ein langer Raum mit schweren beigefarbenen

Vorhängen. Drei Stufen höher lag ein kleinerer Salon mit Glasdach und dahinter noch ein paar Stufen höher ein winziger, abgeschlossener Vorführungsraum für bevorzugte Kunden. Eine breite Treppe führte zur zweiten Etage, wo Tersteeg sein Büro und seine Wohnung hatte. Bis hoch hinauf waren die Wände mit Gemälden bedeckt.

Die Galerie strahlte den Glanz von Reichtum und Kultur aus. Die Bilder hingen in kostbaren Rahmen auf teuren Wandbehängen. Die weichen Teppiche gaben unter Vincents Füßen nach, die Stühle, die unauffällig in den Ecken standen, waren von unschätzbarem Wert. Er dachte an seine Zeichnungen: zerlumpte Bergleute, die aus dem Schacht kamen, ihre Frauen über das Terril gebeugt, die Grabenden und Säenden von Brabant. Würden seine schlichten Zeichnungen aus dem armen, niederen Volk jemals in diesem Kunstpalast verkauft werden? Es schien ihm nicht sehr wahrscheinlich.

Er starrte voll Bewunderung den Kopf eines Schafes von Mauve an.

»Guten Tag, Vincent«, sagte Tersteeg, der geräuschlos über den weichen Teppich daherkam. »Du bewunderst unsere Gemälde, was?«

Vincent wandte sich um: »Ja, sie sind schön, nicht wahr? Wie geht es Ihnen, Mijnheer Tersteeg? Ich bringe Ihnen Empfehlungen von meiner Mutter und meinem Vater.«

Die beiden reichten sich die Hand: über eine unüberbrückbare Kluft von acht Jahren.

»Sie sehen sehr gut aus, Mijnheer. Besser sogar als damals, als ich Sie das letztemal sah.«

»Doch, doch. Ich bin mit dem Leben, das ich führe, zufrieden, Vincent. Es hält mich jung. Willst du nicht mit mir herauf ins Büro kommen?«

Vincent folgte ihm. Er stolperte und wäre fast gefallen, weil er sich von den Bildern an den Wänden nicht losreißen konnte. Seit jener kurzen Stunde in Brüssel mit Theo sah er zum erstenmal wieder gute Arbeiten.

Tersteeg öffnete die Tür seines Büros und ließ ihn höflich eintreten. »Willst du dich nicht setzen?« fragte er.

Vincent stand gefesselt vor einem Gemälde von Weißenbruch, der ihm unbekannt war. Er setzte sich, stellte sein Paket neben sich, hob es wieder auf und trat an den glänzend polierten Schreibtisch.

»Ich bringe die Bücher zurück, die Sie so freundlich waren, mir zu leihen, Mijnheer Tersteeg. Sie haben mir einen großen Dienst damit erwiesen.«

»Zeigen Sie mir, was Sie daraus kopiert haben.«

Vincent suchte in dem Haufen von Papieren, den er mitgebracht hatte. Er nahm die erste Serie heraus, die er in der Borinage angefertigt hatte. Tersteeg schwieg steinern. Als Vincent ihm schnell die zweite Folge zeigte, die er in Etten gemacht hatte, brummte Tersteeg ein paarmal »Hm«.

Erst bei der dritten Folge, die Vincent kurz vor der Abreise anfertigte, zeigte Tersteeg Interesse.

»Das hat einen guten Strich«, sagte er. »Die Schattierung gefällt mir. Das ist dir beinahe geglückt.«

»Ich fand es auch nicht schlecht«, entgegnete Vincent.

Er reichte ihm den Rest hinüber und wartete auf sein Urteil.

»Ja, Vincent«, sagte der Ältere und legte die langen schmalen Hände flach auf den Tisch und trommelte mit den Fingern. »Du hast Fortschritte gemacht. Nicht viel, aber einige. Als ich die ersten Arbeiten sah ... man sieht wenigstens, daß du dir Mühe gegeben hast.«

»Ist das alles? Nur Mühe gegeben? Ist kein Können darin?«

Er wußte, daß er das nicht hätte fragen sollen, aber er konnte nicht an sich halten.

»Ist es nicht zu früh, davon zu sprechen, Vincent?«

»Vielleicht. Ich habe einige Originalzeichnungen mitgebracht. Wollen Sie sie sehen?«

»Gern.«

Vincent legte einige seiner Zeichnungen, Bergarbeiter und Bauern, vor ihn hin. Sogleich verfiel Tersteeg in das schreckliche Schweigen, das über ganz Holland berühmt und berüchtigt geworden war. Hunderte von jungen Künstlern hatten es erlebt. Es hieß, daß ihre Arbeit nichts taugte. Tersteeg sah alles durch, ohne auch nur einmal »Hm« zu machen. Vincent fühlte, wie sein Herz aussetzte. Tersteeg lehnte sich zurück, sah aus dem Fenster und über den Plaats zu den Schwänen auf dem See. Vincent wußte aus Erfahrung, daß, wenn er nicht zuerst sprach, dies Schweigen ewig dauern würde.

»Sehen Sie überhaupt keine Entwicklung, Mijnheer Tersteeg?« fragte er. »Halten Sie meine Brabanter Zeichnungen nicht für besser als die aus der Borinage?«

»Nun ja«, erwiderte Tersteeg und wandte sich vom Fenster zurück. »Sie sind besser. Aber sie sind nicht gut. Etwas darin ist von Grund auf falsch. Was es ist, kann ich nicht gleich sagen. Ich denke, du kopierst noch eine Zeitlang. Du bist noch nicht soweit, daß du Eigenes schaffen kannst. Du mußt die elementaren Voraussetzungen besser beherrschen, ehe du an das Leben herangehst.«

»Ich möchte gerne hier studieren. Halten Sie das für gut, Mijnheer?«

Tersteeg wollte keine Verpflichtungen auf sich nehmen. Die Lage der Dinge schien ihm recht zweifelhaft.

»Der Haag hat seine Vorzüge«, sagte er. »Wir haben gute Galerien und eine Anzahl junger Maler. Aber ob er besser ist als Antwerpen, Paris oder Brüssel, kann ich wirklich nicht sagen.«

Als Vincent ging, war er nicht ganz entmutigt. Tersteeg hatte einigen Fortschritt festgestellt, und sein Auge war das kritischste in ganz Holland. Wenigstens war er nicht stehengeblieben. Er wußte, daß seine Zeichnungen nach dem Leben nicht das waren, was sie hätten sein sollen, aber er traute sich zu, daß sie, wenn er hart und ausdauernd arbeitete, zuletzt doch noch gut werden würden.

Der Haag ist vielleicht die sauberste und gediegenste Stadt Europas. Er ist, in reinem holländischem Stil, einfach, streng und schön. An den tadellos gepflegten Straßen stehen dichtbelaubte Bäume, die Häuser sind aus sorgfältig geschichteten Ziegelsteinen erbaut, vor ihnen befinden sich kleine, mit Liebe gepflegte Gärtchen, in denen Rosen und Geranien blühen. Es gibt keine Slums, keine Elendsviertel, nichts Verwahrlostes, was unangenehm in die Augen springt. Alles wird mit holländischem Puritanismus in Ordnung gehalten.

Vincent wartete bis zum nächsten Tag, ehe er Mauve in seiner Wohnung Uileboomen 198 aufsuchte. Dessen Schwiegermutter war eine geborene Carbentus, Schwester Anna Cornelias, und da der Zusammenhang der Familie in diesen Kreisen stark war, empfing er Vincent herzlich.

Mauve war ein kräftig gebauter Mann mit abfallenden, aber riesigen Schultern und breiter Brust. Sein Kopf als Ganzes war wie bei Tersteeg und den meisten van Goghs wesentlicher für den Eindruck als die einzelnen Gesichtszüge. Er hatte leuchtende, etwas sentimentale Augen.

Er war ein Mann voller Energie, aber er gab sie nicht unnütz aus. Er malte, und wenn er dabei müde wurde, malte er gerade, und wenn er dabei noch müder wurde, malte er noch länger. Dann fühlte er sich langsam wieder frisch, und nun fing das Malen erst richtig an.

»Jet ist nicht zu Hause, Vincent«, sagte Mauve. »Wollen wir zum Atelier gehen? Ich glaube, wir fühlen uns dort behaglicher.«

»Ja, gern.« Vincent war voller Begier, das Atelier zu sehen.

Er atmete mit Wonne den Geruch von Tabakrauch, alten Pfeifen und Terpentin ein, als er das Atelier betrat. Der Raum war ziemlich groß. Staffeleien mit Gemälden standen auf einem dicken Deventerteppich. Studien in warmen Farben bedeckten die Wände, überall, wo nur ein Plätzchen war, lagen Malutensilien. Trotz der lebhaften Farben und der Überfülle des Ateliers empfand Vincent, daß Ordnung in allen Dingen Mauves Grundzug war.

Nach der ersten Begrüßung gingen sie sofort zu dem einzigen Thema über, das ihnen wesentlich war. Mauve hatte sich längere Zeit von allen Künstlern ferngehalten – er meinte, man könne entweder nur malen oder über Malerei reden, außerdem war er von einem neuen Plan ganz erfüllt. Er wollte eine verdämmernde Landschaft im Nebel malen. Er sprach dieses neue Projekt nicht etwa mit Vincent durch, sondern er überschüttete ihn mit seinen Gedanken.

Madame Mauve kam heim und bestand darauf, daß Vincent zum Abendessen blieb. Es war eine angenehme Mahlzeit. Nachher saß er mit den Kindern am Kamin und spielte mit ihnen. Dabei fühlte er deutlich, wie ihn die Sehnsucht nach dem warmen Geborgensein in einer eigenen Familie überkam.

Die beiden Männer aber gingen bald wieder in das Atelier zurück. Vincent kramte seine Kopien aus. Mauve prüfte sie mit dem schnellen Blick des Künstlers.

»Als Übungen sind sie nicht schlecht«, sagte er, »aber ich sehe nicht ein, was für eine Bedeutung sie haben.«

»Bedeutung? Ich . . .«

»Du hast einfach wie ein Schuljunge abgezeichnet. Die eigentlich schöpferische Arbeit haben andere vor dir geleistet.«

»Ich dachte, ich würde dadurch leichter hineinkommen.«

»Unsinn, wenn du etwas gestalten willst, ist das Leben selbst der einzige Lehrmeister. Keine Nachahmungen. Hast du keine eigenen Skizzen?«

Vincent dachte an das, was Tersteeg ihm über seine eigenen Zeichnungen gesagt hatte. Er überlegte, ob er sie Mauve zeigen sollte oder nicht. Er war nach dem Haag gekommen, um Mauve darum zu bitten, daß er sein Lehrer würde. Wenn er aber nur minderwertige Sachen vorlegen konnte . . .

»Doch«, sagte er dann zögernd, »ich habe während der ganzen Zeit auch Charakterstudien gemacht.«

Vincent fühlte sein Herz hämmern, als Mauve die Zeichnungen vorlegte. Mauve setzte sich, schaute aufmerksam alles an und fuhr sich mit gespreizten Fingern durch das dichte Haar. Manchmal lachte er leise vor sich hin, dann wieder warf er einen Blick, der deutlich genug sein Mißfallen ausdrückte, auf Vincent, um im nächsten Moment mit gespannter Aufmerksamkeit eine Studie aus der Borinage anzusehen. Er stand auf, stellte die etwas grobe Zeichnung eines Arbeiters auf die Staffelei neben sein unvollendetes Bild und betrachtete es.

»Jetzt sehe ich, was ich falsch gemacht habe«, rief er. Er griff nach einem Bleistift, und immer mit dem Blick auf Vincents Skizze verbesserte er an seiner Zeichnung herum – ein paar

Striche, dann trat er zurück und sagte: »So, nun sieht man es dem Kerl wirklich an, daß er aufs Land gehört.«

Er ging zu Vincent hinüber und legte ihm die Hand auf die Schulter.

»Schon gut«, sagte er. »Du bist auf dem richtigen Wege. Deine Zeichnungen sind unbeholfen, aber echt. Sie haben eine lebendige Kraft und einen Rhythmus, wie sie mir noch nicht oft begegnet sind. Laß das Kopieren, Vincent. Kauf dir einen ordentlichen Malkasten. Je schneller du dich an die Farben machst, um so besser. Das Zeichnen ist nicht mehr so schlecht, und es wird allmählich immer besser werden.«

Vincent hielt den Augenblick für günstig.

»Ich habe vor, Vetter Mauve, nach dem Haag überzusiedeln«, sagte er, »ich möchte hier weiterarbeiten. Würdest du mir wohl gelegentlich helfen? Ich brauche Hilfe von einem Manne wie du. Ich erwarte ja nicht viel – nur ein bißchen Rat von Zeit zu Zeit.«

Mauve sah auf all die unvollendeten Gemälde in seinem Atelier. Das bißchen Zeit, das er von seiner Arbeit abknapsen konnte, verbrachte er gern im Kreis seiner Familie. Er wurde sofort zurückhaltend. Vincent fühlte die Änderung in seinem Wesen.

»Ich bin sehr beschäftigt, Vincent«, erwiderte Mauve, »und ich kann andern wenig helfen. Ein Künstler muß selbstsüchtig sein, er muß eifersüchtig über jede Minute wachen, die eigentlich seiner Arbeit gehört. Ich glaube, ich könnte dir nicht viel Zeit zur Verfügung stellen.«

»Ich erwarte ja auch wirklich nicht viel«, sagte Vincent. »Laß mich nur hier gelegentlich mit dir arbeiten, laß mich zuschauen, wie du ein Gemälde aufbaust. Sprich mit mir über deine Arbeit wie eben. Und wenn du dann einmal von deiner Arbeit ausruhen willst, schaust du dir vielleicht meine Sachen an und sagst mir deine Meinung, weist mich auf meine Fehler hin – das ist alles.«

»Das soll wenig sein, ja? Glaube mir, es ist keine leichte Sache, jemanden in die Lehre zu nehmen.«

»Ich würde dir nicht zur Last fallen, bestimmt nicht!«

Mauve überlegte lange – die rauhe leidenschaftliche Hingabe in diesem jungen Menschen, die er auch in seinen Bildern spürte, gefiel ihm und zog ihn an. So sagte er schließlich: »Schön, Vincent. Wir wollen es versuchen.«

»Oh, Vetter Mauve . . .«

»Bitte, vergiß nicht: es ist kein festes Versprechen. Vielleicht geht die Sache schief aus. Wenn du dich im Haag niederlassen willst – dann komm zu mir, wir wollen einmal sehen, ob wir uns gegenseitig helfen können. Den Herbst über bin ich in Drenthe. Am besten also, du kämst gegen Anfang des Winters.«

»So hatte ich's auch gedacht. Ich brauche noch einige Monate, um in Brabant zu arbeiten.«

»Also: abgemacht!«

Als Vincent nach Hause fuhr, hatte er nur einen seligen Gedanken: »Ich habe einen Meister, endlich einen Meister! In wenigen Monaten nimmt mich ein großer Maler in die Lehre – ich werde malen lernen. Arbeiten werde ich! Himmel, werde ich arbeiten während der nächsten Monate! Wundern soll er sich über die Fortschritte, die ich bis dahin gemacht habe!!!«

Als er nach Etten kam, war Kay Vos da.

Kay war durch ihren großen Kummer vergeistigt worden. Sie hatte ihren Gatten voller Hingabe geliebt – nun war etwas durch seinen Tod in ihr erstorben. Ihre großartige Vitalität, ihre Lebenslust, ihr Schwung – sie hatte nichts mehr davon. Selbst ihr warmes, lebendiges Haar hatte seinen Glanz verloren. An Stelle der kraftvollen Lebendigkeit, die Vincent damals beim ersten Zusammentreffen in Amsterdam aufgefallen war, besaß sie jetzt eine weichere Schönheit, eine reife Traurigkeit, die ihrem Wesen Tiefe und Substanz gab.

»Es ist nett, daß du endlich hier bist, Kay«, sagte Vincent.

»Danke, Vincent.«

Sie hatten zum erstenmal den Zusatz »Vetter« und »Kusine« vor ihren Vornamen fortgelassen. Es fiel ihnen kaum auf.

»Du hast Jan mitgebracht? – Natürlich.«

»Ja – er ist gerade im Garten.«

»Du bist zum erstenmal in Brabant. Ich freue mich, daß ich hier bin und dir alles zeigen kann. Wir werden lange Wanderungen durch die Heide machen.«

»Das tät ich gern, Vincent.«

Es klang freundlich, aber ohne Anteilnahme. Ihre Stimme war voller und reifer geworden. Vincent erinnerte sich, wie teilnehmend sie ihn in Amsterdam behandelt hatte. Sollte er ihr sein Beileid aussprechen über den schweren Verlust? Er nahm nur warm ihre Hand, und sein Blick sagte mehr als Worte. Noch vor kurzer Zeit war sie einfach ein glückliches Mädchen gewesen – ein Kind –, jetzt war sie zur Frau herangereift, leidenschaftlich hatte der Schmerz sie erfüllt. Ein altes Wort fiel ihm ein, wenn er sie ansah: Aus Leid erwächst Schönheit!

»Es wird dir hier gefallen, Kay«, sagte er ruhig. »Ich bin fast den ganzen Tag draußen auf den Feldern und male. Du mußt mich begleiten und Jan mitnehmen.«

»Ich würde dir nur im Wege sein.«

»Nein – ganz gewiß nicht! Ich freue mich, wenn ich Gesellschaft habe. Ich kann dir manches Interessante auf unsern Wanderungen zeigen.«

»Dann komme ich gern mit.«

»Es wird Jan auch guttun. Die Luft macht kräftig.«

»Wir werden gute Freundschaft halten, nicht wahr, Vincent?«

»Ja, Kay.«

Sie löste ihre Hand aus der seinen und starrte in die Ferne.

Vincent ging in den Garten hinaus, stellte eine Bank für Kay zurecht und half Jan dabei, eine Sandburg zu bauen. Er hatte im Augenblick ganz die großen Neuigkeiten vergessen, die er aus dem Haag mitbrachte.

Während des Mittagessens erzählte er dann seiner Familie, daß Mauve ihn als Schüler angenommen habe. Es war eigentlich nicht seine Gewohnheit, irgendein Wort des Lobes, das er erhielt, wiederzuerzählen, aber da Kay unter seinen Zuhörern saß, berichtete er von der Anerkennung und Ermutigung durch Tersteeg und Mauve – er wollte vor seiner Kusine gern im besten Licht erscheinen. Seine Mutter war sehr erfreut.

134

Am nächsten Morgen machten sich Kay, Vincent und Jan frühzeitig nach dem Liesbosch auf den Weg, wo Vincent zeichnen wollte. Seine Mutter hatte ein nettes Imbißpäckchen zurechtgemacht. Sie schien zu glauben, daß die drei eine Picknickpartie vorhatten. Sie kamen am Friedhof vorbei, und Vincent zeigte ihnen ein Elsternnest in einer hohen Akazie. Er versprach Jan, ihm gelegentlich ein Ei herunterzuholen. Der Junge war ganz aufgeregt, er konnte sich nicht satt sehen an allem Neuen. Sie wanderten durch die Kiefernwälder und über den gelben, weißen und grauen Sand der Heide. Dann trafen sie auf ein Feld, auf dem ein zurückgelassener Pflug und ein Wagen standen. Vincent stellte seine Staffelei auf, setzte Jan in den Wagen und machte schnell eine Skizze von der Gruppe. Kay stand seitab und sah ihrem vor Freude ausgelassenen Jungen zu. Sie war schweigsam. Vincent wollte sich ihr nicht aufdrängen – er war froh, sie in seiner Nähe zu wissen.

Sie kamen an Hütten vorüber, die noch mit Stroh gedeckt waren, und befanden sich schließlich auf dem Weg, der nach Roozendaal führt. Endlich fing Kay an zu sprechen.

»Weißt du, Vincent«, sagte sie, »wenn ich dich so vor der Staffelei sehe, muß ich immer daran denken, was ich damals in Amsterdam schon glaubte: daß du nicht zum Geistlichen geschaffen warst. Ich wußte, es war reine Zeitvergeudung – du bist mir nicht böse, daß ich das sage, nicht wahr?«

»Nein«, antwortete er. »Nur seltsam, daß gerade eine Pfarrerstochter das sagt.«

Ihre Augen wurden trübe. »Vielleicht – aber Vos hat mich manches anders sehen gelehrt, als es in Pfarrerskreisen üblich ist.«

Es war wie ein Schlag für Vincent. Es war, als wüchse durch Vos' Namen eine unsichtbare Mauer zwischen ihnen auf.

Nachdem sie etwa eine Stunde gewandert waren, erreichten sie den Liesbosch, und wieder stellte Vincent seine Staffelei auf. Ein Stückchen sumpfiges Gelände war sein Vorwurf. Jan spielte im Sande, und Kay saß hinter ihm auf einem kleinen Feldstuhl, den sie von zu Hause mitgebracht hatten. Sie hielt ein aufgeschlagenes Buch in der Hand, aber sie las nicht. Vincent zeichnete mit einem gewissen Elan. Die Linien saßen sofort beim ersten Versuch. Er handhabte den Bleistift mit einer Sicherheit wie nie zuvor. War es, weil er Kay hinter sich spürte – oder weil Mauves Anerkennung ihn anfeuerte? Er machte mehrere Skizzen schnell hintereinander. Er wandte sich nicht nach Kay um. Auch sie schwieg, denn sie mochte ihn nicht bei der Arbeit stören. Aber er wußte, daß sie nahe war – und das tat wohl.

Gegen Mittag gingen sie ein Stückchen weiter, bis sie an ein Eichenwäldchen kamen. Kay breitete den Inhalt des Eßkorbes unter einem schattigen Baume aus. Kein Laut unterbrach die mittägliche Stille. Der Duft der Wasserlilien im Sumpf mischte sich in den Duft der Eichen. Kay machte den Imbiß zurecht. Unwillkürlich stand wieder das Bild von Mauves glücklichem Familienkreis vor Vincents geistigem Auge.

Noch nie glaubte er etwas so Schönes gesehen zu haben wie Kay, wie sie da vor ihm saß.

Er skizzierte den ganzen Nachmittag lang. Manchmal saß ihm der Kleine dabei auf dem Schoß. Er schien Vincent gern zu haben. Vincent gab ihm sogar ein paar Bogen seines guten Papiers, und der Junge kritzelte mit Vergnügen darauf herum. Er lachte und schrie, lief durch den gelben Sand und kam mit tausend Fragen zu Vincent zurück, brachte ihm kleine Funde und wollte ständig unterhalten sein, und doch störte er Vincent nicht – es war schön, diesen kleinen, lebendigen, warmen Körper zu spüren, der zärtlich um ihn herumkrabbelte.

Der Herbst stand vor der Tür, und die Sonne ging schon zeitig unter. Auf dem Rückweg blieben sie mehrmals stehen und betrachteten den Sonnenuntergang, der sich in den kleinen Sümpfen spiegelte. Dann trübten sich die Farben und gingen schließlich in die Dämmerung über. Vincent zeigte Kay, was er gezeichnet hatte. Sie sah die Zeichnungen nur flüchtig an. Was sie sah, erschien ihr grob und schwerfällig. Aber Vincent war gut zu Jan gewesen.

»Ich mag sie gern, Vincent.«

»Wirklich?«

Es war, als hätte ihr Lob eine Schleuse in ihm geöffnet. Schon in Amsterdam hatte sie so viel Verständnis gezeigt – ja, sie würde ihn verstehen, sie würde alles begreifen, was er tun wollte. Sie war der einzige Mensch, an den er sich mit seinen Wünschen und Plänen wenden konnte. Mit seiner Familie konnte er darüber nicht sprechen, sie hätten nicht einmal die Worte verstanden. Für Tersteeg und Mauve war er ein Anfänger – das hemmte ihn, denn oft fühlte er gar nicht die bescheidene Unterwürfigkeit, die sie als selbstverständlich bei ihm voraussetzten.

Er schüttete sein Herz in hastigen, zusammenhanglosen Worten aus. Mit wachsender Begeisterung wuchs auch das Tempo, mit dem er – in lang ausholenden Schritten – dahinlief, Kay konnte kaum mit. Wenn er erregt war, verlor er jedes Maß, es war etwas Heftiges, Unruhiges in jeder Bewegung. Nichts mehr blieb von dem ausgeglichenen, stillen Menschen, den Kay den Nachmittag über gekannt hatte. Seine bäurische, etwas grobe Art entsetzte Kay. Dieser Gefühlsausbruch kam ihr unerzogen, kindisch vor. Sie wußte nicht, daß er ihr das seltenste und wertvollste Geschenk darbrachte, das ein Mann einer Frau überhaupt geben kann.

Vincent war seinem eigenen Gefühlsüberschwang so hingegeben, daß er ihre Zurückhaltung nicht merkte. Er sprach mit großen Gesten weiter, bis ein Name, der zufällig fiel, Kays Aufmerksamkeit wieder fesselte.

»Neuhuys? Meinst du den Maler, der in Amsterdam wohnte?«
»Früher, jetzt wohnt er im Haag.«
»Ja. Er war mit Vos befreundet. Er hat ihn öfters mit nach Hause gebracht.«
Vincent hörte plötzlich auf zu sprechen.
Vos! Immer nur Vos! Warum eigentlich? Schließlich war er tot. Schon mehr als ein Jahr, sie konnte ihn allmählich vergessen. Er gehörte der Vergangenheit an – so wie Ursula. Warum mußte sie jedes Gespräch so lenken, daß sein Name fiel? Schon in der Zeit in Amsterdam hatte er Kays Mann nicht gemocht. – – –
Es wurde immer herbstlicher. Der Nadelteppich im Kiefern-

wald wurde rostbraun. Kay und Jan begleiteten ihn täglich zu seiner Arbeit draußen auf den Feldern. Die Farbe ihrer Wangen war von den langen Wanderungen frischer geworden, ihr Schritt war fester und sicherer. Sie nahm jetzt immer ihren Nähkorb mit, und ihre Hände waren so fleißig wie Vincents. Sie fing an zu erzählen, von ihrer Kindheit, den Büchern, die sie gelesen hatte, von interessanten Menschen aus Amsterdam.

Die Familie sah die Entwicklung dieser Beziehung gerne. Es schien, als erwache durch Vincents Gesellschaft ein neues Interesse am Leben in Kay – sie hingegen machte Vincent viel umgänglicher und liebenswürdiger. Anna Cornelia und Theodorus waren glücklich darüber – sie taten alles, was die beiden jungen Leute noch stärker zusammenführen konnte.

Vincent liebte alles an Kay: ihre schlanke, zerbrechliche Gestalt, die sie unter einem strengen schwarzen Kleid verbarg, den prüfenden Blick ihrer blauen Augen, das Gefühl ihrer Hand auf Schulter oder Arm, wenn sie Jan von ihm fort zu sich nahm, ihre etwas schwere, volltönende Stimme, die er tief in sich nachschwingen fühlte und deren Klang noch lange in seinem Innern nachhallte – bis in den Schlaf hinein.

Er wußte nun, daß jahrelang nur ein Teil von ihm gelebt hatte, daß Zuneigung und Zärtlichkeit in ihm aufgespeichert lagen, daß der Becher der Liebe an ihm vorübergegangen war. Kays Nähe allein genügte, um ihn glücklich zu machen. Es fehlte ihm etwas, wenn sie nicht bei ihm war. Wenn sie mit ihm auf die Felder ging, schien ihm die Arbeit ein fröhliches Spiel, blieb sie einmal zu Hause, war jede Linie Quälerei. Wenn er ihr des Abends am großen Holztisch gegenübersaß und seine Skizzen ausführte, spürte er stets ihr geliebtes Gesicht zwischen sich und der Arbeit. Sah er dann einmal von seinen Zeichnungen auf, so begegnete sein Blick dem ihren, dann lächelte sie ihm in süßer Melancholie zu.

Er liebte nicht nur ihre Schönheit, sondern ihr ganzes Wesen: ihren stillen Gang, ihre ausgeglichene Art, die Feinrassigkeit, die sich in jeder kleinen Geste äußerte.

Er hatte nicht einmal geahnt, wie einsam er in diesen letzten sieben langen Jahren, seit er Ursula verloren hatte, gewesen war. Keine Frau hatte ihm jemals ein zärtliches Wort zugeflüstert, ihn mit vor Zärtlichkeit verhangenen Augen angeschaut...

Noch nie hatte eine Frau ihn geliebt – das war kein Leben, das war lebendig gestorben sein. Damals, als er Ursula liebte, war es nicht so schlimm gewesen, er war jung – er hatte geben wollen und war zurückgewiesen worden. Jetzt aber, in seiner reifen Liebe, wollte er beides: geben und empfangen.

Er sehnte sich nach Kay. Es war eine verzweifelte Leidenschaft in dieser Sehnsucht. Er liebte auch Jan – das Kind war ein Teil der geliebten Frau und von ihr nicht zu trennen. Aber er haßte Vos mit aller Kraft, weil er ohnmächtig fühlte, daß nichts ihn aus Kays Gedanken vertreiben konnte.

Es mußte ihm gelingen, Kay dazu zu bringen, daß sie den Mann, der der Vergangenheit angehörte, aufgab. Seine Liebe mußte so feurig, so gegenwartsnahe sein, daß alles Vergangene davor schwand. Er würde bald in den Haag ziehen, unter Mauve studieren. Er würde Kay mitnehmen, sie würden einen richtigen Haushalt miteinander begründen. Er wollte Kay zur Frau – Kinder, ein Heim. Er war zum Mann herangereift, es war Zeit, daß er seßhaft wurde.

Jetzt war er froh, daß Ursula ihn nicht wiedergeliebt hatte. Sie war nichts als ein oberflächliches, unreifes Kind gewesen. Der Weg mochte schwer gewesen sein, aber er hatte zu Kay geführt, das machte alles gut. Von jetzt ab würde das Leben schön sein. Er würde arbeiten, er würde lieben, er würde seine Bilder verkaufen. Und sie würden glücklich miteinander sein.

Trotz dieser leidenschaftlichen Aufwallung seines Gefühls gelang es ihm, sich zu beherrschen. Er konnte nicht einfach so aus blauer Luft von seiner Liebe zu ihr sprechen. Niemals kam ihm Kay auch nur im geringsten entgegen. Sie berührte niemals das Thema von Liebe und Ehe. Wie und wann würde sich eine Gelegenheit bieten, von diesen Dingen mit ihr zu sprechen? Er fühlte, es mußte bald sein, denn der Winter kam immer näher und mit ihm die Übersiedlung nach dem Haag. Schließlich konnte er es nicht mehr ertragen. Er hatte keine

Macht mehr über seinen Willen. Sie hatten den Weg nach Breda eingeschlagen. Vincent hatte den Vormittag über grabende Männer bei der Arbeit skizziert. Sie saßen jetzt an einem leise dahinplätschernden Bach im Schatten der Ulmen und aßen ihren mitgebrachten Imbiß. Jan lag im Gras und schlief. Kay saß neben dem Frühstückskorb. Vincent kniete sich neben sie und zeigte ihr einige Zeichnungen. Er wußte später nie, wie es dazu kam, aber wie er so neben ihr kniete, berührte ihn zufällig ihre Schulter. Die lebendige Berührung erweckte in ihm die lange zurückgehaltene Glut – er verlor jede Beherrschung. Die Skizzen entfielen ihm, er riß Kay an sich und überschüttete sie mit leidenschaftlichen, heftigen, feurigen Worten.

»Ich kann nicht mehr, Kay. Ich muß es dir endlich sagen. Ich liebe dich, Kay. Mehr als mich selbst. Ich habe dich von jeher geliebt, schon damals, als ich dich zum erstenmal in Amsterdam gesehen habe. Ich muß dich immer bei mir haben. Kay, sag, daß du mich ein bißchen, ein kleines bißchen wiederliebst. Wir werden nach dem Haag ziehen, wir werden ganz für uns leben. Wir werden ein Heim haben – wir werden glücklich sein. Du liebst mich, Kay, nicht wahr? Sag, daß du mich heiraten wirst, Kay – Liebe.«

Kay hatte nicht einmal einen Versuch gemacht, sich aus seinen Armen zu befreien. Abscheu und Entsetzen hatten sie gelähmt. Sie hörte nichts von dem, was er sagte. Sie ahnte nur, was alles bedeutete, ein furchtbarer Schrecken überfiel sie.

»Nein – nie – nie!« stieß sie heftig hervor.

Sie machte sich von ihm los, riß das schlafende Kind an sich und rannte in größter Erregung querfeldein. Vincent lief hinterher – er konnte es nicht fassen – was war denn geschehen?

»Kay! Kay!« rief er. »Lauf doch nicht fort!«

Sein Rufen trieb sie zu immer größerer Eile an. Vincent rannte schneller, mit Kopf und Händen versuchte er, sich ihr verständlich zu machen, ihr Zeichen zu geben.

Kay stolperte und fiel in eine Ackerfurche. Jan wimmerte. Vincent warf sich vor ihr auf die Knie und faßte nach ihrer Hand.

»Kay, warum läufst du vor mir davon, wo ich dich doch so liebe. Erschrick doch nicht. Ich sage doch nur, daß ich dich liebe. Wir werden die Vergangenheit auslöschen – wir werden ein neues Leben anfangen!«

Der Schreck in Kays Augen verwandelte sich in Haß. Sie entzog ihm ihre Hand mit Gewalt. Jan war inzwischen ganz wach geworden. Vincents leidenschaftlich erregtes Gesicht erschreckte das Kind, es warf die Ärmchen um den Hals seiner Mutter und fing an zu weinen.

»Kay, Liebe, kannst du nicht sagen, daß du mich wenigstens ein klein bißchen liebhast?«

»Nein, nie, nie!«

Sie rannte weiter, auf den Weg zu. Vincent blieb wie gelähmt in dem weichen Sand sitzen.

Er sammelte seine Zeichnungen auf, die in den Schmutz gefallen waren, packte die Frühstücksreste in den Korb zurück, band sich die Staffelei auf den Rücken und ging niedergeschlagen nach Hause.

Im Pfarrhaus herrschte eine gespannte Atmosphäre. Vincent spürte das sofort, als er eintrat. Kay hatte sich mit Jan in ihrem Zimmer eingeschlossen. Sein Vater und seine Mutter saßen allein im Wohnzimmer. Sie hatten miteinander geredet, hörten aber mitten im Satz auf, als Vincent hereinkam. Er schloß die Tür hinter sich. Sein Vater mußte wohl sehr erzürnt sein, denn das rechte Augenlid hing, wie immer in der Erregung, tiefer als gewöhnlich.

»Vincent, wie konntest du nur!« jammerte seine Mutter.

»Wie konnte ich was?«

»Deine Kusine derart beleidigen.«

Darauf wußte Vincent keine Antwort zu geben. Er nahm die Staffelei vom Rücken und stellte sie in die Ecke. Sein Vater war noch zu erregt, um sprechen zu können.

»Hat Kay genau berichtet, was geschehen ist?« fragte Vincent.

Der Vater lockerte seinen hohen, steifen Kragen, der ihm ins Fleisch zu schneiden schien. Mit der rechten Hand hielt er sich krampfhaft am Tischrand fest. »Sie hat uns erzählt, daß du dich wie ein Irrer benommen hast, daß du sie an dich gerissen und gerast hast.«

Vincent erwiderte ruhig: »Ich habe ihr gesagt, daß ich sie liebe. Ich kann nicht einsehen, wieso das beleidigend ist.«

»Ist das alles, was du ihr gesagt hast?« fragte sein Vater mit eisiger Stimme.

»Nein. Ich bat sie, meine Frau zu werden.«

»Deine Frau!«

»Ja. Ist das so erstaunlich?«

»Ach, Vincent, Vincent«, fiel seine Mutter wieder ein. »Wenn du sie liebst, warum hast du nicht gewartet? Ihr Mann ist erst ein Jahr tot. Sie hängt noch immer voller Liebe an ihm. Und du weißt, daß du kein Geld hast, um eine Frau ernähren zu können.«

»Meines Erachtens ist das, was du getan hast, ausgesprochen taktlos und beweist, wie unreif du bist«, sagte sein Vater.

Diese Worte trafen Vincent wie ein Schlag. Er suchte nervös nach seiner Pfeife, hielt sie einen Augenblick in den Händen und steckte sie wieder ein.

»Vater, ich muß dich in aller Ruhe und Entschiedenheit bitten, solche Ausdrücke zu unterlassen. Meine Liebe zu Kay ist kein minderwertiges Gefühl, sondern das Edelste, was ich jemals erlebt habe. Ich lasse nicht zu, daß du es ›unreif‹ und ›taktlos‹ nennst.«

Er ergriff seine Staffelei und ging in sein Zimmer. Er setzte sich auf den Bettrand und fragte sich: Was ist eigentlich geschehen? Was habe ich Böses getan? Ich habe Kay gesagt, daß ich sie liebe – sie ist weggelaufen. Warum? Mag sie mich nicht? »Nein – nie! nie!«

Er quälte sich die ganze Nacht hindurch damit, daß er immer wieder die Szene des vergangenen Tages in Gedanken durchging. Er kam immer wieder zu dem gleichen Punkt: Kays drei Worte. Sie dröhnten in seinen Ohren wie Todesgeläute.

Der Morgen war schon weit vorgeschritten, ehe er sich entschließen konnte, nach unten zu gehen. Die Spannung schien gelöst. Seine Mutter war in der Küche und küßte ihn, als er zu ihr trat.

»Hast du schlafen können, Lieber?«

»Wo ist Kay?«

»Vater hat sie mit dem Wagen nach Breda gebracht.«

»Warum?«

»Zur Bahn. Sie fährt nach Hause.«

»Nach Amsterdam?«

»Ja.«

»Ah so.«

»Sie meinte, es wäre besser, Vincent.«

»Hat sie irgend etwas für mich hinterlassen?«

»Nein, Lieber. Willst du dich nicht hinsetzen und frühstük-
ken?«

»Nichts in bezug auf gestern? War sie noch böse auf mich?«

»Nein – sie dachte bloß, es wäre besser, wenn sie nach Hause
führe.«

Anna Cornelia hatte sich entschlossen, ihm nicht alles zu wiederholen, was Kay wirklich noch gesagt hatte. Sie legte ein
Ei in das kochende Wasser.

»Wann geht der Zug von Breda ab?« fragte Vincent.

»Um zehn Uhr zwanzig.«

Vincent sah nach der blauen Küchenuhr.

»Stimmt die Zeit?« sagte er.

»Ja.«

»Dann läßt es sich nicht ändern.«

»Komm, setz dich her. Ich habe schöne, frische Zunge für dich
heute morgen.«

Sie machte ein Stück des Küchentischs frei, breitete eine Ser-
viette darüber und trug ihm sein Frühstück auf. Sie blieb bei
ihm, nötigte ihn, zuzulangen, und war erfreut, daß Vincent
tapfer aß. Vincent tat es ihr zuliebe, er spürte ihre Besorgnis,
aber jeder noch so gute Bissen schmeckte ihm bitter. Er wußte,
er fühlte nichts anderes als dieses: »Nein – nie! nie!«

Vincent hatte kein Interesse mehr an seiner Arbeit. Er sah
sich die Brabanter Skizzen, die an den Wänden hingen, noch
einmal an – ja, er hatte seit dem Beginn seiner Liebe zu Kay
Fortschritte gemacht. Wohl war noch immer etwas zu Strenges

und Hartes in der Art, wie er zeichnete, aber Kays Liebe könnte auch das fortbringen. Seine Liebe war ernsthaft und leidenschaftlich genug, um sich nicht durch ein – wenn auch noch so oft wiederholtes – »Nein – nie! nie!« abschrecken zu lassen. Wie ein Eisblock erschien ihm Kays Zurückweisung. Er fühlte sich stark genug, ihn an seinem warmen Herzen zum Schmelzen zu bringen. Es regte sich kaum ein Zweifel an der mitreißenden Kraft seiner Liebe.

Er blieb in seinem Zimmer und schrieb Kay leidenschaftliche, flehende Briefe. Erst nach Wochen erfuhr er, daß sie sie überhaupt nicht las. Ebenfalls schrieb er fast täglich an Theo, den vertrauten Freund und Bruder. Er litt unsäglich, und nicht immer gelang es ihm, seinen Schmerz zu verbergen. Seine Mutter kam mit tröstenden Worten zu ihm, ihr Gesicht zeigte, wie sehr sie mit ihm fühlte.

»Vincent«, sagte sie, »du mußt nicht mit dem Kopf durch die Wand wollen. Onkel Stricker sagt, ihr ›Nein‹ ist unumstößlich.«

»Was er sagt, ist für mich nicht maßgebend.«

»Aber sie hat es ihm gesagt, Lieber.«

»Daß sie mich nicht liebt?«

»Ja, und daß sie ihre Meinung niemals ändern wird.«

»Das wollen wir erst einmal sehen.«

»Es ist eine so hoffnungslose Sache, Vincent, Onkel Stricker sagt, daß er – selbst unter der Voraussetzung, daß Kay dich liebte – niemals seine Einwilligung zu einer Heirat geben würde, ehe du nicht tausend Francs im Jahre verdienst. Und bis dahin wird noch viel Zeit vergehen.«

»Nun, Mutter: Wer liebt, lebt. Wer lebt, kann arbeiten. Wer arbeitet, wird auch sein Brot haben.«

»Das klingt sehr nett, mein Lieber. Aber Kay ist in Luxus aufgewachsen. Sie ist daran gewöhnt, alles schön zu haben.«

»Das macht sie jetzt auch nicht glücklicher.«

»Wenn ihr beide sentimental und unvernünftig wäret und doch heiratet, käme nur Elend dabei heraus – denn die Familie würde euch keinen Franc geben.«

»Hunger und Kälte und Elend sind mir nichts Neues, Mutter

– sie können mich nicht erschrecken. Selbst dann wäre es besser, wenn wir es gemeinsam trügen, statt jeder für sich allein.«
»Aber, Kind, wenn Kay dich nun einmal nicht liebt!«
»Wenn ich doch nur nach Amsterdam fahren könnte! Du darfst es mir glauben, ich würde ihr ›Nein‹ in ein ›Ja‹ verwandeln.«
Das machte ihn am unglücklichsten, daß er die Frau, die er liebte, nicht einmal sehen konnte, daß es ihm nicht möglich war, auch nur Franc für Franc ein Billett nach Amsterdam zu verdienen. Diese Untätigkeit, zu der er verurteilt war, machte ihn rasend. Er war achtundzwanzig Jahre alt. Seit zwölf Jahren arbeitete er schwer, er hatte sich alles versagt, und doch konnte er sich um nichts in der Welt diese kleine erbärmliche Summe beschaffen.
Schließlich schrieb er seinem Bruder:

»Lieber Theo!
Ich bin in einer verzweifelten Lage. Ich muß irgendwie soviel Geld auftreiben, um nach Amsterdam fahren zu können.
Ich schicke Dir deswegen ein paar Zeichnungen. Schreibe mir, warum sie nicht zu verkaufen sind und was ich tun muß, damit Du sie absetzen kannst. Ich muß mir das Geld für eine Fahrkarte nach Amsterdam verdienen, denn ich muß herausfinden, was hinter dem ›Nein, nie! nie!‹ steht!«

Er fühlte, wie ihm allmählich in den nächsten Tagen neue Kraft, neuer Mut zuflossen. Er machte sich mit neuem Schwung an die Arbeit. Seine Hand war noch schwerfällig – aber er war voller Vertrauen, daß er sich durchringen würde, genauso wie es ihm gelingen mußte, Kays Zurückweisung zu überwinden.
Er schrieb dem Dechanten Stricker einen ausführlichen Brief, in dem er ihm die Lage noch einmal klar auseinandersetzte. Er hielt nicht hinterm Berg mit seinen Gefühlen und mußte innerlich lächeln, wenn er sich vorstellte, was der Onkel wohl ausrufen würde, wenn er diesen Brief las. Sein Vater hatte ihm verboten, diesen Brief zu schreiben. Ein richtiger Kampf

bereitete sich im Pfarrhaus vor. Für Theodorus war das Leben den Grundsätzen strikten Gehorsams und strenger Pflichterfüllung untergeordnet. Wenn sein Sohn nicht in die vorgeschriebene Lebensform hineinpaßte, so war er schuld daran, nicht aber die verlangte Form.

Am nächsten Morgen erhielt Vincent zwei Briefe. Der eine kam als Antwort auf seinen eingeschriebenen Brief vom Dechanten Stricker selbst, mit einer Einlage von seiner Frau. Sie faßten Vincents Aussichten so zusammen, daß kein Zweifel über ihre Meinung blieb. Ferner teilten sie ihm mit, daß Kay einen andern liebe, daß dieser andere wohlhabend sei und daß sie ihn ersuchten, alle Bemühungen um ihre Tochter endlich aufzugeben.

»Es gibt, weiß Gott, in der ganzen Welt keine so hartherzigen, weltlich gesinnten und glaubenslosen Menschen wie die Geistlichen«, sagte sich Vincent und zerriß den Brief mit solch wilder Genugtuung, als täte er dem Dechanten dadurch persönlich weh.

Der zweite Brief war von Theo.

»Die Zeichnungen zeigen viel Ausdruck. Ich will alles versuchen, um sie zu verkaufen. Inzwischen lege ich zwanzig Francs für die Bahnfahrt nach Amsterdam bei. Alles Gute, alter Knabe!«

Als Vincent den Hauptbahnhof verließ, dunkelte es bereits. Er eilte durch die bekannten Straßen und blieb nur für einen kurzen Augenblick stehen, um den Booten und Schiffern zuzusehen. Es ging ihm durch den Kopf, wie er gerade hier, vor seinem ersten Besuch im Haus an der Keizersgracht, gestanden hatte – sollte es Städte geben, in denen bestimmte Menschen immer nur Unglück haben? Er war den ganzen Weg in größter Eile gelaufen, jetzt vor dem Hause zögerte er. Er fürchtete sich, denn die nächste Stunde mußte die Entscheidung bringen. Wenn er nur Kay sehen, mit ihr sprechen, sich ihr verständlich machen könnte, so mußte alles gut werden. Vincent stieg langsam die fünf Steinstufen hinauf, die zu der Haustür führten, und läutete. Das Mädchen machte auf, sah sich den

Mann, der da im Schnee stand, an, erkannte ihn und versperrte ihm mit ihrer kräftigen Gestalt den Weg.

»Ist Dechant Stricker zu Hause?« fragte Vincent.

»Nein. Er ist fortgegangen.« Sie hatte strenge Anweisungen erhalten.

Vincent hörte Stimmen im Hause. Er schob das Mädchen energisch beiseite. »Gehen Sie aus dem Weg«, sagte er böse.

Das Mädchen kam ihm nach und versuchte, ihm wieder den Eintritt zu versperren.

»Die Herrschaften sind bei Tisch«, protestierte sie, »sie können jetzt nicht hineingehen.«

Vincent ging den langen Flur entlang und trat in das Eßzimmer. Von der Schwelle aus sah er gerade noch das letzte Stückchen des vertrauten schwarzen Kleides durch die gegenüberliegende Tür verschwinden. Dechant Stricker, Tante Wilhelmina und die beiden jüngeren Kinder saßen am Tisch. Es war für fünf Personen gedeckt. An dem leeren Platz war der Stuhl zurückgeschoben. Der Teller mit Hammelfleisch, Kartoffeln und Bohnen war kaum berührt.

»Ich konnte ihn nicht zurückhalten«, sagte das Mädchen. »Er hat sich einfach durchgedrängt.«

Auf dem Tisch standen zwei silberne Leuchter mit hohen weißen Kerzen, es war die einzige Beleuchtung des Zimmers. Das Bild Calvins an der Wand sah in dem gelblich flackernden Schein unheimlich aus. Das silberne Geschirr auf dem schwergeschnitzten Büfett funkelte im Dunkel.

»Aber Vincent«, sagte sein Onkel, »deine Manieren werden täglich schlechter.«

»Ich möchte Kay sprechen.«

»Sie ist nicht da. Sie ist bei Bekannten.«

»Als ich läutete, hat sie noch dort auf dem Platz gesessen und gerade mit Essen angefangen.«

Stricker wandte sich an seine Frau: »Nimm die Kinder aus dem Zimmer.«

»Vincent«, sagte er, »du machst uns viele Schwierigkeiten. Nicht nur ich, auch alle andern haben jetzt die Geduld mit dir verloren. Du bist ein Herumtreiber, ein Taugenichts, ein grober Flegel und – soweit ich das beurteilen kann – auch ein ganz undankbarer, böser Mensch. Wie kannst du dir auch nur einbilden, meine Tochter lieben zu dürfen! Das beleidigt mich.«

»Laß mich Kay sehen, Onkel Stricker. Ich möchte mit ihr sprechen.«

»Sie will dich nicht sehen – es wäre an der Zeit, daß du ihr deinen Anblick ersparst.«

»Hat Kay das selbst gesagt?«

»Ja.«

»Das glaube ich nicht.«

Stricker war wie versteinert. Es passierte ihm zum erstenmal im Leben, daß ihn jemand der Unwahrheit bezichtigte.

»Wie kannst du es wagen, an der Wahrheit meiner Worte auch nur zu zweifeln?«

»Ich werde es niemals glauben, ehe ich es nicht aus ihrem eigenen Munde gehört habe – und – selbst – dann nicht!«

»Wenn ich bedenke, wieviel kostbare Zeit und wieviel Geld wir hier in Amsterdam auf dich verschwendet haben.«

Vincent ließ sich müde in den Stuhl fallen, in dem noch vor kurzem Kay gesessen hatte, er stützte niedergeschlagen beide Arme auf den Tisch.

»Onkel, höre mich einen Augenblick an. Zeige mir, daß auch ein Geistlicher einmal ein Herz haben kann. Ich liebe deine Tochter. Ich liebe sie bis zur Verzweiflung. Tag und Nacht, jede Stunde, denke ich an sie und sehne mich nach ihr. Du arbeitest im Dienste Gottes, um seinetwillen erweise mir ein wenig Barmherzigkeit. Sei nicht so grausam gegen mich. Ich weiß, ich habe keinen Erfolg zu verzeichnen, gib mir Zeit – dann wird das auch kommen. Hast du denn niemals geliebt, weißt du denn nicht, welche Qualen man durchmachen kann? Ich habe genug gelitten, mach es mir möglich, daß ich auch einmal glücklich sein kann. Du sollst mir ja nur die Gelegenheit geben, daß ich ihr beweisen kann, wie sehr ich sie liebe. Mehr will ich nicht! Ich kann diese Einsamkeit, dieses Elend nicht länger ertragen.«

Der Dechant Stricker sah einen Augenblick lang auf ihn herunter und sagte dann: »Bist du solch ein feiger Schwächling, daß du kein bißchen Schmerz ertragen kannst? Mußt du ständig darüber jammern?«

Vincent sprang heftig auf. Alle Weichheit fiel von ihm ab. Wahrscheinlich hätte er zugeschlagen, hätte sie der Tisch nicht voneinander getrennt. In eisigem Schweigen sahen die beiden Männer sich scharf und fest in die Augen.

Vincent wußte nicht, wieviel Zeit inzwischen vergangen sein mochte. Er hob die Hand und hielt sie in die Nähe der Kerze.

»Gib mir soviel Zeit, um mit Kay zu sprechen«, sagte er fest, »wie ich durchhalten kann, hier mit der Hand in der Flamme vor dir stehen zu bleiben.«

Bei diesen Worten hatte er bereits den Handrücken in die Flamme gelegt, es wurde sofort dunkler im Raum. Seine Hand war schwarz vom Kerzenqualm. Innerhalb weniger Sekunden verwandelte es sich in ein brennendes Rot. Vincent wich nicht zurück – seine Augen hielt er starr auf den Dechanten gerichtet. Fünf Sekunden ... zehn. Blasen bildeten sich, die Augen des Dechanten weiteten sich vor Schrecken. Er war wie gelähmt. Er wollte sprechen, setzte an, konnte kein Wort herausbringen, sich nicht bewegen. Vincents grausam prüfende Augen hielten ihn in Bann. Fünfzehn Sekunden – die Haut riß, aber der Arm zitterte nicht. Schließlich raffte sich der Dechant mit einem gewaltigen Ruck auf.

»Du wahnsinniger Mensch«, schrie er, so laut er konnte, »du Narr!«

Er warf sich über den Tisch, riß die Kerze unter Vincents Hand fort und drückte die Flamme aus.

»Du bist wahnsinnig«, schrie der Dechant von neuem. »Kay verachtet dich von Grund ihres Herzens. Verlasse sofort das Haus und wage nicht, noch einmal hierher zurückzukommen!«

Vincent suchte sich langsam seinen Weg durch die dunklen Straßen und fand sich dann unerwartet in einem der Außenbezirke der Stadt. Er atmete den vertrauten, faulig-süßen Geruch des Brackwassers ein, der aus dem toten Kanal heraufstieg. Im Licht der Gaslaterne an der Straßenecke betrachtete er seine linke Hand – ein guter Geist hatte ihn davor bewahrt, die rechte, die Zeichnerhand, ins Feuer zu halten –, die Brandstelle war jetzt ein schwarzes Loch. Er überquerte eine ganze Reihe von kleinen Wasseradern, die noch etwas vom Geruch des Meeres an sich hatten. Dann stand er plötzlich vor dem Haus von Mendes da Costa. Er ging vorbei und kauerte sich müde auf eine Bank in der Nähe des Kanals. Er ließ einen Kieselstein auf die grüne Decke des Kanals fallen. Er versank, ohne daß das darunterliegende Wasser zu sehen war.

Kay war aus seinem Leben gegangen. Das »Nein, nie! nie!« war ihr aus tiefster Seele gekommen. Niemals also sollte er wieder ihre leise singende Stimme hören, niemals wieder in ihre blauen, tiefen Augen schauen, das Lächeln in ihnen aufsteigen sehen, niemals mehr die Wärme ihrer Haut spüren. Sollte er nie erfahren, was es heißt, wiedergeliebt zu werden? Es hämmerte in seinem Kopf: »Die Liebe lebt nicht einmal solange, wie du die Hand ins Feuer – in den brennenden Schmerz halten kannst.«

Ein wilder, hemmungsloser Schrei des Schmerzes stieg ihm in die Kehle. Er erstickte den Schrei – niemand sollte hören, daß er gerichtet war und als unwürdig erkannt, die Gnade der Liebe zu empfangen.

DEN HAAG

Mauve war noch nicht von Drenthe zurück. Vincent ging in der Gegend rund um den Uilenboomen auf Wohnungssuche und fand schließlich hinter dem Rynbahnhof ein Zimmer für vierzehn Francs Monatsmiete. Das »Atelier« – ehe Vincent es nahm, war es nur ein gewöhnliches Zimmer gewesen – war ziemlich groß. Es hatte eine Kochnische und ein großes Fenster, das nach Süden ging. In der einen Ecke stand ein niedriger Ofen mit einem langen schwarzen Ofenrohr. Vom Fenster aus sah Vincent auf einen Holzlagerplatz, der dem Hauswirt gehörte, dahinter lag eine Wiese und darüber hinaus eine weite Strecke Dünen. Das Haus lag am Schenkweg, der äußersten Straße zwischen dem Haag und den Wiesen im Südosten. Überall lag Ruß, denn hier fuhren die Lokomotiven von und nach dem Rynbahnhof mit Geratter und Gequalm vorbei.

Vincent kaufte sich einen festen Küchentisch, zwei Küchenstühle und eine Decke für die Nacht, denn er mußte auf dem kalten Fußboden schlafen, da das Geld für den Ankauf eines Bettes nicht reichte. Sein geringer Geldvorrat war durch die notwendigen Anschaffungen ganz erschöpft. Aber der Erste des neuen Monats war schon in Sicht, und dann würden, wie ausgemacht, die hundert Francs von Theo kommen. Das kalte Januarwetter machte es unmöglich, draußen im Freien zu arbeiten, und da er kein Geld hatte, um sich Modelle zu nehmen, mußte er die Hände in den Schoß legen und auf Mauves Rückkehr warten. Schließlich kam Mauve. Vincent suchte ihn sofort in seinem Atelier auf. Mauve war gerade dabei, alle Vorbereitungen für ein neues großes Gemälde zu treffen, *das* Projekt des Jahres: eine Fischerszene aus Scheveningen.

Mauve und seine Frau hatten es für zweifelhaft gehalten, daß Vincent jemals nach dem Haag kommen würde. Sie hatten es zu oft erlebt, daß fast alle Menschen zu irgendeiner Zeit ihres Lebens den Drang zum Künstlertum fühlten und die entsprechenden Pläne dann nach kurzer Zeit wieder fallen ließen.

»So bist du also doch nach dem Haag gekommen? Gut, Vincent, wir werden einen Maler aus dir machen. Hast du schon eine Unterkunft?«

»Ja, ich wohne Schenkweg Nr. 137, gleich hinter dem Rynbahnhof.«

»Das ist schön nah. Wie steht's mit deinem Geld?«

»Viel habe ich nicht mehr. Ich habe nämlich einen Tisch und
zwei Stühle gekauft.«

»Und ein Bett doch wohl auch«, sagte Jet.

»Nein, bis jetzt habe ich auf dem Fußboden geschlafen.«

Mauve sprach leise mit Jet, sie ging ins Haus und kam bald
darauf mit einer Geldtasche zurück. Mauve nahm eine Hun-
dertguldennote heraus und reichte sie Vincent. »Ich möchte,
daß du das als Darlehen nimmst, Vincent. Kaufe dir ein Bett.
Die Nachtruhe ist dir nötig, wenn du etwas schaffen willst. Ist
die Miete bezahlt?«

»Noch nicht.«

»Dann erledige das gleich. Wie steht es mit dem Licht?«

»Licht genug. Aber leider geht das einzige Fenster nach Süden.«

»Nicht günstig. Du mußt es ändern. Durch die viele Sonne
hast du alle zehn Minuten eine andere Lichtverteilung. Be-
sorge dir Vorhänge.«

»Ich möchte nicht gern Geld von dir borgen, Vetter Mauve. Es
ist genug, daß du bereit bist, mich in die Lehre zu nehmen.«

»Unsinn, Vincent. Einmal muß jeder einen Haushalt einrichten. Auf die Dauer gesehen ist es billiger, eigene Sachen zu
haben.«

»Das stimmt sicher. Ich hoffe, daß ich bald einige Zeichnungen verkaufen kann. Dann zahle ich es dir zurück.«

»Tersteeg wird dir dabei behilflich sein. Meine Sachen hat er
auch gekauft, als ich jünger war und noch in der Entwicklung
steckte. Aber du mußt anfangen, mit Wasserfarbe und Öl zu
arbeiten. Es ist keine Nachfrage nach Bleistiftskizzen.« Er
suchte ein Weilchen herum und kam dann wieder zu Vincent. »Hier«, sagte er, »ist ein Malkasten mit Wasserfarben,
hier sind Pinsel, eine Palette, Öl und Terpentin. Ich werde dir
gleich einmal zeigen, wie man die Palette hält und wie man
vor der Staffelei steht.«

Er machte Vincent ein paar Anfangsgründe der Maltechnik
klar. Vincent begriff sie sehr schnell.

»Gut«, sagte Mauve lobend. »Ich hatte schon gefürchtet, du würdest dich sehr dumm anstellen – das scheint aber gar nicht zu stimmen. Komm morgens hierher, da kannst du mit Wasserfarben arbeiten. Dann schlage ich dich auch gleich als außerordentliches Mitglied bei Pulchri vor, da kannst du einige Abende in der Woche mit Modellen arbeiten. Außerdem kommst du dort mit andern Malern zusammen. Wenn du anfängst, deine Bilder zu verkaufen, kannst du zahlendes Mitglied werden.«

»Ja, Modelle sind mir sehr wichtig. Sobald es geht, werde ich mir täglich eins ins Haus nehmen. Wenn ich erst einmal die menschliche Gestalt beherrsche, kommt alles andere von selbst.«

»Richtig«, stimmte Mauve ihm zu, die Figur ist das schwerste, hat man aber bei ihr erst einmal die Schwierigkeiten überwunden, dann sind Bäume, Kühe und Sonnenuntergänge einfach. Wenn jemand die Figur vernachlässigt, so tut er es gewöhnlich, weil er den Schwierigkeiten nicht gewachsen ist.«

Vincent kaufte sich ein Bett und Fenstervorhänge, bezahlte seine Miete und heftete die Brabanter Studien an die Wand. Er wußte, sie waren unverkäuflich, es fiel ihm auch nicht schwer, ihre Mängel zu sehen – aber es war etwas von der Natur in ihnen eingefangen. Etwas Leidenschaftliches – was es eigentlich war, wußte er selbst nicht recht. Er wurde sich erst während seiner Bekanntschaft mit de Bock richtig klar darüber.

De Bock war ein Mann voller Charme. Er war wohlerzogen, hatte gefällige Manieren und ein festes Einkommen. Seine Erziehung hatte er in England genossen. Vincent lernte ihn bei Goupils kennen.

»Kommen Sie mit, und trinken Sie eine Tasse Tee bei mir«, lud er Vincent ein. »Ich würde Ihnen gern einige meiner letzten Sachen zeigen.«

Sein Atelier lag in Willemspark, dem aristokratischen Viertel von dem Haag. De Bock zündete den russischen Samowar an und schickte seine Haushälterin fort, um Kuchen zu holen. Dann nahm er ein Gemälde aus dem Wandschrank und stellte es auf die Staffelei.

»Hier ist mein letztes«, sagte er. »Darf ich Ihnen eine Zigarre anbieten? Manchmal hilft sie einem, ein Bild mehr zu genießen.«

Er sprach in leicht scherzendem Ton. Seit Tersteeg ihn ausstellte, war sein Selbstbewußtsein himmelhoch emporgeschnellt. Er war sicher, daß das Bild Vincent gefallen würde.

Vincent betrachtete das Ölgemälde sorgfältig. Welche Haltung erwartete de Bock von ihm? Die Landschaft war nicht übel gelungen, aber auch nicht gut. Sie war genau wie de Bock – ohne Tiefe. Obwohl man das ganze Bild mit einem Blick erfassen konnte – da war nichts, was zu längerem Verweilen zwang –, betrachtete er es lange und eindringlich.

»Sie haben ein Gefühl für Landschaften«, sagte er endlich. »Sie verstehen es, Charme hineinzulegen.«

»Oh, danke sehr«, sagte de Bock. Er war sichtlich erfreut über diese Bemerkung, die er für ein Lob hielt. »Darf ich Ihnen eine Tasse Tee einschenken?«

Vincent umklammerte die Tasse krampfhaft mit beiden Händen, aus Furcht, er könnte etwas auf den kostbaren Teppich schütten. Er mühte sich verzweifelt, einen Ausweg aus der unangenehmen Lage zu finden. Er mochte nichts gegen de Bocks Werk sagen, weil er den Mann gerne mochte und ein freundschaftliches Verhältnis zwischen ihm und sich wünschte. Aber der objektiv urteilende Handwerksmann in ihm wehrte sich dagegen, und er konnte nicht mit seiner Kritik zurückhalten.

»Da ist etwas am Bild, was ich, glaube ich, nicht mag.«

»Was denn?« fragte de Bock leichthin.

»Die menschlichen Gestalten – sie überzeugen einen nicht.«

De Bock rekelte sich auf einem bequemen Diwan und sagte: »Wissen Sie, ich habe schon oft vorgehabt, die menschliche Gestalt etwas eingehender zu studieren. Aber ich scheine nie dazu zu kommen. Ich nehme mir ein Modell, arbeite fleißig ein paar Tage lang, und dann nimmt plötzlich wieder irgendeine Landschaft mein ganzes Interesse gefangen. Aber schließlich sind Landschaften meine Spezialität, was brauche ich mich da viel um die Figur zu kümmern, nicht wahr?«

»Selbst wenn ich Landschaften darstelle, möchte ich gern etwas von der Figur in sie hineinbringen«, sagte Vincent. »Ihre Arbeit ist der meinen um Jahre voraus, außerdem sind Sie ein anerkannter Künstler. Wollen Sie mir trotzdem ein freundliches Wort der Kritik erlauben?«

»Sicher!«

»Nun – ich würde vielleicht sagen: Ihrer Arbeit fehlt die Leidenschaft.«

»Leidenschaft?« forschte de Bock. Er zwinkerte Vincent zu und machte sich dann am Samowar zu schaffen. »Welche der zahlreichen Formen von Leidenschaft meinen Sie?«

»Es läßt sich schwer erklären. Es ist kein klares Gefühl. Meines Erachtens müßte mehr Intensität darin sein.«

»Aber, ich bitte Sie, alter Freund«, verteidigte sich de Bock – er richtete sich wieder auf und sah prüfend auf eins seiner Bilder –, »schließlich kann ich nicht Gefühl über das ganze Bild hinpinseln, bloß weil irgendwer es so haben möchte. Ich male, was ich sehe und fühle. Wenn ich keine gottverdammte Leidenschaft empfinde, wie soll sie mir da in den Pinsel kommen? Oder kann man sie vielleicht neuerdings beim Grünkramhändler kaufen?«

Als Vincent nach Hause kam, erschien ihm sein eigenes Atelier fast armselig – aber der strenge Ernst dieses Raumes hatte andere Vorteile. Das Atelier sollte ein Arbeitsplatz sein – kein Wohnraum; er schob das Bett in die Ecke und stellte Töpfe und Tiegel fort. Das Monatsgeld von Theo war noch nicht angekommen, aber er hatte noch einen Franc von Mauves Darlehen übrig. Er nahm sich Modelle dafür. Er war noch nicht lange im Atelier, als Mauve ihn besuchen kam.

»Kein langer Weg«, sagte er, »knappe zehn Minuten. – Ja, so geht's. Eigentlich solltest du ja Nordlicht haben – aber es wird schon gehen. Ein richtiges Arbeitszimmer – das wird seinen guten Eindruck auf die nicht verfehlen, die dir vorwerfen, daß du ein Müßiggänger und Dilettant bist. Ich sehe, du hast ein Modell hier gehabt.«

»Ja – sie sind nur so teuer.«

»Und doch das billigste am Ende. Knapp mit Geld, Vincent?«

»Vielen Dank, Vetter Mauve, ich komme aus.«

Es schien ihm nicht ratsam, Mauve von Anfang an mit Geld-
sorgen zur Last zu fallen. Er hatte zwar nur noch einen Franc
in der Tasche – aber schließlich war Geld nicht so wichtig.
Vincent wollte, daß Vetter Mauve ihm freigebig von seinen
Kenntnissen gab, das war wichtiger.

Mauve blieb eine Stunde lang da und zeigte ihm, wie man
Wasserfarben aufträgt und wie man sie wieder fortwäscht.
Vincent war ziemlich unbeholfen.

»Gräm dich nicht deswegen«, tröstete ihn Mauve heiter.
»Man verdirbt immer erst mindestens zehn Bilder, ehe man
richtig mit dem Pinsel umgehen lernt. Zeig mir einmal die
letzten Brabanter Studien.«

Vincent brachte sie ihm. Mauve war ein Meister der Technik,
mit wenigen Worten kam er sofort auf die wesentlichen
Schwächen. Er sagte niemals nur: »Das ist falsch«, sondern immer: »Versuche es doch einmal so . . . oder so.« Vincent hörte
gut zu, denn er wußte, daß Mauve genauso mit ihm sprach,
als handle es sich um sein eigenes Werk.

»Du kannst zeichnen«, sagte Mauve anerkennend. »Es war
gut, daß du dies letzte Jahr nur mit dem Bleistift gearbeitet
hast. Es würde mich gar nicht wundern, wenn Tersteeg sich
sehr bald für deine Aquarelle interessieren würde.«

Dieser wunderbare Trost konnte Vincent aber wenig helfen,
als er zwei Tage darauf keinen Heller mehr in der Tasche
hatte. Der Erste war schon vorbei, aber die hundert Francs
waren noch nicht gekommen. Was mochte geschehen sein?
War Theo böse auf ihn? Konnte es möglich sein, daß Theo
ihn grad jetzt im Stich ließ, wo sich eine Laufbahn vor ihm
aufgetan hatte? Er fand noch eine Briefmarke in der Tasche
seines Wintermantels, so konnte er Theo schreiben und ihn
bitten, wenigstens einen Teilbetrag zu schicken, damit er sich
etwas zu essen kaufen und ein Modell nehmen könne.

Drei Tage ging er ohne einen Bissen Essen herum. Vormittags
arbeitete er in Mauves Atelier, dann machte er Skizzen von
den Leuten, die in den Volksküchen aßen und in den Wartesälen auf den Bahnhöfen herumlungerten. Abends arbeitete

er entweder im Pulchri oder bei Mauve. Er hatte Angst davor, daß Mauve eines Tages seine Lage entdecken könnte und dann keine Lust mehr hätte, mit ihm weiterzuarbeiten. Vincent war sich klar darüber, daß Mauve ihn, trotz einer gewissen freundlichen Zuneigung, fallenlassen würde, wenn er dahin käme, daß seine Sorgen ihn bei der Arbeit störten. Deshalb lehnte er eine Einladung zum Essen in Mauves Haus ab.

Die Borinage stieg wieder vor ihm auf. Mußte er das ganze Leben lang mit den einfachsten Nahrungssorgen zu kämpfen haben? Gab es keine Ruhe, gab es nirgends friedliche Sorglosigkeit für ihn?

Am nächsten Tage überwand er seinen Stolz und ging zu Tersteeg. Vielleicht würde er ihm zehn Francs borgen können – er unterstützte ja die Hälfte aller im Haag lebenden Maler.

Tersteeg war geschäftlich in Paris.

Fieber schüttelte Vincent, er konnte keinen Bleistift mehr halten. Er mußte sich legen. Am nächsten Tag schleppte er sich mühsam nach den Plaats. Diesmal war der Kunsthändler da. Tersteeg hatte Theo versprochen, daß er sich um Vincent kümmern würde. Er lieh ihm fünfundzwanzig Francs.

»Ich habe schon immer einmal vorbeikommen wollen, Vincent«, sagte er, »nächstens aber sehe ich mir dein Atelier einmal an.«

Es kostete Vincent Mühe, höflich zu antworten – fort – essen – das war alles, was er denken konnte. Auf dem Weg zu Goupils hatte er geglaubt, alles würde wieder gut sein, wenn er nur etwas Geld erhielte, um essen zu können. Jetzt aber fühlte er sich so zerschlagen und elender als zuvor. Noch nie war er sich so einsam und verlassen vorgekommen.

»Nach dem Essen wird die Welt wieder anders aussehen«, tröstete er sich.

Der Schmerz, der in seinem Magen gewühlt hatte, ließ zwar nach, aber der andere, tiefere blieb. Er kaufte sich etwas billigen Tabak, ging nach Hause, streckte sich auf dem Bett aus und rauchte seine Pfeife. Mit unheimlicher Kraft stand plötzlich wieder das Bild Kays vor ihm – seine Sehnsucht verzehrte ihn. Er war so verzweifelt, daß er das Gefühl hatte, er müsse ersticken. Er sprang aus dem Bett, öffnete das Fenster, steckte den Kopf in die kühle Winternacht. Er fröstelte, wenn er sich die Szene beim Dechanten Stricker vorstellte. Er schloß das Fenster wieder, griff nach Hut und Mantel und stürmte davon.

In dem Wein-Café vor dem Rynbahnhof hing eine Petroleumlampe über dem Eingang und eine zweite über der Bar. Das Lokal selbst lag im Halbdunkel. An der Wand standen ein paar Bänke, davor ein paar schäbige Tische mit Steinplatten. Es war eine richtige Arbeiterkneipe, die Farbe der Wände war ausgebleicht – die hierherkamen, suchten nicht Freude, sondern Zuflucht.

Vincent setzte sich an einen der Tische. Müde lehnte er sich gegen die Wand. Solange er arbeiten konnte und genug Geld da war für Nahrung und Modelle, war es nicht so schlimm. Aber er hatte niemanden, an den er sich wenden konnte, wenn er ein bißchen schlichte Kameradschaft – ein freundliches Wort – die einfache Gegenwart eines vertrauten Menschen brauchte. Mauve war sein Meister, Tersteeg ein geschäftiger und bedeutender Kunsthändler, de Bock ein Mann der reichen Gesellschaft. Vielleicht konnte ein Glas Wein ihm die Grillen vertreiben. Morgen fing die Arbeit wieder an – dann würde alles von selbst besser.

Er nippte an dem sauren Rotwein. Die Kneipe war nur wenig besucht. Gegenüber saß irgendein Arbeiter. In der Ecke bei der Bar saß ein Pärchen, das Mädchen hatte auffallend grelle Kleider an. Am nächsten Tisch neben ihm saß eine Frau für sich allein. Er sah nicht zu ihr hinüber.

Der Kellner ging vorbei und fragte die Frau unfreundlich: »Noch ein Glas?«

»Hab' keinen Sou mehr«, antwortete sie.

Vincent wandte sich um: »Trinken Sie ein Glas mit mir?« fragte er.

Die Frau sah ihn einen Augenblick an und entgegnete dann: »Gern!«

Der Kellner brachte das Glas Wein, nahm die zwanzig Centimes und ging. Die Tische standen nahe beieinander.

160

»Vielen Dank«, sagte die Frau.

Vincent betrachtete sie aufmerksam. Sie war nicht mehr jung, nicht schön – das Leben hatte seine Spuren in ihrem Gesicht hinterlassen. Sie war etwas dünn, hatte aber eine gute Figur. Ihre Hand fiel ihm auf. Das war keine Damenhand wie die von Kay, es war die Hand einer Frau, die schwere Arbeit zu verrichten hatte. Ihre Nase war etwas krumm, mit einem Höcker in der Mitte. In ihren Augen lag ein melancholischer Zug – aber auch eine Spur von Geistigkeit.

»Nichts zu danken«, wehrte er ab. »Ich freu' mich, daß ich Gesellschaft habe.«

»Ich heiße Christine«, sagte sie. »Und Sie?«

»Vincent.«

»Arbeiten Sie hier im Haag?«

»Ja.«

»Als was?«

»Ich bin Maler.«

»Lieber Himmel, das ist auch ein Hundeleben, was?«

»Manchmal.«

»Und ich bin Waschfrau. Das heißt, wenn's mir gut geht und ich arbeiten kann. Wenn ich krank bin, geht's nicht.«

»Was tun Sie dann?«

»Dann muß ich auf die Straße – wie früher.«

»Es ist sicher schwer als Waschfrau –«

»Ja, zwölf Stunden Arbeitszeit. Die Bezahlung ist für die Katz'. Manchmal muß ich, wenn ich den ganzen Tag über dem Waschfaß gestanden habe, abends noch auf die Straße, um mir einen Mann zu suchen, damit die Kinder was zu essen kriegen.«

»Wie viele Kinder hast du, Christine?«

»Fünf, und das sechste ist unterwegs.«

»Ist dein Mann tot?«

»Die sind von fremden Männern.«

»Das macht es schwer, nicht?«

Sie zuckte die Schultern. »Ein Bergarbeiter kann sich schließlich auch nicht weigern 'runterzugehen, nur weil er vielleicht dabei umkommt.«

»Nein. Kennst du irgendeinen der Väter?«

»Nur von dem ersten Balg. Von den anderen kenne ich nicht einmal den Namen.«

»Und das, was jetzt unterwegs ist?«

»Weiß ich auch nicht genau. Ich war damals zu krank und konnte nicht waschen gehen, da mußte ich oft auf die Straße – na, und wennschon.«

»Möchtest du noch ein Glas Wein?«

»Lieber Gin.« Sie griff in die Tasche und zog einen schwarzen Zigarrenstummel heraus. Sie zündete ihn an. »Wohlhabend siehst du auch nicht gerade aus. Kannst du deine Bilder verkaufen?«

»Nein, ich fange eben erst an.«

»Für einen Anfänger siehst du reichlich alt aus.«

»Ich bin dreißig.«

»Du siehst wie vierzig aus. Wovon lebst du denn?«

»Mein Bruder schickt mir etwas Geld.«

»Wahrscheinlich nicht schlimmer als waschen gehen.«

»Bei wem wohnst du, Christine?«

»Wir sind alle bei meiner Mutter.«

»Weiß sie, daß du auf die Straße gehst?«

Sie lachte laut auf und sagte bitter: »Himmel, ja! Sie hat mich ja zuerst 'rausgeschickt.«

»Scheußlich, nicht, Christine?«

»Lohnt sich nicht, darüber zu heulen. – Warum sitzt du hier eigentlich so allein 'rum? Hast du keine Freunde?«

»Nein – nur meinen Bruder, und der ist in Paris.«

»Da kann man sich schön einsam vorkommen, was?«

»Ja, Christine, furchtbar einsam.«

»Mir geht's manchmal genauso. Da sind die ganzen Kinder, meine Mutter, mein Bruder – das Haus ist also voll genug, aber es kommt nicht darauf an, daß viele Leute da sind, sondern jemand, den man wirklich gern hat.«

»Hast du niemals jemanden gehabt, den du gern hattest, Christine?«

»Doch, den ersten. Ich war damals sechzehn. Er war reich. Heiraten konnt' er mich nicht wegen seiner Familie. Aber er hat für das Kind gezahlt. Dann ist er gestorben, und ich stand ohne einen Centime da.«

»Wie alt bist du jetzt?«

»Zweiunddreißig. Zum Kinderkriegen nicht mehr jung und kräftig genug. Im Krankenhaus haben sie gesagt, daß dies hier mich erledigen wird.«

»Wenn ein guter Arzt die Sache in die Hand nimmt, sicher nicht.«

»Wo zum Teufel soll ich den herkriegen? Ich hab' nichts auf die hohe Kante legen können. Die Ärzte im Krankenhaus kümmert's wenig – dazu sind zu viele kranke Frauen da.«

Sie schwiegen beide. Dann fragte Vincent: »Wo gehst du nachher hin, Christine?«

»Ich habe den ganzen Tag am Zuber gestanden und bin nur hergekommen, weil ich was zum Aufkratzen brauchte. Ich war tot. Eigentlich hätte ich heute einundeinenhalben Franc kriegen müssen, aber man hat's mal wieder auf Sonnabend verschoben. Jetzt muß ich sehen, daß ich zwei Francs verdiene, damit was zum Essen da ist. —«

»Kann ich mitkommen, Christine? Ich bin sehr allein. Ich würde gern bei dir sein.«

»Warum nicht, brauch' ich nicht zu suchen . . . Übrigens bist du recht nett.«

»Ich habe dich auch gerne, Christine.«

»Kann ich noch 'nen Gin haben?«

»Hör mal, wir brauchen uns keinen Schwips anzutrinken, um uns gegenseitig erträglich zu machen. Da, pack das weg. Es ist leider nicht viel, was ich dir geben kann.«

»Du siehst aus, als ob du es nötiger brauchst als ich. Komm mit, du brauchst nichts zu bezahlen.«

»Nein. Steck das Geld ein. Ich komme schon aus. Ich habe mir fünfundzwanzig Francs von einem Bekannten geborgt.«

»Also los, gehen wir.«

Unterwegs nach Hause durch die dunklen Straßen sprachen sie wie alte Freunde miteinander. Sie sprach von ihrem Leben – ohne Klage – ohne Selbstbemitleidung.

»Du könntest mir Modell stehen. Ich kann zwar nicht viel

163

bezahlen, aber später, wenn ich meine Sachen verkaufe, bekommst du zwei Francs pro Tag. Das ist jedenfalls besser als waschen.«

»Das wäre nett. Ich könnte meinen Jungen mitbringen. Du kannst ihn umsonst malen.«

Endlich kamen sie zu dem Haus, in dem sie wohnte.

Ihr Zimmer war klein und bescheiden. Die eintönige Tapete gab ihm einen ruhigen, grauen Ton. Auf dem Fußboden lag eine Matte und ein rotes Teppichstück. Ein einfacher Küchenherd stand in einer Ecke und in der andern eine Kommode. Ein großes Bett stand in der Mitte.

Als Vincent am nächsten Morgen erwachte und merkte, daß er nicht allein war, sondern daß da in der Morgendämmerung ein Mensch warm und nahe bei ihm war – schien die Welt ihm freundlich. Der Schmerz der Einsamkeit war von ihm gewichen, und statt dessen erfüllte ihn ein Gefühl tiefer Ruhe.

Die Frühpost brachte ihm ein paar Zeilen von Theo und die hundert Francs. Theo hatte es ihm erst ein paar Tage nach dem Ersten schicken können. Vincent lief sofort hinaus. Er sah ein kleines altes Mütterchen, das vor ihrem Haus in der Nähe im Garten beim Graben war, und fragte sie, ob sie ihm nicht für fünfzig Centimes Modell stehen wolle. Sie willigte gern ein.

Er setzte die Frau neben den Herd, auf dem ein Teekessel stand. Er suchte den Farbton. Der Kopf der alten Frau enthielt viel Licht und Leben. Die Ecke, in der sie saß, malte er weich und warm und mit viel Gefühl. Eine ganze Zeit lang war etwas Hartes, Trockenes, Sprödes in seiner Arbeit gewesen, jetzt floß es ihm leicht von der Hand. Er warf die Studie mit ein paar Strichen sicher hin.

Es klopfte. Vincent öffnete – es war Mijnheer Tersteeg. Seine Hosen hatten wohlgepflegte Bügelfalten, seine Schuhe waren spiegelblank, von Kopf bis Fuß eine gediegene Erscheinung.

Tersteeg war aufrichtig erfreut, Vincent in einem richtigen Atelier und bei der Arbeit anzutreffen. Er sah es gerne, daß junge Künstler Erfolg hatten. Es war nicht nur sein Beruf, es war zugleich sein Steckenpferd. Allerdings mußte der Künstler diesen Erfolg durch systematische Arbeit auf dem vorgeschriebenen Wege erreichen. Es schien ihm besser, wenn jemand auf konventionellen Wegen ging und versagte, als wenn er allen Regeln zuwider lebte – aber doch ans Ziel kam. Die Maler, die ihre Werke durch Goupils verkauften, wußten von vornherein, daß sie schön in der Reihe bleiben mußten.

»Nun, Vincent«, begrüßte er den jungen Künstler, »es freut mich, dich bei der Arbeit zu treffen. So sehe ich meine Künstler gern!«

»Es ist sehr freundlich von Ihnen, daß Sie den weiten Weg nicht gescheut haben, um mich aufzusuchen, Mijnheer Tersteeg.«

»Es ist selbstverständlich – ich habe schon einmal vorbeikommen wollen, um mir dein Atelier anzusehen.«

»Viel zu sehen gibt es nicht«, fuhr Vincent fort und schaute sich in dem einfachen Raum um.

»Das macht nichts. Arbeite du nur tüchtig, dann wirst du dir auch bald etwas Besseres leisten können. Mauve hat mir erzählt, daß du dich ans Aquarellieren gemacht hast – der Markt für kleine Aquarelle ist gut. Ich könnte sicherlich einige von dir verkaufen und dein Bruder ebenfalls.«

»Das ist auch mein Ziel, Mijnheer. Vielleicht würden Sie sich ein paar meiner Skizzen ansehen! Ein Urteil von Ihnen wäre mir sehr wertvoll.«

Tersteeg stand vor der Frau mit der weißen Schürze auf dem sanften grünen Hintergrund. Sein Schweigen war diesmal nicht so beredt wie das erste Mal.

»Ja, ja«, sagte er schließlich, »du kommst vorwärts. Mauve wird einen Aquarellisten aus dir machen, das kann ich schon sehen. Es wird ein bißchen Zeit kosten, aber du wirst es schaffen. Du mußt sehen, daß du bald auf eigenen Beinen stehen kannst, Vincent. Es fällt Theo auch nicht leicht, dir monatlich hundert Francs zu schicken. Ich habe das gemerkt, als ich jetzt in Paris war. – Nun, ich hoffe, ich werde dir bald ein paar kleine Skizzen abkaufen können.«

»Sie sind sehr freundlich, Mijnheer. Ich danke Ihnen sehr für Ihr Interesse. Werden Sie wieder einmal vorbeikommen?«

»Selbstverständlich! In ein bis zwei Wochen. Arbeite fleißig und vergiß nicht, daß du vorwärtskommen mußt. Meine Besuche müssen sich lohnen!«

Als er fort war, machte sich Vincent wieder energisch an die Arbeit. Ach ja, unabhängig sein, niemandem mehr zur Last fallen müssen – er brauchte ja nicht viel, nur gerade genug zum Leben, nur Zeit und Ruhe, um geduldig alles in sich reifen zu lassen.

Mit der Nachmittagspost kam ein Briefchen von de Bock auf zartrosa Schreibpapier:

»Lieber van Gogh!

Morgen vormittag komme ich mit Arzts Modell zu Ihnen – wir können zusammen arbeiten.   de B.«

Arzts Modell stellte sich als ein sehr schönes junges Mädchen heraus, das für das Modellstehen einen Franc fünfzig verlangte.

Vincent freute sich sehr, denn allein hätte er sich ein solches Modell niemals leisten können. Im Herd prasselte das Feuer, er hatte tüchtig angelegt. Das Mädchen zog sich aus. Nur die Berufsmodelle ließen sich im Haag nackt malen. Vincent war oft darüber verzweifelt, denn viel lieber hätte er alte Männer- und Frauenkörper gemalt.

»Meine Haushälterin hat uns ein kleines Frühstück zurechtgemacht«, sagte de Bock, »falls wir durcharbeiten wollen.«

Sie zeichneten etwa anderthalb Stunden lang – dann war das Modell müde.

»Vielleicht kann sie sich jetzt setzen – der Körper ist dann gelöster«, sagte Vincent.

Sie arbeiteten weiter bis zur Mittagszeit. Kaum ein Wort wurde gesprochen. Dann packte de Bock das Frühstück aus, und alle drei setzten sich an den Ofen zum Essen. Während der Mahlzeit, die aus Brot, kaltem Fleisch und Käse bestand, beschauten sie sich, was sie am Vormittag geleistet hatten.

»Komisch, wie objektiv man die eigene Arbeit ansieht, wenn man beim Essen sitzt«, bemerkte de Bock.

»Darf ich mir Ihre Skizzen ansehen?« fragte Vincent.

»Mit Vergnügen.«

De Bock hatte das Gesicht des Mädchens gut getroffen, aber nichts deutete auf die Eigenart ihres Körpers. Es war irgendein vollkommener Körper.

»Nanu«, rief de Bock aus, der Vincents Skizzen besah, »was haben Sie denn da statt eines Gesichts hingemalt? Das ist wohl das berühmte ›Mit-Leidenschaft-Zeichnen‹?«

»Wir wollen doch kein Porträt machen«, wehrte sich Vincent, »es kam auf den Körper an.«

»Das höre ich zum erstenmal, daß ein Gesicht nicht zum Körper gehört.«

Vincent ging jeden Morgen frisch und fröhlich auf die Suche nach einem Modell. Einmal nahm er den Jungen vom Schmied mit, ein andermal fand er eine alte Frau aus dem Altersheim an der Geest oder einen Mann, der auf dem Markt gestanden hatte. Die Modelle kosteten ihn eine Menge Geld, das er gegen Ende des Monats stets durch Fasten wieder einsparen mußte.

Mauve fuhr fort, ihn mit viel Geduld zu unterrichten. Jeden Abend ging Vincent zu ihm, um in der warmen, arbeitsamen Atmosphäre des Ateliers zu zeichnen. Manchmal wurde er mutlos, weil seine Wasserfarben dick, schmutzig und stumpf waren. Mauve lachte nur.

»Natürlich klappt's noch nicht«, ermunterte er ihn. »Wären deine Arbeiten schon jetzt durchsichtig und klar – dann wäre das nur eine äußere Glätte, und später würden sie wahrscheinlich trübe und schwer sein. Du gibst dir jetzt Mühe – und sie werden schwerflüssig – aber warte nur ab, es geht nachher ganz schnell, und sie werden hell und leicht.«

»Das stimmt schon, Vetter Mauve. Aber was soll man anfangen, wenn man unbedingt Geld mit dem Zeichnen verdienen muß?«

»Glaube mir, Vincent. Wer zu schnell fertig ist, mit dem ist es als Künstler zu Ende. Der Künstler des Tages ist gewöhnlich auch nur Künstler für den Tag. Man muß sich durchbeißen!«

»Ich will mir selbst treu bleiben, Vetter Mauve. Ich möchte harte Wahrheiten ohne jede Glätte zum Ausdruck bringen. Wenn man aber gezwungen ist, seinen Lebensunterhalt selbst zu verdienen . . . ich habe einige Sachen gemacht, von denen ich annahm, daß Tersteeg . . . ich sehe natürlich ein . . .«

»Zeig sie mir!«

Er sah die Aquarelle durch und zerriß sie dann in tausend Stücke. »Behalte deine Rauheit, Vincent«, sagte er, »und lauf den Händlern und Dilettanten nicht nach. Wer will, soll zu dir kommen. Die Zeit der Ernte kommt schon noch.«

Vincent sah auf die Papierfetzen herunter. »Ich bin dir dankbar, Vetter Mauve. Ich brauchte diesen Schlag.«

Mauve hatte an diesem Abend eine kleine Gesellschaft, mehrere Künstler kamen zu ihm, darunter auch Weißenbruch, den man überall »das unbarmherzige Schwert« nannte, weil er für anderer Leute Arbeiten immer voll beißender Kritik war. Dann kamen noch Breitner, de Bock, Jules Bakhyzan und Neuhuys, ein Freund von Vos.

Weißenbruch war ein kleiner Mann mit ungewöhnlichem Geist. Was ihm mißfiel – und fast alles mißfiel ihm –, zerstörte er mit einem schneidenden Wort. Er malte, was und wie er wollte. Er zwang das Publikum, seine Werke anzuerkennen. Tersteeg hatte einmal etwas gegen eins seiner Bilder eingewendet – seitdem weigerte er sich, etwas durch Goupils verkaufen zu lassen. Er setzte alles ab, was er malte. Niemand wußte, wie oder durch wen. Sein Gesicht war so scharf wie seine Zunge. Alles: Nase, Kinn, der ganze Kopf, war spitz zugeschnitten. Jeder fürchtete ihn und erstrebte gleichzeitig seine Anerkennung. Er zog Vincent mit sich in die Ofenecke.

»Ich höre, Sie sind ein van Gogh«, sagte er. »Sind Sie beim Malen ebenso erfolgreich wie Ihre Onkel beim Bilderverkaufen?«

»Nein, ich habe noch nie mit etwas Erfolg gehabt.«

»Verdammt gut für Sie! Jeder Künstler müßte sich von Rechts wegen durchhungern, bis er sechzig ist. Dann würde er vielleicht ein paar gute Bilder fertigbringen.«

»Unsinn! Sie sind erst Anfang Vierzig und bringen gute Arbeiten zustande.«

Weißenbruch gefiel dieses »Unsinn!«. Seit Jahren hatte niemand mehr den Mut gehabt, ihm so zu entgegnen. Seine Anerkennung äußerte sich darin, daß er auf Vincent angriffslustig vorging.

»Wenn Sie etwa denken, daß meine Arbeit auch nur den geringsten Wert hat, dann packen Sie ein und werden Sie Portier. Warum, meinen Sie, verkaufe ich wohl das Zeug an das elende Publikum? Weil es Dreck ist. Wenn es gut wäre, würde ich es selber behalten. Nein, mein Junge, was ich jetzt tue, ist alles nur Übung. Wenn ich sechzig bin, fange ich richtig an zu malen. Alles, was ich dann später fertigbringe, gebe ich nicht aus den Händen. Wenn ich sterbe, nehme ich es mit ins Grab.«

De Bock gab Vincent vom andern Ende des Zimmers her einen Wink, ein vielsagendes Augenzwinkern. Vincent erwiderte Weißenbruch kampflustig: »Sie haben Ihren Beruf verfehlt, Sie hätten Kunstkritiker werden sollen!«

Weißenbruch lachte und rief zu Mauve gewandt: »Hier dieser Vetter von Ihnen ist nicht halb so schlimm, wie er aussieht. Er kann seine Zunge ganz gut gebrauchen.« Er wandte sich wieder Vincent zu. »Warum, zum Teufel, gehen Sie eigentlich in diesen dreckigen Lumpen herum? Warum schaffen Sie sich nicht anständige Kleider an?« fragte er mit brutaler Rücksichtslosigkeit.

Vincent hatte einen alten Anzug von Theo an, den er für sich hatte zurechtmachen lassen. Die Umarbeitung war nicht besonders geglückt, außerdem hatte er ihn täglich bei der Arbeit getragen.

»Ihre Onkel haben genug Geld, um die gesamte Bevölkerung von Holland gut anzuziehen. Geben sie Ihnen denn nichts?«

»Warum sollen sie? Sie teilen Ihre Meinung, daß Künstler hungern sollten.«

»Wenn sie kein Zutrauen zu Ihnen haben, werden sie schon wissen, warum. Die van Goghs sollen einen Maler schon aus hundert Kilometer Entfernung riechen können. Sie sind wahrscheinlich so schlecht.«

»Und Sie können sich zum Teufel scheren!«

Vincent wandte sich ärgerlich ab, aber Weißenbruch griff ihn beim Arm. Ein breites Lächeln lag auf seinem Gesicht.

»Gut geantwortet!« rief er aus. »Das ist die richtige Einstellung! Ich wollte nur sehen, wieviel Sie einstecken. Behalten Sie Ihren Mut, mein Junge. Sie sind aus dem richtigen Stoff.«

Mauve trug seinen Gästen gern Parodien vor. Das Zimmer hallte von ihrem Lachen wider.

»Mauve ist ganz verändert«, dachte Vincent.

Er wußte nicht, daß Mauve die Metamorphosen des schöpferischen Menschen durchmachte. Es ging gewöhnlich so: Er fing ein Gemälde unlustig und fast träge an. Langsam wuchs seine Energie mit der Arbeit, Ideen kamen, nahmen Gestalt an. Von Tag zu Tag dehnte er die Arbeitszeit etwas länger aus – arbeitete konzentrierter. Sobald sich die Gegenstände auf der Leinwand herauszuschälen begannen, wuchsen seine Ansprüche gegen sich selbst. Er entzog sich der Familie, den Freunden, jeder Ablenkung. Er verlor den Appetit, schlaflos dachte er des Nachts an alle noch zu schaffende Arbeit. In dem Maße, in dem seine Kraft ihn verließ, wuchs seine Erregung. Bald lebte er nur noch von Nervenkraft. Sein Körper schien sich zusammenzuziehen, das wuchtige Knochengerüst trat hervor. Die sentimentalen Augen waren wie hinter Schleiern verborgen. Je müder er wurde, desto verzweifelter arbeitete er. Immer höher stieg die leidenschaftliche Besessenheit, mit der er sich seiner Arbeit hingab. Er hatte instinktiv ein sicheres Gefühl dafür, wie lange er brauchen würde, um die Arbeit zu schaffen. Sein harter Wille ließ ihn genau bis zum letzten Tag durchhalten. Am Ende hatte er sich in eine so leidenschaftliche Erregung hineingesteigert, daß es eine fürchterliche Szene gab, wenn ihm jemand in den Weg kam. Jedes letzte bißchen Kraft gehörte dem Werk. Er hielt durch – er schaffte es – mochte kommen, was wollte. Und hätte der Tod selber an die

Türe geklopft, er hätte ihn gezwungen, so lange zu warten, bis das Bild beendet war.

Hatte er das Gemälde schließlich abgeliefert, so brach er zusammen. Er war schwach, krank, phantasierte. Jet hatte ihn dann mehrere Tage lang zu pflegen, ehe er wieder zur Besinnung kam. Seine Erschöpfung war so vollständig, daß der Geruch von Farben ihn anekelte. Ganz allmählich kehrte seine Kraft zurück. Und mit der Kraft sein Interesse. Er saß stundenlang im Atelier herum, räumte auf, lief durch die Felder. Zuerst wie blind, dann fesselte ihn ein Stück Landschaft. Und der ganze Kreislauf konnte wieder von vorn beginnen.

Wenige Abende später klopfte Christine an Vincents Tür. Sie hatte einen schwarzen Unterrock an und eine dunkelblaue Joppe. Den ganzen Tag über hatte sie am Waschzuber gestanden und sah recht abgearbeitet aus.

»Hallo, Vincent«, sagte sie. »Ich muß mir doch einmal ansehen, wie du wohnst.«

»Du bist die erste Frau, die mich besucht, Christine. Willkommen! Darf ich dir das Tuch abnehmen?«

Sie setzte sich ans Feuer und wärmte sich. Dann sah sie sich im Zimmer um.

»Nicht schlecht«, meinte sie, »bloß etwas leer.«

»Ich weiß. Das Geld hat nicht weiter gereicht.«

»Es ist alles da, was du brauchst.«

»Ich wollte eben das Abendessen holen, Christine. Willst du mir Gesellschaft leisten?«

»Warum nennst du mich nicht Sien? So nennt man mich meistens.«

»Also gut, Sien.«

»Was gibt's zum Abendessen?«

»Kartoffeln und Tee.«

»Ich habe heute zwei Francs verdient. Da kann ich ein bißchen Rindfleisch für uns holen.«

»Hier. Ich habe Geld. Mein Bruder hat mir etwas geschickt. Wieviel brauchst du?«

»Fünfzig Centimes. Das ist genug für uns beide.«

Nach wenigen Augenblicken kam sie mit dem Fleisch zurück. Vincent nahm es ihr ab und wollte an das Zurechtmachen gehen.

»Setz dich her! Du verstehst doch nichts vom Kochen. Das ist Frauenarbeit.«

Ihre Wangen röteten sich, als sie über dem Herdfeuer gebückt arbeitete. Es stand ihr gut. Vincent lehnte einen Stuhl gegen die Wand und sah ihr zu. Ihm wurde warm ums Herz. Es kam ihm so natürlich, so vertraut vor, wie sie da arbeitete, die Kartoffeln in einen Topf schälte und dann das Fleisch dazutat, damit es eine kräftige Mahlzeit gebe. Hier war sein Heim, hier regten sich liebevoll die Hände einer Frau für ihn. Wie oft hatte er davon geträumt – und die Frau hatte Kay sein sollen.

Nachher beim Tee rauchte Sien einen ihrer schwarzen Zigarrenstumpen. Sie unterhielten sich lebhaft. Vincent fühlte sich mit ihr heimischer als mit Mauve oder de Bock. Sie verstanden sich ohne viele Worte. Wieso und warum, das hätte er selbst nicht sagen können. Es waren die ganz einfachen, alltäglichen Dinge, von denen sie sprachen. Keiner wollte dem andern etwas vormachen oder paradieren. Wenn Vincent sprach, hörte sie zu, sie wartete nicht gierig darauf, daß er bald aufhören würde, damit sie von sich erzählen konnte. Sie hörte gern zu. Und Vincent seinerseits hörte sie ebenso gern von ihrem Leben erzählen, von Zeiten des Elends und der Not. Vincent kam es vor, als brauche er nur ein paar Worte zu ändern, dann wäre ihre Geschichte auch seine eigene gewesen.

Vincent stand auf. »Was willst du?« fragte sie.

»Das Geschirr waschen.«

»Setz dich. Das ist auch Frauenarbeit.«

Er rückte den Stuhl an den Ofen, stopfte sich eine Pfeife und rauchte befriedigt, während Sien das Geschirr spülte. Er mochte ihre Hände so gern ansehen. Die Adern standen hervor, und das Netz der vielen kleinen Falten erzählte von der Arbeit, die sie schon geleistet hatten. Vincent holte sich Bleistift und Papier und fing an zu zeichnen.

»Es ist nett hier«, sagte Sien, als sie fertig war. »Schade, daß wir keinen Gin haben . . .«

Sie nippten an ihren Schnäpsen. Vincent zeichnete Sien, und so ging der Abend dahin. Sie schien vollkommen damit zufrieden zu sein, daß sie sich auf einem Stuhl am warmen Ofen ausruhen konnte. Sie wurde lebendig und froh und taute in ungezwungenem Gespräch auf.

»Wann hörst du mit dem Waschen auf?« fragte er.

»Morgen. Es ist reichlich genug. Ich kann kaum noch.«

»Fühlst du dich schlecht?«

»Nein. Aber das kommt noch. Das Kleine fängt schon an zu stoßen.«

»Dann fängst du also nächste Woche an, für mich Modell zu stehen?«

»Braucht man immer nur einfach dazusitzen?«

»Weiter nichts. Nur gelegentlich mußt du auch einmal stehen.«

»Gar nicht so schlecht. Du machst die Arbeit, und ich kriege das Geld.«

Sie sah aus dem Fenster – es schneite.

»Wenn ich nur erst zu Hause wäre«, sagte sie. »Es ist kalt, und ich habe nichts als das Tuch. Es ist ein langer Weg.«

»Arbeitest du morgen früh wieder hier in der Gegend?«

»Um sechs, dann ist es noch dunkel.«

»Wenn du willst, Sien, bleibe hier. Ich freue mich, wenn ich Gesellschaft habe.«

Am nächsten Morgen kochte sie ihm Kaffee, machte das Bett und wischte das Atelier auf. Dann ging sie in die Wäscherei. Als sie fort war, kam Vincent sein Zimmer kahl und leer vor. –

Tersteeg kam eines Nachmittags wieder. Seine Augen glänzten, und die Wangen waren von dem Spaziergang in der scharfen Kälte gerötet.

»Wie kommst du vorwärts, Vincent?«

»Sehr gut, Mijnheer Tersteeg. Es ist nett von Ihnen, daß Sie wieder mit hergekommen sind.«

»Vielleicht kannst du mir etwas Interessantes zeigen. Das ist nämlich der Zweck meiner Besuche.«

»Ja, ich habe einige neue Sachen.«

Vincent brachte ihm drei oder vier kleine Aquarelle. Tersteeg sah sie schnell durch, so wie man einen langen Brief erst einmal überfliegt, dann nahm er sie einzeln vor und studierte sie sorgfältig.

»Du kommst voran, Vincent«, sagte er nach einer Weile. »Sie sind zwar noch ein bißchen primitiv, aber immerhin, man sieht, daß du Fortschritte machst. Du müßtest bald so weit sein, daß du mir etwas verkaufen könntest, Vincent.«

»Ja, Mijnheer.«

»Du mußt daran denken, deinen Unterhalt selbst zu verdienen, mein Junge. Es ist nicht richtig, von andrer Leute Geld zu leben.«

Vincent nahm die Aquarelle auf und sah sie sich an. Er wußte, daß sie noch unreif waren, aber wie jeder Künstler konnte er am eigenen Werk die Fehler schwer erkennen.

»Ich täte nichts lieber, Mijnheer, als mein Brot selbst verdienen.«

»Dann mußt du noch mehr arbeiten. Du mußt dich beeilen. Ich möchte wirklich, daß du bald so weit bist, daß ich etwas von dir verkaufen kann.«

»Ja, Mijnheer.«

»Nun, auf alle Fälle bin ich froh, daß du fleißig und glücklich bist. Theo hat mich gebeten, ein Auge auf dich zu haben. Schaffe etwas Gutes, Vincent – dann stellen wir dich in den Plaats mit aus.«

»Ich versuche, Gutes zu schaffen, aber meine Hand folgt dem Willen nicht immer. Mauve hat mich für eins der Aquarelle gelobt.«

»Was sagte er denn?«

»Er sagte, es fängt an, wie ein Aquarell auszusehen.«

Tersteeg lachte, zog den Schal fest um den Hals und verabschiedete sich.

Vincent hatte Onkel Cor geschrieben, daß er sich im Haag niedergelassen habe und sich freuen würde, ihn dort einmal zu sehen. Onkel Cor kam oft nach dem Haag, wo er Bilder für seine Kunsthandlung in Amsterdam einkaufte.

Eines Sonntagsnachmittags hatte Vincent einige Kinder eingeladen. Er mußte sie beschäftigen, während er Skizzen von ihnen machte. Zu diesem Zweck hatte er eine Tüte Näschereien besorgt. Über das Zeichenbrett hinweg erzählte er ihnen Geschichten. Als es laut klopfte und dann eine tiefe, etwas dröhnende Stimme von draußen ertönte, wußte er: Onkel Cor ist da. Cornelius Marinus van Gogh war bekannt, erfolgreich und wohlhabend. Dennoch blickten die großen, dunklen Augen immer etwas melancholisch. Er sah jede Einzelheit im Atelier, während es den Eindruck machte, als schaute er sich überhaupt nicht um. Er kannte wahrscheinlich mehr Ateliers von innen als irgendwer sonst in Holland.

Vincent verteilte den Rest der Süßigkeiten unter die Kinder und schickte sie nach Hause.

»Darf ich dir eine Tasse Tee machen, Onkel Cor? Draußen ist es sicher sehr kalt.«

»Ja, bitte, Vincent.«

Onkel Cor balancierte die Tasse auf seinen Knien und plauderte währenddessen über die Tagesneuigkeiten. Schließlich sagte er:

»Du willst also Künstler werden, Vincent. Es wird auch Zeit, daß es einen in der Familie van Gogh gibt. Hein, Vincent und ich haben nun dreißig Jahre lang Bilder fremder Künstler gekauft. Nun werden wir das Geld ein bißchen in der Familie behalten können.«

Vincent lächelte. »Ich habe einen großartigen Start«, sagte er. »Drei Onkel und einen Bruder im Kunsthandel!«

Onkel Cor zwang sich dazu, die dicken Schnitten schwarzes Brot, die Vincent mit grobem Käse belegt hatte, hinunterzuwürgen, um den Neffen nicht zu kränken.

»Übrigens«, führte er die Unterhaltung fort, »hat Tersteeg mir erzählt, daß Theo dir monatlich hundert Francs schickt. Stimmt das?«

»Ja.«

»Theo ist jung und sollte sein Geld sparen. Du mußt sehen, daß du bald auf eigenen Füßen stehst und dein Brot selbst verdienst.«

Vincent schien, daß Tersteeg schon am Tage vorher reichlich genug darüber geredet hatte. Er antwortete daher, ohne viel zu überlegen:

»Brot verdienen, Onkel Cor? Wie meinst du das eigentlich? Soll nur der Brot essen, der es wirklich, innerlich, verdient, also seiner würdig ist – das könnte ich schon verstehen, oder meinst du, daß man ein Verbrecher ist, wenn man, obwohl man es wert wäre, nicht in der Lage ist, sein Brot zu verdienen? Ich kann da eure Meinung nicht teilen. Ich kann sie nur als ein großes Unglück ansehen!«

Er spielte nervös mit dem Brot, das noch vor ihm lag, und rollte die Krumen zu einer harten Kugel zusammen.

Von da an fiel kein Wort mehr über Geldverdienen. Die beiden unterhielten sich freundschaftlich und nett, bis Vincent nebenbei einmal den Namen de Groux erwähnte, da sie gerade über den Impressionismus sprachen.

»Aber Vincent, weißt du denn nicht«, sagte Onkel Cor sichtlich entrüstet, »daß de Groux keinen guten Ruf hat?«

Vincent wußte wohl, daß er eigentlich ja und amen zu dem, was Onkel Cor vorbrachte, sagen sollte, aber er konnte es nicht übers Herz bringen, still dabeizusitzen und sich das mit anzuhören.

»Ich habe immer geglaubt, Onkel Cor, daß ein Künstler, der seine Werke zwar der Öffentlichkeit zeigt, doch ein Recht darauf hat, die Kämpfe und Schwierigkeiten seines privaten Lebens nicht in die Öffentlichkeit gezogen zu sehen.«

Onkel Cor antwortete mit Entschiedenheit: »Die bloße Tatsache, daß ein Mensch, statt hinter dem Pflug zu gehen oder über Geschäftsbüchern zu sitzen, mit dem Malerpinsel arbeitet, gibt ihm noch lange nicht das Recht, sich Ausschweifungen hinzugeben. Jedenfalls bin ich der Meinung, daß wir von Künstlern, die sich nicht anständig benehmen, keine Bilder kaufen sollen!«

Auch diese Auseinandersetzung wurde nicht zu Ende geführt. Onkel Cor ließ sich von Vincent eine Mappe mit kleineren Zeichnungen und Studien vorlegen. Vincent rückte seinem Onkel einen Stuhl ins Licht. Schweigsam betrachtete dieser

176

die Arbeiten, bis ihm die kleine Skizze einer Straßenszene in die Hände fiel. »Das ist ganz gut«, sagte er. »Könntest du mir mehrere solcher Stadtansichten machen?«

»Ja, ich habe noch einige, möchtest du sie sehen?«

Vincent sah ihm über die Schulter, als er die Sachen durchsah:

»Das ist der Vleersteeg ... das die Geest ... das hier ist der Fischmarkt.«

»Willst du zwölf in dieser Art für mich machen?«

»Ja, aber das ist ein Geschäft. Wir müssen einen Preis festsetzen.«

»Sehr gut. Wieviel forderst du?«

»Ich habe mir für solche kleinen Arbeiten einen festen Preis gesetzt. Zwei Francs fünfzig. Ist das zu hoch?«

Onkel Cor mußte lachen. Es war eine so bescheidene Summe.

»Nein. – Sollten sie gut ausfallen, bestelle ich auch noch zwölf Zeichnungen von Amsterdam. Dann setze ich aber den Preis selbst fest, damit ein bißchen mehr für dich dabei herausschaut.«

»Onkel Cor, das ist mein erster Auftrag! Ich kann dir gar nicht sagen, wie glücklich ich bin.«

»Wir wollen dir alle helfen, Vincent. Schaffe Sachen, die man brauchen kann – ich kaufe dir alles ab.« Er nahm seinen Hut und seine Handschuhe, und mit einem »Grüße Theo von mir, wenn du schreibst« ging er.

Vom Erfolg wie berauscht, nahm Vincent seine neuen Wasserfarben und rannte zu Mauve. Seine Frau machte ihm auf – sie schien etwas erregt.

»An deiner Stelle würde ich jetzt nicht ins Atelier gehen, Vincent. Anton hat wieder einmal einen seiner Zustände.«

»Was ist los? Ist er krank?«

Jet seufzte: »Nur wie üblich.«

»Dann wird er mich sicher nicht sehen wollen.«

»Warte lieber, Vincent. Ich werde ihm sagen, daß du hier gewesen bist. Wenn er wieder ruhiger ist, wird er herüberkommen und nach dir sehen.«

»Wirst du auch nicht vergessen, es ihm zu sagen?«

»Bestimmt nicht.«

Vincent wartete mehrere Tage, aber Mauve kam nicht. Statt seiner kam Tersteeg, nicht nur einmal, sondern zweimal. Das Resultat war immer das gleiche.

»Ja, ja, du hast vielleicht einen kleinen Fortschritt gemacht. Aber richtig ist es noch immer nicht. Ich würde die Sachen nicht in den Plaats verkaufen können. Ich fürchte, Vincent, du arbeitest nicht genug.«

»Mein lieber Mijnheer, ich stehe früh um fünf auf und arbeite bis in die Nacht, meist bis gegen Mitternacht. Die einzige Pause, die ich mir gönne, ist nur, um einmal einen Happen zu essen.«

Tersteeg schüttelte verständnislos den Kopf. Er sah sich die Aquarelle nochmals an: »Das verstehe ich nicht. Da ist noch die gleiche Härte und Unbeholfenheit, die ich schon damals, als du zuerst nach den Plaats kamst, in deinen Sachen gesehen habe. Das hättest du inzwischen eigentlich schon überwinden sollen. Gewöhnlich schafft man das mit harter Arbeit – das heißt, wenn auch nur einiges Talent da ist.«

»Harte Arbeit«, sagte Vincent.

»Gott weiß, wie gern ich deine Arbeiten kaufen möchte, Vincent. Ich möchte gern, daß du anfängst, dir dein Geld selbst zu verdienen. Ich halte es nicht für richtig, daß Theo . . . Aber ich kann doch nicht eher etwas kaufen, ehe deine Arbeiten nicht wirklich in Ordnung sind. Du willst doch schließlich nicht, daß ich es aus reiner Barmherzigkeit tue, nicht wahr?«

»Nein.«

»Du mußt dich beeilen, das ist alles. Du mußt sehen, daß du deine Sachen absetzt und dich auf eigene Füße stellst.«

Als Tersteeg diese Formel zum vierten Male herunterleierte, kam es Vincent so vor, als triebe der Mann mit ihm irgendein Spiel. »Du mußt dir dein Geld selber verdienen . . . aber ich kann nichts kaufen!« Wie zum Teufel sollte er Geld verdienen, wenn niemand etwas kaufte?

Eines Tages traf er Mauve, der mit gesenktem Kopf in wildem Tempo durch die Straßen eilte. Er schien Vincent nicht zu erkennen.

»Ich habe dich lange nicht gesehen, Vetter Mauve.«

»Ich war sehr beschäftigt.« Mauves Stimme klang kühl und gleichgültig.

»Ich weiß, das neue Bild. Geht es vorwärts?«

»Ach –« er machte eine wegwerfende Handbewegung.

»Darf ich gelegentlich mal auf einen Augenblick zu dir ins Atelier kommen? Ich fürchte, ich komme mit meinen Aquarellen nicht weiter.«

»Jetzt nicht! Ich habe doch schon gesagt, daß ich sehr beschäftigt bin. Ich kann meine Zeit nicht verschwenden.«

»Kannst du nicht gelegentlich einmal, wenn du gerade unterwegs bist, zu mir hereinkommen? Ein paar Worte von dir würden mir schon genügen.«

»Vielleicht... vielleicht! Aber jetzt habe ich zu tun. Ich muß gehen.«

Er stürzte weg und ruderte mit ungelenken Gliedern durch die Straßen. Vincent stand da und starrte ihm nach.

Was in aller Welt war geschehen? Hatte er seinen Vetter gekränkt?

Er war äußerst erstaunt, als ein paar Tage später Weißenbruch zu ihm kam. Weißenbruch war nie mit den jüngeren Malern – höchstens mit den anerkannten – zusammen, auch für sie hatte er gewöhnlich nur Grobheiten und ein paar herzhafte Flüche.

»Gut, gut«, sagte er und sah sich im Zimmer um. »Das ist ja der reine Palast. Sie werden hier bald die Porträts der königlichen Herrschaften machen.«

»Wenn es Ihnen nicht paßt«, knurrte Vincent, »können Sie ja machen, daß Sie wegkommen!«

»Warum geben Sie eigentlich die Malerei nicht auf, van Gogh? Es ist ein Hundeleben.«

»Ihnen scheint es gut dabei zu gehen.«

»Ja, ich habe auch Erfolg. Den werden Sie nie haben.«

»Vielleicht nicht. Aber ich werde bedeutend bessere Bilder machen, als Sie je fertigkriegen würden.«

Weißenbruch lachte. »Das wohl kaum, aber wahrscheinlich werden Sie diesem hohen Ziele näher kommen als sonst irgend jemand hier im Haag, wenn Ihr Werk Ihrer Persönlichkeit entspricht . . .«

»Warum haben Sie das nicht gleich gesagt?« fragte Vincent und kramte eine Mappe heraus, um ihm etwas von sich zu zeigen. »Wollen Sie sich nicht setzen?«

»Wenn ich sitze, kann ich nichts sehen.«

Er legte die Aquarelle beiseite und sagte: »Das ist nicht Ihr Gebiet. Wasserfarben sind zu schal für das, was Sie zu sagen haben.« Er konzentrierte sich auf die Federzeichnungen der Leute aus der Borinage, der Brabanter und der alten Leute, die Vincent in der letzten Zeit gezeichnet hatte. Er kicherte fröhlich vor sich hin, während er eine Zeichnung nach der andern betrachtete. Vincent war auf eine kühle Ablehnung gefaßt.

»Sie zeichnen erstaunlich gut, Vincent«, sagte Weißenbruch und zwinkerte ihm halb boshaft, halb anerkennend zu, »ich könnte von diesen Zeichnungen manches lernen.«

Vincent mußte sich vor Erstaunen erst einmal setzen.

»Ich dachte, Sie hießen ›das unbarmherzige Schwert‹!«

»Das bin ich auch. Wenn ich nichts Gutes in Ihren Skizzen sähe, würde ich es Ihnen schon sagen.«

»Tersteeg hat mich gerade wegen dieser Sachen getadelt. Er sagt, die Zeichnungen wären zu roh und unbeholfen.«

»Unsinn, gerade das ist Ihre Stärke.«

»Ich möchte gern mit den Federzeichnungen fortfahren, aber Tersteeg sagt, ich sollte lernen, die Dinge als Aquarelle zu sehen.«

»So, damit er sie verkaufen kann, nicht wahr? Nein, mein Junge, wenn Sie etwas als Federzeichnung sehen, müssen Sie es auch so wiedergeben. Und merken Sie sich eins: Hören Sie auf niemanden! – auch nicht auf mich. Gehen Sie Ihren eigenen Weg!«

»Es wird mir auch nichts weiter übrigbleiben.«

»Als Mauve sagte, Sie wären ein geborener Maler, hat Tersteeg das abgelehnt, und dann nahm Mauve für Sie gegen ihn Partei. Ich war selber dabei. Sollte es noch einmal dazu kommen, werde ich jetzt, nachdem ich Ihre Bilder gesehen habe, auch Ihre Partei ergreifen.«

»Mauve hat gesagt, ich wäre ein geborener Maler?«

»Lassen Sie sich dadurch nicht den Kopf verdrehen! Sie können froh sein und Gott danken, wenn Sie als guter Maler sterben.«

»Aber warum war er immer so kühl gegen mich?«

»Er behandelt jeden so, Vincent, wenn er dabei ist, ein Bild zu vollenden. Sie dürfen sich das nicht verdrießen lassen. Wenn das Scheveningen-Bild fertig ist, kommt er schon wieder von selbst zu Ihnen. In der Zwischenzeit können Sie, wenn Sie Hilfe brauchen, zu mir ins Atelier kommen.«

»Darf ich Sie etwas fragen, Weißenbruch?«

»Ja.«

»Hat Mauve Sie hergeschickt?«

»Er wollte gern meine Meinung über Ihre Arbeit hören.«

»Aber warum wohl? Wenn er denkt, daß ich ein geborener . . .«

»Ich weiß nicht. Vielleicht hat Tersteeg ihm einen Zweifel darüber in den Kopf gesetzt.«

Wenn auch Tersteeg den Glauben an ihn aufgab und Mauve von Tag zu Tag kühler gegen ihn wurde, so trat doch Christine an ihren Platz. Sie bereicherte sein Leben durch ihre schlicht kameradschaftliche Art, nach der er sich schon lange gesehnt hatte. Jeden Morgen kam sie in aller Frühe und brachte ihren Nähkorb mit, damit während des Modellsitzens ihre Hände nicht müßig wären. Ihre Stimme klang rauh, und in der Wahl ihrer Worte war sie nicht gerade vornehm, aber es war eine angenehme Ruhe in ihrer Stimme, wenn sie so vor sich hin erzählte. Es fiel Vincent nicht schwer, einfach nicht hinzuhorchen, wenn er sich auf seine Arbeit konzentrieren mußte. Meistens saß sie froh und zufrieden am Ofen und sah aus dem Fenster oder nähte kleine Sächelchen für das zu erwartende Kind. Als Modell war sie unbeholfen, sie lernte nur langsam, jedoch gab sie sich Mühe, ihn zufriedenzustellen. Es schien ihr bald ganz selbstverständlich, daß sie Vincents Essen zurechtmachte, ehe sie nach Hause ging.

»Mach dir doch keine Mühe, Sien!« sagte er.

»Mühe? Mir fällt es doch leichter als dir.«

»Dann mußt du mir beim Essen auch Gesellschaft leisten.«

»Aber gern. Mutter paßt auf die Kinder auf.«

Jeden Tag gab Vincent ihr einen Franc. Er wußte, daß er es sich eigentlich nicht leisten konnte, aber es freute ihn so, sie bei sich zu haben. Der Gedanke, daß er sie vor der Schinderei am Waschzuber bewahrte, machte ihn ganz glücklich. Manchmal, wenn er nachmittags hatte ausgehen müssen, zeichnete er sie bis spät in die Nacht, und dann lohnte es sich für sie nicht erst, nach Hause zu gehen. Es tat ihm gut, beim Erwachen den frischen Kaffee zu riechen, den sie aufgebrüht hatte, es freute ihn, eine freundliche Frau am Herd hantieren zu sehen. Zum erstenmal in seinem Leben hatte er einen wirklichen Haushalt. Wie wohl das tat!

Gelegentlich blieb Christine auch ohne besonderen Grund. »Ich möchte heute nacht hierbleiben«, sagte sie dann einfach. »Darf ich?«

»Aber ja, Sien. Du darfst bleiben, sooft du willst. Du weißt, ich bin froh, wenn du hier bist.«

Obwohl er sie nie darum gebeten hatte, wusch sie seine Wäsche, besserte seine Anzüge aus und holte das bißchen, das er zum Leben brauchte, vom Markt.

»Ihr Männer könnt allein nicht fertig werden«, sagte sie. »Du brauchst eine Frau. Ich möchte schwören, daß sie dich auf dem Markt übers Ohr hauen.«

Sie war ganz und gar keine gute Hausfrau. Die langjährige Schlamperei im Hause der Mutter hatte ihre Ordnungsliebe – wenn sie überhaupt je vorhanden gewesen war – bis auf einen kleinen Rest vernichtet. Plötzlich kamen dann wieder Zeiten, in denen sie von dem Wunsche besessen war, Ordnung zu schaffen. Dann ging sie mit Kraft und Energie an die Arbeit. Hier aber führte sie zum erstenmal einem Menschen den Haushalt, der ihr lieb war. Es machte ihr Spaß, zu arbeiten und zu schaffen – das heißt, wenn es ihr gerade einfiel.

Vincent war es schon eine Freude, daß Sien sich überhaupt zu beschäftigen suchte. Ein Tadel, eine Kritik kam gar nicht in Frage. Jetzt, wo sie nicht mehr so abgehetzt und hundemüde war, verlor ihre Stimme etwas von der gewöhnlichen Rauheit, und ihre Sprache war weniger grob. Sie hatte es nie gelernt, sich zu beherrschen. Wenn ihr etwas nicht paßte, tobte und raste sie. Ihre Stimme hatte dann wieder den alten heiseren Klang, und die Worte, die sie hervorstieß, waren so derb und so gemein, wie Vincent seit der Schulzeit keine mehr gehört hatte.

In solchen Augenblicken erschien Christine ihm wie eine Karikatur seiner selbst. Still saß er dabei, bis der Sturm vorüber war. Christine war ihrerseits ebenso duldsam. Wenn es mit einer Zeichnung nicht klappen wollte, oder wenn sie alles, was er ihr mühsam beigebracht hatte, wieder vergaß und sich beim Modellstehen ungeschickt benahm, tobte er vor Wut, daß die Wände dröhnten. Dann wartete sie geduldig, bis der Wutanfall vorüber war – nach wenigen Minuten kehrte gewöhnlich Friede ein. Es war ein Glück, daß sie ihre Anfälle nicht zur gleichen Zeit bekamen.

Nachdem er sie so oft skizziert hatte, daß jede Linie ihres Körpers ihm vertraut war, beschloß er, ein richtiges Bild von ihr zu machen. Ein Satz von Michelet regte ihn dazu an: »Comment se fait-il, qu'il y ait sur la terre une femme seule désespérée?« Er setzte Christine nackt auf einen niedrigen Holzklotz am Ofen. Der Holzklotz sollte einen Baumstumpf darstellen, um den herum es ein bißchen blühte und wuchs. Dann übertrug er die ganze Szene ins Freie. Christine malte er mit auf den Knien gefalteten Händen, das Gesicht in den hageren Armen vergraben, das spärliche Haar fiel ihr kurz über den Rücken, die knolligen Brüste lagen welk auf den dünnen Schenkeln, und die flachen Füße ruhten unsicher auf dem Boden. Er nannte das Bild »Die Sorge«. Es war das Bild einer Frau, aus der das harte Leben den letzten Tropfen Kraft und Saft herausgepreßt hatte. Darunter setzte er das Wort von Michelet.

Die Arbeit an dem Bild hatte eine Woche in Anspruch genommen. Er war mit seinem Geld zu Ende. Bis zum ersten März fehlten noch zehn Tage. Mit dem Schwarzbrot, das er noch im Hause hatte, konnte er notfalls zwei oder drei Tage reichen. Es blieb ihm nichts weiter übrig, die Arbeit nach dem

Modell mußte solange aufgegeben werden, obwohl er wußte, wie sehr ihn das in der Entwicklung zurückwerfen würde.

»Sien«, sagte er, »ich fürchte, ich werde dich bis zum nächsten Ersten nicht mehr kommen lassen können.«

»Was ist los?«

»Ich habe kein Geld mehr.«

»Du meinst, um mich zu bezahlen?«

»Ja.«

»Ich habe sowieso weiter nichts zu tun. Ich komme auf alle Fälle.«

»Aber du brauchst Geld, Sien.«

»Laß mich nur sorgen.«

»Du kannst doch aber nicht waschen, wenn du den ganzen Tag hier bist.«

»Ach . . . überlaß das mir . . . ich krieg' schon was.«

Er ließ sie noch drei Tage kommen, bis auch das Brot aufgegessen war. Es war immer noch eine Woche bis zum Ersten. Er erzählte Sien, daß er nach Amsterdam gehen wolle, um seinen Onkel zu besuchen, und daß er bei ihr vorbeikommen würde, sobald er zurück sei. Drei Tage lang saß er im Atelier und zeichnete nach Vorbildern. Er lebte von Wasser, das machte ihm nichts aus. Am dritten Nachmittag ging er zu de Bock in der stillen Hoffnung, daß der ihm Tee und Kuchen vorsetzen würde.

»Tag, alter Freund«, sagte de Bock, ohne von seiner Staffelei wegzugehen. »Mach dir's bequem. Ich arbeite durch bis zum Abendbrot, ich hab' eine Verabredung. Da drüben auf dem Tisch sind Zeitschriften. Mach dir's nur bequem.«

Aber kein Wort von Tee.

Er wußte, daß Mauve ihn nicht empfangen würde, und er schämte sich, Jet anzubetteln. Ehe er Tersteeg, der bei Mauve gegen ihn gehetzt hatte, um Hilfe bat, wollte er lieber verhungern. Trotz der verzweifelten Lage fiel es ihm nicht einmal ein, daß er sich vielleicht ein paar Francs durch eine andere Arbeit als seine Zeichnerei verdienen könnte. Das alte Übel, das Fieber, kroch ihm in die Knochen, und er mußte im Bett bleiben. Er wußte genau, es war unmöglich, und dennoch hoffte er, daß die hundert Francs von Theo wie durch ein Wunder ein paar Tage früher kommen würden. Aber Theo selbst erhielt sein Gehalt nicht vor dem Ersten.

Am Nachmittag des fünften Tages kam Christine, ohne vorher anzuklopfen. Vincent schlief. Sie neigte sich über ihn, sah die zerfurchten Züge seines Gesichtes, sah, wie blaß die Haut unter dem rot wuchernden Bart hervorschien und wie rauh und pergamenten seine Lippen waren. Sie legte die Hand auf seine Stirn und fühlte die Fieberglut. Sie suchte auf dem Brett, wo gewöhnlich die Vorräte aufbewahrt wurden, nach etwas Eßbarem. Nicht eine Krume trockenes Schwarzbrot, nicht eine einzige Kaffeebohne mehr. – Sie ging fort.

Als Vincent erwachte, sah er Christine über den Herd gebeugt. Sie kochte und rührte eifrig.

»Sien«, sagte er.

Sie ging zum Bett und legte ihre kühle Hand an seine Wange. Der rote Bart brannte wie Feuer. »Laß doch den Stolz«, sagte sie. »Mich brauchst du nicht zu belügen. Gut, wir sind arm – aber es ist nicht unsere Schuld. Wir müssen uns gegenseitig helfen. Hast du mir die erste Nacht nicht geholfen, als wir uns im Weinkeller trafen?«

»Sien«, sagte er.

»Nein, steh nicht auf. Ich bin rasch nach Hause gelaufen und habe Kartoffeln und Bohnen mitgebracht. Sie sind gleich fertig.«

Sie zerquetschte die Kartoffeln auf seinem Teller zu Brei, tat grüne Bohnen darüber, setzte sich auf den Bettrand und fütterte ihn. »Warum hast du mir jeden Tag Geld gegeben, wenn du selbst nicht genug hattest? Damit, daß du hungerst, ist keinem gedient.«

Entbehrungen hätte Vincent notfalls wochenlang aushalten können. Aber eine unerwartete Freundlichkeit warf ihn um. Er entschloß sich, Tersteeg aufzusuchen. Christine wusch sein Hemd, aber sie konnte es nicht bügeln, weil kein Plätteisen da war. Am nächsten Morgen bereitete sie ihm einen kleinen Imbiß zur Stärkung: Kaffee und Brot. Dann machte er sich auf den Weg. An einem der dreckigen Schuhe fehlte der Absatz, die Hosen waren schmutzig und geflickt. Er hatte Theos Mantel angezogen, der ihm viel zu klein war. Der zerschlissene Schlips war nach links gerutscht und saß ganz schief. Er hatte eine seiner ausgefallenen Kappen aufgestülpt, die er immer Gott weiß wo aufgabelte.

Als er nach mühsamem Marsch endlich in die Stadt kam, starrte ihm aus einem der Schaufenster plötzlich sein eigenes Bild entgegen. Es war einer der seltenen Augenblicke, wo er sich mit grausamer Klarheit so sah, wie die Leute im Haag ihn sehen mußten: einen schmutzigen, ungekämmten Landstreicher, krank, schwach, wunderlich und wurzellos.

Nur die reichsten Firmen konnten es sich leisten, in den Plaats ein Haus zu haben. Vincent scheute sich, in den vornehm-heiligen Bezirk einzutreten. Jetzt erst wurde ihm klar, wie viele Hunderte von Meilen sozialen Abstands er zwischen sich und die Plaats gelegt hatte.

Die Verkäufer bei Goupil waren beim Staubwischen. Sie starrten ihn mit unverhüllter Neugier an. Die Familie dieses Mannes beherrschte den ganzen europäischen Kunstmarkt. Warum trieb er sich in solch erbärmlichem Aufzug herum?

Tersteeg saß oben in seinem Büro am Schreibtisch. Er sah gerade seine Korrespondenz durch, zum Briefeöffnen benutzte er ein schönes Messer mit einem Jadegriff.

»Du bist der erste Kunde, der heute unsern Laden betritt, Vincent«, sagte er, »womit kann ich dir dienen?«

Vincent erzählte, wie es ihm ergangen war.

»Was hast du mit deinem Monatsgeld gemacht?«

»Ich habe es verbraucht.«

»Wenn du nicht vorsorglich damit umgehen kannst, darfst du nicht von mir erwarten, daß ich dich noch darin unterstütze. Jeder Monat hat rund dreißig Tage. Du darfst also pro Tag nicht mehr ausgeben, als was auf jeden Tag entfällt.«

»Ich bin nicht leichtfertig gewesen. Der größte Teil des Geldes ging für Modelle drauf.«

»Dann solltest du keine nehmen. Allein arbeiten ist billiger.«

»Ohne Modelle arbeiten zu müssen, bedeutet den Tod für jemanden, der die menschliche Gestalt erfassen möchte.«

»Dann laß die menschlichen Gestalten sein. Male Kühe und Schafe, die kosten nichts.«

»Mijnheer, ich kann keine Kühe und Schafe zeichnen, da ich keine Kühe und Schafe fühle.«

»Du solltest es überhaupt aufgeben, Menschen zu zeichnen, die bringen nichts ein. Aquarelle, das ist das einzige, die solltest du malen und nichts anderes.«

»Aquarelle sind keine Ausdrucksmittel für mich.«

»Mir will es vorkommen, als wäre deine Zeichnerei nichts weiter als ein Betäubungsmittel gegen den Schmerz, der dich quält, weil du keine Aquarelle malen kannst.«

Beide schwiegen. Vincent wußte nicht, was er darauf antworten sollte.

»De Bock benutzt keine Modelle, und es geht ihm gut. Und doch wirst du nicht leugnen können, daß seine Arbeiten vortrefflich sind. Die Preise ziehen ständig an. Ich habe immer darauf gewartet, daß deine Bilder etwas von seinem Charme bekommen würden. Aber es ist nichts davon zu spüren. Deine Arbeit ist stümperhaft und dilettantisch – eins steht für mich fest, ein Künstler bist du nicht.«

Fünf Tage hatte Vincent nichts gegessen. Jetzt war ihm, als schnitte man ihm die Sehnen durch; er knickte zusammen und ließ sich in einem Anfall von Schwäche auf einen der handgeschnitzten italienischen Stühle fallen. Seine Stimme klang hohl – er konnte kaum sprechen.

»Warum sagen Sie mir das, Mijnheer?« fragte er nach einer Pause.

Tersteeg zog ein makellos weißes Taschentuch heraus und wischte sich sorgfältig über Nase, Mundwinkel und Bart.

»Weil ich es dir und deiner Familie schuldig bin. Du mußt die Wahrheit erfahren. Noch ist es Zeit, Vincent – noch kannst du dich retten, wenn du schnell handelst. Du hast nicht das Zeug zum Künstler. Du mußt den richtigen Platz im Leben finden. – Was Maler angeht, so habe ich mich noch nie getäuscht.«

»Ja, ich weiß«, sagte Vincent.

»Ein schwerwiegender Einwand von mir ist der, daß du zu spät angefangen hast. Vielleicht hätte etwas aus dir werden können, wenn du jung angefangen hättest. Jetzt bist du nicht weniger als dreißig Jahre alt, Vincent, von Rechts wegen müßtest du mitten im Erfolg stehen – jedenfalls war ich soweit, als ich in deinem Alter war. Wie kannst du hoffen, jemals vorwärtszukommen, wenn du kein Talent besitzt? Und was noch schlimmer ist, womit rechtfertigst du es eigentlich, daß du von Theos Geld lebst?«

»Mauve hat einmal zu mir gesagt: ›Vincent, wenn man dich so beim Zeichnen sieht, weiß man, daß du ein Maler bist.‹«

»Mauve ist dein Vetter, er wollte dir eine Freundlichkeit sagen. Ich aber bin dein Freund – ich möchte dahingestellt sein lassen, welche Freundschaft besser ist. Gib es auf, ehe dein ganzes Leben verpfuscht ist. Eines Tages, wenn du in andrer Arbeit den Erfolg gefunden haben wirst – in einer Arbeit, zu der du wirklich berufen bist –, wirst du mir meinen Rat zu danken wissen.«

»Mijnheer Tersteeg, fünf Tage lang habe ich keinen Centime in der Tasche gehabt, um mir auch nur ein Stückchen Brot zu kaufen. Trotzdem würde ich Sie nicht um Geld bitten, wenn es nur um mich ginge. Aber ich habe ein Modell, eine arme, kranke Frau. Ich habe nicht einmal ihr meine Schulden bezahlen können. Sie braucht es dringend. Ich bitte Sie, borgen Sie mir zehn Gulden – nur, bis das Geld von Theo da ist. Ich bringe es dann sofort zurück.«

Tersteeg stand auf und starrte aus dem Fenster. Warum hatte Vincent sich eigentlich im Haag niedergelassen, wenn seine Onkel Kunsthandlungen in Amsterdam, Rotterdam, Brüssel und Paris besaßen – –

»Du glaubst wohl, daß ich dir einen Dienst erweise, wenn ich dir zehn Gulden borge?« sagte er, ohne sich umzudrehen. »Ich bin nicht so sicher, ob es nicht ein größerer Dienst wäre, dir die Bitte abzuschlagen.«

Vincent wußte genau, auf welche Art sich Sien das Geld für die Kartoffeln und Bohnen verdient hatte. Er durfte nicht zulassen, daß sie weiter für seinen Unterhalt sorgte.

»Zweifellos haben Sie recht, Mijnheer Tersteeg. Ich bin wirklich kein Künstler, habe kein Talent. Es wäre unklug von

Ihnen, mich noch durch finanzielle Hilfe zu ermutigen. Ich muß sofort anfangen, mir meinen Unterhalt selbst zu verdienen und meinen Platz im Leben zu finden. Aber mit Rücksicht auf unsere alte Freundschaft bitte ich Sie, mir zehn Gulden zu leihen.«

Tersteeg nahm die Börse aus der inneren Fracktasche, suchte nach einer Zehnfrancsnote und reichte sie Vincent ohne ein Wort.

»Danke sehr«, sagte Vincent, »Sie sind sehr freundlich.«

Er lief die gepflegten Straßen mit den kleinen sauberen Backsteinhäusern entlang, die von Sicherheit, Bequemlichkeit und Frieden zeugten. »Die Menschen können nicht immer freundlich sein, es muß Auseinandersetzungen geben. Doch will ich Tersteeg aufs erste nicht wiedersehen, sechs Monate lang werde ich nicht mit ihm sprechen, ihm keine Arbeiten zeigen.«

Er ging zu de Bock. Er wollte herausfinden, worin der Reiz lag, den er nicht hatte, der Reiz, durch den sich de Bocks Bilder so leicht verkaufen ließen. De Bock hatte sich's bequem gemacht und las in einem englischen Roman.

»Tag«, sagte er, »ich bin schlechter Laune. Keinen Strich kann ich zeichnen. Rück dir einen Stuhl 'ran und vertreib mir die Zeit. Für eine Zigarre ist es wohl zu früh? Hast du in letzter Zeit irgend etwas Interessantes gehört?«

»Laß mich ein paar von deinen Bildern ansehen, de Bock, ja? Ich möchte gern herausfinden, warum deine Arbeiten zu verkaufen sind und meine nicht.«

»Talent, alter Freund, Talent!« De Bock erhob sich langsam, während er sprach. »Schließlich hängt's von der Begabung ab. Man hat's, oder man hat's eben nicht. Was es eigentlich ist, könnte ich selber nicht sagen, obwohl ich die verdammten Dinger male.«

Er baute etwa ein halbes Dutzend Bilder mit leichtem Geplauder vor Vincent auf. Der saß mit brennenden Augen davor, als wollte er durch die dünn aufgetragenen Farben hindurch bis auf den Grund dieser »verkäuflichen« Bilder dringen.

»Meine sind besser«, sagte er sich, »meine sind echter, tiefer.

Mit einem groben Tischlerbleistift drücke ich mehr aus als er mit einem ganzen Farbkasten. Seine Bilder sagen das, was jeder sehen kann: Banalitäten. Woher kommt es, daß er Ehre einheimst und Geld verdient und ich nicht einmal das bißchen beschaffen kann, das ich brauche, um mir Schwarzbrot und Kaffee zu kaufen?«

Als er schließlich loskommen konnte, sagte er leise vor sich hin: »Alles ist schwindsüchtig und dünn in diesem Hause. De Bock hat etwas Blasiertes, Gemachtes, was mich bedrückt. Millet hat recht. Lieber gar nichts sagen, als sich nur schwach ausdrücken. De Bock soll seinen Charme und sein Geld behalten! Lieber will ich hungern und entbehren – aber das ist doch wenigstens wirkliches Leben.«

Als er zurückkam, war Christine gerade dabei, den Fußboden des Ateliers zu scheuern. Ihr Haar war in ein schwarzes Tuch gebunden, Schweißperlen glänzten auf ihrem pockennarbigen Gesicht.

»Hast du Geld bekommen?« fragte sie und schaute vom Boden auf.

»Ja, zehn Francs.«

»Großartig! Fein, wenn man reiche Freunde hat, nicht?«

»Ja. Hier hast du die sechs Francs, die ich dir schulde.«

Sie stand auf und trocknete sich das Gesicht an der schwarzen Schürze.

»Du kannst es mir doch jetzt noch nicht geben«, sagte sie. »Nicht eher, als bis dein Bruder das Geld geschickt hat. Vier Francs reichen nicht weit.«

»Ich werde schon auskommen, Sien. Du brauchst das Geld.«

»Du auch. Ich will dir was sagen: ich bleibe hier, bis der Brief von deinem Bruder kommt. Von den zehn Francs leben wir, als ob sie uns beiden gehörten. Ich kann besser mit ihnen wirtschaften als du.«

»Und was wird aus dem Modellstehen? Ich kann dir vorläufig nichts dafür geben.«

»Du wirst mir Bett und Essen geben. Ist das nicht genug? Ich bin so froh, wenn ich hierbleiben kann, wo es warm ist. Hier brauche ich mich wenigstens nicht totzuschuften.«

190

Vincent nahm sie in die Arme und strich ihr das dünne Haar aus der Stirn: »Sien, du gibst mir beinahe den Glauben wieder, daß es doch einen Gott gibt.«

Ungefähr eine Woche später ging er zu Mauve. Sein Vetter machte ihm auf. Er warf hastig ein Tuch über das Scheveningen-Gemälde, ehe Vincent Zeit hatte, es zu sehen.
»Was möchtest du?« fragte er, als ob er es nicht wüßte.
»Ich habe ein paar Aquarelle. Könntest du sie dir vielleicht einmal ansehen?«
Nervös und zerstreut reinigte Mauve ein Bündel Pinsel. Seit drei Tagen war er nicht aus den Kleidern gekommen. Ein paar Stunden unruhigen Schlafs auf dem Sofa im Atelier war alles, was er sich gegönnt hatte – er war wie zerschlagen.
»Du mußt nicht denken, daß ich jederzeit für dich da bin, Vincent. Ich bin zu müde. Warte doch, um Himmels willen, auf einen geeigneteren Augenblick.«
»Schade, Vetter Mauve, es tut mir leid«, sagte Vincent und ging zur Tür. »Ich wollte dich nicht stören. Kann ich vielleicht morgen abend wiederkommen?«
Mauve hatte bereits wieder das Tuch von der Staffelei genommen und war so versunken, daß er Vincent nicht einmal mehr hörte.
Am folgenden Abend, als Vincent wiederkam, fand er Weißenbruch vor. Mauve war vor Erschöpfung gereizt und nervös. Der Teufel ritt ihn, er fing an, sich über Vincent lustig zu machen.
»Guck mal, Weißenbruch«, schrie er plötzlich, »so sieht er aus.«
Er war ein geschickter Schauspieler. Er zog das Gesicht in tiefe Falten und steckte das Kinn scharf hervor. Es war eine gute Karikatur. Er ging zu Weißenbruch hinüber und sah aus halbgeschlossenen Augen zu ihm herauf. Dann sagte er: »Und so spricht er!« Damit sprudelte er mit verstellter Stimme, die Vincents rauhen Ton annahm, aufgeregte Worte hervor. Weißenbruch schüttelte sich vor Lachen.
»Großartig! Großartig!« rief er. »Van Gogh, so sehen die

andern Sie. Sie haben gar nicht gedacht, daß Sie ein so schönes Tier sind, was? Mauve, stecken Sie das Kinn noch ein bißchen schärfer heraus. Zum Totlachen komisch!«

Vincent war ganz bestürzt. Er wich in eine Ecke zurück. Seine eigene Stimme war ihm plötzlich fremd. »Wenn Sie, wie ich, die Nächte im Regen in London auf der Straße zugebracht, die kalten Nächte draußen in der Borinage mit durchgemacht hätten – wenn Sie so oft hätten hungern müssen, ohne ein Dach überm Kopf, vom Fieber geschüttelt, dann hätten Sie auch solch häßliche Linien im Gesicht wie ich, und Ihre Stimme wäre ebenso rauh.«

Weißenbruch verabschiedete sich bald. Er war kaum fort, als Mauve sich taumelnd auf einen Stuhl fallen ließ. Die Reaktion war eingetreten. Vincent stand noch immer reglos in seiner Ecke, endlich bemerkte ihn Mauve. »Ach, bist du noch da?«

»Vetter Mauve«, sagte Vincent plötzlich, »was ist zwischen uns getreten? Sag mir bloß, was habe ich denn getan? Warum behandelst du mich so?«

Mauve stand müde auf. »Ich kann dein Betragen nicht billigen. Du mußt endlich anfangen, deinen Lebensunterhalt selbst zu verdienen. Du solltest den Namen der van Goghs nicht dadurch entehren, daß du jeden um Geld anbettelst.«

Vincent dachte einen Augenblick nach: »Ist Tersteeg hier gewesen?«

»Nein.«

»Dann willst du mir also keinen Unterricht mehr geben?«

»Nein.«

»Auch gut. Aber sollen wir uns nicht wenigstens zum Abschied die Hand reichen und ohne Bitterkeit auseinandergehen? Mein Gefühl der Dankbarkeit gegen dich kann durch nichts erschüttert werden.«

Mauve antwortete lange nicht. Dann sagte er: »Nimm es dir nicht so zu Herzen, Vincent. Ich bin krank und müde. Ich will dir helfen, soweit ich dazu imstande bin. Hast du Zeichnungen da?«

»Ja, aber es ist jetzt wohl kaum der richtige Augenblick.«

»Gib her.«

Er prüfte sie mit entzündeten Augen und sagte: »Deine Art zu zeichnen ist verkehrt, grundverkehrt. Komisch, daß ich das vorher nie gemerkt habe.«

»Du hast mir einmal gesagt, daß man an meinem Zeichnen sehen kann, daß ich ein geborener Maler wäre.«

»Ich habe Grobheit für Kraft gehalten. Wenn du wirklich etwas erreichen willst, mußt du noch einmal von vorn anfangen. Dort in der Ecke neben dem Kohlenkasten liegen ein paar Gipsmodelle. Wenn du willst, fang mit denen an.«

Ganz benommen setzte sich Vincent vor einen weißen Gipsfuß. Er konnte weder denken noch fühlen, die Glieder waren ihm schwer wie Blei. Er zog ein paar Blätter Zeichenpapier aus der Tasche und machte sich an die Arbeit. Er konnte keine einzige Linie zeichnen. Er sah zu Mauve hinüber, der vor seiner Staffelei stand:

»Geht's vorwärts, Mauve?«

Mauve warf sich auf den kleinen Diwan, die blutunterlaufenen Augen fielen ihm sofort zu. »Tersteeg hat heute gesagt, es wäre das Beste, was ich bisher gemacht habe.«

Nach einigen Augenblicken sagte Vincent: »Es war also doch Tersteeg.«

Mauve hörte ihn nicht – er schlief fest.

Nach einer Weile war der Schmerz etwas betäubt. Vincent zeichnete still. Als sein Vetter nach einigen Stunden erwachte, hatte Vincent sieben Zeichnungen fertig. Mauve sprang plötzlich wie eine Katze auf und stürzte sich auf die Skizzen:

»Zeig her! Zeig her!« rief er.

Er sah sich die sieben Zeichnungen an und wiederholte fortwährend: »Nein! Nein! Nein!«

Er zerriß sie alle sieben und warf die Schnitzel auf die Erde.

»Bist du denn nicht imstande, den Gipsabguß so zu zeichnen, wie er aussieht? Bist du so unfähig, daß du nicht einmal eine Linie klar zum Ausdruck bringen kannst? Kannst du nicht einmal in deinem Leben etwas genau und sauber nachzeichnen?«

»Du benimmst dich, als wenn du ein Lehrer in der Kunstakademie wärst, Vetter Mauve.«

»Vielleicht würdest du endlich wissen, was Zeichnen heißt, wenn du ein bißchen mehr von diesen Kunstschulen gesehen hättest. Nimm dir den Fuß noch einmal vor. Und sieh bitte zu, daß wirklich ein Fuß daraus wird!«

Er ging durch den Garten zur Küche, um sich etwas zu essen zu holen, dann kam er wieder und arbeitete bei Lampenlicht an seinem Gemälde. Langsam floß die Nacht vorbei, Stunde um Stunde verrann. Vincent zeichnete den Fuß immer von neuem. Je mehr er zeichnete, um so abscheulicher fand er dieses Stück Gips, das da vor ihm lag.

Als die Morgendämmerung trübe durch das Nordfenster brach, hatte er eine stattliche Anzahl Kopien vor sich liegen. Er stand ganz verkrampft auf. Ihm war hundeelend zumute. Mauve warf einen Blick auf die Zeichnungen und zerknüllte sie.

»Alle schlecht«, sagte er, »nicht eine ist gut. Du sündigst gegen jedes Gesetz des Zeichnens. Hier, nimm den Fuß mit nach Hause. Zeichne ihn wieder und immer wieder. Und komm, bitte, nicht eher zurück, als bis du ihn richtig getroffen hast.«

»Das werde ich, zum Teufel noch mal, nicht tun!« Vincent schrie.

Er warf den Fuß so heftig auf den Kohlenkasten, daß er in tausend Stücke sprang. »Ich will nichts mehr von Gips hören. Mir wird übel dabei. Solange es noch Hände und Füße lebendiger Menschen gibt, rühre ich keinen Gipsfuß mehr an.«

»So – wenn das deine Einstellung ist«, sagte Mauve in eisigem Ton.

»Vetter Mauve, ich lasse mich nicht von einem kalten System unterkriegen, weder von deinem noch von irgendeinem andern. Ich muß mich so ausdrücken, wie mein Temperament und Charakter es verlangen. Ich muß so zeichnen, wie ich es sehe, nicht, wie du es siehst.«

»Ich habe mit dir nichts mehr zu tun«, erwiderte Mauve, als spräche er zu einem Leichnam. –

Als Vincent gegen Mittag erwachte, sah er Christine mit Hermann, ihrem ältesten Sohn, im Atelier. Er war ein blasser zehnjähriger Junge mit grünen Fischaugen. Ein Kinn fehlte fast ganz.

Christine hatte dem Jungen ein Stückchen Papier und einen Bleistift in die Hand gesteckt, damit er still wäre. Er hatte weder lesen noch schreiben gelernt. Er kam schüchtern zu Vincent. Vincent zeigte ihm, wie man beim Zeichnen den Bleistift hält, und dann malten sie zusammen eine Kuh. Der Junge war entzückt und wurde bald zutraulich. Christine holte Brot und Käse, und die drei frühstückten zusammen.

Vincent dachte an Kay und ihren hübschen kleinen Sohn Jan. Die Kehle war ihm wie zugeschnürt.

Christine sagte: »Ich fühle mich heute sehr schlecht. Zeichne lieber Hermann.«

»Was ist denn los, Sien?«

»Ich weiß selber nicht. Mein ganzer Leib ist durcheinander.«

»Du mußt zum Arzt gehen.«

»Ah – pah, der verschreibt mir bloß Medizin, das hilft auch nicht.«

»Du müßtest in die Charité nach Leyden.«

»Ja – müßte.«

»Es ist keine lange Bahnfahrt. Ich bringe dich morgen früh hin. Von ganz Holland kommen die Leute dahin.«

»Es soll gut sein.«

Christine blieb den ganzen Tag über im Bett. Vincent zeichnete den Jungen.

Am nächsten Morgen fuhren sie nach Leyden.

»Sie müssen sich ja schlecht fühlen«, sagte der Arzt nach der Untersuchung. »Das Kind liegt falsch.«

»Kann man da etwas tun, Herr Doktor?« fragte Vincent.

»Ja, operieren.«

»Ist es gefährlich?«

»Diesmal nicht. Man müßte das Kind einfach mit der Zange drehen. Aber es kostet eben Geld. Nicht die Operation – aber der Krankenhausaufenthalt.« Er wandte sich an Christine. »Haben Sie etwas gespart?«

»Nicht einen Franc.«

Der Arzt seufzte leise: »So ist es fast immer.«

»Wieviel würde es kosten, Herr Doktor?« fragte Vincent.
»Nicht mehr als fünfzig Francs.«
»Und wenn der Eingriff nicht gemacht wird?«
»Dann hat sie überhaupt keine Aussicht, durchzukommen.«
Vincent überlegte einen Augenblick. Die zwölf Aquarelle für
seinen Onkel waren fast fertig – das wären dreißig Francs,
die andern zwanzig Francs mußten auch aufzutreiben sein.
Im Notfall mußte man sie von dem Geld nehmen, das Theo
für April schicken würde.
»Ich beschaffe das Geld, Herr Doktor«, sagte er.
»Gut. Bringen Sie die Patientin Sonnabend früh zurück, und
ich werde den Eingriff persönlich vornehmen. Übrigens noch
etwas. Ich weiß nicht, wie Ihre Beziehung zueinander ist. Es
geht mich auch nichts an. Aber über eins müßten Sie sich
klar sein, daß die kleine Frau, wenn sie wieder auf die Straße
geht, keine sechs Monate mehr zu leben hat.«
»Herr Doktor, das kommt nicht wieder vor. Das verspreche ich
Ihnen.«
»Ausgezeichnet. Dann also auf Wiedersehen am Sonnabend.«
Ein paar Tage später kam Tersteeg zu Vincent. »Ich sehe, du
hast es also nicht aufgegeben.«
»Ja, ich arbeite weiter.«
»Die zehn Francs habe ich per Post erhalten. Du hättest sie
zumindest persönlich zurückbringen können mit einem ›Danke
schön‹ für die Gefälligkeit.«
»Es ist ein langer Weg zu Ihnen, Mijnheer, und außerdem
war das Wetter schlecht.«
»Als du das Geld brauchtest, war der Weg dir nicht zu weit,
nicht wahr?«
Vincent antwortete nicht.
»Es ist gerade dieser Mangel an Manieren, Vincent, der mich
gegen dich verstimmt. Gerade das ist es, warum ich nicht an
dich glaube und auch deine Sachen nicht kaufen kann.«
Vincent setzte sich an den Tisch und bereitete sich auf einen
neuen Kampf vor. »Ich habe mir eingebildet, daß ein Kauf mit
persönlichen Auseinandersetzungen und Meinungsverschie-
denheiten nichts zu tun hat«, sagte er. »Ich habe geglaubt,

daß es nicht von mir, sondern von meiner Arbeit abhängt, ob Sie etwas von mir kaufen. Es scheint mir nicht gerecht, sich ein Urteil unter dem Einfluß persönlicher Abneigung zu bilden.«

»Gewiß. Wenn du, wie ich dir schon sagte, etwas mit Charme zeichnen würdest, wenn deine Arbeiten wirklich zu verkaufen wären, dann wäre ich nur zu froh, sie in unserm Geschäft anzubieten.«

»Mijnheer Tersteeg, etwas, an dem man mit aller Kraft gearbeitet hat, kann nicht ganz ohne Anziehungskraft sein – selbst wenn es wirklich unverkäuflich wäre. Ich glaube, es bekommt meiner Arbeit vielleicht besser, wenn ich nicht von Anfang an versuche, jedermann zu gefallen.«

Tersteeg setzte sich, ohne erst den Überzieher oder die Handschuhe abzulegen. Er stützte sich mit beiden Händen schwer auf die Krücke seines Spazierstockes.

»Weißt du, Vincent, manchmal habe ich dich in dem Verdacht, daß du lieber nichts verkaufen willst, daß es dir angenehmer ist, auf Kosten anderer zu leben.«

»Ich wäre glücklich, wenn ich ein Bild verkaufen könnte, aber es macht mich noch viel glücklicher, wenn ein wirklicher, echter Künstler wie Weißenbruch von meinen Arbeiten – die Sie unverkäuflich nennen – sagt: ›Das gibt die Natur getreu wieder. Danach könnte ich selber arbeiten.‹ Obwohl mir Geld – und gerade jetzt – sehr wichtig ist, bleibt doch die Hauptsache, daß ich etwas Gutes und Ernsthaftes schaffe.«

»Für einen reichen Mann wie de Bock dürfte das zutreffen. Aber gewiß nicht für dich.«

»Die Grundsätze der Kunst, mein lieber Mijnheer, haben sehr wenig mit dem Einkommen eines Menschen zu tun.«

Tersteeg legte den Stock über die Knie und lehnte sich in seinem Stuhl zurück. »Ich hatte einen Brief von deinen Eltern, Vincent. Sie baten mich, dir, soweit es geht, behilflich zu sein. Nun gut. Wenn ich dir auch nicht mit gutem Gewissen deine Zeichnungen abkaufen kann, so kann ich dir wenigstens einen praktischen Rat geben. Du richtest dich damit zugrunde, daß du in diesen scheußlichen Lumpen herumläufst. Du mußt dir neue Kleider anschaffen – du mußt Eindruck machen. Du vergißt, daß du ein van Gogh bist. Du solltest außerdem versuchen, mit den feineren Leuten im Haag zusammenzukommen, nicht nur immer mit den Arbeitern und dem niederen Volk. Du scheinst eine Neigung zu allem Niedrigen und Gemeinen zu haben. Man hat dich bereits in den zweifelhaftesten Lokalen und in zweifelhafter Gesellschaft gesehen. Wie kannst du jemals erwarten, daß du zu Erfolg kommst, wenn du dich so unverantwortlich aufführst.«

Vincent stand auf und ging langsam auf Tersteeg zu. Wenn es überhaupt eine Möglichkeit geben sollte, die Freundschaft dieses Mannes zurückzuerobern, so war dies der rechte Augenblick.

»Mijnheer, es ist sehr freundlich von Ihnen, mir helfen zu wollen. Lassen Sie mich so ehrlich und aufrichtig antworten, wie ich gern möchte. Wie soll ich mich besser kleiden, wenn ich nicht einen einzigen Franc übrig habe, um mir auch nur ein neues Stück anzuschaffen, wenn ich keine Möglichkeit habe, auch nur die kleinste Summe selbst zu verdienen?

Es ist gerade kein Genuß, sich auf den Werften herumzudrükken, durch enge Gassen und Märkte zu streifen, in Wartesälen und Schenken herumzulungern. Nur ein Künstler hält das aus. Ja, ein echter Künstler wird lieber in diesem ganzen Schmutz drinstecken, wo er zeichnen kann, als bei Tee-Empfängen reizenden Damen seine Aufwartung machen. Die Suche nach Motiven, dieses Leben unter der arbeitenden Bevölkerung, das Zeichnen nach der Natur an Ort und Stelle, gewiß, das ist eine rohe, ja manchmal sogar eine schmierige Arbeit. Das feine Benehmen aber und die geschniegelte Kleidung eines Verkäufers passen nicht zu mir. Das paßt nur für alle die, die mit feinen Damen und reichen Herren sprechen müssen, um ihnen teure Sachen verkaufen und Geld verdienen zu können.

Mein Platz ist unter den Arbeitern. Sie zu zeichnen, in irgendeinem Loch auf der Geest – so wie ich es von früh bis spät in die Nacht mache, das ist meine Arbeit. Mein häßliches Gesicht und mein schäbiger Mantel gehören dorthin. Dort kann ich

ich selbst sein, ich kann mit Freude und Hingabe arbeiten. Wenn ich einen eleganten Mantel anhätte, bekämen die Arbeiter Angst vor mir und würden mir voll Mißtrauen gegenüberstehen. Was ich möchte und was der ganze Sinn meiner Arbeit ist, ist, das wiederzugeben, was wert ist, gesehen zu werden: ein Stück Leben, das nicht jeder kennt. Es mag sein, daß die guten gesellschaftlichen Manieren dabei nicht zu ihrem Recht kommen. Rechtfertigt aber meine Arbeit nicht diesen Mangel? Erniedrige ich mich, wenn ich in die Häuser von Arbeitern und armen Leuten gehe, und wenn ich sie zu mir ins Atelier kommen lasse? Erniedrige ich mich, wenn ich mit *den* Menschen lebe, die ich zeichnen möchte? Ich glaube vielmehr, daß mein Beruf das verlangt! Würden sie das ›sich zugrunde richten‹ nennen?«

»Du bist halsstarrig, Vincent. Du willst nicht auf erfahrene Menschen hören, die dir helfen könnten. Du hast bereits früher versagt – es wird wieder so gehen. Immer wieder wird es die gleiche Geschichte sein.«

»Ich habe die Hand des geborenen Zeichners, Mijnheer Tersteeg, und ich kann das Zeichnen nicht aufgeben. Da hilft kein Rat. Sagen Sie mir, habe ich von dem Tage an, als ich zu zeichnen anfing, jemals gezweifelt, gezögert oder geschwankt? Ich sollte meinen, Sie müßten es auch gemerkt haben, daß ich tüchtig vorwärtsgekommen bin und daß mir aus diesem Kampf die Kraft wächst, die ich brauche.«

»Vielleicht. Aber du kämpfst für eine verlorene Sache.«

Er stand auf, knöpfte umständlich die Handschuhe über dem Handgelenk zu und setzte den Zylinder auf: »Mauve und ich werden dafür sorgen, daß du kein Geld mehr von Theo erhältst. Das ist die einzige Möglichkeit, dich zur Vernunft zu bringen.«

Vincent fühlte, wie etwas in ihm zerbrach. Wenn man ihn durch Theo angriff, war er verloren.

»Mein Gott!« rief er aus. »Warum wollen Sie mir das antun? Was habe ich getan, daß Sie darauf aus sind, mich zu vernichten? Kann man denn einen Menschen töten, nur weil er andrer Meinung ist? Können Sie mich nicht meinen eigenen

Weg gehen lassen? Ich verspreche Ihnen, ich werde Sie nie wieder belästigen. Mein Bruder ist die einzige Menschenseele, die mir in der ganzen Welt geblieben ist. Sie können ihn nicht auch noch von mir reißen!«

»Es ist zu deinem Besten«, sagte Tersteeg und ging.

Vincent ergriff seine Geldtasche und rannte in die Stadt, um einen Gipsfuß zu kaufen. Jet öffnete ihm, als er an Mauves Haus läutete. Sie war erstaunt, als sie ihn stehen sah.

»Anton ist nicht zu Hause«, sagte sie. »Er ist äußerst wütend auf dich. Er hat gesagt, er will dich überhaupt nicht mehr sehen. Ach, Vincent, ich bin so unglücklich, daß es so gekommen ist.«

Vincent übergab ihr den Gipsfuß. »Gib das bitte Anton und sage ihm, ich bitte vielmals um Entschuldigung – es tut mir von Herzen leid.«

Er wandte sich zum Fortgehen. Da legte Jet mitleidig ihre Hand auf seine Schulter.

»Das Scheveningen-Bild ist fertig. Willst du es dir einmal ansehen?«

Er stand stumm vor Mauves Bild. Es stellte ein Fischerboot dar, das von Pferden auf den Strand heraufgezogen wird. Er wußte, daß er hier ein Meisterwerk erblickte. Die Pferde waren magere, abgetriebene alte Klepper, schwarz, weiß und braun. Geduldig, ergeben, willig und still standen sie da. Noch lag ein Stück des Hügels vor ihnen, auf dessen Spitze sie das schwere Boot zu ziehen hatten – bald wird ihre Aufgabe geschafft sein. Sie waren in Schweiß gebadet und atmeten schwer – dennoch, kein Laut der Klage. Seit vielen, unzählig vielen Jahren waren sie darüber hinaus. Sie hatten sich mit ihrem Los abgefunden. Ein bißchen Leben lag noch vor ihnen – und sehr viel harte Arbeit. Und sollten sie morgen zum Abdecker müssen, auch recht, sie waren bereit.

Vincent fand in diesem Bild eine tiefe Lebensweisheit ausgedrückt: »Lerne leiden, ohne zu klagen.« Das ist die einzige praktische Möglichkeit, das ist die große Weisheit, zu der wir alle kommen müssen. Hier liegt die Lösung zum Problem des Lebens.

Als er das Haus verließ, mußte er mit leichtem Spott über sich selbst lachen. Ein paradoxes Zusammentreffen: der Mann, von dem er den schwersten Schlag erhalten hatte, zeigte ihm gleichzeitig, wie man sein Leid tragen müsse.

Christines Operation lief gut aus – aber schließlich mußte das Geld dafür aufgebracht werden. Vincent sandte seinem Onkel Cor die zwölf Aquarelle und wartete auf die verabredete Bezahlung. Er wartete viele Tage lang. Onkel Cor erledigte seine Angelegenheiten immer, wenn es ihm paßte. Da der Doktor in Leyden Sien auch bei der Geburt beistehen sollte, wollten sie ihn nicht gern durch unpünktliche Zahlung verärgern. Vincent schickte ihm seine letzten zwanzig Francs, noch lange ehe der Erste in Sicht war. Die alte Geschichte fing wieder einmal von vorn an. Zuerst gab es noch Kaffee und Schwarzbrot, dann nur Schwarzbrot und dann – Wasser, Fieber, Schwächeanfälle! Christine aß jetzt zu Hause bei ihrer Mutter, aber für Vincent blieb nichts übrig, es reichte so kaum. Als er es nicht mehr aushalten konnte, kroch er aus dem Bett und taumelte wie durch brennende Nebel zu Weißenbruch ins Atelier.

Weißenbruch hatte viel Geld, aber er war der Meinung, daß man asketisch leben müsse, um ein Künstler zu sein. Sein Atelier lag im vierten Stock und hatte ein großes Oberlichtfenster nach Norden. Es gab hier nichts, was von der Arbeit hätte ablenken können: keine Bücher, keine Zeitschriften, kein Sofa, keinen Lehnstuhl. Die Wände waren kahl, die Fenster boten keinen Ausblick. Nichts war vorhanden als das reine Handwerkszeug. Es gab nicht einmal einen Extrastuhl für einen Gast. Weißenbruch hatte nicht gern Besuch.

Vincent erklärte ihm, warum er gekommen sei.

»Kommt gar nicht in Frage, mein Junge«, rief Weißenbruch aus. »Da sind Sie an die falsche Adresse geraten. Ich bin der letzte, der Ihnen helfen würde. Nicht ein Zehn-Centimes-Stück leihe ich Ihnen.«

»Haben Sie das Geld nicht übrig?«

»Doch! Das schon. Glauben Sie vielleicht, ich bin ein so verdammter Dilettant wie Sie, der nichts verkaufen kann? Ich habe schon jetzt mehr Geld auf der Bank, als ich in drei Leben ausgeben könnte.«

»Warum wollen Sie mir dann nicht 25 Francs borgen? Ich bin in einer verzweifelten Lage. Ich habe nicht einmal eine Kruste trockenes Brot im Hause.«

Weißenbruch rieb sich vergnügt die Hände. »Fein! Fein! Das ist gerade das, was Sie brauchen. Das ist wundervoll für Sie. Aus Ihnen kann noch ein Maler werden.«

Vincent lehnte sich gegen die kahle Wand, er hatte nicht mehr die Kraft zu stehen. »Was ist denn so Wundervolles daran, hungern zu müssen?«

»Es ist das Beste, was Ihnen passieren kann, van Gogh. Es lehrt Sie leiden.«

»Warum soll ich denn leiden?«

Weißenbruch ließ sich auf dem einzigen Stuhl nieder, der im Atelier vorhanden war, und schlug die Beine übereinander.

»Weil das einen wirklichen Künstler aus Ihnen machen wird. Je mehr Sie leiden, um so dankbarer müßten Sie sein. Das ist der Stoff, aus dem die wirklich großen Maler gemacht werden. Ein leerer Magen ist besser als ein voller, van Gogh. Ein gebrochenes Herz ist besser als sattes Glück. Das sollten Sie nie vergessen.«

»Quatsch ist das, Weißenbruch, und das wissen Sie auch.«

Weißenbruch fuhrwerkte mit dem Pinsel vor Vincents Nase herum. »Der Mann, der niemals tief im Elend gesteckt hat, der hat nichts zu malen, van Gogh. Das Glück leuchtet nur für die Rindviecher, für Ochsen und Geschäftemacher. Der Schmerz ist der Nährboden, auf dem Künstler gedeihen. Wenn Sie Hunger haben, mutlos und elend sind, seien Sie dankbar, van Gogh. Gott meint es gut mit Ihnen!«

»Armut zerstört und vernichtet.«

»Ja, die Schwächlinge. Nicht aber die Starken! Wenn Armut Sie vernichten kann, dann sind Sie ein Schwächling, und es geschieht Ihnen recht, wenn Sie untergehen.«

»Sie wollen also keinen Finger rühren, um mir zu helfen?«

»Selbst dann nicht, wenn ich Sie für den größten Maler aller Zeiten hielte. Der Mann, den Hunger und Leid zerbrechen können, verdient keine Rettung. Die einzigen Künstler, die wert sind, daß die Erde sie trägt, sind die, die weder Gott noch Teufel umbringen kann, bis sie alles gesagt haben, was sie sagen wollen.«

»Aber ich habe jahrelang gehungert, Weißenbruch, ich bin obdachlos gewesen, ich bin fast ohne Kleider in Regen und Schnee fiebernd und krank herumgelaufen. Auf diese Weise habe ich nichts mehr zu lernen.«

»Sie haben das Leid bis jetzt kaum gekostet. Sie sind ein Anfänger. Ich sage Ihnen, der Schmerz allein ist unendlich. Nun machen Sie, daß Sie nach Hause kommen und drausloszeichnen. Je mehr Hunger und Elend Sie noch zu spüren bekommen, um so besser werden Sie schaffen können.«

»Und um so sicherer werden meine Zeichnungen zurückgewiesen und abgelehnt werden!«

Weißenbruch lachte herzlich. »Natürlich werden sie abgelehnt werden. Das sollen sie auch: das ist doch gut für Sie! Das wird Sie noch elender machen. Dann wird das nächste Gemälde immer besser werden als das vorhergehende. Wenn Sie hungern und leiden, wenn Ihre Arbeiten lange genug beschimpft und verachtet werden, können Sie – passen Sie genau auf, ich sage ›Sie können‹, nicht ›Sie werden‹ – am Ende ein Bild fertigbringen, das würdig ist, neben Jan Steen zu hängen oder neben . . .«

». . . oder neben Weißenbruch!«

»Jawohl. Oder neben Weißenbruch. Gäbe ich Ihnen jetzt Geld, beraubte ich Sie der Möglichkeit, unsterblich zu werden.«

»Zum Teufel mit der Unsterblichkeit! Ich möchte jetzt und hier zeichnen. Und das kann ich nicht mit leerem Magen.«

»Unsinn, mein Sohn. Alles, was jemals an Wertvollem gemalt worden ist, wurde mit leerem Magen geschaffen.«

»Können Sie mir vielleicht erklären, warum Sie dann selber so wenig leiden?«

»Schöpferische Phantasie. Ich kann Leid verstehen, ohne es persönlich durchgekostet zu haben.«

»Betrüger!«

»Durchaus nicht. Wäre ich eines Tages dahintergekommen, daß meine Arbeit so hohl ist wie die de Bocks, so hätte ich mein Geld fortgeworfen und hätte ein Vagabundenleben angefangen. Nun liegt es aber so, daß ich die Illusion des Schmerzes vollkommen erwecken kann, ohne selbst vollkommene Erfahrung darin zu besitzen. Das ist der Grund, warum ich ein großer Künstler bin.«

»Ein großer Quatschkopf sind Sie. – Hören Sie, Weißenbruch, seien Sie lieb und borgen Sie mir 25 Francs.«

»Nicht einmal 25 Centimes. Es ist mein Ernst. Ich habe eine zu hohe Meinung von Ihnen, als daß ich dadurch, daß ich Ihnen Geld borge, das gute Material in Ihnen, aus dem einmal etwas werden kann, verderbe. Eines Tages werden Sie geniale Werke schaffen, Vincent, wenn Sie sich ein eigenes Schicksal zurechthauen. Die Geschichte mit dem Gipsfuß hat mich davon überzeugt. Nun machen Sie, daß Sie wegkommen. Lassen Sie sich unterwegs in der Volksküche einen Teller Suppe geben.«

Vincent starrte Weißenbruch einen Augenblick lang an, wandte sich dann und öffnete die Tür.

»Einen Augenblick!« rief Weißenbruch.

»Sie wollen mir doch nicht etwa sagen, daß Sie feige werden und nachgeben?« fragte Vincent mit harter Stimme.

»Sehen Sie her, van Gogh, ich bin kein Geizhals. Ich handle aus Prinzip. Wenn ich Sie für einen Narren hielte, gäbe ich Ihnen die 25 Francs sofort, nur um Sie loszuwerden. Aber ich achte und schätze Sie als Arbeitskameraden. Ich werde Ihnen jetzt etwas geben, was Sie für alles Geld der Welt nicht haben können. Ich gäbe es niemand sonst – außer Mauve. Kommen Sie hierher. Ziehen Sie den Vorhang am Oberlicht zurecht... So, das ist besser. Schauen Sie sich diese Studie an. So werde ich das Motiv herausarbeiten, so werde ich die Proportionen verteilen. – Um Himmels willen, meinen Sie, Sie könnten etwas sehen, wenn Sie sich selbst im Licht stehen?«

Als Vincent eine Stunde später das Haus verließ, war er in einem Zustand freudiger Erregung. Er hatte in der kurzen Zeit mehr gelernt, als wenn er ein Jahr auf die Kunstschule gegangen wäre. Er war schon ziemlich weit weg, ehe es ihm wieder zum Bewußtsein kam, daß er hungrig war und Fieber hatte und daß er keinen Centime sein eigen nannte.

Wenige Tage darauf traf er Mauve bei einem Spaziergang durch die Dünen. Wenn er noch auf eine Versöhnung gehofft hatte, so wurde ihm diese Hoffnung jetzt völlig zuschanden gemacht.

»Vetter Mauve, ich möchte dich wegen des blöden Vorfalls in deinem Atelier neulich um Verzeihung bitten. Ich weiß, ich habe mich dumm benommen. Kannst du mir verzeihen? Willst du mich nicht wieder einmal besuchen und dir meine Arbeiten ansehen?«

Mauve lehnte glatt ab. »Das werde ich nicht tun. *Die* Zeiten sind vorbei!«

»Hast du den Glauben an mich so völlig verloren?«

»Ja. Du hast einen schlechten, bösartigen Charakter.«

»Sage mir doch, was ich denn so Schlechtes und Böses getan habe. Ich will versuchen, mich zu bessern.«

»Meinetwegen kannst du machen, was du willst. Mich interessiert das nicht mehr.«

»Ist es denn so schlimm, daß ich als Künstler lebe und arbeite?«

»Du nennst dich also einen Künstler!«

»Ja!«

»Lächerlich. Niemals in deinem Leben hast du bis jetzt ein Bild verkauft.«

»Ist jemand erst dann ein Künstler, wenn seine Bilder gekauft werden? Ich habe immer geglaubt, daß der ein Künstler ist, der ewig auf der Suche ist und niemals eine letzte Antwort auf seine Sehnsucht findet. Wenn ich sage: ich bin ein Künstler, so meine ich: ich suche, ich strebe nach dem Höchsten, ich bin mit Herz und Seele dabei.«

»Trotzdem – dein Charakter ist bösartig.«

»Du hegst irgendeinen Verdacht gegen mich – es ist etwas in der Luft – glaubst du denn, daß ich hinterhältig etwas verberge, was das Licht scheut? Was ist es, Mauve? Sprich doch offen mit mir!«

Mauve ging zur Staffelei zurück und begann Farbe aufzutragen. Vincent wandte sich um und ging langsam am Strand entlang weiter.

Er hatte recht. Es lag etwas in der Luft. Der Haag hatte seine Beziehung zu Christine herausgefunden. Er erfuhr es von de Bock. Er platzte eines Tages mit einem Spitzbubenlächeln herein, Christine stand gerade Modell, deshalb redete er englisch:

»Nanu, van Gogh«, sagte er, während er den schweren schwarzen Überrock abwarf und sich eine lange Zigarette anzündete, »die ganze Stadt ist voll davon, daß Sie sich eine Mätresse halten. Ich habe es von Weißenbruch und Tersteeg gehört. Der Haag ist in Aufruhr deshalb.«

»So —«, sagte Vincent, »also deshalb!«

»Sie sollten vorsichtiger sein, alter Freund. Ist es irgendein Modell — ich dachte, die kenne ich alle.«

Vincent sah zu Christine hin, die am Feuer saß und strickte. Wie sie da saß und nähte, war eine stille Schönheit, etwas warm Anheimelndes über sie gebreitet. De Bock ließ die Zigarette fallen und sprang auf.

»Himmel — Herrgott!« rief er, »Sie wollen mir doch nicht etwa weismachen, daß das Ihre Mätresse ist!«

»Ich habe keine Mätresse, de Bock. Aber vermutlich ist das die Frau, von der man spricht.«

De Bock machte eine Bewegung, als müßte er sich den Schweiß der Erregung von der Stirn wischen. Er musterte Christine von oben bis unten. »Um des Teufels willen, wie können Sie mit der schlafen?«

»Wieso?«

»Mein lieber Freund. Das ist eine alte Hexe. Das gewöhnlichste Scheusal. Was fällt Ihnen denn ein? Kein Wunder, daß Tersteeg empört ist. Wenn Sie eine Mätresse haben wollen, warum wählen Sie nicht eine von den niedlichen kleinen Puppen? Es laufen doch genug Modelle herum.«

»Ich habe Ihnen bereits gesagt, de Bock, diese Frau ist nicht meine Mätresse.«

»Was sonst?«

»Meine Frau!«

De Bock machte ein hilflos entsetztes Gesicht.

»Ihre Frau?«

»Ja, ich werde sie heiraten.«

»Großer Gott!«

De Bock warf einen Blick voll Grauen und Abscheu auf Christine und floh, ohne sich erst die Zeit zu nehmen, seinen Mantel überzuziehen.

»Was habt ihr über mich geredet?« fragte Christine.

Vincent ging zu ihr und betrachtete sie schweigend. Dann sagte er: »Ich habe de Bock erzählt, daß du meine Frau werden wirst.«

Christine erwiderte lange nichts, ihre Hände arbeiteten geschäftig weiter. Ihr Mund war leicht geöffnet. Immer wieder mußte sie die trockenen Lippen mit der Zunge anfeuchten.

»Du willst mich also wirklich heiraten, Vincent? Warum?«

»Wenn ich dich nicht heiraten wollte, hätte ich dich besser ganz in Ruhe gelassen. Ich möchte die Freuden und Sorgen, die ein Familienleben mit sich bringt, kennenlernen, damit ich aus Erfahrung malen kann. Einmal habe ich eine Frau geliebt, Christine. Als ich zu ihr kam, sagte man mir, daß sie mich verabscheue. Meine Liebe zu ihr war tief und echt. Als ich dann aus ihrem Hause fortging, wußte ich, diese Liebe war tot. Nach dem Tode aber kommt die Auferstehung: du warst die Auferstehung für mich!«

»Aber du kannst mich nicht heiraten! Was soll aus den Kindern werden? Vielleicht würde dein Bruder dir dann auch kein Geld mehr schicken.«

»Ich habe Achtung vor einer Frau, die Mutter ist, Christine. Wir werden das Kleinste und Hermann zu uns nehmen, die andern können bei deiner Mutter bleiben. – Theo? Ich werde ihm ganz ausführlich schreiben, ich kann mir nicht denken, daß er mich im Stich läßt.«

Er setzte sich auf den Boden zu ihren Füßen. Sie sah viel besser aus als damals, als er sie zuerst traf. Ein Abglanz von Glück leuchtete aus ihren melancholischen braunen Augen.

Ein neuer Lebensgeist erfüllte sie. Modell zu stehen, war ihr gewiß nicht leichtgefallen, aber sie hatte es mit großer Geduld hingenommen und sich Mühe gegeben. Als er sie kennenlernte, war sie grob, krank und elend gewesen, jetzt war sie viel ausgeglichener. Während er dasaß und in ihr pockennarbiges Gesicht hinaufsah, das von einer inneren Wärme, einem sanften Gefühl verklärt schien, kamen ihm wieder Michelets Worte in den Sinn: »Comment se fait-il, qu'il y ait sur la terre une femme seule désespérée?«

»Sien, wir werden sehr bescheiden leben, wir werden sparen, wo es nur geht, nicht wahr? Ich fürchte, wir müssen uns durch eine Zeit durchkämpfen, während welcher wir kaum irgendwelche Mittel haben werden. Bis du nach Leyden gehst, kann ich dir helfen. Was nachher wird, ich weiß es nicht. Vielleicht wird Brot dasein, vielleicht nicht. Was ich habe, werde ich mit dir und den Kindern teilen.«

Christine ließ sich vom Stuhl gleiten und saß neben ihm. Sie legte ihm die Arme um den Hals und ließ ihren Kopf auf seiner Schulter ruhen.

»Laß mich nur bei dir bleiben, Vincent. Ich brauche nicht viel. Ich werde nicht klagen, auch wenn es nichts gibt als Brot und Kartoffeln. Ich habe dich lieb, Vincent. Du bist der erste Mann, der gut zu mir gewesen ist. Du brauchst mich nicht zu heiraten, wenn du nicht willst. Ich stehe Modell für dich und tue, was du mir sagst. Nur laß mich bei dir bleiben! Ich bin zum erstenmal in meinem Leben glücklich. Weiter verlange ich nichts.«

Er ließ seine Finger leicht über ihr Gesicht hingleiten und küßte die Narben. Errötend und glücklich legte sie die Wange an sein Gesicht.

»Du liebst mich, Christine?«

»Ja, Vincent!«

»Ich werde wie ein richtiger Arbeiter leben, das paßt zu mir. Du und ich, wir verstehen uns. Was kümmern uns da die andern! Ich will lieber am eigenen Herd eine Brotkruste essen, als ohne dich weiterleben.«

Sie saßen noch eine ganze Weile zärtlich beisammen. Es war

der Postbote, der den Zauber löste. Er händigte Vincent einen Brief aus. Vincent las:

»Soeben erfahre ich von Deinem schmählichen Benehmen. Meinen Auftrag für die zwölf Zeichnungen ziehe ich zurück. Deine Arbeit ist fernerhin ohne Interesse für mich.

C. M. van Gogh«

Theo allein hielt jetzt die Entscheidung über sein Schicksal in der Hand. Gelang es ihm nicht, Theo seine Beziehung zu Christine verständlich zu machen, so konnte es sein, daß er ihm die hundert Francs monatlich entzog. Ohne Mauve, den Lehrmeister, ohne Tersteeg, den Käufer, konnte er wohl auskommen, er konnte sogar ohne seine Familie, ohne Freunde und Berufskameraden auskommen. Aber ohne die hundert Francs – das war unmöglich!

Er schrieb seinem Bruder lange, leidenschaftliche Briefe, erklärte Theo alles, bat ihn um Verständnis. Tag für Tag lebte er in dumpfer Angst vor dem Schlimmsten. Er getraute sich nicht mehr, Zeichenmaterial zu kaufen, vor Angst, daß er es nicht würde bezahlen können. Er wagte es nicht, weiter an seinen Aquarellen zu arbeiten.

Theo hatte viele Einwände, aber er verurteilte den Bruder nicht. Er gab auch Rat – aber nicht einmal gab er zu verstehen, daß er kein Geld mehr schicken könne, wenn der Rat nicht befolgt würde.

Jetzt kamen die ersten Maitage. Der Arzt in Leyden hatte Christine gesagt, daß die Entbindung wohl Anfang Juni sein würde. Vincent hielt es für richtig, sie erst nach der Entbindung zu sich übersiedeln zu lassen. Bis dahin hoffte er, das leere Haus nebenan am Schenkweg gemietet zu haben. Christine lebte fast ausschließlich im Atelier, jedoch blieb alles, was sie besaß, bei der Mutter. Die Trauung sollte nach vollständiger Genesung stattfinden.

Zur Entbindung fuhr er nach Leyden. Von neun Uhr abends bis halb zwei quälte sie sich. Das Kind mußte schließlich mit der Zange geholt werden, aber es kam gesund zur Welt. Christine litt fürchterlich, aber aller Schmerz war vergessen, als sie Vincent sah.

»Nun können wir bald wieder an die Arbeit gehen«, sagte sie lächelnd.

Vincent sah gerührt auf sie hinab. Tränen standen ihm in den Augen. Was machte es ihm aus, daß es nicht sein Kind war! Die Frau und das Kind – sie gehörten zu ihm. Vor Freude war ihm die Brust wie zugeschnürt.

Als er zum Schenkweg zurückkam, standen der Wirt und der Besitzer des Bauholzplatzes vor dem Hause.

»Nun, wie wäre es mit dem andern Haus, Mijnheer van Gogh? Wollen Sie nicht lieber das nehmen? Es kostet bloß acht Francs die Woche. Ich werde es für Sie streichen und Dielen legen lassen. Sie können sich die Tapeten nach Ihrem Geschmack wählen.«

»So schnell kann ich mich nicht entschließen«, sagte Vincent. »Ich möchte das neue Haus gern haben, wenn meine Frau zurückkommt, aber erst muß ich meinem Bruder schreiben.«

»Gut – aber tapezieren lassen muß ich es sowieso. Suchen Sie sich die Tapeten aus, die Sie am schönsten finden. Wenn Sie nachher das Haus doch nicht nehmen, macht es auch nichts.«

Schon monatelang hatte Theo von dem benachbarten Haus gehört. Es sollte viel größer sein als das andere, hatte ein Atelier, ein Wohnzimmer, eine Küche, einen Alkoven und ein Erkerzimmer. Der Preis dafür war vier Francs mehr. Wenn aber alle, Vincent, Christine, Hermann und das Jüngste, darin wohnen sollten, brauchten sie den Raum. Theo schrieb, daß er eine Gehaltserhöhung gehabt habe, und versicherte Vincent, daß er vorläufig auf 150 Francs im Monat werde rechnen können. In einer Woche würde Christine wieder zu Hause sein, sie sollte ein warmes Nest vorfinden. Der Eigentümer stellte ihm zwei Männer zur Verfügung, um die Möbel nach nebenan in das neue Atelier tragen zu helfen. Christines Mutter kam, machte Vorhänge an und richtete die Wohnung behaglich her.

Das neue Atelier war so ganz das richtige, mit seinen einfachen graubraunen Tapeten, den gescheuerten Dielen, den

Skizzen an der Wand, der Staffelei und dem großen Arbeitstisch. Neben dem Atelier befand sich ein Alkoven, wo Vincent seine Zeichenbretter, Mappen und Holzschnitte unterbrachte, in der Ecke war ein Schrank eingebaut für seine Flaschen, Farbtöpfe und Bücher. Im Wohnzimmer standen ein Tisch, ein paar Küchenstühle, ein Petroleumofen und ein großer Korbstuhl vor dem Fenster für Christine. Daneben stellte er ein eisernes Kinderbett mit grüner Decke. Eine Rembrandtsche Radierung: zwei Frauen neben der Wiege eines Neugeborenen, hing darüber.

Er schaffte alles an, was man in der Küche wirklich notwendig brauchte. Christine würde nach ihrer Rückkehr in zehn Minuten eine Mahlzeit zubereiten können. Er kaufte ein überzähliges Messer, eine Gabel, einen Löffel und einen Teller, um Theo zu Besuch haben zu können. Im Dachzimmerchen stellte er ein großes Bett für sich und seine Frau auf und bestimmte das alte, nachdem er das Bettzeug schön sauber in Ordnung gebracht hatte, für Hermann. Vincent ging, um mit Christines Mutter Stroh, Seetang und anderes Füllsel für die Betten zu holen. Sie saßen in der Dachkammer und stopften sie selbst.

Als Christine das Krankenhaus verließ, stellten der Arzt, die Krankenschwester der Abteilung und die Oberschwester sich ein, um ihr »Auf Wiedersehen« zu sagen. Vincent freute sich, daß auch andere Sien gern hatten. »Sie hat das Gute niemals kennengelernt«, sagte er sich. »Wie kann sie da gut sein – es wird anders werden von jetzt ab.«

Christines Mutter und Hermann warteten im Haus am Schenkweg, um Christine willkommen zu heißen. Es war eine schöne Heimkehr, denn Vincent hatte ihr von dem neuen Nest nichts erzählt. Sie lief überall herum, begrüßte alles mit zärtlichen Händen: die Wiege, den Lehnstuhl, den Blumentopf, den ihr Vincent auf das Fensterbrett gestellt hatte – sie war sehr vergnügt und lebhaft.

»Der Professor war wahnsinnig komisch!« rief sie. »›Sagen Sie mir, haben Sie Schnaps und bittres Bier gerne? Rauchen Sie gern Zigaretten?‹ hat er gesagt. Und ich: ›Ja, sehr gern.‹

›Ich frage nur deshalb, weil Sie das nicht aufzugeben brauchen‹, sagte er, ›aber Essig, Pfeffer und Senf, das ist verboten. Und Fleisch sollten Sie wenigstens einmal in der Woche essen.‹«

Ihr Schlafzimmer sah mit seinen Bretterwänden wie ein Schiffsladeraum aus. Vincent mußte das Eisenbettchen jeden Abend nach oben tragen und morgens wieder ins Wohnzimmer herunterbringen. Er allein besorgte den Haushalt, da Christine für schwere Arbeiten noch zu angegriffen war. Er legte die Betten aus, machte Feuer, holte ein, wusch und schrubbte. Er war in seinem Element. Ihm war zumute, als hätte er schon ewig mit Christine und den Kindern zusammengelebt.

Vincent nahm seine Arbeit wieder auf, ein neuer Friede war in seine Seele eingekehrt. Es tat gut, am eigenen Herd zu sein und um sich herum das geschäftige Treiben einer Familie zu spüren. Das Gefühl, Christine bei sich zu haben, gab ihm Mut und Kraft zur Arbeit. Wenn nur Theo ihn nicht verließ, dann war er überzeugt, daß ein guter Maler aus ihm werden würde.

In der Borinage hatte er Gott wie ein Sklave gedient, hier hatte er einen neuen greifbaren Gott, eine Religion, die sich in einem Satz ausdrücken ließ: Die Gestalt eines Arbeiters, ein paar Furchen im ungepflügten Acker, ein Streifen Sand, See und Himmel sind gewichtige und wesentliche Dinge, schwer darzustellen und zu gleicher Zeit von einer so erhabenen Schönheit, daß es sich lohnt, das ganze Leben daranzusetzen, um das auszudrücken, was als Wesenskern in ihnen liegt.

Eines Nachmittags, als er aus den Dünen nach Hause kam, traf er Tersteeg vor dem Hause am Schenkweg.

»Es freut mich, dich zu sehen, Vincent«, sagte Tersteeg. »Ich wollte mich einmal erkundigen, wie du weiterkommst.«

Vincent graute vor dem Sturm, den er heraufziehen sah, sobald Tersteeg erst einmal im Hause war. Er blieb ein paar Minuten mit ihm plaudernd auf der Straße stehen, um Kraft zu sammeln. Tersteeg war freundlich und entgegenkommend.

Vincent lief es kalt über den Rücken.

Als die beiden Männer eintraten, saß Christine im Korbstuhl und nährte das Kind. Hermann spielte am Ofen. Tersteeg sah sie lange fassungslos an. Schließlich sagte er auf englisch:

»Was haben die Frau und das Kind hier zu tun?«

»Es ist Christine, meine Frau. Das Kind ist unser Kind.«

»So hast du sie also tatsächlich geheiratet!«

»Soweit Sie an Formalitäten denken, nein.«

»Wie kannst du dir eine Frau nehmen . . . und noch dazu mit Kindern, die . . .«

»Es ist nichts Ungewöhnliches, daß Männer heiraten, nicht wahr?«

»Aber du hast kein Geld. Du wirst von deinem Bruder erhalten.«

»Keineswegs! Theo zahlt mir ein Gehalt als Vorschuß. Alles, was ich schaffe, gehört ihm. Er wird sein Geld eines Tages zurückerhalten.«

»Bist du wahnsinnig geworden, Vincent? Das sind Ausgeburten einer kranken Phantasie.«

»Menschliches Verhalten, Mijnheer, ist dem Zeichnen zu vergleichen. Die Perspektive ändert sich nach dem Standpunkt, den man wählt; sie hängt nicht vom Objekt ab, sondern vom Standort des Beschauers.«

»Ich werde deinem Vater Mitteilung davon machen. Ich werde ihn von dieser Geschichte in Kenntnis setzen.«

»Meinen Sie nicht, daß es etwas lächerlich wirken könnte, wenn meine Eltern erst einen empörten Brief von Ihnen erhielten und kurz darauf eine Einladung von mir, uns hier auf meine Kosten zu besuchen?«

»Wie, du selbst willst ihnen schreiben?«

»Wie können Sie noch fragen? Das ist doch selbstverständlich. Aber Sie müssen zugeben, daß jetzt nicht der richtige Augenblick dazu wäre. Vater siedelt grad in die Pfarre nach Nuenen über. Der Zustand meiner Frau ist ebenfalls nicht für einen Besuch geeignet. Jede Aufregung, jede Anstrengung würden ihren sicheren Tod bedeuten.«

»In diesem Falle werde ich natürlich nicht schreiben. Mein

lieber Junge, du bist töricht. Du rennst in dein eigenes Verderben. Ich hätte dich gern davor bewahrt.«

»Ich bezweifle Ihre guten Absichten nicht, Mijnheer Tersteeg, deswegen ärgere ich mich auch nicht weiter über Ihre Worte. Immerhin ist mir unsere Unterhaltung äußerst unangenehm.«

Tersteeg verließ das Haus mit enttäuschtem Gesicht. Er wußte nicht, was er aus dem eben Erlebten machen sollte.

Vincent entdeckte die Ölmalerei und Scheveningen etwa zur gleichen Zeit. Scheveningen war ein kleines Fischerdorf, es lag an der Nordsee, zwischen zwei schützenden Sanddünen gebettet. Nahe am Strand ragten die Maste der dort in zwei Reihen liegenden Fischerboote mit dunklen, verwitterten Segeln empor. Klobige Steuerruder waren am Heck, die Netze lagen zum Fischfang bereit. Die winzigen rostroten oder seeblauen Wimpel flatterten. Blaue Wagen standen auf roten Rädern im Sand, um die Fische ins Dorf zu bringen. Die Fischerfrauen trugen weiße Wachstuchkappen, die vorn mit zwei runden goldenen Nadeln zusammengesteckt waren. Familien standen in Gruppen am Rande der Flut, um die Boote gleich in Empfang zu nehmen. Die See war grau, die Wellen schlugen mit weißen Kämmen gegen das Ufer. Immer tiefer wurde das Grün des Wassers und verblaßte langsam in einem matten Blau. Der Himmel war grau, von Wolken gemustert, nur gelegentlich schien einmal ein blauer Fetzen hindurch, damit die Fischer nicht vergessen sollten, daß die Sonne auch über Holland scheint. Scheveningen gehörte der Arbeit. Seine Menschen waren erd- und meerverbunden.

Vincent hatte eine Menge Straßenszenen in Wasserfarben gemalt. Für flüchtige Impressionen schien ihm diese leicht hingetuschte Farbe sehr geeignet. Aber ihr fehlten die Tiefe und Substanz, um das auszudrücken, wozu es ihn innerlich drängte. Er sehnte sich danach, es mit Ölfarbe zu versuchen, doch zugleich fürchtete er sich davor, denn er hatte zu oft von Malern gehört, die sich dadurch ruinierten, weil sie zur Ölfarbe griffen, ehe sie noch das Zeichnen beherrschten.

Dann kam Theo nach dem Haag.

Theo war jetzt sechsundzwanzig Jahre alt und ein erfahrener Kunsthändler. Er war oft für seine Firma auf Reisen und war überall als eine der besten jungen Kräfte in seiner Branche geschätzt. Goupil & Co. hatten ihr Geschäft in Paris an Boussod Valadon – meist les Messieurs genannt – verkauft, und obwohl sie Theo in seiner alten Stellung beließen, so hatte die Stellung selbst sich doch sehr geändert. Die Einstellung zum Kunsthandel war eine andere geworden. Die Bilder wurden jetzt zu jedem hohen, erzielbaren Preis verkauft, ganz gleich, welchen künstlerischen Wert sie besaßen. Bloß die erfolgreichen Maler wurden gefördert. Onkel Vincent, Tersteeg und Goupil hatten es als die erste Pflicht eines Kunsthändlers angesehen, junge, neue Künstler zu entdecken, sie zu ermutigen und zu fördern, jetzt aber waren nur die schon anerkannten Maler gefragt. Die Neuen, Manet, Monet, Pissarro, Sisley, Renoir, Berthe Morisot, Cézanne, Degas, Guillaumin, ganz zu schweigen von den Jüngeren, wie Toulouse-Lautrec, Gauguin, Seurat und Signac, wurden nicht beachtet. Sie versuchten etwas anderes zu sagen als das, was Bouguereau und die Akademiker endlos wiederholten. Das genügte, sie in Mißkredit zu bringen. Von keinem dieser Revolutionäre wurde auch nur ein einziges Bild bei les Messieurs ausgestellt und zum Verkauf angeboten. Bei Theo hatte sich gegen Bouguereau und die Akademiker eine tiefe Abneigung entwickelt, sein Herz gehörte ganz dem jungen Nachwuchs. Er tat, was er nur konnte, um les Messieurs dahin zu bringen, daß sie die Gemälde der jungen Künstler ausstellten. Les Messieurs aber blieben hartnäckig bei ihrer Meinung, daß die Neuen verrückt, kindisch und technisch unzulänglich wären. Theo aber betrachtete gerade sie als die Meister der Zukunft.

Christine blieb oben in ihrer Schlafkammer, um das Wiedersehen der Brüder im Atelier nicht zu stören. Nachdem die erste Begrüßung vorüber war, sagte Theo: »Ich mußte zwar sowieso geschäftlich hierher, aber ich muß dir gestehen, der Hauptgrund meiner Reise ist, daß ich dich überreden möchte, dich nicht für dauernd an diese Frau zu binden. Zuerst einmal – wie ist sie eigentlich?«

»Erinnerst du dich an unsere alte Kinderfrau in Zundert, die Leen Verman?«

»Sicher.«

»So ähnlich ist Sien. Sie ist eine einfache Frau aus dem Volke, für mich aber hat sie etwas Erhabenes. Wenn jemand einen schlichten Menschen gefunden hat, der ihn liebt und den er wiederliebt, so ist er glücklich zu preisen – da mag das Leben noch so viele Schattenseiten haben. Das Gefühl, daß jemand da ist, der mich braucht, das hat mich wieder zu mir selbst zurückgeführt. Nicht ich habe es gesucht, *es* hat mich gesucht. Sien trägt allen Kummer, alle Ängste und Unsicherheiten, die der Malerberuf mit sich bringt, mit mir, sie steht mir willig Modell – ich glaube, ich werde, alles in allem, durch sie ein besserer Künstler werden, als wenn ich Kay geheiratet hätte.«

Theo lief im Atelier umher, sah hier ein Bild an und blieb dort vor einem stehen und sagte schließlich: »Das einzige, was ich nicht verstehen kann, ist: wie hast du dich nur in diese Frau verlieben können, während du gleichzeitig bis zur Raserei Kay geliebt hast –«

»Ich habe mich nicht verliebt, Theo, wenigstens nicht sofort. Soll deshalb jedes menschliche Gefühl in mir ausgelöscht sein, weil Kay mir einen Korb gegeben hat? Sieh mal, du kommst hierher. Findest du mich mutlos und niedergedrückt? Nein, du findest ein neues Atelier, ein Heim voller Leben – kein geheimnisvolles Atelier, sondern eins, das das wirkliche Leben zur Grundlage hat – ein Atelier mit einer Wiege und einem Kinderstühlchen, wo alles in Bewegung ist, alles vorandrängt zu kühnem Schaffen. Mir ist es sonnenklar, daß man das, was man zeichnen möchte, erst einmal fühlen muß, daß man in der täglichen Wirklichkeit einer Familie leben muß, wenn man das Familienleben von innen her zum Ausdruck bringen will.«

»Du weißt, ich kenne keinen Klassenunterschied, Vincent, aber hältst du es für sehr weise . . .«

»Jedenfalls fühle ich, daß ich mir nichts vergeben habe«, unterbrach Vincent ihn, »denn ich weiß, daß meine Arbeit tief im Volk verwurzelt ist, daß ich der Erde nahe sein, bis in die

Tiefen des Lebens eingedrungen sein muß, um malen zu
können, und daß jeder Schritt vorwärts mich durch Kummer
und Sorge führt.«

»Das will ich alles nicht bestreiten.« Theo ging schnell durch
das Zimmer und stellte sich vor den Bruder hin: »Warum
mußt du sie gleich heiraten?«

»Weil wir uns die Ehe versprochen haben. Du darfst sie nicht
als eine Liebschaft ansehen, eine Frau, mit der ich ein Verhältnis habe, nebenher und unverbindlich. Wir werden uns
standesamtlich trauen lassen, sobald die äußeren Umstände
es erlauben. Inzwischen aber helfen wir uns gegenseitig und
sind gut zueinander, genauso, als ob wir schon verheiratet
wären.«

»Aber du wirst sicher noch mit der standesamtlichen Trauung
ein Weilchen warten.«

»Wenn du es wünschst, Theo, ja! Ich werde inzwischen alles
tun, um unsern Lebensunterhalt selbst zu verdienen. – Theo,
aus Liebe zu mir, denke doch an Sien als eine Frau, eine Mutter! Das ist es, was sie tatsächlich ist.«

Christine kam die Stufen herunter, die ins Atelier führten. Sie
hatte ein adrettes schwarzes Kleid an, das Haar war sorgfältig
zurückgekämmt, eine zarte Röte lag auf ihren Wangen, die
die Pockennarben fast vergessen ließ. Sie war in ihrer schlichten häuslichen Art fast hübsch geworden, Vincents Liebe hatte
ihr ein Gefühl des Vertrauens zu sich gegeben, das ihr eine
stille Sicherheit verlieh. Ruhig reichte sie Theo die Hand, sie
bot ihm eine Tasse Tee an und bat ihn, zum Abendessen zu
bleiben. Sie setzte sich in ihren Stuhl am Fenster, nähte und
wiegte das Kind. Vincent lief im Atelier erregt hin und her,
zeigte Kohlezeichnungen, Straßenszenen in Wasserfarben,
Gruppenstudien, grob mit einem Tischlerbleistift hingehauen.
Er wollte, daß Theo den Fortschritt in seinen Arbeiten sah.

Theo glaubte fest daran, daß Vincent eines Tages ein großer
Maler werden würde, aber er war sich selber nicht klar, ob
ihm das, was der Bruder bisher getan hatte, wirklich gefiel.
Theo war nur ein, wenn auch verständnisvoller und scharf-
sinniger, Dilettant, der es gelernt hatte, Bilder zu beurteilen.

Aber er konnte sich nie klarwerden, was er eigentlich von der Arbeit seines Bruders hielt. Ihm schien, daß Vincent immer im Werden war, niemals aber ein Fertiger.

»Wenn du gern in Öl arbeiten möchtest«, sagte er, nachdem Vincent ihm alle seine Studien gezeigt hatte und seine große Sehnsucht hatte durchblicken lassen, »warum fängst du nicht damit an? Worauf wartest du?«

»Auf die Gewißheit, daß mein Zeichnen in Ordnung ist. Mauve und Tersteeg sagen, ich verstünde nichts davon –«

»Und Weißenbruch sagte, daß du es wohl verstehst. Letzten Endes aber liegt die Entscheidung bei dir selbst.«

»Aber Theo, stelle dir doch die Ausgaben vor! Die verfluchten Tuben kosten eine Menge Geld.«

»Komm morgen zu mir ins Hotel. Je schneller du damit anfängst, mir Ölgemälde zu schicken, um so schneller werde ich mein investiertes Geld zurückerhalten.«

Während des Abendessens unterhielten sich Christine und Theo recht angeregt und lebhaft. Als Theo ging, wandte er sich noch einmal auf der Treppe um und sagte zu Vincent: »Sie ist wirklich sehr nett. Ich hätte es nicht gedacht.«

Es waren zwei seltsam verschiedene Brüder, die da am nächsten Vormittag die Wagenstraat hinaufgingen. Der jüngere sorgsam gepflegt, mit blankgeputzten Schuhen, gestärktem Hemd, Bügelfalten, richtig sitzendem Schlips und dem flachen steifen Filzhut elegant auf dem gepflegten Haar. Der junge Mann hielt sich gut, ging mit elastischen Schritten und wirkte fast graziös. Der andere aber trug abgetragene Schuhe, seine geflickten Hosen paßten nicht zu der engen Jacke, vom Schlips war nichts zu sehen, seine Bauernkappe saß hoch auf dem eigenwilligen Kopf, der Bart wucherte wild und ungepflegt. Er hatte einen unausgeglichenen Gang, sprach lebhaft – wobei seine Arme häufig mitwirkten.

Aber keiner von beiden dachte daran, was für einen Eindruck sie vielleicht auf andere machten.

Theo nahm Vincent mit zu Goupils, wo sie Ölfarben, Pinsel und Leinwand kauften. Tersteeg schätzte Theo sehr, er gab sich Mühe, auch Vincent gern zu haben. Als er hörte, weshalb sie gekommen waren, bestand er darauf, die Sachen selbst auszusuchen und Vincent bezüglich der verschiedenen Farben persönlich zu beraten.

Theo und Vincent liefen die sechs Kilometer über die Dünen nach Scheveningen. Eben lief ein Fischerboot ein. Neben dem Denkmal stand eine kleine Holzhütte, in der ein Mann saß und Ausguck hielt. Sobald das Boot in Sicht war, trat er mit einer großen Fahne heraus. Eine Schar Kinder folgte ihm. Kaum hatte er die Fahne ein paar Minuten geschwenkt, da erschien ein Mann auf einem alten Pferd, um den Anker auf den Strand heraufzuholen. Zu diesen Leuten gesellte sich eine Anzahl Männer und Frauen aus dem Dorf, um die Fischer zu begrüßen. Als das Boot nahe genug herangekommen war, ritt der Mann auf dem Pferd ins Wasser und brachte den Anker mit heraus. Dann wurden die Fischer an Land getragen. Männer mit hohen Gummistiefeln trugen sie auf ihren Rücken durch das Wasser — jedesmal, wenn wieder einer ankam, wurde er mit lauten Freudenrufen begrüßt. Als sie alle an Land waren und die Pferde das Boot auf den Strand gezogen hatten, marschierte die ganze Schar wie eine Karawane über den Sand ins Dorf zurück. Hoch über sie hinaus ragte wie ein Gespenst der Mann auf dem Pferd.

»Ja, so etwas möchte ich in Öl malen«, sagte Vincent.

»Laß mich ein paar Bilder haben, sobald du mit deiner Arbeit zufrieden bist. Vielleicht kann ich dafür Käufer in Paris finden.«

»Ach, Theo, du mußt! Du mußt anfangen, meine Sachen zu verkaufen!«

Als Theo gegangen war, machte Vincent sich daran, die neuen Farben auszuprobieren. Er machte drei Ölstudien, eine von einer Reihe gestutzter Weiden hinter der Geester Brücke, eine von einem Aschenweg und die dritte von dem Gemüsegarten von Meerdervoort, mit einem Mann in blauem Arbeitskittel, der Kartoffeln auflas. Das Feld, auf dem er arbeitete, bestand aus weißem Sand, die Kartoffeln waren zum großen Teil schon ausgegraben, das trockne Kraut lag herum, dazwischen wucherte grünes Unkraut. In der Ferne standen dunkle Bäume, und ein paar Dächer ragten herüber. Als er sich seine Arbeit nachher im Atelier besah, war er ganz aufgeregt vor Freude. Er war überzeugt, daß man es unmöglich den Bildern ansehen konnte, daß sie Erstlingswerke waren. Das Zeichnerische – Rückgrat und Gerüst jedes malerischen Unternehmens – war genau und lebensgetreu. Er wunderte sich selbst, denn er hatte eigentlich erwartet, daß die ersten Versuche mißlingen würden.

Dann machte er sich daran, einen kleinen Waldabhang zu malen. Abgefallene, moderne Buchenblätter bedeckten den Boden, der nun rostbraun in hellen und dunklen Tönen schimmerte. Darüber warfen die Baumstämme ihren Schatten und löschten das Spiel der wechselnden Farben fast aus. Das Problem war nun, die Farbtöne zu finden, die tief genug waren, um die ungeheure Kraft der Erde zum Ausdruck zu bringen. Während er malte, sah er zum ersten Male, wieviel Licht selbst noch in dem Dunkel war. Es mußte ihm gelingen, dieses Licht und gleichzeitig die Tiefe der reichen Färbungen einzufangen.

Der Boden war wie ein Teppich, der sich rotbraun, in dem Abendlicht dieses Herbsttages erglühend, nur gedämpft durch die Schatten der Bäume, ausbreitete. Junge Birken standen da, sie standen auf der einen Seite helleuchtend im Licht, während die andere, in Schatten getaucht, tief schwarzgrün war. Hinter den Schonungen, jenseits des rotbraunen Bodens, war der Himmel sehr zart, von einem warmen Blaugrau lichtdurchzittert. Dagegen zeichneten sich ein dunstiger grüner Rand und ein Filigranwerk kleiner Stämmchen und gelblichen Blättergewirrs ab. Leute, die Holz sammelten, irrlichterten wie gespenstische Schattengestalten durch den Wald. Die weiße Kappe einer Frau, die sich niederbeugte, um einen trockenen Ast aufzulesen, stand hart gegen den rotbraunen Grund. Der dunkle Schattenriß eines Mannes erschien über dem Buschwerk, gegen den Himmel war die Gestalt groß und bedeutungsvoll.

Während er malte, sagte er sich: »Ich darf nicht eher fortgehen, bis ich etwas von dem Gefühl dieses Herbsttages und der Abendstimmung eingefangen habe.« Aber das Licht verblaßte. Er mußte schnell arbeiten. Mit wenigen kräftigen Strichen malte er mit kraftvoller Entschiedenheit die menschlichen Figuren hinein. Es ging ihm auf, wie fest die kleinen Baumstämme in dem Boden wurzelten. Er versuchte, sie auf den schon fertigen Hintergrund zu malen, der war aber schon halb trocken und klebrig, so daß jeder Pinselstrich aufgesogen wurde. Da warf er schnell entschlossen den Pinsel fort, drückte die Farbe direkt aus den Tuben für Wurzel und Stämme auf die Leinwand, nahm einen andern Pinsel und modellierte die dickflüssige Ölfarbe mit dem Pinselstiel.

»So«, sagte er laut, als schließlich der Wald im Dunkel der Nacht versank, »nun stehen sie da, fest im Boden verwurzelt. Jetzt habe ich ausgedrückt, was ich ausdrücken wollte.«

Am Abend kam Weißenbruch. »Kommen Sie mit zu Pulchri. Wir machen dort einige lebendige Bilder und Scharaden.«

»Danke«, sagte er. »Ich mag meine Frau nicht allein lassen.«

Weißenbruch ging zu Christine, küßte ihr die Hand, fragte nach ihrer Gesundheit und spielte fröhlich mit dem Kind.

»Lassen Sie mich ein paar neue Arbeiten sehen, Vincent.«

Vincent willigte nur zu gern ein. Weißenbruch suchte sich eine Studie vom Wochenmarkt heraus – Vincent hatte die Leute gezeichnet, als sie gerade beim Abreißen der Stände waren –, eine andere von einer langen Menschenschlange vor einer Volksküche, eine dritte von drei alten Männern im Altersheim, eine vierte mit einer Szene aus Scheveningen und eine fünfte, die Vincent bei heftigem Sturm und Regen auf den Dünen gemacht hatte.

»Sind sie verkäuflich? Ich möchte sie mitnehmen.«

»Soll das wieder ein schlechter Witz sein, Weißenbruch?«

»Sobald es um Malerei geht, werden Sie von mir keine Witze hören. Die Studien sind prachtvoll. Wieviel wollen Sie haben?«

Vincent sagte: »Nennen Sie den Preis.« Er stand da, ganz benommen und starr vor Furcht, daß es sich zu guter Letzt doch noch als Spott herausstellen könnte.

»Also, was meinen Sie zu fünf Francs das Stück? Fünfundzwanzig für alle zusammen.«

Vincent sah ihn mit aufgerissenen Augen an. »Das ist zuviel.
Onkel Cor zahlt nur halb soviel.«

»Dann hat er Sie betrogen, mein Lieber. Alle Händler wollen
einen betrügen. Eines Tages werden sie fünftausend Francs
bringen. Abgemacht?«

»Manchmal können Sie ein Engel sein, Weißenbruch!«

»Mal Engel, mal Teufel – damit meine Freunde mich nicht
langweilig finden.«

Er nahm seine Börse heraus und legte Vincent fünfundzwanzig Francs hin. »So, und nun kommen Sie mit zu Pulchri. Sie
brauchen eine Abwechslung. Es wird Ihnen guttun, ein bißchen zu lachen.«

Vincent ging mit. Der Saal war vollgestopft. Alle schienen billigen, stinkenden Tabak zu rauchen, die Luft war schwer. Das
erste lebende Bild war nach einer Radierung von Nicholas
Maes gestellt: der Stall zu Bethlehem, gut in Farbe und Ton –
im Ausdruck aber entschieden falsch. Auch das nächste Bild,
nach Rembrandt, »Isaak segnet Jakob«, war banal. Vincent
tat der Kopf weh in der schlechten Luft. Ehe der Schwank
anfing, ging er nach Hause zurück. Auf dem Wege entwarf er
einen Brief an seinen Vater.

Von seiner Beziehung zu Christine erzählte er dem Vater gerade so viel, wie er für angebracht hielt. Er legte dem Brief die
fünfundzwanzig Francs bei, die Weißenbruch ihm gegeben
hatte, und lud Theodorus ein, als sein Gast nach dem Haag
zu kommen.

Acht Tage später kam der Vater an. Seine blauen Augen waren verblaßt, sein Schritt war bedächtiger geworden. Als sie
sich zum letztenmal gesehen hatten, hatte Theodorus dem
Sohn – seinem Ältesten – das Haus verboten. In der Zwischenzeit hatten sie freundliche Briefe gewechselt. Theodorus
und Anna Cornelia hatten ihm öfters kleine Päckchen mit
Wäsche, Zigarren, selbstgebackenem Kuchen und auch gelegentlich eine Zehnfrankennote geschickt. Vincent wußte nicht,
wie Christine dem Vater gefallen würde. Männer konnten

zwar großmütig und verständnisvoll sein – aber auch ebensooft grausam und blind.

Eins tröstete ihn: der Vater würde vor der Wiege des Kindes nicht hartherzig sein können, er müßte Christine ihre Vergangenheit vergeben.

Theodorus erschien mit einem großen Packen unter dem Arm. Vincent öffnete ihn und zog einen warmen Mantel für Christine hervor. Da wußte er, daß alles in Ordnung war. Nachdem Sien in ihr Dachstübchen hinaufgegangen war, setzten die beiden Männer sich ins Atelier.

»Vincent«, sagte sein Vater, »eins hast du in deinen Briefen nicht erwähnt. Ist das dein Kind?«

»Nein, sie war schwanger, als ich sie zuerst traf . . .«

»Wo ist der Vater?«

»Er hat sie verlassen.« Es schien ihm nicht angebracht, die Anonymität des Kindes auseinanderzusetzen.

»Aber du wirst sie heiraten, Vincent, nicht wahr? Diese Art, zusammenzuleben, ist nicht das Richtige.«

»Ich bin ganz deiner Meinung. Ich möchte die Formalitäten so bald wie möglich erfüllen. Aber Theo und ich sind übereingekommen, daß es besser ist, ich warte, bis ich erst einmal einhundertfünfzig Francs monatlich verdiene.«

Theodorus seufzte. »Ja, das ist vielleicht am besten so. Vincent, deine Mutter möchte gern, daß du uns wieder einmal zu Hause besuchst. Ich hätte es auch gern. Nuenen wird dir gefallen, mein lieber Sohn. Es ist eine der schönsten Ortschaften in ganz Brabant. Die Kirche ist winzig klein und sieht wie eine Eskimohütte aus. Stell dir nur vor, knapp hundert Leute haben darin Platz. Um das Pfarrhaus herum sind Weißdornhecken, Vincent, und hinter der Kirche liegt ein Garten, der ganz voller Blumen ist – dazwischen alte hölzerne Kreuze.«

»Hölzerne Kreuze?« fragte Vincent interessiert. »Weiße?«

»Ja. Die Namen sind schwarz aufgetragen, aber der Regen wäscht sie schnell aus.«

»Hat die Kirche einen schönen hohen Turm, Vater?«

»Der Turm ist zart und leicht, Vincent, aber er ragt hoch in den Himmel hinein. Manchmal denke ich, er reicht fast hinauf zu Gott.«

»Und einen langen dünnen Schatten wirft er über den Kirchhof.«

Vincents Augen leuchteten. »Ja, den möchte ich gern malen.«

»In der Nähe dehnt sich eine lange Strecke Heide und Kiefernwälder, überall auf den Feldern graben die Bauern. Du mußt nach Hause kommen und uns besuchen, Sohn.«

»Ja, ich muß Nuenen sehen. Die kleinen Kreuze... den Kirchturm, die Leute, die auf den Feldern arbeiten... Ich glaube, es wird immer etwas von Brabant in mir lebendig bleiben.«

Theodorus fuhr nach Hause zurück und erzählte seiner Frau, daß es mit ihrem Sohn doch wohl nicht so schlecht bestellt sei, wie sie gefürchtet hatten. Vincent nahm seine Arbeit mit noch größerem Eifer wieder auf als je zuvor. Vater und Mutter mißbilligten seine Beziehung zu Christine nicht – niemand im Haag störte ihn. Er fühlte sich völlig frei, er konnte mit doppelter Kraft weiterarbeiten.

Der Besitzer des Bauplatzes schickte alle Männer zu Vincent zum Modellstehen, die bei ihm vorsprachen, um Arbeit zu erhalten, für die aber kein Platz war. Vincents Taschen leerten sich, und seine Mappen füllten sich. Er zeichnete das Kind in der Wiege immer und immer wieder. Er arbeitete viel im Freien. Immer mehr ging ihm auf, daß der ein Maler ist, der eine Farbe in der Natur sieht und sofort sagen kann: »Jenes Graugrün dort ist Schwarz mit Gelb – es enthält kaum einen Ton Blau«, der also die Bestandteile einer Farbe sofort zu erkennen vermag.

Was er auch zeichnete, ob Menschen oder Landschaften, es kam ihm darauf an, das wirklich echte Leid zu erfassen, nicht aber billige Empfindsamkeiten, und er rang darum, den Ausdruck dafür zu finden.

Er wußte bei allem, daß er in den Augen der Welt ein Tunichtgut und Tagedieb war, ein wunderlicher Kauz, der keine Stellung in der Gesellschaft einnahm. Er wollte in seinen Werken zeigen, wie es einem solch wunderlichen Heimatlosen ums Herz war. Den Stoff für seine Bilder fand er in den ärmsten Hütten, in den schmutzigsten Winkeln. Je mehr er malte, um so mehr verlor alles andere um ihn herum seinen Sinn. Die Kunst verlangte unbedingte Hingabe, unaufhörliche Arbeit, allen Schwierigkeiten zum Trotz, und unermüdliches Beobachten.

Schlimm war, daß die Ölfarben so entsetzlich teuer waren – und er trug die Farbe so dick auf. Es war, als schütte er Francs in den Zuidersee, in so reichen, dicken Massen quetschte er die Farben aus den Tuben. Er malte so schnell, daß die Rechnungen für Leinwand ungeheuer groß wurden. Mit einem Schwung machte er ein Gemälde fertig, für das Mauve zwei Monate gebraucht hätte. Er konnte nun einmal nicht dünn malen, er konnte nicht langsam und bedächtig arbeiten: so schmolz sein Geld dahin, und statt dessen füllte sein Atelier sich mit Gemälden. Sobald das Geld von Theo ankam – sie waren übereingekommen, daß er ihm fünfzig Francs je am Ersten, Zehnten und Zwanzigsten schickte –, lief er eilig zum Händler und kaufte Farbtuben. Dann arbeitete er glücklich weiter, bis die Farben und das Geld wieder aufgebraucht waren – meist schon fünf Tage nach Empfang, dann fingen die alten Schwierigkeiten wieder von vorne an.

Er wunderte sich, wieviel für ein Baby angeschafft werden mußte, daß Christine immer von neuem Medizin, Wäsche, Lebensmittel brauchte, daß Hermann für die Schule Bücher und andere Utensilien haben mußte und daß der Haushalt endlos Lampen, Töpfe, Bettdecken, Holz und Kohlen, Gardinen, Teppiche, Kerzen, Socken, Silber, Teller, Möbel und stündlich Lebensmittel verschlang. Er baute sich ein neues Visierinstrument auf zwei langen Stativen, das im Dünensand fest stehen würde, und gab es dem Schmied, der die Eisenecken für den Rahmen machen sollte. Es zog ihn nach Scheveningen, zur See, den Sanddünen, den Fischern, Booten, Pferden und Netzen. Täglich stapfte er, mit Staffelei und Visierinstrument schwer beladen, durch den Sand, um die ständig wechselnden Bilder von Meer und Himmel einzufangen. Bis tief in den Herbst hinein, wenn die andern Künstler am warmen Ofen im Atelier blieben, ging er in Wind, Regen und Nebel hinaus, um zu malen. An Sturmtagen trieb der Wind den nassen Sand und das Meerwasser auf seine feuchten Malereien. Der Regen durchnäßte seine Kleider, die Glieder erstarrten ihm, der Sand drang in Auge und Nase, und doch liebte er jeden einzigen Augenblick da draußen.

Eines Abends zeigte er Christine ein neues Bild. »Vincent«, rief sie aus, »wie machst du es bloß, daß alles so natürlich aussieht?«

Vincent vergaß, daß er zu einer einfachen Frau aus dem Volke sprach. Genauso hätte er mit Weißenbruch oder Mauve reden können.

»Ich weiß es selbst nicht«, sagte er. »Ich setze mich mit einem leeren weißen Blatt Zeichenpapier vor einen Flecken, der mich zum Malen reizt, und ich sage mir: aus diesem weißen Blatt muß etwas werden. Ich arbeite lange, ich komme unzufrieden nach Hause, ich stelle es in die Ecke. Wenn ich mich nach einer Weile ausgeruht fühle, gehe ich in ängstlicher Erwartung wieder hin und sehe es mir an. Immer noch bin ich unzufrieden, denn deutlich steht mir das Bild der großartigen – immer großartigeren – Wirklichkeit vor Augen, mit dem nichts, was ich schaffe, den Vergleich aushält. Aber trotzdem finde ich in meinem Werk einen Nachhall von dem, was mich gelockt und gereizt hatte. Verstehst du es jetzt?«

»Nein.«

Christine verstand sehr wenig von dem, was Vincent tat. Sie hielt die besessene Hingabe an die Malerei für eine Art kostspieligen Rausches. Sie wußte aber, daß es der Felsen war, auf dem er sein Leben aufgebaut hatte. Sie versuchte deshalb auch nicht, ihm mit Einwänden entgegenzutreten. Sie hatte nicht das geringste Verständnis für das eigentliche Ziel seiner Arbeit: sich selbst langsam reifen zu lassen und zum Ausdruck zu bringen.. In den einfachen Lebensbedingungen war sie ein guter Kamerad, aber diese Dinge waren eben nur ein Teil von Vincents Leben. Wenn er sich nach einem Aussprechen seiner Gedanken und Gefühle sehnte, schrieb er an Theo. Fast jede

Nacht schrieb er dem Bruder einen langen, leidenschaftlichen Brief, in dem er ihm alles erzählte, was er tagsüber gesehen, gemalt, gedacht hatte. Er suchte sich Gesellschaft in den Büchern, las französische, englische, deutsche und holländische Romane. Christine teilte nur einen kleinen Teil seines Lebens. Aber er war es zufrieden, und er bereute auch seinen Entschluß nicht, sie zu seiner Frau zu machen.

Während der langen Sommermonate ging auch alles gut. Er ging zwischen fünf und sechs Uhr früh aus dem Hause und kam erst spät, wenn es längst dunkel war, zurück. Aber als sich ihr erstes Kennenlernen im Weinkeller gegenüber der Rynstation jährte, die Schneestürme kamen und Vincent von morgens bis nachts im Hause arbeiten mußte, wurde es schwieriger, die gute Beziehung zwischen ihnen aufrechtzuerhalten.

Er nahm das Zeichnen wieder auf und sparte so das Geld, das das Malen kostete – aber dafür machten die Modelle ihn fast bettelarm. Seine einzige Hoffnung war Christine. Sobald sie wieder gesund und kräftig wäre, würde sie, so hoffte er, ihm Modell stehen können wie während der Zeit, ehe das Kind geboren wurde. Christine hatte andere Ansichten darüber. Zuerst pflegte sie zu sagen: »Ich bin nicht kräftig genug dazu, warte noch ein Weilchen, du hast es ja nicht so eilig.« Als sie dann wieder vollständig hergestellt war, gab sie vor, zuviel zu tun zu haben.

»Es ist jetzt nicht mehr so wie früher, Vincent«, sagte sie dann. »Ich muß auf das Kind aufpassen. Dann muß ich das ganze Haus sauberhalten. Und schließlich muß für vier Personen gekocht werden.«

Vincent stand früh um fünf Uhr auf, um die Hausarbeit zu verrichten, damit sie tagsüber frei wäre, um ihm Modell zu stehen. »Aber ich bin kein Modell mehr«, protestierte sie. »Ich bin deine Frau.«

»Sien, du mußt! Ich kann es mir nicht leisten, jeden Tag ein Modell zu bezahlen. Das ist doch einer der Gründe, warum du hier bist.«

Christine brauste auf: »So, dazu bin ich also hier – damit du Geld an mir sparen kannst. Als Dienstmädchen bin ich dir gerade noch gut genug. Wenn ich dir also nicht Modell stehe, fliege ich 'raus.«

Vincent dachte besonnen einen Augenblick nach, dann sagte er: »Das stammt doch nicht von dir, das hat deine Mutter dir eingeredet.«

»Von wem das stammt, ist ganz egal, jedenfalls stimmt's.«

»Sien, du wirst da nicht mehr hingehen, nicht wahr?«

»Wieso? Ich darf doch wohl meine Mutter lieben, nicht?«

»Aber sie werden unser Leben zerstören. Sie wollen dich nur wieder zu ihren Anschauungen beschwätzen. Was soll dann aus unserer Heirat werden?«

»Hast du mich nicht hingeschickt, wenn kein Essen im Hause war? Verdiene mehr Geld, dann brauche ich nicht hinzugehen.«

Als er sie endlich dazu gebracht hatte, daß sie ihm Modell stand, stellte sich heraus, daß sie gar nicht zu gebrauchen war. Sie machte alle die Fehler, die er ihr im Vorjahr mit so großer Mühe abgewöhnt hatte. Manchmal glaubte er, sie mache die ungeschickten Bewegungen willentlich, damit er aufhörte, sie mit dem Modellstehen zu belästigen. So nahmen also die Ausgaben für Modelle wieder zu – und in gleichem Verhältnis die Tage, an denen es im Hause nichts zu essen gab. Das bedeutete wiederum Tage, die Christine bei ihrer Mutter zubrachte. Jedesmal, wenn sie von dort zurückkam, merkte er eine leichte Veränderung in ihrem Wesen. Es war ein entsetzlicher Kreislauf: Verbrauchte er alles Geld zum Leben, so war Christine nicht mehr dem Einfluß der Mutter ausgesetzt – das bedeutete aber gleichzeitig seine Arbeit aufgeben. Hatte er ihr Leben gerettet, um sich selbst zu töten? Wenn sie nicht mehrmals im Monat zu ihrer Mutter ging, hätten die Kinder verhungern können – ging sie, so ging ihr Zuhause, ihr Heim mit Vincent dabei zu Bruch. Was sollte er tun?

Die schwangere Christine mit ihren Schmerzen, Christine im Krankenhaus, Christine, die sich langsam vom Wochenbett erholt – das war alles eine Person: ein verlassenes, verzweifeltes Weib, unendlich dankbar für ein einziges freundliches

Wort oder eine hilfreiche Tat, eine Frau, die allen Schmerz der Welt kennengelernt hatte, die bereit war, alles zu versprechen als Dank für jede kleine Erleichterung. Auf der anderen Seite aber war die gesunde Christine, runder, satter, ausgeheilt, gepflegt – es war eine ganz andere Frau. Die Erinnerung an die Schmerzen war verschwunden, die Gedanken und Gewohnheiten des früheren Lebens kamen langsam wieder zurück. –

Gerade in dieser Zeit – Anfang des neuen Jahres – erhielt Vincent einen seltsamen Brief von Theo. Sein Bruder hatte auf der Straße eine Frau getroffen, die allein, krank und verzweifelt war. Sie hatte einen kranken Fuß und konnte nicht arbeiten. Sie war so weit, daß sie Selbstmord begehen wollte. Vincent hatte Theo den Weg gewiesen – Theo folgte seinem Lehrmeister. Er fand einen Platz für sie im Hause einiger alter Freunde, er besorgte einen Arzt und ließ sie untersuchen. Er kam für alle Ausgaben, die die Frau machte, auf.

»Soll ich meine ›Patientin‹ heiraten, Vincent? Ist das die beste Möglichkeit, einem unglücklichen Menschen zu helfen? Sie leidet sehr und ist furchtbar unglücklich. Sie ist von dem einzigen Menschen, den sie liebte, betrogen worden. Was soll ich nur tun, um ihr Leben zu retten?«

Vincent war tief gerührt, und er teilte Theo seine Anteilnahme an der Sache mit.

Christine wurde immer schwieriger. Sie murrte, wenn nur Kaffee und Brot im Hause war. Sie bestand darauf, daß er aufhörte, Modelle kommen zu lassen, und verlangte, daß er das Geld für den Haushalt hergäbe. Konnte sie keine neuen Kleider haben, ließ sie die alten nachlässig verschmutzen. Sie besserte seine Sachen nicht mehr aus. Sie verfiel immer mehr dem Einfluß ihrer Mutter.

Konnte er Theo bei diesen Erfahrungen raten, seine »Patientin« zu heiraten?

»Warte ab«, riet er seinem Bruder vorsichtig. »Tue alles für sie, was Du kannst: es ist eine edle Sache. Aber überstürze die Heirat nicht. Wenn Ihr Euch liebt, kommt das von selbst.«

Theo schickte dreimal im Monat fünfzig Francs. Dadurch, daß Christine den Haushalt vernachlässigte, reichte das Geld nicht mehr so lange wie vordem. Vincent sehnte sich danach, wieder mit Modellen arbeiten zu können, um genug Studien für ein großes Bild zu sammeln. Er bedauerte jeden Franc, der in den Haushalt gesteckt und seiner Malerei entzogen wurde. Sien dagegen mißgönnte ihm jeden Franc, der dem Haushalt entzogen und in seine Kunst gesteckt wurde. Es war für jeden ein Kampf ums Leben. Die einhundertfünfzig Francs im Monat hätten gerade für seine Nahrung, Wohnung und Zeichenmaterialien gereicht. Der Versuch, sie auf vier Personen zu verteilen, war heldenhaft, aber er mußte scheitern. Er fing an, bei dem Wirt, dem Schuhmacher, dem Kaufmann, dem Bäcker und in der Farbenhandlung Schulden zu machen. Um alles zu begleichen, reichten Theos Sendungen nicht aus.

Vincent schrieb flehentliche Briefe. »Schicke doch das Geld etwas vor dem Zwanzigsten, aber jedenfalls nicht später. Ich habe gerade noch zwei Blatt Papier und ein winziges Stück Bleistift. Ich habe keinen Franc für Modelle oder für Essen.« Dreimal im Monat schrieb er diese Briefe. Kamen die fünfzig Francs dann an, so gingen sie für die Schulden bei den Kaufleuten drauf, und dasselbe Elend fing von vorne an.

Theos »Patientin« mußte eines Beingeschwürs wegen operiert werden. So hatte Theo nun also für sich selbst, seine »Patientin«, Vincent, Christine, Hermann, Anton und für die Familie in Nuenen zu sorgen. Jeder Centime seines Gehalts war genau eingeteilt, er konnte Vincent keinen Franc extra schicken.

Schließlich kam es so weit, daß Vincent Anfang März mit einer zerknitterten Francnote in der Tasche dastand, die ein Kaufmann bereits zurückgewiesen hatte. Nicht eine Handvoll Nahrung war mehr im Hause. Das nächste Geld von Theo war vor neun Tagen nicht zu erwarten. Er war verzweifelt, Christine so lange Zeit ihrer Mutter überlassen zu müssen.

»Sien«, sagte er, »wir können die Kinder nicht verhungern lassen. Bringe sie lieber nach Hause zu deiner Mutter – bis Theos Brief kommt.«

Einen Augenblick sahen sie sich an und hatten dieselben Gedanken, ohne den Mut zu haben, sie auszusprechen.

»Ja«, sagte sie, »ich glaube, es ist das beste.«

Der Kaufmann gab ihm einen Laib Schwarzbrot und etwas Kaffee für die zerknüllte Banknote, das mußte genügen. Vincent ließ Modelle ins Haus kommen und blieb ihnen das Geld schuldig. Er wurde zunehmend nervöser. Seine Arbeit ging schwer und dürftig weiter. Sein Körper war ausgehungert. Die dauernden finanziellen Schwierigkeiten fingen an, ihre Spuren zu hinterlassen. Er konnte nicht weiterleben, ohne zu arbeiten – aber jede Stunde Arbeit zeigte ihm, daß er immer mehr den Boden unter den Füßen verlor.

Gegen Ende der neun Tage, pünktlich am Dreißigsten, erschien der Brief mit Theos fünfzig Francs. Auch bei ihm machten sich jetzt die finanziellen Schwierigkeiten bemerkbar. Er schrieb Vincent, daß er fürchtete, für die Zukunft nichts versprechen zu können.

Dieser Satz brachte Vincent zur Verzweiflung. War der einfache Sinn des Satzes der, daß Theo nicht in der Lage war, ihm weiterhin Geld zu schicken? Das wäre schlimm, aber nicht das Schlimmste. Oder bedeutete es vielleicht, daß sein Bruder aus all den Zeichnungen, die er ihm täglich schickte, um den Fortschritt seines Werkes zu zeigen, nur ersah, daß er unbegabt war und nichts für die Zukunft erhoffen könne?

Er lag nachts ohne Schlaf und grübelte darüber nach, schrieb unaufhörlich Briefe an Theo, in denen er um Aufklärung bat, und suchte ständig nach Mitteln und Wegen, um sich selbst zu ernähren – aber es gab keine.

Als er Christine besuchte, traf er sie in Gesellschaft ihrer Mutter, ihres Bruders und eines fremden Mannes. Sie rauchte eine schwarze Zigarre und trank Gin. Es schien sie durchaus nicht zu erfreuen, daß sie mit zurück zum Schenkweg sollte. Die neun Tage im Hause der Mutter hatten alle alten Gewohnheiten wieder groß werden lassen.

»Ich kann Zigarren rauchen, wann ich will«, schrie sie. »Du hast kein Recht, mir das zu verbieten, wenn ich sie mir selber besorgt habe. Der Doktor im Krankenhaus hat auch gesagt, daß ich Gin und Schnaps trinken kann, soviel ich will.«

»Ja, als Medizin, um deinen Appetit anzuregen.«

Sie stieß ein heiseres Lachen aus. »Medizin für den Appetit...
Was für ein... du bist.« Es war einer ihrer ordinären Ausdrücke, die sie seit den Tagen ihrer ersten Bekanntschaft nie
wieder gebraucht hatte.

Vincent war mit seinen Nerven am Rande. Eine unbezähmbare Wut überfiel ihn. Christine zahlte mit gleicher Münze
zurück. »Du brauchst dich überhaupt nicht mehr um mich zu
bekümmern!« schrie sie. »Du gibst mir ja nicht einmal etwas
zu essen! Warum schaffst du kein Geld herbei? Was bist du
eigentlich für ein Mann?«

Als der harte Winter einem rauhen Frühling Platz gemacht
hatte, wurde Vincents Zustand immer schlimmer. Seine Schulden häuften sich. Da er nichts Richtiges in den Magen bekam,
konnte er kaum noch schlucken.

Christines Mutter kam ins Haus und hockte rauchend und
trinkend mit ihrer Tochter zusammen. Einmal traf Vincent
ihren Bruder bei ihr, aber er verzog sich sofort, als er Vincent
kommen sah.

»Warum ist er hier gewesen?« fragte Vincent. »Was will er
von dir?«

»Sie sagen, du willst mich los sein.«

»Du weißt, daß ich das nicht will. Jedenfalls nicht, wenn du
bleiben möchtest.«

»Mutter will, daß ich fortgehe. Sie sagt, es ist nicht gut, daß
ich hierbleibe, wo ich nicht einmal genug zu essen habe.«

»Wohin willst du gehen?«

»Nach Hause natürlich.«

»Und du willst die Kinder in dieses Haus bringen?«

»Besser, als daß sie hier verhungern. Ich kann arbeiten und
für unsern Lebensunterhalt sorgen.«

»Was würdest du denn arbeiten?«

»Nun... irgend etwas.«

»Wieder am Zuber? Als Waschfrau?«

»... ich denke, ja.«

Er sah sofort, daß sie log.

»Dazu also haben sie dich zu überreden versucht.«

»Nun . . . es ist nicht so schlimm – man verdient, was man braucht.«

»Hör zu, Sien, wenn du in das Haus dort zurückgehst, bist du verloren. Du weißt, deine Mutter wird dich wieder auf die Straße schicken. Denk daran, was dir der Doktor in Leyden gesagt hat. Wenn du dieses Leben wieder aufnimmst, wirst du dich zugrunde richten.«

»Ach was! Ich fühle mich jetzt ganz wohl.«

»Du fühlst dich wohl, weil du bis jetzt anständig gelebt hast! Wenn du aber zurückgehst . . .«

»Himmelherrgott! Wer geht denn zurück? Wer *schickt* mich denn zurück?«

Er setzte sich auf die Lehne ihres Korbsessels und legte seine Hand auf ihre Schulter. Ihr Haar war ungekämmt. »Glaube mir, Sien, ich werde dich nie verlassen. Solange du mit mir teilen willst, was ich habe, werde ich dich bei mir behalten. Aber du mußt dich von deiner Mutter und deinem Bruder fernhalten. Sie verderben dich nur. Versprich mir – um deinetwillen –, Sien, daß du sie nie mehr sehen wirst.«

»Ich verspreche es dir.«

Als er zwei Tage später aus dem Altersheim kam, wo er gezeichnet hatte, war das Atelier leer. Von Abendbrot war nichts zu sehen. Christine fand er bei ihrer Mutter, sie trank.

»Ich habe dir doch gesagt, daß ich meine Mutter liebe«, protestierte sie auf dem Heimweg. »Ich werde sie doch wohl so oft sehen können, wie ich Lust habe. Ich bin schließlich nicht dein Sklave. Ich habe ein Recht, zu tun, was mir beliebt.«

Sie verfiel wieder in all die bekannten schlampigen Gewohnheiten ihres früheren Lebens. Die Mutter kam nun fast täglich ins Atelier und nahm Vincent die Kameradschaft, die er an Christine geschätzt hatte. Das ganze Haus war ein Durcheinander. Pünktliche Mahlzeiten gab es nicht mehr. Hermann durfte zerlumpt und schmutzig herumlaufen und die Schule schwänzen. Je weniger Christine arbeitete, desto mehr rauchte und trank sie. Sie wollte Vincent nicht sagen, woher sie das Geld für diese Dinge nahm.

Der Sommer kam. Vincent verließ wieder die Wohnung, um

im Freien zu zeichnen. Das bedeutete neue Ausgaben für Malutensilien, Pinsel, Leinwand, Rahmen, größere Staffeleien.
Vincent schloß die Augen vor allem, was in seinem privaten
Leben passierte, er konzentrierte sich ganz auf seine Arbeit. Er
wußte, daß ihm das Haus über dem Kopf zusammenstürzte,
daß er in den abgrundtiefen Schmutz, in dem Christine wieder versank, mit hineingezogen wurde. Er versuchte seine
Verzweiflung in der Arbeit zu vergessen. Jeden Morgen, wenn
er über einem neuen Projekt saß , hoffte er, dieses Bild möchte
so schön und vollkommen werden, daß es sich sofort verkaufen ließe, um ihn von allen Sorgen zu befreien. Jeden Abend
aber kam er mit der traurigen Überzeugung zurück, daß noch
Jahre nötig sein würden, um die Meisterschaft zu erlangen, die
er ersehnte.
Seine einzige Erholung und Freude war der Kleine. Er war ein
Wunder an Lebendigkeit und verschlang alles, was nur irgendwie eßbar war, mit viel Gelächter und Gekreisch. Er saß
oft mit Vincent im Atelier auf dem Fußboden. Er krähte fröhlich, wenn er Vincents Zeichnungen sah, und saß dann wieder
still und nachdenklich und schaute die Bilder an den Wänden
an. Es wurde ein kräftiges, hübsches Kind. Je weniger Christine sich um den kleinen Anton kümmerte, um so mehr
liebte Vincent ihn.
Weißenbruch besuchte ihn nur einmal. Vincent zeigte ihm
einige seiner Arbeiten aus dem vergangenen Jahr. Er selbst
war schrecklich unzufrieden mit ihnen.
»Sagen Sie das nicht!« meinte Weißenbruch. »Wenn Sie diese
Sachen nach ein paar Jahren wieder ansehen, werden Sie fest-
stellen, daß sie aufrichtig und eindringlich sind. Fahren Sie
nur so fort, mein Lieber, und lassen Sie sich durch nichts aufhalten.«
Und doch waren es schließlich nicht die großen Sorgen, die
ihn umwarfen, sondern eine lächerliche Kleinigkeit. Er hatte
im Frühjahr dem Töpfer eine Lampe zur Reparatur gebracht.
Der Händler drängte ihm ein paar neue Schüsseln auf.
Vincent wehrte ab. »Ich habe kein Geld, um sie zu bezahlen.«

»Das schadet nichts. Es hat keine Eile. Nehmen Sie nur und bezahlen Sie nachher, wenn Sie wieder Geld haben.«

Zwei Monate später hämmerte er gegen die Tür des Ateliers. Er war ein starker Kerl mit einem Stiernacken.

»Was fällt Ihnen ein, mich so zu belügen?« schrie er. »Wie können Sie es wagen, meine Ware zu nehmen und nicht zu bezahlen, obwohl Sie dauernd Geld bekommen haben?«

»Im Augenblick bin ich absolut abgebrannt. Ich werde Ihnen das Geld hinbringen, sobald ich etwas bekomme.«

»Das ist gelogen. Sie haben ja meinem Nachbarn, dem Schuhmacher, Geld gegeben.«

»Ich bin bei der Arbeit«, sagte Vincent kühl, »bitte stören Sie mich nicht. Wenn ich Geld erhalte, sollen Sie Ihr Geld auch bekommen. Aber jetzt gehen Sie bitte!«

»Ich gehe, wenn Sie mir das Geld gegeben haben, nicht eher.«

Vincent verlor die Geduld und wollte den Mann aus der Tür stoßen. »Machen Sie, daß Sie aus dem Hause kommen!« brüllte er ihn an.

Darauf hatte der Mann nur gewartet. Sobald er Vincents Hand fühlte, schlug er ihm ins Gesicht, daß er krachend gegen die Wand flog. Er versetzte ihm noch einen solchen Schlag, daß er zu Boden fiel, und ging dann ohne ein weiteres Wort zur Tür hinaus.

Christine war fort bei ihrer Mutter, nur Anton krabbelte auf dem Boden herum, er kroch zu Vincent hin, patschte ihm ins Gesicht und schrie. Nach ein paar Minuten kam Vincent wieder zum Bewußtsein, schleppte sich die Treppe hinauf in die Dachkammer und warf sich übers Bett.

Die Schläge hatten sein Gesicht nicht verletzt. Er fühlte keinen Schmerz. Er hatte sich auch nicht weiter weh getan, als er auf den Boden schlug. Aber etwas in ihm war zerbrochen und besiegt – das spürte er.

Christine kam nach Hause. Sie ging nach oben in das Schlafkämmerchen. Es war weder Geld noch Essen im Haus. Sie wunderte sich oft, wie Vincent überhaupt noch weiterlebte. Sie fand ihn über das Bett hingeworfen, Kopf und Arme hingen über die eine, die Füße über die andere Seite herunter.

»Was ist los?« fragte sie.

Erst nach einer Weile fand er die Kraft, sich aufzurichten. »Sien, ich muß fort!«

». . . ja . . . ich weiß!«

»Ich muß weg von hier. Auf das Land hinaus . . . irgendwohin. Vielleicht nach Drenthe, wo wir billig leben können.«

»Ich soll mitkommen? Drenthe ist ein schreckliches Loch. Was soll ich denn dort machen, wenn du kein Geld hast und wir nichts zu essen haben?«

»Ich weiß nicht, Sien. Ich denke, dann wirst du eben einmal auch nicht essen —«

»Willst du mir versprechen, daß die hundertfünfzig Francs zum Leben gebraucht werden? Daß du keine Farben dafür kaufst und Modelle holst?«

»Das kann ich nicht, Sien. Das kommt zuerst.«

»Ja, für dich!«

»Und für dich nicht? Warum nicht?«

»Ich muß auch leben, Vincent. Und ohne zu essen kann ich nicht leben!«

»Und ich kann ohne zu malen nicht leben!«

»Schön, es ist dein Geld . . . Du kommst zuerst . . . ich verstehe. Hast du ein paar Centimes? Gehen wir in unsre alte Kneipe?«

Der Platz roch nach saurem Wein. Es war am späten Nachmittag, aber die Lampen waren noch nicht angezündet. Die beiden Tische, an denen sie sich kennengelernt hatten, waren frei. Christine ging darauf zu. Sie bestellten sich jeder ein Glas Wein. Christine spielte mit dem Fuß des Glases. Vincent erinnerte sich, wie er ihre verarbeitete Hand geliebt und bewundert hatte – damals, vor zwei Jahren –

»Man hat mir gesagt, daß du mich verlassen willst«, sagte sie mit ihrer tiefen Stimme. »Ich weiß es auch selbst.«

»Ich möchte dich nicht verlassen, Sien.«

»Eigentlich ist es ja auch kein ›Verlassen‹, Vincent. Du hast mir nur Gutes getan.«

»Wenn du das Leben mit mir teilen willst, nehme ich dich mit nach Drenthe.«

236

Sie schüttelte ungerührt den Kopf. »Nein, es reicht nicht für zwei.«

»Du verstehst mich doch, nicht wahr, Sien? Wenn ich mehr hätte, ich würde es immer mit dir teilen, aber wenn ich zu wählen habe zwischen dir und meiner Arbeit . . .«

Sie legte ihre Hand auf seine. »Ist schon gut. Es braucht dir nicht weiter nahezugehen. Du hast alles für mich getan, was du tun konntest. Ich glaube, es ist einfach Zeit, daß wir auseinandergehen – das ist alles.«

»Willst du, daß wir zusammenbleiben, Sien? Wenn es dich glücklich macht, heirate ich dich und nehme dich mit.«

»Nein, ich gehöre zu meiner Mutter. Jeder hat sein Leben zu leben.«

Vincent leerte sein Glas – der Bodensatz war bitter.

»Sien, ich habe versucht, dir zu helfen. Ich habe dich geliebt und dir alle Freundlichkeit und Wärme gegeben, die ich habe. Erfülle mir nun eine Bitte!«

»Was?« fragte sie stumpf.

»Gehe nicht wieder auf die Straße. Es wird dich zugrunde richten. Um Antons willen, nimm das alte Leben nicht wieder auf.«

»Haben wir genug Geld, um noch ein Glas zu trinken?«

»Ja.«

Sie stürzte das halbe Glas in einem Zug hinunter und sagte dann: »Ich weiß nur, daß ich nicht genug verdienen kann, besonders wenn ich alle Mäuler stopfen will. Wenn ich wieder auf die Straße gehe, dann nicht, weil ich will, sondern weil ich muß.«

»Wenn du aber genug Arbeit finden kannst, versprichst du mir dann, daß du nicht wieder zurückgehst?«

»Natürlich!«

»Ich werde dir jeden Monat etwas schicken, Sien. Die Kosten für den Kleinen trage ich. Ich möchte gern, daß du dem Jungen die Möglichkeit gibst, etwas Ordentliches zu werden.«

»Wird schon werden – wie die übrigen auch.«

Vincent schrieb Theo, daß er die Absicht habe, aufs Land zu gehen und die Verbindung mit Christine zu lösen. Theo antwortete postwendend. Er billigte seinen Entschluß und schickte ihm hundert Francs, womit er seine Schulden bezahlen sollte. »Meine ›Patientin‹ ist vorige Nacht verschwunden«, schrieb er, »sie ist wieder vollständig hergestellt, aber wir haben keine rechte Beziehung zueinander finden können. Sie hat alles mitgenommen und hat mir auch ihre Adresse nicht hier gelassen. Es ist wohl auch besser so – so sind wir also beide wieder ungebunden.«

Vincent stellte alle Möbel in dem Dachzimmerchen unter, denn sein Plan war, später wieder in den Haag zurückzukommen. Einen Tag vor seiner geplanten Abreise nach Drenthe erhielt er einen Brief und ein Paket aus Nuenen. Im Paket war etwas Tabak und einer der heimatlich vertrauten Käsekuchen. Sein Vater fragte an, wann er wieder einmal nach Hause käme – er wolle doch den Kirchturm und die kleinen weißen Kreuze malen!

Er wußte sofort, daß es ihn nach Hause zog. Er war krank, ausgehungert, mit den Nerven am Ende und entmutigt. Er würde auf ein paar Wochen zu seiner Mutter gehen und Körper und Geist ausruhen. Ein Gefühl des Friedens überkam ihn, wie er es seit Monaten nicht mehr gekannt hatte – wenn er an seine Brabanter Landschaft dachte, an die Hecken und Dünen und an die Arbeiter auf den Feldern.

Christine und die beiden Kinder brachten ihn auf die Bahn. Sie standen alle auf dem Bahnsteig – keiner konnte sprechen. Der Zug kam, und Vincent stieg ein. Christine stand da mit dem Kleinen auf dem Arm und Hermann an der Hand. Vincent sah auf sie zurück, bis der Zug im blendenden Sonnenschein verschwand und die Frau sich für immer in der rußigen Schwärze des Bahnhofs verlor.

NUENEN

Das Pfarrhaus in Nuenen war ein weißgetünchtes Steinhaus mit nur einem Stockwerk über dem Erdgeschoß. Hinter dem Haus dehnte sich ein ungeheuer großer Garten, in dem Ulmen, Hecken, Blumenbeete, ein Teich und drei niedrig gehaltene Eichen waren. Obwohl Nuenen zweitausendsechshundert Einwohner zählte, waren darunter nur hundert Protestanten. Theodorus' Kirche war winzig klein. Die Stellung in Nuenen bedeutete, verglichen mit der früheren Pfarrei in der blühenden kleinen Marktstadt Etten, eigentlich einen Schritt abwärts.

Nuenen war in Wirklichkeit nur ein kleiner Häuserhaufen, der sich an beiden Seiten der Landstraße von Eindhoven, der Hauptstadt dieses Landesteils, hinzog. Die Bewohner waren fast alle Weber und Bauern, deren Hütten wie Pünktchen über die Heide verstreut lagen. Die Menschen hier waren voll Gottesfurcht, sie arbeiteten schwer und lebten getreu den Sitten und Gebräuchen ihrer Vorfahren.

Über der Eingangstür des Pfarrhauses standen die schwarzen eisernen Zeichen: A^O 1764. Die Tür befand sich direkt an der Straße und führte auf einen breiten Flur, der das Haus in zwei Teile teilte. Links zwischen Eßzimmer und Küche führte eine roh gearbeitete Treppe zu den Schlafzimmern im oberen Stockwerk. Vincent und sein Bruder Cor bewohnten gemeinsam das Schlafzimmer, das direkt über dem Wohnzimmer lag. Wenn Vincent des Morgens aufwachte, sah er die Sonne über dem zarten Turm der Kirche aufgehen und sanfte Pastellfarben über den Teich breiten. Bei Sonnenuntergang, wenn die Töne tiefer waren als in der ersten Morgendämmerung, saß er am Fenster und sah zu, wie die Farben sich wie eine schwere Ölschicht über den Teich senkten und wie sie sich dann langsam im Abenddunkel verloren.

Vincent liebte seine Eltern, und seine Eltern liebten ihn. Alle waren fest entschlossen, eine freundliche, angenehme Beziehung zwischen sich aufrechtzuerhalten. Vincent aß viel, schlief lange und wanderte manchmal über die Heide. Er sprach wenig, malte nicht und las nicht. Alle im Hause kamen sich mit fast ausgesuchter Höflichkeit entgegen, um die schöne Harmonie nicht zu stören.

Die Eintracht dauerte so lange, wie Vincent krank war. Er konnte – das machte die Dinge so schwierig – einfach nicht mit Leuten in einem Zimmer sein, die nicht genauso dachten und fühlten wie er. Wenn der Vater zum Beispiel bemerkte: »Ich habe vor, Goethes Faust zu lesen. Pastor Ten Kate hat ihn übersetzt, er kann also nicht so unmoralisch sein«, brannte Vincent innerlich vor Empörung.

Er hatte eigentlich nur zwei Wochen bleiben wollen, aber er liebte das Brabanter Land und wollte gern länger bleiben. Er wünschte sich, in aller Ruhe und Stille nach der Natur malen zu können und nur das zum Ausdruck zu bringen, was er wirklich sah. Er hatte keinen andern Wunsch, als ganz aus der Tiefe das Wesentliche dieses Landes zu erleben und den Kreis bäuerlichen Lebens zu malen.

Es war ihm klar gewesen, daß er eines Tages hierher zurückkommen und sich hier festsetzen würde. Aber er konnte nicht in Nuenen bleiben, wenn die Eltern ihn nicht wollten.

»Eine Tür muß entweder auf sein oder zu«, sagte er zu seinem Vater. »Laß uns doch versuchen, zu einem Einvernehmen zu kommen.«

»Ja, Vincent, das möchte ich auch. Ich sehe, daß aus deinem Malen schließlich etwas werden wird, und das freut mich.«

»Gut, dann sage mir offen, ob du es für möglich hältst, daß wir hier alle friedlich zusammen leben können. Willst du, daß ich bleibe?«

»Ja.«

»Auf wie lange?«

»So lange, wie du willst. Es ist dein Zuhause.«

»Aber wie löse ich das Atelierproblem? Es geht schlecht, daß ich im Hause arbeite.«

»Das habe ich mir schon überlegt. Könnte man nicht die Waschküche im Garten dazu nehmen? Du kannst sie ganz für dich haben. Es braucht dich dort niemand zu stören.«

Die Waschküche lag gleich hinter der Küche, aber es gab keine Verbindungstür zwischen den beiden Räumen. Sie war klein, das eine – ebenfalls kleine – Fenster war ganz hoch oben in der Wand und sah auf den Garten. Der Fußboden war aus Lehm und daher im Winter stets feucht.

»Wir werden ein kräftiges Feuer machen, damit der Raum austrocknet. Dann werden Dielen gelegt, so daß du es recht behaglich haben wirst. Was meinst du dazu?«

Vincent sah sich um. Es war ein bescheidener Raum, den Bauernkaten auf der Heide recht ähnlich. Er würde ein richtiges Bauernatelier daraus machen können.

»Wenn das Fenster zu klein ist«, sagte Theodorus, »kann man es vergrößern, ich habe gerade ein bißchen Geld übrig.«

»Nein, nein, es ist so sehr schön. Für die Leute, die ich hier malen möchte, werde ich gerade soviel Licht haben, als malte ich sie in ihren eigenen Hütten.«

Sie schleppten ein durchlöchertes Faß herein und machten ein großes Feuer damit. Als die Feuchtigkeit vertrieben und der Fußboden hart geworden war, dielten sie den Raum. Vincent trug sein schmales Bett, einen Tisch, einen Stuhl und seine Staffeleien hinüber. Er heftete die Zeichnungen an die Wände, pinselte mit groben Zügen GOGH auf die geweißte Wand neben der Küche und machte sich an die Arbeit – der Millet Hollands zu werden.

Die interessantesten Leute in der Gegend von Nuenen waren die Weber. Sie wohnten in kleinen Lehmkaten mit Strohdächern. In einer Art Wohnküche, wo ein winziges Fenster nur einen einzigen Lichtstrahl hereinließ, wohnte die Familie. In den Wänden befanden sich – etwa einen Meter über dem Fußboden – viereckige Nischen, in denen man schlief, außerdem enthielt diese Küche einen Tisch, einige Stühle, einen Herd mit Torffeuer und einen primitiven Schrank für Tiegel und Töpfe. In dem einzigen andern Raum, direkt daneben, der nur halb so hoch war und sehr viel kleiner, stand der Webstuhl.

Ein fleißiger, unermüdlich arbeitender Weber konnte etwa fünfzig bis sechzig Yards Stoff in der Woche weben, vorausgesetzt, daß seine Frau das Spulen für ihn besorgte. Sein Verdienst an dieser Arbeit belief sich auf vierundeinenhalben

Franc in der Woche. Allerdings geschah es nur zu häufig, daß
der Fabrikant ihm bei der Ablieferung sagte, daß er erst in
ein bis zwei Wochen wieder Arbeit für ihn habe. Vincent
fand, daß die Weber ein anderer Menschenschlag waren als
die Bergleute in der Borinage. Sie waren sehr ruhig und rebel-
lierten nicht gegen ihr Geschick.

Vincent freundete sich sehr bald mit ihnen an. Es waren
schlichte Seelen – ihr einziges Verlangen war, genug arbeiten
zu dürfen, um wenigstens Kartoffeln, Kaffee und gelegentlich
eine Scheibe Speck kaufen zu können. Sie hatten nichts dagegen, daß Vincent sie bei der Arbeit malte. Er hatte immer
eine Tüte Leckereien für die Kinder oder ein bißchen Tabak
für den Großvater in der Tasche, wenn er kam.

Er stand jeden Morgen zeitig auf und brachte fast den ganzen
Tag auf den Feldern zu, wenn er nicht gerade in den Hütten
der Bauern und Weber arbeitete. Mit den Menschen, die ihre
Scholle beackerten, und denen, die hinter dem Webstuhl
saßen, fühlte er sich wohl und vertraut. Nicht umsonst hatte
er viele Abende lang bei den Bergleuten, den Torfgräbern und
Landleuten gehockt. Er ging ganz darin auf, das Leben, das
ruhige Gleichmaß des Alltags auf dem Lande zu beobachten.

Er kehrte wieder zu seiner großen Liebe zurück und zeichnete
Menschen, nur daß er jetzt daneben eine zweite Liebe hatte:
die Farbe. Die reifenden Kornfelder, rotdunkles Gold, zeichneten sich klar und wunderbar abgesetzt gegen den kobaltblauen
Himmel ab. Frauengestalten von etwas derber Kraft bewegten
sich bronzebraun im Hintergrund. Ihre blauen Arbeitskleider
leuchteten.

Wenn er, die Staffelei auf dem Rücken und die feuchte Leinwand unter dem Arm, mit kräftig ausholenden Schritten die
Landstraße entlang kam, öffneten sich die Fensterläden überall einen Schlitz breit. Es war ein Spießrutenlaufen an all den
neugierigen Augen vorbei, die ihn voll weiblicher Sensations-
lust musterten. Kam er nach Hause, so fand er Elisabeth, seine
Schwester, dort, die ihn für den Tod nicht ausstehen konnte.
Sie fürchtete, daß die absonderlichen und auffallenden Lebensgewohnheiten ihres Bruders ihr die Heiratschancen in Nue-

nen verderben könnten. Willemien mochte ihn gern, aber sie hielt ihn für einen Langweiler. Sehr viel später erst befreundete er sich mit Cor, seinem jüngeren Bruder.

Vincent aß nicht mit den übrigen zusammen am großen Familientisch, sondern für sich allein, mit dem Teller auf dem Schoß, in einer Ecke, wo er während des Essens seine Bilder vor sich an eine Stuhllehne stellen und unbarmherzig und kritisch auf Fehler und Schwächen hin durchsehen konnte. Er unterhielt sich nie mit seiner Familie, selten einmal richteten sie das Wort an ihn. Er aß sein Brot immer ohne jeden Belag, um gar nicht erst in die Versuchung zu kommen, sich zu verwöhnen. Fiel einmal bei Tisch der Name irgendeines Schriftstellers, den er besonders gern mochte, so mischte er sich wohl mit einem Wort in die Unterhaltung. Im großen und ganzen aber fand er, daß das Zusammenleben sich am ehesten regeln ließ, wenn man möglichst wenig miteinander sprach.

Er hatte schon etwa einen Monat lang draußen auf den Feldern gemalt, als ihn ein seltsames Gefühl überkam, als würde er ständig beobachtet. Daß die Leute in Nuenen ihn anstarrten und daß selbst die Bauern, wenn er vorüberkam, ihm einen Augenblick, auf ihre Hacken gestützt, verwundert nachsahen, wußte er. Das hier aber war etwas anderes. Er spürte, daß man ihn nicht nur beobachtete, sondern daß man ihm nachging. Zuerst suchte er dieses Gefühl einfach von sich abzuschütteln, aber er konnte es nicht loswerden. Überall war es, als folgten ihm zwei Augen. Er sah sich öfters plötzlich um – aber es war nichts Verdächtiges zu entdecken. Einmal nur kam es ihm vor, als wäre gerade, als er sich umwandte, ein weißer Frauenrock hinter einem Baum verschwunden – ein andermal lief jemand eiligst vor ihm davon, als er aus der Hütte eines Webers trat.

Erst nach zwei Wochen fand er des Rätsels Lösung. Er sah den Torfstechern auf der Heide zu, nicht weit von ihm stand ein alter Wagen. Während er beschäftigt war, sah er plötzlich eine Frau hinter dem Wagen stehen. Er griff eilig nach Staffelei und Leinewand und tat, als wolle er nach Hause zurückkehren. Die Frau lief vor ihm her. Er folgte ihr, ohne ihren Verdacht zu erregen, und sah sie in einem Haus verschwinden, das gleich neben dem Pfarrhaus stand.

»Wer wohnt links von uns im nächsten Haus, Mutter?« fragte er, als sich die Familie zum Abendessen versammelt hatte.

»Die Begemanns.«

»Was sind das für Leute?«

»Wir wissen auch nicht sehr viel. Es sind fünf Töchter, die mit ihrer Mutter zusammen leben. Der Vater soll schon längere Zeit tot sein.«

»Sind sie katholisch?«

»Nein, protestantisch, der Vater war ein Dominie.«

»Sind welche von den Mädchen unverheiratet?«

»Alle. Wieso fragst du?«

»Nur so . . . Wer ist denn nun der Ernährer?«

»Niemand . . . sie scheinen Geld zu haben.«

Am nächsten Tag ging er wieder zu der gleichen Stelle wie am Tag vorher. Er wollte die blaugekleideten Bauerngestalten in dem reifen Kornfeld oder gegen die welkenden Blätter einer Buchenhecke auf die Leinwand bannen.

Der Morgen näherte sich schon dem Mittag, als er die Frau wieder hinter sich spürte. Mit einem Seitenblick sah er ihr Kleid hinter dem Gebüsch bei dem alten Wagen.

»Heute stelle ich sie«, murmelte er, »und wenn ich mitten in der Arbeit aufhören müßte.«

Vincent war in letzter Zeit immer mehr dazu gekommen, eine Sache einfach »hinzuhauen«. In einer einzigen, leidenschaftlich kraftvollen Aufwallung packte und gestaltete er den Eindruck, den eine Sache ihm vermittelte. Diese Schnelligkeit der Arbeit hatte ihm schon bei den alten holländischen Meistern immer einen großen Eindruck gemacht. Sie hatten in großartig drängender Hast gemalt, damit der erste Eindruck, die Stimmung, in der das Motiv empfangen und erfaßt worden war, nicht verlorenging.

Im Drang der schöpferischen Hingabe an die Arbeit vergaß er die Frau. Als er sich eine Stunde später wieder umsah, sah er, daß sie aus dem Gehölz herausgetreten war und nun direkt hinter dem Wagen stand. Am liebsten wäre er gleich aufgesprungen und hätte sie festgehalten, um zu erfahren, warum sie ihm immer nachginge – aber er konnte sich nicht von seiner Arbeit losreißen. Nach einiger Zeit drehte er sich wieder um und sah sie nun zu seinem großen Erstaunen vor dem Wagen stehen. Es war zum ersten Male, daß sie sich offen zeigte.

Er arbeitete fieberhaft weiter. Je hingegebener er arbeitete, um so näher schien die Frau zu kommen. Je leidenschaftlicher er sich in seine Arbeit vertiefte, um so leidenschaftlicher schienen ihre Augen daran teilzunehmen. Er drehte die Staffelei ein klein bißchen ins Licht – da sah er sie mitten auf dem Feld zwischen sich und dem Wagen stehen. Sie sah aus wie jemand, der schlafwandlerisch einem Befehl gehorchen muß. Schritt für Schritt näherte sie sich ihm, zögerte, ging weiter, als triebe eine geheimnisvolle Macht sie zu ihm hin, der sie sich nicht widersetzen konnte. Er drehte sich plötzlich um und sah ihr direkt ins Gesicht. Ihre Augen hatten einen fiebrigen Glanz, sie sah nicht auf Vincent, sondern auf das Bild. Er wartete darauf, daß sie zu sprechen anfing. Sie schwieg. Er wandte sich wieder der Arbeit zu, und mit einem letzten Kraftaufwand beendete er sie. Die Frau stand regungslos daneben.

Es war spät nachmittags. Die Frau hatte seit Stunden auf dem Felde gestanden. Vincent war völlig erschöpft, seine Nerven waren von der schöpferischen Erregung bis aufs äußerste gespannt. Er stand auf und ging zu der Frau.

»Ich bin Vincent van Gogh«, sagte er, »Ihr Nachbar, aber vermutlich wissen Sie das.«

»Ja«, sie hauchte es hin – kaum vernehmlich.

»Welche von den Schwestern Begemann sind Sie?«

Sie schwankte leicht, faßte sich wieder. Sie setzte verschiedentlich an, um zu antworten, und sagte schließlich mit vieler Mühe:

»Margot.«

»Und warum folgen Sie mir immer, Margot Begemann? Ich habe es die ganzen letzten Wochen gemerkt.«

Ein unterdrückter Schrei entfloh ihrem Munde, sie grub die

Nägel in seine Arme, um sich aufrecht zu halten, und sank dann ohnmächtig zu Boden.

Vincent kniete nieder, legte den Arm unter ihren Kopf und strich ihr das Haar aus der Stirn. Die Sonne ging gerade glutrot unter, und die Bauern trotteten müde nach Hause zurück. Vincent und Margot waren allein. Er sah sie aufmerksam an. Sie war nicht schön. Sie mußte schon hoch in den Dreißigern sein.

Vincent hatte noch ein bißchen Wasser in der Flasche, er feuchtete einen Lappen an, mit dem er gewöhnlich die Farben abwischte, und legte ihn Margot auf die Stirn. Plötzlich öffnete sie weit die Augen – es waren gute Augen: dunkelbraun, zärtlich – die Augen einer mystischen Seele.

»Fühlen Sie sich nun besser, Margot?« fragte er sie.

Einen kurzen Augenblick lang lag sie da und sah zu seinen blaugrünen Augen auf, die voller Mitgefühl und Verständnis tief in den Menschen einzudringen schienen. Dann warf sie sich mit wildem Schluchzen an Vincents Brust und vergrub ihre Lippen in seinem Bart.

Am nächsten Tage trafen sie sich verabredungsgemäß an einem bestimmten Ort außerhalb des Dorfes. Margot trug ein reizendes weißes, hochgeschlossenes Batistkleid und hatte einen Sommerhut über dem Arm hängen. Sie war in seiner Gesellschaft noch immer etwas unruhig, aber doch schon viel sicherer als am Tag vorher. Vincent legte seine Palette nieder, als er sie kommen sah. Sie hatte nichts von Kays zarter Schönheit, im Vergleich zu Christine jedoch war sie hübsch und anziehend.

Er stand von seinem Feldstühlchen auf, wußte aber nicht recht, was er nun machen sollte. Er hatte gewöhnlich ein Vorurteil gegen die feinen Damen in Kleidern, die Frau aus dem Volk in Unterrock und Joppe war ihm lieber.

Margot schmiegte sich an ihn und küßte ihn ganz selbstverständlich. Vincent breitete auf der Erde seinen Mantel für sie aus. Er saß auf dem Feldstuhl, und Margot saß vor ihm, ihren Kopf gegen seine Knie geschmiegt, und sah mit einem Blick zu ihm auf, den er noch nie von einer Frau gesehen hatte.

»Vincent«, sagte sie nur – aus reiner Freude, ihn beim Namen nennen zu können.

»Ja, Margot«, er wußte nicht recht, was er sagen oder machen sollte.

»Hast du gestern abend Schlechtes von mir gedacht?«

»Nein. Wieso?«

»Du wirst es mir kaum glauben . . . aber als ich dich gestern abend küßte, habe ich zum erstenmal in meinem Leben einen Mann geküßt.«

»Bist du denn noch niemals verliebt gewesen?«

»Nein.«

»Das ist schade.«

»Ja.« Sie schwieg. »Du hast schon Frauen geliebt, nicht wahr?«

»Ja.«

»Viele?«

»Nein . . . nur drei.«

»Und haben sie dich wiedergeliebt?«

»Nein, Margot.«

»Man muß dich doch lieben.«

»Ich habe immer Unglück in der Liebe gehabt.«

Margot rückte näher an ihn heran und ließ ihren Arm auf seinem Schoß ruhen. Sie ließ ihre Finger sanft über sein Gesicht gleiten, die starke, schön geschwungene Nase, den vollen Mund, das harte gerundete Kinn.

»Wie stark du bist«, murmelte sie. »Alles an dir, Arme, Kinn und Bart. Ich habe noch niemals einen Mann wie dich getroffen.«

Er nahm ihr Gesicht mit unbeholfener Zärtlichkeit zwischen die Hände.

»Hast du mich ein bißchen lieb?« fragte sie scheu.

»Ja.«

»Küß mich.«

Er küßte sie.

»Bitte, denke nicht schlecht von mir, Vincent. Ich konnte nicht anders . . . konnte nicht dagegen an . . . ich sah dich, ich wußte sofort, daß ich dich liebte . . . ich mußte dir folgen.«

»Du liebst mich? Wirklich? Aber wieso?«

Statt einer Antwort richtete sie sich auf und küßte ihn auf den Mund.

Dann saßen sie still nebeneinander. Nicht weit von dem Fleckchen, wo sie saßen, lag der Dorffriedhof. Menschenalter nach Menschenalter waren hier die Bauern in demselben Acker, den sie während ihrer Lebenszeit gepflügt hatten, zur letzten Ruhe gebettet worden. Vincent war bemüht, in seinen Bildern zu zeigen, wie einfach doch der Tod war – wie ein Blatt, das herbstmüde zu Boden fällt, wie eine umgebrochene Scholle – ein schlichtes Holzkreuz. Die Felder rings um den Friedhof hinter der kleinen Mauer dehnten sich weit wie ein Meer bis an den Horizont.

»Weißt du etwas von mir, Vincent?« fragte sie sanft.

»Sehr wenig.«

»Hat dir jemand gesagt, wie alt ich bin?«

»Nein.«

»Nun, ich bin neununddreißig. Ich habe in wenigen Monaten meinen vierzigsten Geburtstag. Seit fünf Jahren habe ich mir immer wieder gesagt, daß ich nicht mehr leben will, wenn ich bis zu meinem vierzigsten Geburtstag niemanden getroffen habe, den ich lieben kann.«

»Aber es ist so leicht, jemanden zu lieben.«

»Glaubst du das wirklich?«

»Ja, nur wiedergeliebt werden, das ist schwer.«

»Nein. Auch jemanden zu finden, den man lieben kann, ist hier in Nuenen sehr schwer. Seit mehr als zwanzig Jahren habe ich mich verzweifelt danach gesehnt – vergebens.«

»Hast du nie jemanden getroffen . . .«

Sie sah ins Weite. »Einmal, als ich noch ein Mädchen war . . . da habe ich einen Jungen liebgehabt.«

»Und?«

»Er war katholisch. Sie haben ihn weggejagt.«

»Wer – sie?«

»Meine Mutter und die Schwestern.«

Sie kniete jetzt vor ihm. Was kümmerte es sie, daß der feuchte Ackerboden ihr schönes weißes Kleid schmutzig machte. Sie ließ die Ellenbogen auf seinem Schenkel ruhen und stützte das Gesicht in die Hände.

Sie sah ihn voll an.

250

»Das Leben einer Frau, das nicht von Liebe erfüllt ist, ist leer, Vincent.«

»Ich weiß.«

»Jeden Morgen habe ich mir gesagt: Heute werde ich jemanden finden, den ich liebhaben kann – andere Frauen finden einen Menschen, warum sollte ich ausgeschlossen sein? Und jedem solchen Morgen folgte eine neue Nacht, in der ich wieder allein und elend war. Eine ganze Kette leerer Tage, Vincent. Zu Hause hatte ich nichts zu tun – wir haben genug Personal –, so war jede einzelne Stunde nur mit Sehnsucht nach Liebe erfüllt. Jeden Abend sagte ich mir: ›Das ist kein Leben, genausogut hättest du tot sein können.‹ Nur eins hat mich aufrechterhalten, die Hoffnung, daß irgendwie ein Mann erscheinen müßte, den ich lieben könnte. Ein Geburtstag folgte dem andern, der siebenunddreißigste, achtunddreißigste, neununddreißigste. Ich hätte es nicht fertigbekommen, weiterzuleben, wenn auch der vierzigste vergangen wäre, ohne daß ich wenigstens einmal geliebt hätte. Und dann kamst du, Vincent. *Jetzt endlich habe auch ich lieben dürfen.*«

Es war ein Schrei triumphierender Freude – als hätte sie einen großen Sieg davongetragen. Er strich ihr das weiche Haar hinter die Ohren. Sie warf die Arme um seinen Nacken und küßte ihn – leidenschaftlich – unaufhörlich. Da saß er auf seinem kleinen Malerstühlchen, die Palette lag neben ihm, vor ihm lag der Dorffriedhof und hier, dicht an ihn geschmiegt, die Frau: zum erstenmal im Leben fühlte Vincent den wundersam heilenden Balsam der Liebe. Er zitterte – er wußte, daß er auf heiligem Boden stand.

Margots Wangen hatten sich in freudiger Erregung gerötet – ihre Augen glänzten. Die Liebe verlieh ihr die Gnade neuer Jugend. Vincent, jeden Gefühls unfähig, ließ seine Finger über die sanfte Haut ihres Gesichts gleiten. Sie griff nach seiner Hand, küßte sie innig und hielt sie gegen ihre glühende Wange. Nach einer Weile sagte sie still:

»Ich weiß, daß du mich nicht liebst. Das wäre auch zuviel verlangt. Ich habe ja auch Gott nur angefleht, daß er mich lieben lassen soll. Daß jemand mich wiederliebt – das habe ich mir nicht einmal im Traum gewünscht. Lieben, nicht geliebt werden, das ist wichtig, nicht wahr, Vincent?«

Vincent dachte an Ursula und Kay. »Ja«, antwortete er.

Sie sah in den blauen Himmel über sich. »Und du läßt mich mit dir gehen, nicht wahr? Wenn du nicht sprechen möchtest, werde ich still neben dir sitzen und kein Wort sagen. Laß mich nur in deiner Nähe sein. Ich verspreche dir, daß ich dich nicht bei deiner Arbeit stören werde.«

»Natürlich kannst du mitkommen. Aber, Margot, sag mal, warum bist du nicht aus Nuenen fortgegangen, wenn es hier keine Männer gibt? Hättest du nicht irgendwohin auf Besuch fahren können? Hattest du kein Geld dazu?«

»Doch. Geld genug. Mein Großvater hat mir ziemlich viel hinterlassen.«

»Warum bist du also nicht einmal nach Amsterdam oder dem Haag gefahren? Dort hättest du sicher Männer getroffen, die dich interessiert hätten.«

»Sie haben es nicht gewollt.«

»Von deinen Schwestern ist keine verheiratet?«

»Nein, Lieber, wir sind alle ledig.«

Schmerz durchzuckte ihn. Zum ersten Male hatte eine Frau ihn »Lieber« genannt. Er wußte, wie schrecklich es war, zu lieben und nicht wiedergeliebt zu werden – er hatte keine Ahnung gehabt, welche Süßigkeit es bedeutet, von einer guten Frau aus dem Grund ihres Wesens geliebt zu werden. Er hatte Margots Liebe zu ihm als einen seltsamen Zufall angesehen, an dem er nicht beteiligt war. Dieses schlichte Wort aber, das Margot so ruhig und innig gesprochen hatte, veränderte ihn völlig. Er zog Margot an sich und hielt ihren zitternden Körper fest und warm umschlossen.

»Vincent, Vincent«, sagte sie leise. »Ich habe dich so unbeschreiblich lieb.«

»Wie seltsam das klingt, dich sagen zu hören, daß du mich liebhast.«

»Ich bin fast froh, daß ich all die Jahre niemanden gefunden habe, den ich lieben konnte. Du bist es wert, daß man auf dich wartet, du mein einzig Geliebter. Niemals – in meinen kühnsten Träumen nicht – hätte ich mir vorstellen können, daß ich das für jemanden empfinden kann, was ich nun für dich fühle.«

»Ich liebe dich auch, Margot«, sagte er.

Sie entzog sich ihm leicht. »Du brauchst das nicht zu sagen, Vincent. Vielleicht wird ein Tag kommen, an dem du mich ein bißchen gern hast. Aber das einzige, worum ich dich jetzt bitte, ist, daß du mich dich lieben läßt.«

Sie glitt aus seinen Armen, schob seinen Mantel zur Seite und setzte sich auf ihren alten Platz. »Geh wieder an deine Arbeit, Lieber«, sagte sie. »Ich darf dich nicht aufhalten ... und ich sehe dir so gerne zu, wenn du malst.«

Margot begleitete ihn jetzt täglich. Er lief oft kilometerweit, um den richtigen Flecken zum Malen zu finden. Dann kamen sie beide müde und von der Hitze erschöpft an. Nie äußerte Margot auch nur ein Wort der Klage. Eine auffällige Veränderung war mit ihr vorgegangen. Ihr Haar, früher unscheinbar braun, leuchtete jetzt mit goldenem Glanz. Die schmalen, immer trockenen Lippen wurden voll und rot. Die Haut spannte sich fest und warm über ihrem Gesicht. Ihre Augen schienen größer, und ihr Gang wurde kräftig und sicher. Es war, als badete sie täglich von neuem im Jungbronnen der Liebe.

Sie dachte sich lauter kleine Überraschungen für ihn aus: Leckerbissen für unterwegs, irgendeinen Stich, den er einmal mit Bewunderung erwähnt hatte – was ihm nur irgendwie Freude machen konnte. Sie störte ihn nie bei der Arbeit. Sie saß still neben ihm und ließ sich von dem leidenschaftlichen Gefühl durchströmen, mit dem er seine Bilder erfüllte.

Margot verstand nichts von Malerei, aber sie hatte eine feine Einfühlungsgabe und einen schnell begreifenden Verstand. Sie hatte immer das rechte Wort im rechten Augenblick. Vincent fand, daß sie vieles intuitiv begriff, was sie nie gelernt hatte.

Er freute sich darüber, daß Margot so verliebt in ihn war. Sie betrachtete ihn ganz unkritisch. Sie hielt alles, was er tat, für gut und richtig. Sie sagte ihm nicht, daß sein Benehmen ungeschliffen, seine Stimme rauh, sein Gesicht von harten Linien durchzogen sei. Sie verurteilte ihn nicht, weil er kein Geld verdiente, legte ihm nicht nahe, daß er eine andere Arbeit ergreifen sollte. Wenn sie im Abenddunkel nach Hause gingen, legte er seinen Arm um sie und erzählte ihr von allem, was er getan hatte, er erklärte ihr, warum er lieber einen trauernden Bauern als einen Bürgermeister, lieber ein Bauernmädchen im geflickten blauen Unterrock und Mieder als eine feine Dame malte. Er war, wie er war – und so liebte sie ihn, ohne jeden Vorbehalt.

Vincent konnte sich an die veränderte Lage gar nicht gewöhnen, er wartete fast täglich darauf, daß ihre Beziehung auseinanderbrechen müsse, daß Margot wie die Frauen in seinen sonstigen Erlebnissen plötzlich unfreundlich und grausam werden und ihm sein Versagen im praktischen Lebenskampf vorwerfen würde. Aber ihre Liebe nahm statt dessen nur immer mehr zu. Sie schenkte ihm ein so reiches, umfassendes Verständnis, wie nur eine reife Frau es zu geben vermag. Es beunruhigte ihn, daß die von ihm vorausgesehene Entwicklung nicht eintrat, er war beinahe unzufrieden darüber. Er malte seine eigenen Mißerfolge selbstquälerisch so dunkel wie nur möglich, um sie zu reizen, sie zur Kritik herauszufordern. Aber sie sah sie nicht als schuldhafte Mißerfolge und Versager an, sondern nahm sie einfach teilnahmsvoll auf, wie man Erzählungen von den Wechselfällen des Lebens mit anhört.

Er erzählte ihr von seinen vergeblichen Bemühungen in der Borinage, von seinem Scheitern in Amsterdam, von seinem Verhältnis zu Christine. Schließlich gab er es auf, ihre Liebe zu ihm brechen zu wollen, und nahm sie hin. »Als ich jünger war, Margot«, sagte er, »habe ich immer geglaubt, daß alles vom Zufall abhinge. Jetzt, da ich älter werde, sehe ich, wie hinter allem ein tiefer Sinn steht. Es ist das Unglück vieler Menschen, daß sie lange im Dunkel tappen müssen, ehe sie das Licht sehen.«

»So wie ich – um dich zu finden.«

Sie hatten die niedrige Tür einer Weberhütte erreicht. Vincent drückte ihr warm die Hand. In ihrem Lächeln lag so viel süße Hingabe, daß er sich fragte, warum das Schicksal ihm die Liebe während langer Jahre vorenthalten hatte. Sie gingen in die strohgedeckte Hütte. Aus Sommer war Herbst geworden, und die Tage wurden kürzer. Über dem Webstuhl hing eine Lampe. Es wurde gerade ein Stück rotes Tuch gewebt. Der Weber und seine Frau legten die Fäden zurecht. Ihre dunklen, gebeugten Gestalten standen klar gegen das Licht, sie hoben sich von der lebhaften Farbe des Tuches dunkel ab, ihre riesigen Schatten lagen auf dem Webstuhl. Margot und Vincent wechselten verständnisvolle Blicke, er hatte ihr die Augen für die Schönheit geöffnet, die in den sogenannten »häßlichen« Dingen und Orten war.

Als der November herankam und die Bäume innerhalb weniger Tage ihre Blätter abschüttelten – sprach das ganze Dorf von Vincent und Margot. Margot war im Ort beliebt, Vincent aber begegnete man mit Furcht und Mißtrauen. Margots Mutter und die vier Schwestern versuchten die beiden auseinanderzubringen, aber Margot betonte immer wieder, daß reine Freundschaft sie verbände und daß niemand etwas dabei finden könnte, daß sie gemeinsam über die Felder wanderten. Die Begemanns wußten, daß Vincent eine unruhige Seele war, die es nie lange an einer Stelle hielt. Sie vertrauten also darauf, daß er schnell wieder verschwinden würde. Sie sorgten sich deshalb nicht sonderlich. Aber im Dorf sprach man immer wieder und wieder davon, daß nichts Gutes von diesem merkwürdigen Sohn van Gogh zu erwarten wäre und daß die Begemanns es bitter bereuen würden, wenn sie nicht rechtzeitig dafür sorgten, daß die Verbindung mit ihm aufhörte.

Vincent fragte sich vergeblich, warum die Leute im Dorfe so gegen ihn eingenommen wären. Er störte niemanden und tat niemandem weh. Es kam ihm gar nicht in den Kopf, daß er den Leuten hier in dem ruhigen Dörfchen, in dem seit Hunderten von Jahren Sitten und Gebräuche unverändert beibehalten worden waren, als ein sonderbarer Kauz erscheinen mußte. Erst als er erfuhr, daß man ihn für einen Tunichtgut und Müßiggänger hielt, gab er es auf, um ihre Gunst zu werben. Dien van den Beek, der einen kleinen Laden unterhielt, rief ihn eines Tages an, als er vorbeiging, und brachte in folgender Unterhaltung die Meinung des gesamten Dorfes zum Ausdruck.

»Jetzt ist der Herbst wieder da, und mit dem schönen Wetter ist's vorbei, eh?«

»Ja.«

»Dann werden Sie wohl bald an die Arbeit gehen?«

Vincent schob die Staffelei auf seinem Rücken in eine bequemere Lage. »Ja, ich bin grad unterwegs, ich will auf die Heide.«

»Das meine ich nicht – ich meine richtige Arbeit«, sagte Dien.

»Malen ist meine Arbeit«, entgegnete Vincent ruhig.

»Unter Arbeit versteht man doch wohl etwas, wofür man bezahlt wird – eine Stellung oder so.«

»So in die Felder gehen, wie ich es jetzt gerade tue, das ist meine Arbeit, Mijnheer van den Beek, genauso wie es die Ihre ist, Waren zu verkaufen.«

»Ja, aber das ist es ja gerade. Ich verkaufe meine Waren. Verkaufen Sie Ihre auch?«

Vincent hatte diese Fragerei satt, jeder einzelne im Dorf hatte ihn schon das gleiche gefragt.

»Manchmal verkaufe ich meine Arbeiten auch. Mein Bruder ist Kunsthändler, und er kauft sie mir ab.«

»Mijnheer, Sie sollten eine richtige Arbeit ergreifen. Solch Müßiggang kann nicht gut ausgehen. Man wird alt, und dann steht man mit leeren Händen da.«

»Müßiggang! Ich arbeite zweimal soviel wie Sie.«

»Das nennen Sie arbeiten? Diese Herumsitzerei und Farbenkleckserei? Das ist Kinderspiel. Machen Sie einen Laden auf, pflügen Sie – das ist Arbeit, wie sie sich für einen Mann geziemt. Sie sind zu alt, um so die Zeit zu vertrödeln.«

Vincent wußte, daß Dien nur die Meinung aller im Dorf wiedergab und daß sich die Begriffe Kunst und Arbeit vom Standpunkt dieser Provinzler aus nicht vereinbaren ließen. Er gab es auf, sich darum zu kümmern, was die Leute dachten, und sah sie gar nicht mehr, wenn er ihnen auf der Straße begegnete. Als das Gefühl des Mißtrauens ihm gegenüber seinen Höhepunkt erreicht hatte, geschah etwas, was ihn wieder in ihrer Gunst steigen ließ.

Anna Cornelia brach sich das Bein, als sie in Helmond aus dem Zug stieg. Sie wurde in größter Eile nach Hause gebracht. Der Arzt fürchtete für ihr Leben, obwohl er es den Angehörigen verschwieg. Vincent ließ sofort seine Arbeit liegen. Durch die Erfahrungen während seiner Arbeit in der Borinage verstand er recht viel von der Krankenpflege. Der Doktor beobachtete ihn etwa eine halbe Stunde lang und meinte dann: »Sie sind besser als eine Frau. Ihre Mutter ist bei Ihnen ausgezeichnet aufgehoben.«

Die Leute aus Nuenen, die in flauen Zeiten, wenn nichts passierte, mitleidlos und grausam sein konnten, konnten auch recht freundlich sein, wenn, wie hier, ein Unglück geschah. Sie kamen mit Leckerbissen, Büchern und freundlichem Gedenken. Sie sahen Vincent mit staunender Verwunderung als Krankenpfleger. Er wechselte die Bettwäsche, ohne daß seine Mutter sich zu bewegen brauchte, er badete und fütterte sie und erneuerte den Verband.

Im Verlauf von zwei Wochen änderten die Leute gründlich ihre Meinung über ihn. Er sprach ihre Sprache, wenn sie im Pfarrhaus vorsprachen, sie unterhielten sich darüber, wie man das Durchliegen verhindern könne, welche Diät Kranke halten sollten und welches die angemessenste Zimmertemperatur wäre. Wenn sie so miteinander sprachen, fanden sie, daß er doch ein ganz normaler Mensch wäre. Als seine Mutter sich ein bißchen erholt hatte und er wieder ein paar Stunden täglich draußen arbeiten und malen konnte, nannten sie ihn bei Namen und lächelten ihm zu.

Margot war ihm stets zur Seite. Sie war die einzige, die sich nicht darüber wunderte, daß er so zart sein konnte. Als sie eines Tages im Krankenzimmer saßen und leise miteinander sprachen, erwähnte Vincent zufällig, daß seiner Meinung nach eine gründliche Kenntnis des menschlichen Körpers sehr viele Dinge erklären könnte, daß diese Kenntnis aber nur schwer erarbeitet würde. »Es gibt ein herrliches Buch, ›Anatomie für Künstler‹ von John Marshall, es ist nur leider sehr teuer«, sagte er.

»Hast du kein Geld dafür?«

»Nein, nicht eher, als bis ich etwas von meinen Sachen verkaufen kann.«

»Vincent, du würdest mich so glücklich machen, wenn du dir etwas von mir borgen würdest. Du weißt, ich habe ein festes Einkommen aus meinem Vermögen – ich schaffe es gar nicht, alles auszugeben.«

»Es ist sehr lieb von dir, Margot – aber das kann ich nicht.«

Sie drängte ihn nicht weiter, doch ein paar Wochen später überreichte sie ihm ein Paket. »Was ist drin?« fragte er.

»Mach es auf und sieh nach.«

An der Schnur, mit der das Paket verschnürt war, hing ein Kärtchen, auf dem stand: »Zum glücklichsten aller Geburtstage.«

»Aber ich habe heute gar nicht Geburtstag«, rief er aus.

»Nein«, lachte Margot, »aber ich! Meinen vierzigsten, Vincent. Du hast mir mein Leben geschenkt. Sei lieb, und nimm das von mir, Lieber. Ich bin heute glücklich – ich möchte, daß du es auch bist.«

Sie waren in seinem Atelier im Garten. Es war niemand in der Nähe außer Willemien, die mit der Mutter im Haus drüben saß. Es war spätnachmittags, die untergehende Sonne malte einen Lichtflecken auf die getünchte Wand. Vincent blätterte gerührt in dem Buch. Zum erstenmal in seinem Leben hatte jemand anderes – außer Theo – das Bedürfnis gehabt, ihm etwas Liebes zu erweisen. Alle Lieblosigkeit der letzten Jahre schien vergessen, er umarmte und küßte Margot. Voll hingebender Liebe lag sie in seinen Armen. Unter seinen Zärtlichkeiten verlor ihr Gesicht alle Züge des Schmerzes – sie wurde noch einmal jung – ihr Gesicht war klar und schön.

Es dunkelte, der Sonnenfleck war von der Wand verschwunden, von draußen tönte nur der Ruf der Elster, die auf dem Akazienbaum saß, und das Läuten der Kuhglocken.

»Ich liebe dich, Margot«, sagte er. »Ich habe es bis jetzt nicht gewußt – aber nun weiß ich es.«

»Es ist lieb von dir, daß du mir das sagst, Lieber.« Ihre Stimme war weich und verträumt. »Ich weiß, daß du mich ein bißchen gern hast. Und ich, ich liebe dich von ganzem Herzen. Und so bin ich es zufrieden.«

Er liebte sie nicht so, wie er Kay und Ursula geliebt hatte. Er liebte sie nicht einmal so, wie er Christine geliebt hatte. Aber es war ein sehr zärtliches Gefühl für diese Frau in ihm, die so hingegeben in seinen Armen lag. Der Gedanke schmerzte ihn, daß er so wenig für die einzige Frau in der Welt, die ihn rückhaltlos liebte, empfinden konnte. Er erinnerte sich deutlich, welche Qualen er selbst ausgestanden hatte, weil Ursula und Kay seine Liebe nicht erwidert hatten. Er fühlte große Achtung vor Margots überwältigender Liebe zu ihm, und doch empfand er sie gleichzeitig als ein wenig abstoßend. Zum erstenmal ging ihm auf, warum die beiden Frauen ihn gemieden hatten.

»Margot«, sagte er, »mein Leben ist arm, aber es würde mich glücklich machen, wenn du es mit mir teilen würdest.«

»Ich möchte es mit dir teilen, Lieber.«

»Wir könnten einfach hier in Nuenen bleiben, oder würdest du lieber fortgehen von hier, wenn wir verheiratet sind?«

Sie schmiegte sich enger an ihn: »Wie hat Ruth gesagt? Wo du hingehst, da will ich auch hingehen!«

Auf den Sturm, der am nächsten Morgen losbrach, als sie ihren Familien den Entschluß mitteilten, waren sie nicht gefaßt gewesen. Für die van Goghs war es ein reines Geldproblem. Wie konnte er heiraten, wenn er von Theos Geld lebte?

Die Aufregung im Pfarrhaus war jedoch klein im Vergleich zu dem, was im Haus nebenan bei den Frauen vorging. Fünf Schwestern stark, von denen keine verheiratet war, konnten die Begemanns der Welt als geschlossene Front die Stirne bieten. Margots Heirat jedoch würde dem Dorf gegenüber die traurige Tatsache unterstreichen, daß die andern »sitzengeblieben« waren. Madame Begemann meinte nun, daß es das kleinere Übel sei, eine Schwester unglücklich zu machen als vier.

Margot begleitete Vincent an diesem Tage nicht zu den Webern. Spätnachmittags kam sie zu ihm ins Atelier. Ihre Augen waren verweint und geschwollen. Sie sah alt und müde aus. Einen Augenblick lang hielt sie ihn verzweifelt umschlungen.

»Den ganzen Tag über sind sie schrecklich über dich hergefallen«, sagte sie. »Ich habe nie gewußt, daß ein Mensch so schlecht sein kann, wie sie dich machten.«

»Das hättest du erwarten können.«

»Das habe ich auch. Aber ich hatte keine Ahnung davon, daß sie so bösartig sein könnten.«

Er legte zärtlich den Arm um sie und küßte sie auf die Wange.

»Überlasse sie mir«, sagte er, »ich komme heute abend nach dem Abendbrot hinüber. Vielleicht gelingt es mir, sie davon zu überzeugen, daß ich kein so fürchterlicher Mensch bin.«

Aber kaum hatte er das Haus der Begemanns betreten, da wußte er, daß er hier in feindlichem Lager stünde. Eine unheilschwangere Atmosphäre lag über dem Haus dieser sechs Frauen. Man spürte, daß nie eine männliche Stimme, ein männlicher Schritt durch diese Räume geklungen hatten.

Sie führten ihn in den »Salon«. Er war kalt und muffig. Seit Monaten war niemand darin gewesen. Vincent kannte die Namen der vier Schwestern, aber er wußte nicht, wie die einzelnen hießen. Irgendwo schienen sie ihm alle wie Karikaturen von Margot. Die älteste Tochter, die den Haushalt führte, übernahm die Rolle des Inquisitors.

»Margot hat uns erzählt, daß Sie sie heiraten wollen. Dürfen wir uns wohl zu fragen erlauben, was aus Ihrer Frau im Haag geworden ist?«

Vincent erklärte den Abbruch der Beziehungen. Die Atmosphäre im Salon schien noch um einige Grade kälter zu werden.

»Wie alt sind Sie, Mijnheer van Gogh?«

»Einunddreißig.«

»Hat Margot Ihnen gesagt, daß sie schon . . .«

»Ich weiß, wie alt Margot ist.«

»Darf man sich die Frage erlauben, wieviel Geld Sie im Monat verdienen?«

»Ich habe einhundertfünfzig Francs monatlich.«

»Woher beziehen Sie dieses Einkommen?«

»Mein Bruder schickt es mir.«

»Sie meinen, Sie lassen sich von Ihrem Bruder unterhalten?«

»Nein. Er bezahlt mir ein Monatsgehalt. Dafür erhält er alles, was ich male.«

»Wieviel verkauft er davon?«

»Das kann ich nicht so genau sagen.«

»Dann werde i c h es Ihnen sagen. Ihr Vater hat mir erzählt, daß Ihr Bruder noch nicht ein einziges Bild von Ihnen verkauft hat.«

»Er wird sie später verkaufen. Dann werden sie ihm ein Mehrfaches von dem bringen, was sie jetzt bringen würden.«

»Das ist – um es nicht härter auszudrücken – äußerst problematisch. Es ist wohl besser, wir besprechen Tatsachen!«

Vincent betrachtete eingehend das harte, jeder Schönheit bare Gesicht der ältesten Schwester. Von ihr hatte er kein Verständnis zu erwarten.

»Darf man sich wohl noch die Frage erlauben, wie Sie, wenn Sie sich nicht einmal selbst erhalten können, eine Frau zu ernähren gedenken?«

»Mein Bruder setzt einhundertfünfzig Francs monatlich auf mich, im Vertrauen auf mein künstlerisches Werk. Das ist seine Sache und nicht Ihre. Für mich bleibt es ein Gehalt. Ich verdiene es mir schwer genug. Margot und ich können jedenfalls damit auskommen, wenn wir uns einrichten.«

»Das brauchen wir nicht einmal!« rief Margot dazwischen. »Ich habe Geld genug, um für mich selbst zu sorgen!«

»Schweig, Margot«, befahl die älteste Schwester.

»Vergiß nicht, Margot«, mischte sich die Mutter ein, »daß ich das Recht habe, dein Einkommen jederzeit zurückzuhalten, wenn du dem Namen der Familie Schande machst.«

Vincent lächelte. »Ist Heirat eine Schande?«

»Wir wissen sehr wenig von Ihnen, Mijnheer van Gogh. Und

das wenige spricht kaum zu Ihren Gunsten. Wie lange sind Sie schon Maler?«

»Seit drei Jahren.«

»Und noch haben Sie keinen Erfolg aufzuweisen. Wie lange dürfte es wohl noch dauern, ehe Sie etwas erreichen?«

»Das weiß ich selbst nicht.«

»Was waren Sie, ehe Sie zu malen anfingen?«

»Kunsthändler, Lehrer, Buchhändler, Theologiestudent und Prediger.«

»Und Sie haben in allem versagt?«

»Ich habe alles aufgegeben.«

»Warum?«

»Ich eignete mich nicht dazu.«

»Es will mir scheinen, Mijnheer van Gogh«, sagte die älteste Schwester, »daß es ein bißchen anmaßend von Ihnen ist, Margot heiraten zu wollen. Sie sind wurzellos, besitzen keinen Franc und sind auch nicht imstande, einen zu verdienen – Sie ziehen herum wie ein Tagedieb und Vagabund. Wie könnten wir es verantworten, Ihnen unsere Schwester anzuvertrauen!«

Vincent griff nach seiner Pfeife, steckte sie dann aber wieder ein. »Margot liebt mich, und ich liebe sie. Ich kann sie glücklich machen. Wir könnten noch ein Jahr hier in Nuenen bleiben und dann ins Ausland gehen. Sie würde nur Liebe und Rücksichtnahme von mir erfahren.«

Eine der andern Schwestern warf spitz dazwischen: »Ihres Geldes wegen will er sie heiraten.«

Margots Augen füllten sich mit Tränen. Vincent erhob sich. Er sah ein, daß es keinen Sinn hatte, hier noch länger seine Zeit fruchtlos zu verschwenden. Er würde Margot einfach in Eindhoven heiraten und sofort von dort nach Paris übersiedeln müssen.

Margot litt schwer während der folgenden Tage. Der erste Schnee fiel, und Vincent mußte im Atelier arbeiten. Die Begemanns verhinderten es mit allen Mitteln, daß Margot ihn besuchen konnte. Von früh bis abends hörte sie nichts als Anwürfe gegen Vincent.

Als sie ihn dann doch einmal sah, sagte Vincent: »Ich kann einfach nicht verstehen, warum du nicht mit mir auf und davon gehen willst. Zumindest könnten wir ohne ihre Einwilligung hier heiraten.«

»Ich kann nicht. Meine Schwestern lassen mich nicht. Mein ganzes Leben lang haben sie es mir unmöglich gemacht, das zu tun, was ich tun wollte. Wollte ich Verwandte in der Stadt besuchen – gab es tausend Gründe dagegen, wollte ich Bücher lesen – so ließen sie kein gutes Buch ins Haus kommen. Lud ich wirklich einmal einen Mann ein, so haben sie ihn nachher, wenn er weg war, förmlich in Stücke gerissen. Ich habe einmal etwas mit meinem Leben anfangen wollen, ich wäre gern Krankenpflegerin geworden – oder wollte Musik studieren. Nein, das gab es nicht, ich mußte so denken wie sie, und ihr Leben mußte mein Leben sein.«

»Und was nun?«

»Jetzt wollen sie mich dich nicht heiraten lassen.«

Alle Lebensfreude war wieder aus ihrer Stimme, ihren Bewegungen verschwunden.

»Sorg dich nicht, Margot. Wir werden heiraten – und damit basta. Mein Bruder hat schon oft vorgeschlagen, ich solle doch nach Paris kommen. Wir könnten dort leben.«

Sie antwortete nicht. Sie saß auf der Bettkante und starrte auf die Dielen nieder. Er saß neben ihr und nahm ihre Hand.

»Fürchtest du dich, mich ohne ihre Einwilligung zu heiraten?«

»Nein.« Ihre Stimme war ohne Kraft und Überzeugung. »Ich werde mich umbringen, Vincent, wenn sie mich von dir reißen. Ich überlebe es nicht ... jetzt, wo ich dich endlich gefunden habe. Nein, ich mache Schluß – das ist alles.«

»Sie brauchen es ja nicht zu wissen. Laß uns heiraten, dann kannst du es ihnen später mitteilen.«

»Ich komme nicht gegen sie an. Es sind ihrer zu viele. Ich kann nicht gegen sie alle kämpfen!«

»Du brauchst nicht zu kämpfen. Laß uns heiraten, und dann ist die Sache erledigt.«

»Ach nein, es wäre nur der Anfang. Du kennst meine Schwestern schlecht.«

»Ich will sie auch gar nicht kennen. Aber gut, ich will's heute abend noch einmal versuchen.«

Er wußte sofort, als er in den Salon trat, daß es ein vergebliches Unterfangen war. Von neuem drang die eisige Atmosphäre auf ihn ein.

»Wir haben das alles schon das letztemal gehört, Mijnheer van Gogh«, sagte die wortführende Schwester. »Das kann uns beim besten Willen keinen Eindruck machen, geschweige denn überzeugen. Unsere Meinung über diese Angelegenheit steht fest. Wir möchten Margot glücklich sehen, aber wir können es nicht dulden, daß sie ihr Leben fortwirft. Wir haben uns entschlossen, Ihnen zwei Jahre Wartezeit zu geben. Wollen Sie nach Ablauf dieser Zeit noch immer die Heirat mit unserer Schwester, so werden wir keinerlei Einwände mehr machen.«

»Zwei Jahre«, sagte Vincent.

»In zwei Jahren werde ich nicht mehr hier sein«, sagte Margot ruhig.

»Wo denn?«

»Im Grab. Ich will nicht weiterleben, wenn ihr uns nicht heiraten laßt.«

Vincent sah, daß er nichts ausrichten konnte. Er floh, während hinter ihm die Flut entrüsteter Ausrufe, wie »Wie kannst du wagen, so etwas zu sagen!«, »Das ist also der Einfluß, den er auf dich ausübt!«, auf sie herniederhagelte.

Die langen Jahre der Unterdrückung waren nicht spurlos an Margot vorübergegangen. Ihre Nerven waren in keinem guten Zustand, und ihre Gesundheit war nicht die beste. Wäre sie zwanzig gewesen, hätte sie sich vielleicht durchgesetzt – aber sie hatte keine Widerstandskraft mehr. Mit jedem Tag wurde sie schwermütiger, ihr Gesicht war von feinen Runzeln durchzogen, ihre Augen nahmen wieder den traurigen, niedergeschlagenen Ausdruck an.

Unwillkürlich wuchs eine gewisse Abneigung gegen sie in Vincent. Er wollte sie aber seine Gefühle nicht merken lassen.

»Liebst du sie denn mehr als mich, Margot?« fragte er sie eines

Tages, als es ihr wieder einmal gelungen war, auf ein paar Augenblicke zu ihm ins Atelier zu entwischen.

Sie sah ihn erstaunt und vorwurfsvoll an. »O Vincent!«

»Warum bist du dann bereit, mich aufzugeben?«

Wie ein müdes Kind kuschelte sie sich in seine Arme. Ihre Stimme klang leise und wie verloren. »Wenn ich den Glauben hätte, daß du mich so liebst wie ich dich, würde ich der ganzen Welt die Stirn bieten. Aber dir bedeutet es wenig – und ihnen sehr viel.«

»Margot, das stimmt nicht. Ich liebe dich . . .«

Sie legte ihm zärtlich den Finger auf die Lippen. »Nein, Lieber, du möchtest gern – aber du tust es nicht. Mach dir keine Gedanken darüber. Ich will doch die sein, die am meisten liebt.«

»Warum reißt du dich dann nicht von ihnen los und bist dein eigener Herr?«

»Du kannst das leicht sagen. Du bist stark, du kannst es mit allen aufnehmen. Aber ich bin vierzig . . . ich bin hier in Nuenen geboren . . . Ich bin niemals über Eindhoven hinausgekommen. Siehst du nicht, Lieber, ich habe noch nie mit irgendwem oder irgendwas gebrochen.«

»Ja, ich verstehe.«

»Wenn du es im Tiefsten wünschtest, würde ich mit ganzer Kraft kämpfen. Aber es ist etwas, was nur ich wünsche. Und schließlich . . . es kommt so spät . . . mein Leben ist jetzt vorbei.«

Die letzten Worte waren ein kaum vernehmbares Flüstern. Ihre Augen standen voll Tränen.

»Mein liebes Mädchen«, sagte Vincent, »meine liebe Margot. Wir könnten ein ganzes Leben beieinander sein. Du brauchst nur ein einziges Wörtchen zu sprechen. Packe heute nacht, wenn die Deinen schlafen, deine Sachen. Du kannst sie mir durch das Fenster hinausreichen. Wir gehen nach Eindhoven und nehmen den ersten Frühzug nach Paris.«

»Es hat keinen Zweck, Lieber. Ich bin ein Teil von ihnen, und sie sind ein Teil von mir. Aber am Ende werde ich doch meinen Willen haben.«

»Margot, es bricht mir das Herz, dich so unglücklich zu sehen.«

Sie wandte ihm ihr Gesicht zu. Sie lächelte: »Nein, Vincent, ich bin glücklich. Ich habe gefunden, wonach ich mich gesehnt habe.«

Er küßte sie: Auf ihren Lippen schmeckte er das Salz der Tränen, die ihr über die Wangen gerollt waren.

»Es hat aufgehört zu schneien«, sagte sie nach einer kleinen Weile. »Wirst du morgen wieder draußen im Freien zeichnen?« – »Ich glaube, ja.«

»Wo wirst du sein? Ich komme nachmittags zu dir.«

Er arbeitete bis spät am Nachmittag am nächsten Tage. Er hatte seine Pelzkappe auf und zog die Leinenbluse fest am Hals zusammen. Der Abendhimmel war bläulichrot mit Gold durchsetzt, gegen den Himmel standen die dunklen Silhouetten der Hütten zwischen dem rostroten Gebüsch. Darüber stiegen die spärlichen Pappeln hoch empor, während das Land im Vordergrund fahlgrün sich erstreckte, nur durchzogen von Streifen schwarzer Erde.

Margot kam mit schnellen Schritten über das Feld. Sie trug das weiße Kleid, in dem er sie zuerst getroffen hatte. Sie hatte sich – gegen die Kälte – nur einen Schal um die Schultern gelegt. Ihre Wangen hatten einen leichten Hauch von Farbe. Sie war wieder die Frau, die vor wenigen Wochen unter dem Einfluß der Liebe so schön erblühte. Sie trug einen kleinen Handarbeitskorb.

Sie warf ihre Arme um seinen Hals. Er fühlte, wie ihr Herz heftig schlug. Er beugte ihren Kopf zurück und sah in ihre braunen Augen – der melancholische Ausdruck war verschwunden.

»Was ist los?« fragte er. »Ist etwas passiert?«

»Nein, nein!« rief sie. »Ich . . . bin nur glücklich . . . daß ich bei dir bin.«

»Aber warum kommst du bei dieser Kälte in dem leichten Kleid?«

Sie schwieg einen Augenblick und sagte dann: »Vincent, wohin du auch immer gehen magst . . . ich möchte gern, daß du dich an ein einziges erinnerst, wenn du an mich denkst . . .«

»An was, Margot?«

»Daß ich dich geliebt habe. Denke daran, daß ich dich mehr geliebt habe als irgendeine Frau sonst in der Welt.«

»Warum zitterst du so?«

»Es ist nichts. Ich wurde etwas aufgehalten. Deswegen kam ich so spät. Bist du bald fertig?«

»In ein paar Minuten.«

»Dann laß mich hier hinter dir sitzen, während du arbeitest – so wie früher. Du weißt, Lieber, ich wollte dir nie im Wege sein oder dich bei der Arbeit stören – ich hatte nur einen Wunsch – dich lieben zu dürfen.«

»Ja, Margot«, sagte er nur, er fand keine anderen Worte.

»Dann geh an die Arbeit, mein Liebster du – werde bald fertig, damit wir zusammen nach Hause gehen können.« Sie fröstelte leicht und zog sich den Schal fester um die Schultern. »Küß mich noch einmal, ehe du anfängst, Vincent ... So wie du mich damals geküßt hast ... in der glücklichen Stunde im Atelier ... als ich in deinen Armen lag.«

Er küßte sie zärtlich. Dann setzte sie sich hinter ihn. Die Sonne verschwand, und die kurze Winterdämmerung breitete sich über das flache Land. Die Stille des abendlichen Landes umschloß sie.

Plötzlich hörte er das Klirren einer Flasche. Mit einem unterdrückten Schrei erhob Margot sich auf die Knie und fiel dann in wilden Krämpfen zurück. Vincent sprang auf und warf sich neben sie nieder. Ihre Augen waren geschlossen, ein fast hämisches Lächeln lag über ihrem Gesicht. Ihr Körper wand sich in schnell aufeinanderfolgenden Zuckungen, es riß sie mit verkrümmten Armen nach hinten. Vincent bückte sich nach der Flasche, die im Schnee lag. Ein weißer, kristallener Satz war im Flaschenhals zurückgeblieben. Er war geruchlos.

Vincent hob Margot auf und rannte mit ihr auf den Armen wie gehetzt querfeldein. Nuenen war etwa einen Kilometer entfernt. Er fürchtete, daß sie ihm unter den Händen sterben würde, ehe er das Dorf erreichte. Es war kurz vor der Abendbrotzeit. Die Leute saßen überall vor den Türen. Er mußte durch das ganze Dorf laufen. Er erreichte das Begemannsche

Haus, stieß die Tür mit einem Fußtritt auf und legte Margot auf das Sofa im Salon. Die Mutter und die Schwestern kamen hereingerannt.

»Margot hat Gift genommen«, schrie er, »ich laufe rasch zum Arzt.«

Er rannte zum Dorfarzt, der vom Abendessen aufstehen mußte.

»Sind Sie sicher, daß es Strychnin war?« fragte dieser.

»Es sah so aus.«

»Und sie lebte noch, als Sie das Haus erreichten?«

»Ja.«

Margot wand sich auf dem Sofa, als sie ins Haus kamen. Der Arzt beugte sich über sie.

»Es war wirklich Strychnin«, sagte er, »aber sie hat noch etwas anderes genommen, um den Schmerz nicht zu fühlen. Es riecht nach Laudanum. Sie wußte nicht, daß das ein Gegenmittel ist.«

»Dann werden wir sie am Leben erhalten, Doktor?« fragte die Mutter.

»Jedenfalls bestehen Aussichten. Sie muß sofort nach Utrecht gebracht werden. Sie muß strengstens beobachtet werden.«

Vincent stand stumm in einer dunklen Ecke. Der Wagen fuhr vor. Der Arzt hüllte Margot in eine Decke und trug sie hinaus. Die Mutter und die vier Schwestern folgten. Vincent ging als letzter. In der Tür des Pfarrhauses nebenan stand seine Familie. Das ganze Dorf hatte sich vor dem Haus der Begemanns versammelt. Als der Arzt mit Margot in den Armen aus der Tür trat, trat eine eisige Stille ein. Er hob sie in den Wagen. Dann stiegen die Schwestern und die Mutter ein. Vincent stand daneben. Der Doktor ergriff die Zügel. Margots Mutter wandte noch einmal den Kopf, erblickte Vincent und schrie:

»Sie haben meine Tochter getötet!«

Die versammelte Menge blickte auf Vincent. Der Arzt knallte mit der Peitsche. Der Wagen verschwand in der Ferne.

Vor dem Unfall seiner Mutter hatten die Leute aus dem Dorf Vincent mit unfreundlichen Augen angesehen, weil sie kein

Vertrauen zu ihm hatten und einfach nicht verstehen konnten, wie jemand ein solches Leben führte, aber es war keine eigentliche Feindseligkeit in ihrer Haltung gewesen. Jetzt jedoch wandten sie sich mit ausgesprochenem Haß gegen ihn. Man drehte ihm schroff den Rücken, wenn er nur näher kam – man sprach nicht mehr mit ihm, man sah ihn einfach nicht – er war ein Geächteter geworden.

Ihm selbst machte es nichts aus – die Weber und Bauern in ihren Hütten nahmen ihn weiterhin als Freund auf –, als aber die Besuche in der Pfarrei aufhörten, seine Eltern durch ihn isoliert wurden, erkannte er, daß es Zeit war, fortzugehen.

Vincent sah ein, daß es das beste wäre, wenn er ganz aus dem Brabanter Land verschwände, damit seine Eltern endlich Frieden hätten. Aber wo sollte er hin? Hier war seine Heimat. Am liebsten hätte er sich hier für immer niedergelassen. Einfaches Volk, die Bauern und Weber hier zu malen, erschien ihm die einzige Rechtfertigung seiner Arbeit.

Millet war dem Göttlichen, wie Vincent es verstand, in seinem »Angelus« am nächsten gekommen. Ihm wollte er nacheifern. Draußen im Freien – direkt nach der Natur malen!

Er löste das Problem auf einfache Art. Etwas weiter unten, an der Landstraße, lag die katholische Kirche und gleich daneben das Haus des Küsters. Johannus Schafrath war Schneider – er übte seinen Beruf aus, wenn das Küsteramt ihm Zeit dazu ließ. Adriana, seine Frau, war eine gute Seele. Sie vermietete Vincent zwei Zimmer und freute sich, daß sie wenigstens auf diese Art etwas für den Mann tun konnte, gegen den sich das ganze Dorf gewandt hatte.

Das Haus der Schafraths wurde in der Mitte durch einen breiten Flur in zwei Teile geteilt. Rechts vom Eingang lagen die Räume, in denen die Familie wohnte. Links lag ein geräumiges Wohnzimmer, das auf die Straße hinausging, und dahinter war noch ein Zimmerchen. Das Wohnzimmer wurde Vincents Atelier und das andere sein Vorratsraum.

Im Atelier hing er seine Aquarelle und Kreidezeichnungen auf: Männer- und Frauenköpfe, Weber und Webstühle, Frauen, die das Weberschiffchen schwirren ließen, Bauern beim Kartoffelbuddeln. Er schloß Freundschaft mit seinem Bruder Cor. Sie bauten einen Schrank und sammelten mindestens vierzig verschiedene Arten Vogelnester, alle möglichen Moose und Pflanzen, die auf der Heide wuchsen, Weberschiffchen, Spinnräder, Bauernwerkzeuge, alte Kappen und Hüte, Holzschuhe, Bauerngeschirr – überhaupt alles, was irgendwie mit dem bäuerlichen Leben zusammenhing. Sie setzten sogar einen richtigen kleinen Baum in eine der hinteren Ecken.

Dann ging es an die Arbeit. Er fand, daß Bister und Bitumen, was die Maler nicht mehr gebrauchten, seinen Farben etwas Reifes und Schwellendes gaben. Er entdeckte, daß er nur wenig Gelb in eine Farbe zu geben brauchte, um sie neben violetten oder lila Tönen sehr gelb erscheinen zu lassen.

Er lernte ferner, daß Isolierung eine Art Gefängnis ist.

Im März brach sein Vater, als er von einem Krankenbesuch bei einem Pfarrkind, das weit entfernt wohnte, zurückkam, vor der Tür seines Pfarrhauses zusammen. Als Anna Cornelia ihn dort fand, war er bereits tot. Sie begruben ihn im Garten bei der alten Kirche. Theo kam zum Begräbnis nach Hause. Sie saßen die Nacht über in Vincents Atelier beieinander und sprachen erst von Familienangelegenheiten und dann von ihrer Arbeit.

»Man hat mir tausend Francs monatlich angeboten, wenn ich von Goupils weggehe und in eine neue Firma eintrete«, sagte Theo.

»Nimmst du das Angebot an?«

»Ich glaube nicht. Sie scheinen mir die ganze Geschichte rein geschäftsmäßig aufziehen zu wollen.«

»Du hast mir aber immer geschrieben, daß Goupils . . .«

»Ja, ich weiß, sie sind auch auf Profit aus. Aber immerhin bin ich nun schon seit zwölf Jahren bei ihnen. Warum sollte ich wegen ein paar Francs mehr neu anfangen. Vielleicht lassen sie mich eines Tages eine ihrer Niederlassungen selbständig verwalten. Wenn sie das tun, würde ich die Impressionisten verkaufen können.«

»Die Impressionisten? Den Namen habe ich schon irgendwann einmal gelesen. Wer sind sie?«

»Ach, das sind die jüngeren Maler in Paris: Edouard Manet, Degas, Renoir, Claude Monet, Sisley, Courbet, Gauguin, Cézanne, Seurat.«

»Wie sind sie zu dem Namen gekommen?«

»Durch die Ausstellung bei Nadar im Jahre 1874. Monet hatte dort ein Gemälde ausgestellt, das er ›Impression. Soleil Levant‹ nannte. Louis Leroy, ein Zeitungskritiker, nannte die Ausstellung eine Impressionistenschau, und der Name blieb dann haften.«

»Arbeiten sie hauptsächlich mit hellen oder dunklen Farben?«

»Ah, hellen! Sie finden die dunklen abscheulich.«

»Dann glaube ich nicht, daß ich mit ihnen arbeiten könnte. Meine Farben werden immer dunkler.«

»Vielleicht würdest du deine Meinung ändern, wenn du einmal nach Paris kämst.«

»Vielleicht ... Lassen sich manche von den Bildern verkaufen?«

»Durand-Ruel verkauft gelegentlich einen Manet. Das ist ungefähr alles.«

»Wovon leben sie dann?«

»Das weiß der liebe Gott. Zum großen Teil von ihrem Mutterwitz. Rousseau gibt Kindern Geigenunterricht. Gauguin borgt sich Geld von seinen früheren Freunden auf der Börse, Seurat läßt sich von seiner Mutter ernähren, Cézanne durch seinen Vater. Wo die andern ihr Geld herkriegen, ist mir unerfindlich.«

»Kennst du sie alle, Theo?«

»Ja. Langsam lerne ich sie kennen. Ich habe versucht, die ›Messieurs‹ zu überreden, daß sie ihnen eine kleine Ecke bei Goupils einräumen, aber sie würden das Gemälde eines Impressionisten nicht mit der Mistgabel anfassen wollen.«

»Das scheinen Burschen zu sein, wie ich sie kennenlernen müßte. Höre, Theo, du tust absolut nichts, damit ich einmal andere Maler kennenlernen kann.«

Theo ging zum Atelierfenster und starrte auf den kleinen grünen Rasenplatz, der zwischen dem Küsterhaus und der Landstraße, die nach Eindhoven führte, lag.

»Dann komm nach Paris und wohne bei mir«, sagte er. »Letzten Endes wird dein Weg dich sowieso dorthin führen.«

»Ich bin noch nicht soweit. Ich muß erst hier noch einige Arbeiten fertigmachen.«

»Nun schön, aber wenn du in der Provinz lebst, kannst du nicht erwarten, daß du Leute deiner Art triffst.«

»Das mag stimmen. Aber, Theo, etwas kann ich einfach nicht verstehen. Du hast noch niemals ein einziges Bild, ja noch nicht einmal eine Zeichnung von mir verkauft – du hast noch nicht einmal den Versuch unternommen. Stimmt's?«

»Ja.«

»Warum?«

»Ich habe deine Sachen den Kennern vorgelegt. Sie sagen...«

»So ... den Kennern!« Vincent zuckte die Schultern. »Die Banalitäten, die diese Herren Kenner meistens von sich geben, sind mir bekannt. Theo, es muß dir doch schließlich klar sein, daß ihre Meinungen sehr wenig in bezug auf das Wesentliche eines Werkes besagen.«

»Na, das würde ich nun nicht sagen. Deine Arbeit ist fast so weit, daß man sie wird verkaufen können, aber ...«

»Theo, Theo! Mit den gleichen Worten hast du mir über die ersten Skizzen geschrieben, die ich dir damals aus Etten schickte.«

»Und doch sind sie wahr, Vincent. Immer scheint es, daß du gerade im Begriff bist, etwas wundervoll Reifes zu schaffen. Jedesmal, wenn ich eine neue Skizze in die Hand bekomme, hoffe ich gespannt darauf, daß das nun das Richtige sein wird. Aber bis jetzt ...

Wenn du etwas verkaufen willst, wäre es außerdem besser, wenn du mir Bilder und nicht nur Studien schicken würdest. Für Studien interessiert sich heute keiner mehr.«

»Die Linie zwischen Studie und Bild scheint mir nicht leicht zu ziehen. Das beste ist wohl, man zeichnet so viel und so gut, wie man kann, Theo, und ist es selbst mit allen Fehlern und allem Guten. Mein Werk ist auch dein Werk, denn du schaffst – und sicher manchmal nur mit großer Mühe – das Geld herbei, damit ich malen kann, die Hälfte des Geschaffenen gehört also dir.«

272

»Was das angeht – nun...« Theo ging im Zimmer umher und blieb bei einem Garderobenständer stehen und spielte mit einem alten Hut, der dort hing.

Vor dem Tod seines Vaters war Vincent gelegentlich ins Pfarrhaus gekommen, um einmal am Abendbrot teilzunehmen oder ein Stündchen mit der Familie zusammen zu sein. Nach dem Begräbnis zeigte ihm seine Schwester Elisabeth klar und eindeutig, daß er absolut persona non grata wäre. Die Familie wollte eine gewisse Stellung in der Gesellschaft aufrechterhalten. Seine Mutter meinte, er wäre jetzt für sein eigenes Leben selbst verantwortlich, während es ihre Pflicht wäre, ihren Töchtern beizustehen.

Er war völlig allein in Nuenen. Den Umgang mit Menschen ersetzte er durch den vertrauten Umgang mit der Natur. Zuerst rang er verzweifelt darum, die Natur pedantisch genau zu kopieren – nichts wollte ihm gelingen. Schließlich arbeitete er ruhig so, wie sein Wesen es verlangte – die Natur ergab sich willig. Fühlte er sich elend in seiner Einsamkeit, so dachte er an die Szene in Weißenbruchs Atelier und daran, wie der scharfzüngige Maler das Leid gepriesen hatte.

Er freundete sich mit einer Bauernfamilie namens de Groot an. Sie bestand aus Mutter, Vater, Sohn und zwei Töchtern – alle arbeiteten draußen auf den Feldern. Ihre Gesichter hatten etwas Negerhaftes, breite, etwas höckrige Nasen mit großen Nasenlöchern, breite wulstige Lippen und lange eckige Ohren. Die Stirn fiel schräg zurück, die Gesichter waren klein und spitz. Die de Groots wohnten in einer einzimmrigen Hütte, mit Wandlöchern statt Betten. Mitten im Zimmer standen ein Tisch, zwei Stühle, eine Anzahl Kisten, und von der niedrigen Balkendecke hing eine Lampe.

Die de Groots lebten hauptsächlich von Kartoffeln. Zum Abendbrot gab es eine Tasse schwarzen Kaffee und dazu wöchentlich etwa einmal eine Scheibe Speck. Sie steckten Kartoffeln, buddelten Kartoffeln und aßen Kartoffeln – und das war ihr Leben.

Stien de Groot war ein süßes Kind von etwa siebzehn Jahren.

Bei der Arbeit trug sie eine weite weiße Holländer Haube und eine schwarze Jacke mit weißem Kragen. Vincent besuchte sie schließlich Abend für Abend. Er und Stien fanden viel, worüber sie gemeinsam lachen konnten.

»Schau her«, rief sie zum Beispiel. »Ich bin eine feine Dame. Ich werde gemalt. Soll ich meinen neuen Hut für Sie aufsetzen, Mijnheer?«

»Nein, Stien, du bist wunderschön so, wie du bist.«

»Ich – schön!«

Sie schüttelte sich vor Lachen. Sie hatte große heitere Augen und einen reizenden Gesichtsausdruck. Wenn sie sich niederbeugte, um Kartoffeln zu buddeln, sah er, daß die Linien ihres Körpers mehr Grazie und Anmut hatten als bei Kay. Er hatte gelernt, daß das Wesentliche beim Zeichnen menschlicher Gestalten war, sie in Bewegung wiederzugeben, und daß die alten Meister das versäumt hatten, weil sie die Menschen niemals bei der Arbeit malten. Er skizzierte die de Groots, wenn sie auf dem Felde arbeiteten, wenn sie zu Hause den Tisch deckten, wenn sie ihre Pellkartoffeln aßen, und immer war Stien da, sah ihm über die Schulter und lachte und scherzte oft mit ihm. Am Sonntag setzte sie manchmal eine saubere holländische Haube auf, band sich einen frischen Kragen um und wanderte mit ihm über die Heide. Das war das einzige Vergnügen, das sich die Bauern leisten konnten.

»Hat Margot Begemann dich gern gehabt?«

»Ja.«

»Warum hat sie sich dann das Leben nehmen wollen?«

»Weil ihre Familie nicht die Zustimmung zu unserer Heirat gab.«

»Wie töricht. Weißt du, was ich getan hätte, anstatt mir das Leben zu nehmen? Ich hätte dich einfach liebgehabt.«

Sie lächelte zu ihm auf und sprang davon, in den Kiefernwald hinein. Den ganzen Tag lang lachten sie beide und spielten im Wald. Andere Paare kamen vorbei und sahen sie. Stien hatte eine natürliche Begabung zum Lachen. Die kleinste Bemerkung, die kleinste Geste von Vincent, und sie lachte hellauf. So verging der Sommer, dann der Herbst, und schließlich kam der Winter. Der Schnee zwang Vincent, ständig im Atelier zu arbeiten. Die Leute aus Nuenen standen nicht gern Modell und taten es schließlich nur des kleinen Nebenverdienstes wegen. Er wollte gern die Familie de Groot bei ihrem Abendbrot aus Kartoffeln und Kaffee malen, aber dazu, meinte er, müßte er erst einmal sämtliche Bauern aus der Gegend gemalt haben.

Der katholische Priester war niemals restlos damit einverstanden gewesen, daß dem Mann, der als Heide und Künstler verschrien war, im Hause des Küsters ein Zimmer vermietet wurde. Da Vincent sich jedoch stets ruhig und höflich verhalten hatte, fand er keinen Grund, um es zu verbieten. Eines Tages kam Adriana Schafrath ganz aufgeregt zu ihm ins Zimmer gelaufen: »Pater Pauwels möchte Sie sofort sprechen.«

Pater Andrae Pauwels war ein kräftiger Mann mit rotem Gesicht. Er sah sich mit hastigem Blick im Atelier um und kam zu dem Schluß, daß er noch niemals ein solch wahnsinniges Durcheinander gesehen hatte.

»Womit kann ich Ihnen dienen, Pater?« fragte Vincent höflich.

»Mir können Sie gar nicht dienen! Aber vielleicht kann ich Ihnen dienlich sein. Ich will sehen, daß die Sache gut geht, das heißt, wenn Sie das tun, was Ihnen gesagt wird.«

»Was für eine Sache, Pater?«

»Sie ist Katholikin, und Sie sind Protestant, aber ich kann Ihnen Dispens vom Bischof erteilen lassen. Treffen Sie die Vorbereitungen, damit Sie innerhalb weniger Tage heiraten können.«

Vincent trat näher auf den Pater Pauwels zu, um ihn im vollen Licht betrachten zu können. »Das verstehe ich leider nicht, Pater.«

»Das verstehen Sie wohl. Es hat keinen Zweck, daß Sie mir etwas vormachen. Stien de Groot ist schwanger. Die Ehre der Familie muß gerettet werden.«

»Da soll doch der Teufel . . .«

»Sie mögen sich wohl auf den Teufel berufen. Es *ist* Teufelswerk.«

»Sind Sie ganz sicher, Pater? Irren Sie sich nicht?«

»Ich laufe nicht herum und beschuldige Leute, wenn ich nicht bestimmte Beweise in Händen habe.«

»Und hat Stien Ihnen das gesagt... Hat sie Ihnen erzählt, daß ich der Mann bin?«

»Nein. Sie wollte keinen Namen nennen.«

»Wieso kommt es dann, daß Sie mir diese Ehre zuteil werden lassen?«

»Man hat Sie sehr häufig zusammen gesehen. Sie hält sich doch wohl auch sehr häufig bei Ihnen im Atelier auf?«

»Ja.«

»Sind Sie nicht mit ihr sonntags auf den Feldern spazierengegangen?«

»Doch, das stimmt.«

»Brauche ich weitere Beweise?«

Vincent schwieg einen Augenblick. Dann sagte er ruhig: »Was Sie mir da erzählt haben, Pater, tut mir sehr leid, besonders, wenn dadurch Kummer für meine Freundin Stien entsteht. Aber ich kann Ihnen versichern, daß meine Beziehungen zu ihr absolut rein gewesen sind.«

»Verlangen Sie von mir, daß ich Ihnen das glaube?«

»Nein, das kaum«, antwortete Vincent.

Als Stien am Abend dieses Tages von der Arbeit heimkehrte, erwartete er sie auf den Stufen, die zur Hütte führten. Die andern gingen zum Abendessen ins Haus. Sie ließ sich neben ihm nieder.

»Ich werde bald noch jemanden haben, den du zeichnen kannst.«

»So ist es also wahr, Stien?«

»Ja, man kann's schon merken.«

»Pater Pauwels hat mir gerade mitgeteilt, daß ich der Vater bin.«

»Ich wünschte, das wäre wahr. Aber du hast doch nie Lust dazu gehabt, nicht?«

»Ich wünschte auch, es wäre von mir, Stien.«

»Pater Pauwels hat also gesagt, du wärst es gewesen – das ist spaßig.«

»Was ist da Spaßiges dran?«

»Du verrätst nicht, was ich dir sage?«

»Mein Wort, nein.«

»Es war der Kerkmeester aus seiner Kirche.«

Vincent pfiff durch die Zähne. »Wissen das deine Eltern?«

»Natürlich nicht. Sie werden es auch nie erfahren. Aber sie wissen jedenfalls, daß du es nicht gewesen bist.«

Vincent ging ins Haus. Es war genau wie immer. Die de Groots nahmen Stiens Schwangerschaft wie ein Naturereignis hin, wie die Trächtigkeit der Kühe. Sie waren genauso zu ihm wie sonst, und er wußte, daß sie an seine Unschuld glaubten. Nicht aber das Dorf. Adriana Schafrath hatte durch das Schlüsselloch gelauscht. Sie hatte nichts Eiligeres zu tun, als die Neuigkeit den Nachbarn mitzuteilen. Innerhalb einer Stunde wußten zweitausendsechshundert Menschen, daß Stien de Groot von Vincent ein Kind haben würde und daß Pater Pauwels sie zwingen würde, die Ehe miteinander einzugehen. –

Es war November geworden, und der Winter war gekommen. Es war Zeit, ans Fortgehen zu denken. Es hatte keinen Zweck, noch länger in Nuenen zu bleiben. Er hatte alles, was es hier zu malen gab, gemalt und das bäuerliche Leben, so gut es nur geht, kennengelernt. Er fühlte, daß er den von neuem aufgeflackerten Haß des Dorfes nicht mehr länger ertragen konnte. Es war klar, daß er verschwinden mußte. Aber wohin?

»Mijnheer van Gogh«, sagte Adriana traurig an der Tür, »Pater Pauwels sagt, daß Sie dieses Haus sofort verlassen müssen und sich anderswo ein Zimmer suchen.«

»Gut . . .«

Er ging im Atelier umher und sah sich seine Arbeiten an. Zwei volle Jahre härtester Arbeit! Hunderte von Studien von den Webern und ihren Frauen, von Webstühlen und Bauern auf dem Feld, von Bäumen hinten im Pfarrgarten und von dem Kirchturm, von Hecken und Heide in Sonnenglut und Winterdämmerung.

Das Herz wurde ihm schwer. Seine ganze Arbeit hatte etwas Fragmentarisches an sich. Von jeder Phase des bäuerlichen Lebens in Brabant gab es einzelne Stücke – nirgends aber war

ihm ein Bild gelungen, das alles zusammenfaßte. Wo war sein
»Angelus«? Wie konnte er weggehen, ehe er den geschaffen
hatte?

Er warf einen Blick auf den Kalender. Bis zum nächsten Mo-
natsersten waren es noch zwölf Tage. Er rief Adriana.

»Sagen Sie Pater Pauwels, daß ich meine Miete bis zum Ersten bezahlt habe und daß ich nicht eher ausziehen werde.«

Er suchte sein Arbeitszeug zusammen und schleppte alles zur
Hütte der de Groots. Niemand war zu Hause. Er machte eine
Bleistiftskizze des Zimmers. Als de Groots heimkamen, riß er
das Blatt in Fetzen. Sie setzten sich zum Abendessen. Es gab
wie immer Kartoffeln, Kaffee und ein bißchen Speck. Vincent
malte an dem Bild, bis die Familie sich zum Schlafengehen
rüstete. Im Atelier arbeitete und feilte er dann die ganze
Nacht durch. Am Tage schlief er. Als er erwachte, verbrannte
er die Bilder mit brennender Leidenschaft, weil ihm alles
völlig mißlungen schien. Wieder ging er zu den de Groots.

Er hatte von den alten holländischen Meistern gelernt, daß
Zeichnung und Farbe eine Einheit bilden müssen. Die de
Groots setzten sich wieder zum Abendbrot um den Tisch, jede
Bewegung war Tag für Tag die gleiche, ihr ganzes Leben hindurch. Vincent wollte zum Ausdruck bringen, wie diese Menschen, die dort unter dem Lampenlicht ihre Kartoffeln aßen,
diese selben Kartoffeln gesteckt und geerntet hatten, wie ihre
Hände, die jetzt nach der Schüssel langten, die Erde bereitet
hatten, damit ihr tägliches Brot wachse. Es sollte ein Bild der
erdnahen Arbeit sein.

Seine alte Gewohnheit, sich mit leidenschaftlicher Besessenheit auf die Arbeit zu werfen, war ihm jetzt recht nützlich.
Er arbeitete mit ungeheurer Schnelligkeit und Kraft. Er brauchte
nicht darüber nachzudenken, was er tat, er hatte schon Hunderte von Bauern und Hütten und Familien bei der kargen
Mahlzeit vor den Kartoffeln gezeichnet.

Am folgenden Morgen zerstörte er das Bild wieder. Ein Gefühl, gemischt aus Wut und ohnmächtiger Unfähigkeit, ergriff ihn. Er hatte nur noch zehn Tage zur Verfügung. Er
mußte von Nuenen fort. Es war unerträglich – er konnte nicht

länger bleiben. Aber er durfte nicht weggehen, ehe er nicht sein Versprechen, das er im stillen Millet gegeben hatte, einlöste.

Abend für Abend ging er zu den de Groots. Er arbeitete so lange, bis ihnen vor Müdigkeit die Augen zufielen. Jeden Abend versuchte er es mit neuen Farbenzusammenstellungen, anderen Tönen und Proportionen, und jeden Tag mußte er von neuem erkennen, daß es ihm nicht gelungen war, daß seine Arbeit unvollkommen blieb.

Der letzte Tag des Monats kam heran. Vincent hatte sich in Raserei hineingesteigert. Er hatte sich keinen Schlaf – kaum das Nötigste zu essen gegönnt. Je weniger es ihm gelingen wollte, um so stärker wuchs seine Erregung. Er war schon in der Hütte und wartete, als die de Groots vom Felde heimkehrten. Die Staffelei war schon aufgestellt, die Farben gemischt, die Leinwand in den Rahmen gespannt.

Das hier war seine allerletzte Chance! Am nächsten Morgen mußte er das Brabanter Land für immer verlassen.

Er arbeitete stundenlang. Die de Groots verstanden, worum es ging. Als sie mit ihrem Abendessen fertig waren, blieben sie am Tisch sitzen und sprachen leise miteinander. Vincent wußte nicht, was er malte. Er hieb das Bild hin – ohne nachzudenken, ohne sich einen Augenblick dessen bewußt zu werden, was er tat. Um zehn Uhr waren die de Groots so müde, daß sie sich nicht mehr aufrecht halten konnten. Vincent war völlig erschöpft. Er hatte alles getan, was in seiner Macht war. Er packte seine Sachen zusammen, küßte Stien und sagte ihnen allen Lebewohl. Dann ging er mit schweren Schritten durch die Nacht nach Hause – er wußte kaum, daß er ging.

Im Atelier stellte er das Bild auf einen Stuhl, zündete sich eine Pfeife an und betrachtete das Geschaffene. Es war alles falsch. Er hatte das Wesentliche nicht eingefangen. Er hatte wieder einmal versagt. Die beiden Jahre hier in Brabant waren vergeudete Zeit.

Er packte seine Sachen, nahm alle Studien von den Wänden und legte sie in eine große Kiste. Dann warf er sich auf das Sofa.

Er wußte nicht, wieviel Zeit inzwischen vergangen war. Er stand auf, riß die Leinwand aus dem Rahmen und warf sie in die Ecke. Er spannte eine neue Leinwand ein, mischte die Farben und fing an zu arbeiten.

Man kämpft einen hoffnungslosen Kampf, um der Natur getreu zu folgen – alles wird verkehrt, schließlich schafft man ruhig aus eigener Palette, die Natur ist einverstanden und folgt dem Künstler.

On croit que j'imagine – ce n'est pas vrai – je me souviens.

Es war geradeso, wie Pietersen es ihm bereits in Brüssel gesagt hatte. Er war seinen Modellen zu nahe gewesen. Er hatte dabei nicht die rechte Perspektive bekommen können. Er hatte sich selbst in die Form der Natur ergießen wollen – nun ergoß er die Natur in die Form seines Künstlertums.

Er malte das Ganze im Farbton einer guten, staubigen, kräftigen Kartoffel. Alles fügte sich ein: das schmutzige leinene Tischtuch, die rauchgebräunte Wand, die Lampe, die von der rohen Balkendecke herunterhing, Stien, die die dampfenden Kartoffeln auftat, die Mutter, wie sie den schwarzen Kaffee einschenkte, der Bruder, der die Tasse zum Munde führte – auf aller Gesichter lag die ruhig-geduldige Hinnahme der ewigen, unabänderlichen Ordnung der Dinge.

Die Sonne ging auf, und das erste Morgenlicht kam durch das Fenster. Vincent stand auf. Ein ruhiger Friede erfüllte ihn. Die Erregung der letzten zwölf Tage hatte sich gelegt. Er sah auf sein Werk: Er hatte seinen »Angelus« gemalt. Er hatte das Bleibende in dem Vergänglichen festgehalten. Der Brabanter Bauer war hier unsterblich gestaltet!

Er wusch das Bild mit Eiweiß. Die Kiste mit den Zeichnungen und Gemälden wurde ins Pfarrhaus gebracht. Er verabschiedete sich von seiner Mutter. Er kehrte ins Atelier zurück, schrieb »Die Kartoffelesser« unter das neue Bild, legte einige seiner besten Studien dazu und machte sich auf nach Paris.

PARIS

»Du hast also meinen letzten Brief nicht erhalten?« fragte Theo am nächsten Morgen, als sie beim Frühstück saßen.

»Ich glaube nicht«, erwiderte Vincent.» Was stand denn darin?«

»Die Nachricht, daß ich bei Goupils befördert worden bin.«

»Aber Theo – warum hast du mir gestern kein Sterbenswörtchen davon erzählt?«

»Du warst viel zu aufgeregt, um zuzuhören. Ich bin Leiter der Galerie am Boulevard Montmartre.«

»Theo, das ist ja herrlich. Eine eigene Kunstgalerie!«

»Das ist etwas übertrieben, Vincent. Ich habe mich ziemlich genau an die Kunstpolitik der Goupils zu halten. Immerhin darf ich die Impressionisten im Zwischenstock ausstellen.«

»Wen hast du ausgestellt?«

»Monet, Degas, Pissarro und Manet – du solltest mitkommen und sie dir ansehen.«

»Ach, tut das gut, wieder mit dir zusammen zu sein!«

»Ich habe schon lange gedacht, daß du nach Paris kommen müßtest. Es mußte sich irgendwann von selbst ergeben. Es wäre allerdings besser gewesen, wenn du noch bis Juli gewartet hättest, dann siedle ich nämlich in die Rue Lepic über. Dort werden wir drei große Zimmer für uns haben. Hier wirst du nicht arbeiten können, wie du siehst.«

Vincent schaute sich um. Theos Wohnung bestand aus einem einzigen Zimmer, einer winzigen Küche und einem Kämmerchen. Das Zimmer war mit echten Louis Philippes möbliert – aber es war so vollgestellt, daß man sich kaum bewegen konnte.

»Wenn ich meine Staffelei aufstelle«, sagte Vincent, »müßten wir allerdings wohl einige deiner schönen Möbel auf den Hof bringen.«

»Ich weiß, es ist reichlich voll, aber es war ein Gelegenheitskauf, und es ist gerade das, was ich für die neue Wohnung haben möchte. Komm mit, Vincent, ich führe dich meinen Lieblingsweg zum Boulevard hinunter. Man kennt Paris nicht, wenn man es nicht einmal mit all den morgendlichen Gerüchen erlebt hat.«

Sie gingen die Wendeltreppe hinab und traten in die Rue

Laval hinaus. Es war eine ziemlich breite Straße, die verhältnismäßig wohlhabend und brav bürgerlich aussah. Überall
waren große Läden, in denen Bilderrahmen, Antiquitäten
oder Drogen feilgeboten wurden.

Nach wenigen Minuten hatten sie die Rue Montmartre erreicht, die sich anmutig den Hügel hinauf zur Avenue Clichy
und der Butte Montmartre windet und dann hügelab direkt
ins Herz der Stadt führt. Die Morgensonne durchflutete die
Straße, vor den Cafés saßen Leute beim Frühstück. Die Ge-
müse-, Fleisch- und Käseläden wurden gerade aufgemacht. Laden war neben Laden, Arbeiter gingen mitten auf dem Fahr-
damm, Hausfrauen untersuchten mit flinken Fingern die Waren, die auf den Tischen vor den Läden ausgebreitet lagen,
und feilschten streitsüchtig mit den Händlern.

Vincent zog die Luft tief in sich ein: »Paris«, sagte er. »Endlich!«

Vincent sah wie berauscht dem Strom des geschäftigen Lebens
zu, der sich hügelauf und hügelab durch alle Straßen ergoß:
die »garçons« in rot und schwarz gestreiften Jacken, die Hausfrauen mit langen Laiben Brot unterm Arm, die Handkarren
am Prellstein, die Dienstmädchen in Filzpantoffeln, die tüchtigen Geschäftsleute. Dann kamen sie an Notre Dame de
Lorette vorbei, einer kleinen, schmutzigen Kirche, auf deren
Dachfirst drei Engel standen, die aussahen, als wollten sie eben
die Flügel regen, um in den Himmel hinaufzufliegen. Vincent sah auf die Inschrift über der Tür.

»Meinen sie es ehrlich mit dieser· ›Liberté, Egalité, Frater-
nité‹, Theo?«

»Ich glaub' schon. Die Dritte Republik wird wahrscheinlich
von Dauer sein. Die Royalisten sind erledigt, und die Sozia-
listen gewinnen an Macht. Emile Zola hat mir gerade neulich
erzählt, daß die nächste Revolution gegen den Kapitalismus,
nicht gegen das Königtum gerichtet sein wird.«

»Zola! Wie interessant für dich, daß du ihn kennst.«

»Paul Cézanne hat mich mit ihm zusammengebracht. Wir
treffen uns alle einmal in der Woche im Café Batignolles. Das
nächste Mal nehme ich dich mit.«

Hinter der Place Chateaudun verlor die Rue Montmartre ihren kleinbürgerlichen Charakter und wurde recht vornehm. Die Geschäfte wurden größer, die Cafés wirkten imposanter, die Leute sahen besser gekleidet aus, und die Gebäude waren stattlicher. Konzertsäle und Restaurants reihten sich aneinander, Hotels waren zu sehen, und statt der Lieferwagen fuhren überall Droschken.

Die Brüder gingen mit kräftigen Schritten durch die Straßen. Der klare, kalte Wintersonnenschein wirkte belebend, in der Luft schmeckte man das reiche und vielfältige Leben dieser Stadt.

»Da du zu Hause nicht arbeiten kannst«, sagte Theo, »wirst du am besten zu Corman ins Atelier gehen.«

»Wie ist es dort?«

»Nun, Corman selbst ist fast genauso akademisch wie alle – aber er läßt dich wenigstens allein, wenn du seine Kritik nicht wünschst.«

Am Ende mündete die Rue Montmartre in den breiten, imposanten Boulevard Montmartre mit seinen großen Warenhäusern, Arkaden und teuren Spezialgeschäften. Obwohl die Straße in dieser frühen Morgenstunde noch leer war, waren die Verkäufer in den Läden bereits geschäftig an der Arbeit, um alles für den Verkauf vorzubereiten.

Theos Filiale der Goupil-Galerien war im Hause Nr. 19, ein paar Schritte rechts von der Rue Montmartre. Die geschniegelten Verkäufer verbeugten sich achtungsvoll, als Theo an ihnen vorbeischritt. Vincent erinnerte sich, wie er sich zu verbeugen pflegte, wenn Tersteeg und Obach, als er noch Verkäufer war, an ihm vorbeischritten. Alles war so fein und kultiviert und stilvoll wie dort. An den Wänden des Salons hingen Gemälde von Bouguereau, Henner und Delaroche. Über dem Hauptsalon war ein kleiner Balkon, zu dem eine Treppe im Hintergrund führte.

»Die Bilder, die du dir ansehen möchtest, sind oben im Zwischenstock«, sagte Theo. »Wenn du fertig bist, komm her und sag mir, was du davon hältst.«

»Bin ich denn in einem Irrenhaus?«

Vincent stolperte wie geblendet zu dem einzigen Stuhl, der hier stand, setzte sich hin und rieb sich die Augen. Von seinem zwölften Lebensjahr an hatte er nur dunkle und düstere Bilder gesehen, Gemälde, in denen der Pinselstrich nicht mehr zu sehen war, alle Einzelheiten des Gemäldes korrekt und glatt durchgearbeitet waren und die Farben langsam ineinander übergingen. Die Gemälde, die ihm hier frisch und fröhlich von den Wänden entgegenlachten, waren anders als alles, was er jemals gesehen – ja, was er sich jemals hätte träumen lassen. Hier gab es keine falschen, dünnen Oberflächen mehr. Hier gab es keine sentimental-düstere Feierlichkeit, keine gleichförmig braune Soße, die seit Jahrhunderten über alle europäische Malerei ausgegossen zu sein schien. Hier waren Bilder, die in Sonne schwelgten – hier war Licht, Luft und pulsierendes Leben. Gemälde von Ballettmädchen hinter der Bühne, krasses Rot, Grün und Blau waren kühn nebeneinandergesetzt. Er suchte den Namen des Künstlers: Degas.

Dann waren da eine ganze Reihe Landschaften, Szenen am Flußufer, in denen die üppige Farbenpracht des Hochsommers und der Mittagshitze eingefangen war. Der Name des Künstlers war Monet. In all den vielen Hunderten von Gemälden, die Vincent bis dahin gesehen hatte, war nicht soviel Licht, Atem und Duft gewesen wie in einem einzigen dieser leuchtenden Bilder. Die dunkelste Farbe, die Monet gebrauchte, war immer noch heller als die hellste Farbe, die man in irgendeinem Museum Hollands hätte auftreiben können.

Vincent stand vor dem Bild, das einen Mann im wollenen Unterhemd darstellte, der mit der den Franzosen eigentümlichen Konzentration seinem Sonntagsvergnügen nachgeht und sein Schiffchen steuert. Die Frau sitzt untätig dabei. Wieder suchte Vincent nach dem Namen des Künstlers.

»Das ist auch Monet?« sagte er laut vor sich hin. »Das ist allerdings seltsam. Das hat mit seinen Landschaftsbildern keinerlei Ähnlichkeit.«

Er sah noch einmal hin und erkannte, daß er sich geirrt hatte. Der Name hieß Manet, nicht Monet.

Er wußte nicht recht warum, aber Manets Gemälde erinnerten ihn an Bücher von Zola. Dasselbe leidenschaftliche Suchen nach Wahrheit, das gleiche furchtlose Den-Dingen-auf-den-Grund-Gehen, dasselbe Gefühl, daß Charakter Schönheit ist – ganz gleich, ob er sich im Niederen oder Erhabenen offenbart. Er sah sich die Technik sehr genau an – Manet brachte die Grundfarben ohne jede Abstufung nebeneinander, viele Einzelheiten waren nur angedeutet, Farben, Linien, Licht und Schatten waren nicht fest umrissen, sondern flossen ineinander über.

»So, wie das Auge sie in der Natur wirklich sieht«, sagte sich Vincent.

Es war, als klänge ihm Mauves Stimme plötzlich in den Ohren: »Ist es dir denn nicht möglich, eine Linie klar und fest zum Ausdruck zu bringen, Vincent?«

Er setzte sich und ließ das Gesehene tief in sich eindringen. Nach einiger Zeit wurde ihm eines der Mittel klar, durch das die Malerei so gründlich revolutioniert worden war: Für diese Maler war die Luft etwas Faßliches – etwas, das genau wie die Gegenstände selbst hinzumalen war. Vincent wußte, daß die Luft für die Akademiemaler einfach nicht existierte, sie war nichts als leerer Raum, in dem fest umrissene harte Gegenstände standen.

Diese jungen Revolutionäre aber hatten das Licht, die Atmosphäre und die Sonne entdeckt – niemals wieder konnte die Malerei das sein, was sie früher gewesen war. Photographische Apparate und Akademiezeichner konnten ruhig exakte Kopien der Wirklichkeit herstellen – der Maler aber mußte die Natur durch sein Wesen und durch die sonnendurchflutete Luft, in der er arbeitete, filtriert sehen. Es war fast so, als hätten diese Männer eine neue Kunst geschaffen.

Wie benommen ging er die Treppen hinunter. Theo war im Hauptausstellungssalon. Er wandte sich lächelnd Vincent zu und suchte den Eindruck, den die Bilder auf seinen Bruder gemacht hatten, von seinem Gesicht abzulesen.

»Nun, Vincent?« fragte er.

»Ach, Theo!« stieß er hervor.

Er versuchte zu sprechen – es gelang ihm nicht. Noch einmal lief sein Blick zum Zwischenstock hinauf, dann wandte er sich um und lief aus der Galerie hinaus ins Freie.

Er ging den breiten Boulevard hinauf. Durch die Steinklüfte der Häuser sah er den Fluß von ferne und lief dorthin, ließ sich die Uferböschung hinuntergleiten und fühlte selig das Wasser der Seine. Er ging über die Brücke und eilte kreuz und quer durch das Labyrinth der Straßen auf dem linken Ufer. Alle Straßen führten bergauf. Er kam an einem Friedhof vorbei, bog rechts ein und stand vor einem ungeheuren Bahnhofsgebäude.

Stundenlang lief Vincent ziel- und planlos durch Paris. Breite, gepflegte Boulevards mit eleganten Geschäften wechselten mit schmutzigen Gäßchen ab und führten dann wieder in kleinbürgerliche Bezirke, wo Weinkneipe neben Weinkneipe lag.

Erst in der späten Abendstunde befand er sich wieder in der Rue Laval. Der dumpfe Schmerz in ihm war durch die rein körperliche Müdigkeit betäubt. Das erste, was er tat, war, die Bündel auszupacken, in denen seine Bilder und Studien waren. Er hatte in einem vergangenen Jahrhundert gemalt und hatte es nicht einmal gewußt.

Er starrte auf seine Bilder nieder. Herrgott, waren sie dunkel und eintönig! Schwerfällig, leblos – ja, tot!

Theo kam, als es schon fast dunkel war, und fand Vincent ganz benommen auf dem Fußboden hocken. Er kniete sich neben seinen Bruder hin.

»Vincent«, sagte er, »ich weiß, wie dir zumute ist. Es hat dich ganz betäubt. Es ist ungeheuer, nicht wahr? Wir sind dabei, fast alles über Bord zu werfen, was bis jetzt in der Malerei als heilig galt.«

Vincent sah Theo mit zusammengezogenen, schmerzenden Augen an.

»Theo, warum hast du mir das nicht gesagt? Warum habe ich nichts davon gewußt? Warum hast du mich nicht früher hierherkommen lassen? Du hast es zugelassen, daß ich sechs lange Jahre vergeudet habe.«

»Vergeudet? Unsinn! Du hast dir dein Handwerkszeug selber erarbeitet. Du malst wie Vincent van Gogh und wie sonst niemand in der Welt. Wenn du zu früh hierhergekommen wärest, noch ehe du deinen eigenen Ausdruck gefunden hattest, würde Paris dich geformt haben, wie es ihm paßte, nicht aber, wie es deinem Wesen entsprach.«

»Aber was soll ich jetzt nur machen? Sieh dir das Zeug da an!« Er stieß mit dem Fuß ein Loch durch eins der großen dunklen Bilder. »Es ist alles tot, Theo, absolut wertloser Dreck!«

»Du fragst mich also, was du tun sollst. Ich will dir die Antwort darauf geben. Du sollst von den Impressionisten lernen, wie man Licht und Farbe sieht. Aber nicht mehr. Hüte dich davor, sie nachahmen zu wollen!«

»Aber Theo, ich muß wieder ganz von vorn anfangen. Alles, was ich mache, ist falsch.«

»Alles, was du machst, ist richtig . . . mit Ausnahme von Licht und Farbe! Du bist der geborene Impressionist. Das zeigte sich vom ersten Tag an, als du in der Borinage den ersten Bleistiftstrich gezeichnet hast. Guck dir deine Zeichnungen an! Sieh dir deine Pinselführung an! Vor Manet hat noch niemand so gemalt. Schau dir deine Linien an! Es kommt kaum vor, daß du eine Linie klar und hart hinsetzt. Schau dir die Gesichter, die Bäume, die Arbeiter auf den Feldern an, die du gemalt hast! Jede Einzelheit trägt den Stempel des Impressionismus: kein akademisches Malen, sondern ein höchst persönliches – kein Unterwerfen unter Regeln und Bestimmungen. Ja, in deinen Bildern ist der Geist der neuen Zeit, Vincent, und du bist ein Impressionist, ob du willst oder nicht!«

»Theo, ob ich will . . .«

»Dein Werk ist unter den jungen Malern, die in Frage kommen, bereits bekannt – ich meine nicht, unter denen, die ihre Sachen verkaufen, sondern bei denen, denen die Zukunft gehört – die in Neuland vorstoßen. Sie möchten dich kennenlernen. Du wirst ein paar großartige Sachen von ihnen lernen können.«

»Sie kennen mein Werk? Die jungen Impressionisten kennen mein Werk?«

Vincent ließ sich auf die Knie nieder, um Theo deutlicher sehen zu können.

»Natürlich! Ja, was hast du dir denn eigentlich gedacht, was ich in all den Jahren hier in Paris getan haben soll? Sie finden, daß du Augen hast, die den Dingen auf den Grund gehen, und Hände, die Bleistift und Pinsel führen können. Was du noch dazulernen mußt, ist, Licht und Helligkeit in deine Palette zu bekommen und lebendige, leuchtende Luft malen zu lernen. Vincent, fühlst du nicht, wie herrlich und großartig es ist, in einer so bewegten Zeit leben zu dürfen?«

»Theo – lieber, guter, alter Theo! Du Teufelskerl!«

»So, und nun komm. Erhebe dich von deinen Knien und mach Licht. Wir wollen uns in die besten Kleider werfen und draußen essen gehen. Ich lade dich zu einem richtigen Festessen ein! Sogar eine Flasche Champagner spendiere ich zu Ehren des großen Tages, an dem Vincent van Gogh und Paris Freundschaft schlossen.«

Am nächsten Morgen suchte Vincent seine Malutensilien zusammen und ging zu Corman. Das Atelier war ein großer Raum im dritten Stockwerk mit einem Nordfenster. Gegenüber der Tür stand ein nackter Mann Modell. Etwa dreißig Stühle und Staffeleien standen für die Studenten im Raum verstreut umher. Vincent ließ sich eintragen und erhielt eine Staffelei zugewiesen.

Nachdem er etwa eine Stunde lang skizziert hatte, fragte ihn sein Nachbar: »Sie sind wohl neu hier?«

»Ja, ich bin erst vor drei Tagen nach Paris gekommen.«

»Wie heißen Sie?«

»Van Gogh. Und Sie?«

»Henri Toulouse-Lautrec. Sind Sie mit Theo van Gogh verwandt?«

»Es ist mein Bruder.«

»Dann sind Sie also Vincent! Es freut mich, Sie kennenzulernen. Ihr Bruder ist der beste Kunsthändler in ganz Paris. Er ist der einzige, der den jungen Leuten eine Chance gibt – ja, er kämpft sogar für uns – ein feiner Kerl.«

»Das finde ich auch.«

»Wie kommen Sie eigentlich darauf, in dieses widerliche Atelier zu gehen?«

»Ich muß schließlich irgendeinen Platz haben, wo ich arbeiten kann. Und Sie?«

»Verdammt noch eins, das weiß ich selber nicht. Den ganzen vorigen Monat habe ich auf Montmartre gewohnt. Die Mädels gezeichnet. Das war wenigstens noch Arbeit! Hier im Atelier – das ist ja das reine Kinderspiel.«

»Ich möchte Ihre Studien von den Frauen gerne einmal sehen.«

»Wirklich?«

»Bestimmt. Warum nicht?«

»Die meisten glauben, daß ich verrückt bin, weil ich solche Mädchen male. Aber die haben wenigstens Charakter!«

»Ich weiß es!«

»Gut. Die Familie van Gogh ist richtig. Können Sie mir mal die Skizzen zeigen, die Sie von dem Modell hier gemacht haben?«

»Hier, nehmen Sie alle. Es sind vier.«

Lautrec sah sich die Skizzen ein paar Augenblicke lang an und sagte dann: »Sie und ich, wir passen zusammen, mein Lieber. Hat Corman die Dinger schon gesehen?«

»Nein.«

»Wenn er sie sieht, sind Sie hier erledigt. Das heißt, soweit seine Kritik in Frage kommt. Mir hat er neulich mal gesagt: ›Lautrec, bei Ihnen scheint es ohne Übertreibung nicht zu gehen. Mindestens eine Linie in jeder Studie ist Karikatur.‹«

»Und Sie haben wahrscheinlich geantwortet: ›Mein lieber Corman, das ist Charakter, nicht Karikatur.‹«

In Lautrecs schwarze, nadelscharfe Augen kam ein seltsames Licht.

»Haben Sie noch Lust, die Bilder von meinen Mädels zu sehen?«

»Aber sicher.«

»Dann los. Das ist hier sowieso die reinste Leichenschauhalle.«

Lautrec hatte einen kurzen, dicken Nacken und mächtige Schultern und Arme. Als er sich erhob, sah Vincent, daß sein neuer Freund ein Krüppel war. Er war im Stehen nicht größer als im Sitzen. Der kräftige Torso reichte bis zur Taille, darunter waren kurze, ganz zusammengeschrumpfte Beine.

Sie gingen den Boulevard Clichy hinunter, Lautrec stützte sich schwer auf seinen Stock. Er mußte alle Augenblicke anhalten, um sich zu verpusten, und wies dabei auf alle möglichen Schönheiten. Kurz vor der Moulin Rouge bogen sie in die Straße ab, die nach der Butte Montmartre hinaufführt. Lautrec mußte sich noch häufiger ausruhen.

»Sie fragen sich wahrscheinlich, was mit meinen Beinen los ist, van Gogh. Das tut jeder. Ich will es Ihnen sagen.«

»Ach, bitte, Sie brauchen nicht davon zu reden.«

»Sie können es ruhig wissen.« Er lehnte sich schwer auf seinen Stock.

»Ich habe von Geburt an sehr zarte Knochen gehabt. Als ich zwölf war, glitt ich auf dem Tanzboden aus und brach mir den rechten Schenkelknochen. Im Jahr darauf fiel ich in einen Graben und brach den linken. Seitdem sind meine Beine um keinen Zentimeter mehr gewachsen.«

»Sind Sie sehr unglücklich darüber?«

»Nein. Wäre ich normal und gesund geblieben, wäre ich nie Maler geworden. Mein Vater ist Graf von Toulouse. Ich war der Erbe. Wenn ich es gewollt hätte, hätte ich also einen Marschallstab tragen und neben dem König von Frankreich reiten können. Das heißt natürlich, wenn es einen König von Frankreich gegeben hätte ... Aber zum Teufel, warum soll man ein Graf sein wollen, wenn man Maler sein kann?«

»Ja, ich fürchte, die Tage der Grafen sind vorüber.«

»Wollen wir weitergehen? Hier, diese Gasse herunter, hat Degas sein Atelier. Man sagt, ich ahmte ihn nach, weil ich die Mädchen aus der Moulin Rouge male und er Ballettänzerinnen. Sie sollen sagen, was sie mögen! Hier wohne ich: 19bis, Rue Fontaine. Meine Wohnung liegt im Parterre, wie Sie sich denken können.«

Er machte die Tür auf und ließ Vincent eintreten.

»Ich lebe für mich allein«, sagte er. »Setzen Sie sich, wenn Sie irgendwo ein freies Plätzchen finden können.«

Vincent sah sich um. Zwischen Gemälden, Rahmen, Staffeleien, Stühlen, Podesten und Stoffballen standen zwei große Tische. Der eine war mit Flaschen ausgesuchter Weine und Karaffen verschiedenfarbiger Liköre bedeckt. Auf dem andern waren Tanzschuhchen, Perücken, alte Bücher, Frauenkleider, Handschuhe und kostbare japanische Drucke aufgestapelt. In dem ganzen Durcheinander war nur ein winziges Plätzchen für Lautrec zum Malen frei gelassen.

»Was ist los, van Gogh?« fragte er. »Können Sie keinen Platz finden, wo Sie sich setzen können? Schieben Sie den ganzen Kram auf die Erde und holen Sie sich den Stuhl hier ans Fenster.«

»Hier sind die Zeichnungen. Ich habe sie neulich einmal einem Kunsthändler mitgenommen. Der hat gesagt: ›Lautrec, warum haben Sie eine solch besessene Vorliebe für alles, was häßlich ist? Warum malen Sie immer die niedrigsten und gemeinsten Leute, die nur aufzutreiben sind? Diese Frauen sind ekelhaft, einfach ekelhaft. Man sieht ihnen die Ausschweifung und Gemeinheit an der Nasenspitze an. Heißt das moderne Kunst: Häßliches schaffen? Sind Sie der Schönheit gegenüber so blind geworden, daß Sie nur noch den Auswurf, die Hefe der Gesellschaft malen können?‹ – – Van Gogh, ist das Licht so recht? Wollen Sie etwas zu trinken haben? Sie können jeden Wunsch erfüllt bekommen, ich habe so ziemlich alles, was es überhaupt gibt.«

Er humpelte flink zwischen Stühlen, Tischen und Stoffballen herum, goß ein Glas voll und reichte es Vincent.

Vincent nippte an seinem Glas und studierte dabei die siebenundzwanzig Zeichnungen, die Lautrec von den Mädchen auf Montmartre gemacht hatte. Der Maler hatte sie so wiedergegeben, wie er sie gesehen hatte. Es waren objektive Porträts, ohne moralische Pose oder ethische Glossen. Die Gesichter der Mädchen waren von Elend, Ausschweifung und zugleich einem geistigen Darüberstehen gezeichnet.

Vincent hielt eins der Bilder stärker ins Licht, schien sich an etwas erinnern zu wollen und rief dann plötzlich aus: »Jetzt weiß ich endlich, woran sie mich erinnern: Daumier!«

Lautrecs Gesicht strahlte.

»Ja, Daumier. Der Größte von allen! Der einzige, von dem ich etwas gelernt habe. Gott, wie großartig dieser Mann hassen konnte!«

»Aber warum malt man etwas, was man haßt? Ich male nur, was ich liebe.«

»Alle große Kunst entspringt dem Haß, van Gogh. Ach so, Sie sind gerade dabei, meinen Gauguin zu bewundern?«

»Wessen Bild, sagten Sie eben, ist das?«

»Paul Gauguin. Kennen Sie ihn?«

»Nein.«

»Dann müssen Sie ihn bald kennenlernen. Das, was Sie da in der Hand halten, ist eine Eingeborene aus Martinique. Gauguin war eine Zeitlang unten. Er ist ganz närrisch mit seinem Kult des Primitiven, aber er ist ein wunderbarer Maler. Er hatte eine Frau, drei Kinder und eine Stellung an der Börse, die ihm jährlich dreißigtausend Francs brachte. Er hat für rund fünfzehntausend Francs Pissarros, Manets und Sisleys gekauft. An seinem Hochzeitstag hat er das Porträt seiner Frau gemalt. Sie hielt es für eine entzückende Geste. Sie haben da einen Börsenkunstklub – da pflegte er des Sonntags zu malen. Einmal hat er eins seiner Bilder Manet gezeigt, und der fand es gut. ›Ach‹, erwiderte Gauguin darauf, ›ich bin nur ein Amateur.‹ – ›Nein, nein‹, sagte Manet, ›Amateure gibt es nicht, Amateure kann man höchstens die nennen, die schlechtes Zeug malen.‹ Diese Bemerkung ist Gauguin zu Kopf gestiegen. Er gab seine Stellung auf, lebte mit seiner Familie ein Jahr lang von dem Ersparten in Rouen und schickte Frau und Kinder schließlich nach Stockholm zu ihren Eltern zurück. Seitdem lebt er ohne Geld – von seinem Kopf.«

»Das muß ein interessanter Bursche sein.«

»Seien Sie vorsichtig, wenn Sie ihn kennenlernen. Er quält seine Freunde sehr gern. – Wie wär's, wenn ich Ihnen gelegentlich die Moulin Rouge und die Elysée-Montmartre zeigte? Ich kenne die ganzen Mädchen recht gut. – Aber ich glaube, jetzt müssen wir ins Atelier zu Corman zurück. Passen Sie auf, Sie werfen sonst den Tisch um. Lassen Sie liegen, die Reinmachefrau hebt das schon auf. Ich glaube, ich werde hier bald wieder weg müssen. Ich bin reich, van Gogh. Mein Vater hat Angst, daß ich ihm eines Tages fluchen werde, weil ich ein Krüppel bin – deshalb gibt er mir alles, was ich nur irgend wünsche. Wenn ich umziehe, nehme ich außer meinen Arbeiten nie etwas mit. Ich miete mir ein leeres Atelier und kaufe mir dann alles stückweise, ganz allmählich, bis es wieder so vollgestopft ist, daß ich fast ersticke – dann ziehe ich wieder aus. – – Sehen Sie nur, wie die Metalldächer zum Boulevard Clichy hinunterwogen – wie ein schwarzes Meer. Zum Teufel, Ihnen brauche ich nichts vorzumachen. Ich lehne mich auf meinen Stock und zeige schöne Ecken und Winkel aus keinem andern Grund, als weil ich ein verdammter Krüppel bin, der nicht mehr als ein paar Schritte auf einmal machen kann. In der einen oder andern Art sind wir schließlich alle Krüppel. Kommen Sie!«

Es sah so leicht aus. Er brauchte nur die alte Palette fortzuwerfen und ein paar helle Farben zu kaufen – und dann wie ein Impressionist zu malen. Am Abend des ersten Tages war Vincent verwundert und etwas verärgert. Am Abend des zweiten Tages war er ganz verwirrt. Schließlich wurde er verdrießlich, ärgerlich und dann ängstlich. Als die erste Woche zu Ende ging, war er von maßloser Wut erfüllt. Nach dem monatelangen unermüdlichen Herumexperimentieren mit Farben war er doch nur ein Neuling. Seine Gemälde wurden immer wieder dunkel, trübe und klebrig. Lautrec, der bei Cormans neben Vincent saß, sah zu und hörte sich die Flüche mit an, aber er enthielt sich jeglichen Rates.
Wenn diese Woche für Vincent sehr schwierig war, so war sie noch tausendmal schlimmer für Theo. Theo war zart und empfindlich und besaß nur einen Bruchteil von Vincents ungestümer Kraft und Vitalität.
Die kleine Wohnung an der Rue Laval war gerade groß genug für Theo und seine zierlichen Möbel. Am Ende der ersten

Woche sah die Wohnung bereits wie ein Trödelladen aus. Vincent stürmte im Wohnzimmer auf und ab, stieß alles, was ihm in den Weg kam, mit den Füßen beiseite, warf Bilder, Pinsel und leere Farbtuben auf die Erde – kurzum, er zerstörte das ganze System der sorgfältig ausgewogenen Lebensgewohnheiten, mit denen Theo sein Leben eingerichtet hatte.

»Vincent, Vincent!« rief Theo hilflos. »Sei doch nicht solch ein Barbar.«

Vincent war wieder einmal in dem Zimmer hin und her gestürmt, hatte sich verzweifelt in die Fingerknöchel gebissen und vor sich hin gemurmelt. Er ließ sich schwer auf einen der zerbrechlichen Stühle fallen.

»Es hat keinen Zweck«, stöhnte er. »Ich habe zu spät angefangen. Ich bin zu alt, um mich jetzt noch zu ändern. Bei Gott, Theo, ich habe keine Anstrengung gescheut. Ich habe im Lauf der letzten Woche zwanzig Bilder angefangen – aber ich bin so festgefahren in meiner Technik – ich kann nicht mehr von vorn anfangen. Glaub mir – mit mir ist's aus.«

Er sprang auf, schlurfte zur Tür, um Luft zu schöpfen, warf die Tür wieder zu, riß ein Fenster auf, ging zur Küche, um sich etwas zu trinken zu holen, und kam wieder zurück.

»Nun, Theo, was sagst *du*? Muß ich es aufgeben? Ist es mit mir vorbei? Es sieht so aus, nicht wahr?«

»Vincent, du benimmst dich wie ein Kind! Beruhige dich erst einmal, und dann hör her. Nein, bitte, laß das Herumlaufen! Ich kann dabei nicht mit dir reden.«

»Aber Theo, ich habe mich sechs Jahre lang von dir unterhalten lassen. Und was hast du jetzt davon? Eine Masse langweilig grauer Bilder – und einen hoffnungslosen Bankrotteur.«

»Hör zu, mein Lieber! Als du dich damals daran machtest, die Bauern zu zeichnen, hast du das gleich nach einer Woche gekonnt? Oder hat es nicht vielmehr fünf Jahre gedauert?«

»Ja, aber damals fing ich erst an.«

»Und was Farben angeht, so fängst du jetzt an. Und vielleicht dauert es noch einmal fünf Jahre, ehe es damit richtig klappt.«

»Werde ich denn niemals fertig, Theo? Muß ich das ganze

Leben lang wie ein Schüler lernen? Ich bin dreiunddreißig. Wann, in Gottes Namen, werde ich endlich einmal ausgelernt haben?«

»Das hier wird die letzte Aufgabe sein, die du zu bewältigen hast, Vincent. Wenn deine Palette erst einmal heller geworden ist...«

»Ach, Theo, glaubst du, daß ich es jemals schaffen werde? Du meinst nicht, daß ich ein Versager bin?«

»Ich bin eher der Meinung, daß du ein Esel bist. Die größte Revolution in der Geschichte der Kunst! Und du bildest dir ein, du könntest alles innerhalb einer Woche beherrschen.«

Am nächsten Nachmittag zeichnete Vincent bis spät bei Corman und holte dann Theo bei Goupils ab. Die Dämmerung des frühen Apriltags hatte sich bereits herabgesenkt, die langen Reihen der sechsstöckigen Steingebäude waren wie gebadet in korallrotem, verblassendem Licht. Überall in Paris nahm man jetzt seinen Apéritif. Die Cafés auf den Bürgersteigen in der Rue Montmartre waren überfüllt mit einer schwatzenden Menge.

Theo und Vincent schlenderten langsam die Straße entlang.

»Sollen wir auch einen Apéritif nehmen, Vincent?«

»Ja. Ich möchte gern irgendwo hingehen, wo wir die Leute beobachten können.«

»Dann gehen wir am besten zu Bataille, oben in der Rue des Abbesses. Da treffen wir sicher ein paar meiner Freunde.«

Die meisten Gäste des Restaurants Bataille waren Maler. Auf dem Bürgersteig standen nur vier oder fünf Tische, dafür waren die beiden Innenräume recht geräumig. Madame Bataille führte die Künstler immer in den einen Raum und die Bürgersleute in den andern – sie erkannte auf den ersten Blick, zu welcher dieser beiden Gruppen ein Ankömmling gehörte.

»Garçon!« rief Theo. »Bringen Sie mir bitte einen Kümmel.«

»Was soll ich trinken, Theo?«

»Versuch's mit einem Cointreau. Du wirst eine Weile herumprobieren müssen, bis du deine Marke findest.«

Der Kellner stellte die Gläser auf Untertassen vor sie hin, auf denen mit schwarzen Buchstaben der Preis vermerkt war.

Theo zündete sich eine Zigarre an und Vincent seine Pfeife. Schwarzbeschürzte Waschfrauen gingen vorbei, Körbe mit frisch gebügelter Wäsche unter dem Arm tragend, ein Arbeiter ging vorüber und hielt einen baumelnden, nicht eingewickelten Hering beim Schwanz, dann wieder kamen Maler in ihren Kitteln, mit noch feuchten, auf die Staffelei gespannten Bildern – schöne Frauen in langen fließenden Gewändern, mit schmaler Taille und winzigen Federhütchen, die, zierlich nach vorn geschoben, auf den Köpfen schwebten.

»Es ist eine großartige Parade, nicht wahr, Theo!«

»Ja, Paris wacht eigentlich erst zur Apéritifstunde auf.«

»Ich habe schon die ganze Zeit darüber nachgedacht – was macht Paris eigentlich so herrlich?«

»Offen gestanden kann ich es dir auch nicht sagen. Es ist ein ewiges Geheimnis. Es hat etwas mit dem französischen Volkscharakter zu tun, nehme ich an. Hier nimmt man das Leben leicht und frei – man ist tolerant ... Hallo, das ist ein Freund von mir, mit dem ich dich bekannt machen möchte. Guten Abend, Paul, wie geht's?«

»Recht gut, danke, Theo.«

»Vincent, das ist Paul Gauguin. Setz dich her, Paul, und trink einen deiner geliebten Absinths.«

Gauguin wandte sich Vincent zu.

»Wie gefällt Ihnen Paris, Herr van Gogh?«

»Sehr gut!«

»Sieh da, komisch! Es soll Leute geben, die es wirklich gerne haben. Was mich angeht, ich finde, daß Paris ein großer Mülleimer ist – und die ganze Zivilisation ist der Kehricht darin.«

»Sie sehen aus, als wenn Ihnen etwas Gutes passiert ist, Paul. Ein Bild verkauft?«

»Nichts so Alltägliches wie das, Theo. Ich hatte heute morgen ein reizendes Erlebnis –«

Theo zwinkerte Vincent vielsagend zu. »Berichten Sie, Paul! Garçon, noch einen Absinth für Monsieur Gauguin.«

Gauguin schmeckte den Absinth mit der Zungenspitze und fing dann zu erzählen an:

»Kennen Sie die Sackgasse, die Impasse Frenier, die von der

Rue des Fourneaux abbiegt? Also, heute morgen, so gegen fünf, höre ich unten Mutter Fourel, die Fuhrmannsfrau, schreien: ›Hilfe! Mein Mann hat sich erhängt!‹ Ich schnell aus dem Bett, die Hosen über (immer so, wie es sich schickt), nach einem Messer gegriffen, die Treppen herunter und den Strick durchgeschnitten. Der Mann war tot, der Körper noch warm. Ich wollte ihn aufs Bett tragen. ›Halt‹, rief Mutter Fourel, ›erst müssen wir abwarten, bis die Polizei hier gewesen ist.‹

Auf der anderen Seite überragt mein Haus ein Stück von einer Gärtnerei. ›Kann ich eine Melone haben?‹ rufe ich nach unten. ›Aber gewiß, Herr, eine schöne reife‹, ruft der Gärtner zurück. Mir ist dann beim Frühstück nicht einmal mehr der Gedanke an den Mann gekommen, der sich kurz vorher erhängt hatte. Es gibt doch manches Gute im Leben, wie man sieht. Jedes Gift hat auch ein Gegengift.«

Vincent sah Paul Gauguin prüfend an. Er hatte den großen, schwarzen Schädel eines Barbaren mit einer massiven Nase, die sich vom linken Augenwinkel bis zum rechten Mundwinkel schief wölbte. Seine hervorstehenden Augen waren ungewöhnlich groß, und eine wilde Melancholie lag in ihnen. Er war ein Riese von einem Kerl mit ungeheurer, fast brutaler Vitalität.

Theo versuchte, sich ein Lächeln abzuringen.

»Paul, ich fürchte, Sie genießen Ihren Sadismus ein bißchen zu sehr, als daß er völlig natürlich sein könnte. Ich muß jetzt gehen. Ich habe eine Verabredung. Vincent, kommst du mit?«

»Lassen Sie ihn hierbleiben, Theo«, sagte Gauguin. »Ich möchte Ihren Bruder gern ein bißchen näher kennenlernen.«

»Es soll mir recht sein. Aber füllen Sie ihn nicht zu sehr mit Ihrem Absinth. Er ist nicht daran gewöhnt. Garçon, wieviel macht's?«

»Dieser Bruder da von Ihnen, der ist schon richtig, Vincent«, sagte Gauguin. »Er wagt zwar noch nicht ganz, die jüngeren Künstler auszustellen – aber Valadon läßt ihn wahrscheinlich nicht.«

»Er hat immerhin Monet, Sisley, Pissarro und Manet einen Platz eingeräumt.«

»Mag sein – aber wo sind die Seurats? Und die Gauguins? Und die Cézannes und Toulouse-Lautrecs? Die andern sind inzwischen schon alt geworden, und ihre Zeit geht vorbei.«

»Ach, kennen Sie Toulouse-Lautrec?«

»Henri? Das möcht' ich meinen. Ich möchte lieber fragen, wer ihn nicht kennt. Es ist ein verdammt feiner Maler, aber er ist verrückt. Jeden Morgen weckt ihn das nagende Gefühl seiner Minderwertigkeit – weil er keine Beine hat, jeden Abend versucht er dieses Minderwertigkeitsgefühl loszuwerden, indem er säuft und sich mit Weibern einläßt. Am nächsten Morgen aber ist er wieder brav und treu zur Stelle. Wenn er nicht so verrückt wäre, wäre er sicherlich einer unsrer besten Maler. So – hier müssen wir einbiegen. Mein Atelier ist ganz oben, wir müssen vier Treppen klettern. Passen Sie auf, die Stufe da ist kaputt.«

Gauguin ging voran und machte Licht. Es war eine schäbige Dachkammer mit einer Staffelei, einem Messingbett, einem Tisch und einem Stuhl. In einem Alkoven nebenan hingen obszöne Photographien, Vincent warf nur einen Blick darauf.

»Nach den Bildern zu urteilen, haben Sie keine sehr hohe Meinung von der Liebe.«

Gauguins Antwort war zynisch. Er liebe nur Frauen, wenn sie fett und bösartig wären. Er würzte die Schilderung seiner Haltung Frauen gegenüber mit allen möglichen Anekdoten. Alles, was er Vincent davon erzählte, mündete in dem einen: Sinnlichkeit und Fleischeslust seien derbe Dinge und daher auch derb und sinnlich zu erleben, die Geistigkeit aber habe man für geistige Dinge zu reservieren, vor allem für die Kunst.

»Ich bin eigentlich auch in letzter Zeit zu diesem Standpunkt gekommen«, antwortete Vincent. »Nein, danke, ich mag keinen Absinth mehr. Trinken Sie ruhig weiter. Mein Bruder Theo schätzt Ihre Sachen sehr. Kann ich ein paar Studien von Ihnen sehen?«

Gauguin sprang auf.

»Ganz entschieden: nein! Meine Studien sind ein Teil meines persönlichen, privaten Lebens – so wie Briefe. Aber ich will Ihnen gern ein paar Bilder zeigen. Sie werden bei diesem Licht allerdings nicht viel sehen. Schön, wenn Sie unbedingt wollen . . .«

Gauguin kniete sich hin, zog einen Haufen Gemälde unter dem Bett hervor und stellte sie eins nach dem andern gegen die Absinthflasche auf den Tisch. Vincent war darauf vorbereitet gewesen, etwas Ungewöhnliches zu sehen – aber er stand jetzt wie betäubt vor Gauguins Werk. Er sah ein wirres Durcheinander von sonnengetränkten Bildern, Bäume, wie kein Botaniker sie je hätte entdecken können, Tiere, von deren Existenz Brehm sich nichts hätte träumen lassen, Menschen, wie sie eben nur Gauguin schaffen konnte. Da waren eckig unbeholfene Eingeborene, hinter deren naiven Augen das Mysterium des Unendlichen lag, dann wieder rein dekorative Szenen, in denen Pflanzen und Tiere mit Sonnenwärme und Sonnenlicht bis zum Bersten gefüllt schienen.

»Sie sind wie Lautrec«, murmelte Vincent. »Sie hassen. Sie hassen mit Ihrer ganzen Kraft.«

Gauguin lachte. »Was halten Sie von meiner Malerei, Vincent?«

»Ehrlich gestanden, ich weiß es nicht. Lassen Sie mir Zeit, damit ich nachdenken kann. Darf ich zurückkommen und mir Ihre Arbeiten noch einmal ansehen?«

»Kommen Sie, sooft Sie Lust haben. Es gibt nur einen jungen Mann in ganz Paris, dessen Arbeiten so gut sind wie meine: Georges Seurat. Er ist solch ein Urmensch wie ich. Alle übrigen Narren, die sich hier in Paris herumtreiben, sind zivilisiert.«

»Ich möchte ihn gern kennenlernen, Gauguin.«

»Wir können nachher zusammen hingehen. Jetzt schlage ich vor, daß wir zu Bruant essen gehen. Haben Sie Geld mit? Ich habe nur rund zwei Francs. Die Flasche hier nehmen wir am besten mit.«

Es war fast zwei Uhr nachts, als sie Seurats Haus erreichten.

»Haben Sie nicht Angst, daß wir ihn aufwecken?« fragte Vincent.

»Himmel, nein. Er arbeitet die ganze Nacht durch. Und den größten Teil des Tages außerdem. Ich glaube, er schläft überhaupt nie. Da ist das Haus. Es gehört Georges' Mutter. Sie hat mir einmal gesagt: ›Mein Sohn Georges, der möchte gern malen. Gut, soll er. Ich habe genug Geld für uns beide. Wenn er nur glücklich ist.‹ Er ist ein vorbildlicher Sohn. Trinkt nicht, raucht nicht, flucht nicht, treibt sich nachts nicht herum, läuft den Frauen nicht nach und gibt für nichts anderes Geld aus als für seine Malerei. Sein einziges Laster ist die Malerei. Er soll eine Mätresse haben und einen Sohn, die hier in der Nähe leben, aber er erwähnte sie nie.«

Bei den letzten Worten hatte er kleine Steinchen aufgelesen und warf sie nun gegen das Dachstubenfenster, hinter dem Seurat arbeitete.

Georges Seurat kam sofort herunter, um sie einzulassen. Er legte den Finger auf die Lippen, um sie zum Schweigen zu ermahnen, und ging ihnen die drei Treppen voran. Er schloß die Tür der Dachstube hinter sich.

»Georges«, sagte Gauguin, »ich möchte dich mit Vincent van Gogh, Theos Bruder, bekannt machen. Er malt, wie eben ein Holländer malt, aber sonst ist er ein netter Kerl.«

Seurats Dachstube war ungeheuer geräumig. An den Wänden hingen riesige unvollendete Gemälde mit Gerüsten davor. Ein hoher viereckiger Tisch stand direkt unter der Gaslampe, flach darauf lag ein noch feuchtes Gemälde.

»Es freut mich, Sie kennenzulernen, Monsieur van Gogh. Sie entschuldigen mich wohl noch einen Augenblick – ich muß da noch eine Stelle ausfüllen, ehe die Farbe eintrocknet.«

Er kletterte auf einen hohen Bürostuhl und beugte sich über das Bild. Die Gaslampe brannte mit ruhiger gelber Flamme. Etwa zwanzig kleine Farbtöpfchen waren sorgfältig in einer Reihe aufgebaut. Seurat berührte nur eben mit der äußersten Spitze eines winzigen kleinen Pinselchens die Farbe und trug dann kleine Farbpünktchen auf die Leinwand auf, so sorgfäl-

tig und genau, als hätte er eine mathematische Aufgabe vor
sich. Er arbeitete ruhig und gemessen. Es war etwas Losgelö-
stes, Darüberstehendes in seiner Art, als erfülle er die Arbeit
eines Mechanikers. Pünktchen ... Pünktchen ... Pünktchen
... Pünktchen ...

Vincent betrachtete ihn fassungslos. Schließlich drehte sich
Seurat auf seinem hohen Stuhl um.

»Fertig«, rief er.

»Zeig es doch mal Vincent, Georges«, sagte Gauguin. »Da,
wo er herkommt, malt man Kühe und Schafe. Er hat bis vor
einer Woche nichts davon gewußt, daß es so etwas wie moderne Kunst gibt.«

»Vielleicht setzen Sie sich besser auf diesen hohen Stuhl hier,
Monsieur van Gogh.«

Vincent kletterte auf den Stuhl und sah auf die vor ihm aus-
gebreitete Leinwand hinunter. Er hatte noch nie etwas auch
nur annähernd Ähnliches, weder im Leben noch in der Kunst,
gesehen. Das Bild stellte eine Szene auf der Insel Grand Jatte
vor. Architektonisch aufgebaute Menschen, die aus einer unendlichen Anzahl kleiner Pünktchen zusammengesetzt waren, standen da wie gotische Figuren. Das Gras, der Fluß, die
Boote, die Bäume – sie alle waren eine Masse von verschwim-
mendem, hingetupftem Licht. Die Leinwand zeigte die leuch-
tendsten Farben, die nur eine Palette enthalten konnte – heller noch als die von Manet oder Degas und sogar Gauguin.
Die Luft war mit funkelndem Licht erfüllt – aber nichts in diesem Bilde atmete.

Gauguin stand neben Vincent und lachte, weil er ein so ver-
blüfftes Gesicht machte.

»Das ist immer so, Vincent. Georges' Bilder wirken auf jeden so, der sie zum erstenmal sieht. Was halten Sie davon?«

Vincent wandte sich entschuldigend an Seurat.

»Sie verzeihen, Monsieur, aber mir sind in diesen letzten Tagen so viel seltsame Dinge begegnet, daß ich mein Gleichge-
wicht noch nicht wiedergefunden habe.«

»Ich verstehe«, erwiderte Seurat ruhig. »Meine Methode wird
die gesamte Malerei revolutionieren, man kann also kaum

erwarten, daß Sie alles gleich auf den ersten Blick begreifen. Sehen Sie, Monsieur, bis jetzt ist die Malerei eine Sache der persönlichen Erfahrung gewesen. Mein Streben ist es, sie zu einer abstrakten Wissenschaft zu machen. Wir müssen es lernen, zu einer mathematischen Genauigkeit des Geistes zu kommen. Jede menschliche Empfindung kann und muß reduziert werden auf abstrakte, durch Farbe, Linie und Form auszudrückende Formeln. Sehen Sie dort die kleinen Farbtöpfe auf dem Tisch?«

»Ja, die sind mir schon vorhin aufgefallen.«

»Jeder dieser Töpfe, Monsieur van Gogh, enthält eine bestimmte menschliche Leidenschaft. Auf Grund meiner Formeln kann man sie in den Fabriken herstellen und im Laden kaufen. Keine zufällige Mischung mehr – die Methode gehörte der Vergangenheit an. Wir leben im Zeitalter der Wissenschaften, und ich erhebe die Malerei zu einer Wissenschaft. Die Persönlichkeit hat zu verschwinden, und die Malerei muß exakt werden – so wie die Architektur. Können Sie mir folgen, Monsieur?«

»Ich fürchte, nein«, sagte Vincent.

Gauguin mischte sich ein.

»Sag mal, Georges, wieso bestehst du eigentlich darauf, das immer *deine* Methode zu nennen. Pissarro hat sie bereits ausgearbeitet, ehe du noch geboren warst.«

»Das ist eine Lüge!«

Seurats Gesicht wurde rot vor Erregung. Er sprang auf, lief zum Fenster hinüber und trommelte mit den Fingern auf das Fensterbrett, dann kam er zurückgestürmt.

»Wer behauptet, daß Pissarro das vor mir ausgearbeitet hat? Er hat seinen Pointillismus von mir gelernt. Ich kenne die Geschichte der Kunst seit den frühen Italienern, und das kann ich dir sagen: niemand vor mir ist auf diese Idee gekommen. Wie kannst du es wagen . . .!«

Er biß sich wütend auf die Lippen, ging zu seinem Stuhl zurück und drehte ihnen den gekrümmten Rücken zu.

Vincent war über die Wandlung höchst erstaunt. Die Züge des Mannes, der da am Tisch über seinem Gemälde gearbeitet hatte, waren wie gemeißelt gewesen – kalt und steinern. Er hatte leidenschaftslose Augen gehabt und sich wie ein kühler Forscher im Laboratorium verhalten. Dieser selbe Mann war jetzt e i n e leidenschaftliche Empörung.

»Ach, komm, Georges«, sagte Gauguin und zwinkerte Vincent zu. »Jeder weiß doch, daß es deine Methode ist. Ohne dich gäbe es keinen Pointillismus.«

Besänftigt kam Seurat zum Tisch zurück. Allmählich erlosch der Ärger in seinen Augen.

»Monsieur Seurat«, sagte Vincent, »wie kann man die Malerei zu einer unpersönlichen Wissenschaft machen, wenn es doch gerade der Ausdruck des Individuums ist, der wesentlich ist für ein Kunstwerk.«

»Schauen Sie her. Ich will es Ihnen erklären.«

Seurat nahm eine Schachtel Pastellfarben vom Tisch und hockte sich auf die nackten Dielen. Die Gaslampe brannte mit trübem Licht, die Nacht war völlig still geworden. Vincent und Gauguin knieten sich neben ihn hin. Seurat war noch immer ziemlich erregt und sprach mit Lebhaftigkeit.

»Meiner Meinung nach«, sagte er, »können letzten Endes alle Wirkungen in der Malerei auf Formeln gebracht werden. Nehmen wir also an, ich möchte eine Zirkusszene malen: hier reitet jemand ein ungesatteltes Pferd, hier ist der Trainer, hier sind die Tribünen und die Zuschauer. Ich möchte zeigen, daß alles heiter und lebendig ist. Was sind nun die drei Elemente der Malerei? Linie, Ton und Farbe. Gut – um nun das Heitere herauszubringen, bringe ich alle meine Linien in die Horizontale – so; ich lasse die leuchtenden Farben das Bild beherrschen – so; und sehe, daß alles von dem warmen Ton durchdrungen wird – so! Ist hiermit nicht das Wesen des Heiteren erfaßt?«

»Vielleicht mag das *Wesen* des Heiteren erfaßt sein, aber die eigentliche konkrete Heiterkeit ist nicht da.«

Seurat sah zu ihm auf. »Ist Ihnen Platon ein Begriff, mein Lieber?«

»Ja.«

»Nun also, was der Maler lernen muß, ist: daß es nicht auf

das Ding selbst, sondern auf die Idee und das Wesen eines Dinges ankommt. Wenn ein Maler zum Beispiel ein Pferd malt, so soll es nicht ein ganz bestimmtes Pferd sein, das Sie wiedererkennen würden, wenn Sie es irgendwo auf der Straße träfen. Die Kamera mag Photographien machen – wir müssen darüber hinausgehen. Wenn jemand einen Mann malt, so soll es nicht der Portier sein, der eine Warze auf der Nasenspitze hat, sondern das, was das Wesen und den Geist eines Mannes ausmacht. Folgen Sie mir, lieber Freund?«

»Weiter, Georges«, sagte Gauguin. »Und stell keine dummen Fragen.«

»So kommen wir dann also zur Traurigkeit. Wir lassen alle unsere Linien in abfallender Richtung laufen – so. Da, das ist das Wesen der Traurigkeit! Ein Kind könnte das zeichnen. Die mathematischen Formeln, die die proportionelle Raumverteilung auf der Leinwand wiedergeben, werden in einem kleinen Büchlein erhältlich sein. Ich habe sie schon ausgearbeitet. Der Maler braucht nur noch das Buch zu lesen, zur Farbenhandlung zu gehen, bestimmte Farbtöpfchen zu verlangen und die Regeln zu befolgen. Er wird dann ein wissenschaftlicher und vollkommener Maler sein. Er kann bei Sonnenlicht oder beim Licht der Gaslampe arbeiten, ein Mönch oder ein Lebemann sein, sechs Jahre oder sechzig. Alle seine Werke werden die gleiche architektonische, unpersönliche Vollkommenheit haben.«

Vincent blickte ungläubig. Gauguin lachte auf.

»Er hält dich für verrückt, Georges.«

Seurat wischte die letzte Zeichnung mit seinem Arbeitskittel aus und warf diesen dann in eine dunkle Ecke.

»Ist das wahr, Monsieur van Gogh?« fragte er.

»Nein, nein«, beteuerte Vincent. »Man hat mich so oft verrückt genannt, daß mir der Klang des Wortes zuwider ist. Aber das muß ich sagen, Ihre Ideen sind seltsam.«

»Er meint also doch: Ja«, sagte Gauguin.

Es klopfte kurz an die Tür.

»Mein Gott«, stöhnte Gauguin in komischer Verzweiflung, »wir haben wieder deine Mutter geweckt.«

Seurats Mutter kam herein. Sie trug einen Morgenrock aus schwerem Stoff und eine Schlafmütze. »Georges, du hast mir doch versprochen, daß du nicht mehr die ganzen Nächte durcharbeiten wirst. Ach – du bist hier, Paul? Warum bezahlst du nicht deine Miete, dann wüßtest du wenigstens, wo du nachts schlafen kannst.«

»Wenn Sie mich bei sich aufnehmen würden, Mutter Seurat, würde ich gar keine Miete mehr zu zahlen brauchen.«

»Danke bestens, e i n Künstler in der Familie genügt völlig. Hier, ich habe Kaffee und Brioches mitgebracht. Wer arbeiten will, muß auch essen. Ich nehme an, ich muß deine Flasche Absinth holen, Paul, nicht wahr?«

»Haben Sie sie auch nicht ausgetrunken, Mutter Seurat?«

Vincent trat aus dem Dunkel.

»Mutter«, sagte Seurat, »Hier ist ein neuer Freund, Vincent van Gogh.«

Mutter Seurat nahm seine Hand.

»Ein Freund meines Sohnes ist hier immer willkommen, auch frühmorgens um vier.«

Die drei Männer unterhielten sich bei Kaffee und Brioches, bis die aufgehende Sonne ein Lichtfleckchen auf das Nordfenster warf.

»Jetzt kann ich mich gleich fertig anziehen«, meinte Mutter Seurat. »Kommen Sie bald einmal zum Abendessen zu uns, Monsieur van Gogh, es wird uns eine Freude sein.«

An der Tür sagte Seurat zu Vincent: »Ich habe meine Methode ziemlich grob auseinandergesetzt, fürchte ich. Kommen Sie wieder, sooft Sie wollen, wir werden zusammen arbeiten. Wenn Sie dahin kommen, daß Sie meine Methode verstehen, dann werden Sie begreifen, daß die Malerei niemals wieder das sein kann, was sie früher war. Nun muß ich wieder an die Arbeit. Ich muß noch eine kleine Stelle fertigmachen, ehe ich schlafen gehe. Bitte, grüßen Sie Ihren Bruder.«

Vincent und Gauguin liefen durch die verlassenen Schluchten der Straßen und kletterten zum Montmartre hinauf. Paris schlief noch. Die grünen Rolläden waren zu, die Jalousien in den kleinen Läden noch nicht hochgezogen, die Wagen vom Lande waren auf der Heimfahrt, nachdem sie Gemüse, Obst und Blumen in den großen Markthallen abgeliefert hatten.

»Wir wollen auf die Butte hinaufgehen und zusehen, wie die Sonne Paris weckt«, schlug Gauguin vor.

»Gerne«, erwiderte Vincent.

»Gauguin«, sagte Vincent, »sagen Sie mir offen, was halten Sie von Seurat?«

»Georges? – Ich wußte, daß Sie das fragen würden. Er versteht von Farbe mehr als sonst jemand seit Delacroix. Abgesehen davon, verhält er sich der Kunst gegenüber zu theoretisch. Das ist falsch. Maler sollten nicht überlegen, was sie tun. Theorien sollten den Kritikern überlassen bleiben. Georges wird die Farbenlehre unbedingt bereichern, und seine gotische Architektur wird die Rückkehr der Kunst zum Primitiven beschleunigen. Aber er ist närrisch, absolut närrisch, wie Sie ja selbst sehen konnten.«

Der Weg nach Montmartre hinauf war steil, aber die Aussicht von der Spitze war der Mühe wert. Ganz Paris breitete sich vor ihnen aus, aus dem Nebel trat das Gewoge der schwarzen Dächer und die vielen Kirchtürme. Die Seine – ein schimmernd gewundener Lichtstrom – teilte die Stadt in zwei Hälften. Es war, als flösse das Meer der Häuser den Montmartrehügel hinab zum Seineufer, um dann wieder den Abhang von Montparnasse hinaufzusteigen. Die Sonne trat aus den Wolken hervor und erhellte den Bois de Vincennes. Die drei Merkmale der Stadt: die Oper im Zentrum, Notre-Dame im Osten und der Arc de Triomphe im Westen, ragten hoch in die Luft wie buntfarbige Steinhügel.

Friede senkte sich über die kleine Wohnung in der Rue Laval. Theo war glücklich über die Stille. Aber sie währte nicht lange. Statt daß Vincent langsam, Schritt für Schritt, die eigene Arbeitsweise umstellte, fing er an, seine Freunde nachzuahmen. Er vergaß alles, was er jemals selbst gelernt hatte, mit dem einzigen Wunsch, Impressionist zu werden. Seine Gemälde sahen wie scheußliche Imitationen von Seurats, Toulouse-Lautrecs und Gauguins aus. Er glaubte aber, er mache große Fortschritte.

»Hör mal, mein Lieber«, sagte Theo eines Abends. »Wie heißt du eigentlich?«

»Vincent van Gogh.«

»So – bist du auch sicher, daß du nicht Georges Seurat oder Paul Gauguin heißt?«

»Was soll das eigentlich, Theo?«

»Glaubst du wirklich, daß du ein Georges Seurat werden kannst? Begreifst du nicht, daß es bloß einen Lautrec gibt und geben kann? – und bloß einen Gauguin, Gott sei Dank! Es ist eine Dummheit, sie, wie du das tust, zu imitieren.«

»Ich imitiere doch nicht, ich lerne von ihnen.«

»Du imitierst. Zeige mir irgendeins deiner neuen Bilder, und ich werde dir sagen, mit wem du am Abend vorher zusammengewesen bist.«

»Aber ich komme weiter, Theo! Sieh doch nur, wieviel heller meine Bilder geworden sind.«

»Im Gegenteil. Du wirst von Tag zu Tag schlechter. Du malst immer weniger wie Vincent van Gogh. Es gibt für dich keinen direkten und leichten Weg, du mußt Jahre harter Arbeit darauf verwenden.«

Der Kampf war entflammt.

Jeden Abend, wenn Theo übermüdet und nervös von der Galerie nach Hause kam, wartete Vincent ungeduldig mit einem neuen Bilde auf ihn. Ehe Theo noch Hut und Mantel hatte ablegen können, ging Vincent zum Angriff über.

»Da! Wirst du nun wieder sagen, daß das nicht gut ist? Sage doch, daß meine Farben nicht besser werden! Sieh mal das Sonnenlicht hier! Sieh dir das an . . .«

Theo blieb nur die Wahl, entweder zu lügen und dann einen angenehmen Abend mit dem besänftigten Bruder zu verleben oder aber die Wahrheit zu sagen und dann von Vincent bis in den frühen Morgen hinein verfolgt und bestürmt zu werden. Aber er blieb trotzdem bei der Wahrheit.

»Wann warst du zuletzt bei Druand-Ruel?« fragte er müde.

»Was hat das damit zu tun?«

»Antworte auf meine Frage.«

»Gestern nachmittag.«

»Weißt du, daß fast fünftausend Maler in Paris Edouard Manet zu imitieren versuchen? Und den meisten gelingt es besser als dir —«

Das Kampffeld war so klein, daß weder der eine noch der andere ausweichen konnte.

Vincent versuchte es mit einem neuen Kunstgriff.

Er vereinigte alle Impressionisten in einem Gemälde.

»Entzückend«, brummte Theo am Abend, als der Bruder es ihm zeigte. »Wir wollen es ›Rekapitulation‹ nennen. Wir werden jede Einzelheit mit einem Zettelchen versehen. Der Baum ist ein echter Gauguin, das Mädchen in der Ecke ist unzweifelhaft Toulouse-Lautrec. Ich würde sagen, das Sonnenlicht auf dem Strom ist Sisley, die Farbe ist Monet, die Blätter Pissarro, die Luft Seurat und die Mittelfigur Manet.«

Vincent kämpfte erbittert.

Theo schlief im Wohnzimmer, Vincent konnte deshalb nachts nicht arbeiten. Die Auseinandersetzungen mit Theo erregten ihn so sehr, daß er nicht schlafen konnte. Deshalb verbrachte er die langen Nachtstunden in weiteren Auseinandersetzungen. Theo kämpfte mit ihm, bis er völlig erschöpft einschlief, obwohl das Licht brannte und Vincent weiterredete und gestikulierte. Er tröstete sich mit dem Gedanken, daß sie bald in der Rue Lepic wohnen würden und daß er da ein Schlafzimmer für sich allein mit einem starken Schloß an der Tür haben würde.

Wenn Vincent es müde war, über eigene Arbeiten zu sprechen, füllte er Theos Nächte mit stürmischen Erörterungen über Kunst, Kunsthandel und das Elend des Künstlerberufes aus.

»Theo, ich verstehe dich nicht«, klagte er. »Du bist Leiter einer der wichtigsten Galerien in Paris, und du stellst nicht einmal ein Bild deines Bruders aus.«

»Valadon läßt mich nicht.«

»Hast du's denn versucht?«

»Tausendmal.«

»Gut, meine Gemälde mögen nicht gut genug sein. Aber wie steht es mit Seurat, Gauguin, Lautrec...«

»Jedesmal, wenn sie mir ein neues Bild bringen, bitte ich Valadon, daß er mir die Erlaubnis gibt, sie im Zwischenstock auszuhängen.«

»Wer ist eigentlich Herr in der Galerie: du oder jemand anders?«

»Ich bin leider nur Angestellter.«

»Dann solltest du fortgehen. Es ist entwürdigend, einfach entwürdigend. Theo, ich würde mir das nicht gefallen lassen. Ich würde fortgehen!«

»Wir wollen darüber beim Frühstück sprechen. Ich habe einen schweren Tag hinter mir, und ich möchte schlafen.«

»Ich will aber nicht bis zum Frühstück warten. Ich will jetzt darüber sprechen! Theo, was hat es für einen Zweck, Manet und Degas auszustellen? Sie sind bereits anerkannt, werden gekauft. Jetzt muß man für die Jüngeren kämpfen!«

»Laß mir Zeit! Vielleicht in drei Jahren ...«

»Nein. Wir können nicht mehr drei Jahre warten. Wir müssen jetzt etwas tun. Ach, Theo, warum gibst du deine Stellung nicht auf und eröffnest nicht eine eigene Kunstgalerie? Stell dir mal vor, kein Valadon, kein Bouguereau, kein Henner mehr!«

»Das kostet Geld, Vincent. Ich habe nichts gespart.«

»Wir werden das Geld irgendwie beschaffen.«

»Eine Kunsthandlung entwickelt sich nicht in einem Tag, das weißt du.«

»Soll es langsam gehen! Wir wollen Tag und Nacht arbeiten, bis wir festen Boden gefaßt haben.«

»Und was fangen wir in der Zwischenzeit an? Wir müssen essen!«

»Wirfst du mir vor, daß ich mir nicht selbst meinen Lebensunterhalt verdiene?«

»Mach, daß du ins Bett kommst, Vincent. Ich kann nicht mehr.«

»Nein, ich gehe nicht zu Bett. Ich möchte die Wahrheit wissen. Ist das der Grund, warum du nicht von Goupils fortgehen willst? Weil du mich unterhalten mußt? Nun mal los, sprich die Wahrheit. Ich bin also ein Mühlstein an deinem Hals. Ich ziehe dich nach unten, bin eine Last. Meinetwegen mußt du deine Stellung behalten! Wenn ich nicht wäre, wärest du frei.«

»Wenn ich nur ein bißchen größer und stärker wäre, bekämst du jetzt eine gehörige Abreibung, verdient hast du sie.«

Am Abend darauf gab Theo Vincent eine Karte und sagte: »Wenn du heute abend nichts vorhast, könnten wir hingehen.«

»Wohin?«

»Zu Henri Rousseau. Sieh dir die Einladung an.«

Auf der Karte standen zwei Verse eines schlichten Gedichts und ein paar handgemalte Blumen.

»Wer ist das?« fragte Vincent.

»Wir nennen ihn den ›Zöllner‹. Er war bis zum vierzigsten Lebensjahr Zollbeamter in den Provinzen. Er pflegte des Sonntags zu malen, gerade wie Gauguin. Vor ein paar Jahren kam er nach Paris und ließ sich im Arbeiterviertel in der Nähe der Bastille nieder. Er hat nie in seinem Leben irgendwelche Erziehung oder Ausbildung genossen, aber er malt, schreibt Gedichte, komponiert, gibt Arbeiterkindern Geigenstunden, spielt Klavier und erteilt ein paar alten Männern Zeichenunterricht.«

»Was malt er eigentlich?«

»Phantastische Tiere, die aus phantastischen Dschungeln herausschauen. Er hat niemals einen Dschungel gesehen, höchstens den ›Jardin d'Acclimatation‹ im Bois de Boulogne. Er ist ein Bauer und ein echter Primitiver, wenn Gauguin ihn auch auslacht.«

»Was hältst du von seiner Arbeit, Theo?«

»Ich weiß nicht recht. Sie sagen alle, daß er ein armer Irrer ist.«

»Stimmt das?«

»Er ist in gewisser Weise ein Kind, ein primitives Kind. Wir gehen heute abend zu seiner Gesellschaft, und dann kannst du selbst urteilen. Er hat seine Gemälde alle bei sich an den Wänden hängen.«

»Er muß Geld haben, wenn er eine Gesellschaft geben kann.«

»Er ist wahrscheinlich der ärmste Maler von ganz Paris. Er muß sich sogar die Geige mieten, auf der er seinen Unterricht gibt, weil er kein Geld hat, um sich eine zu kaufen. Aber diese Einladungen haben einen Zweck. Du wirst schon sehen.«

Das Haus, in dem Rousseau wohnte, war ein richtiges Arbeiterhaus. Rousseaus Zimmer lag im vierten Stock. Auf der Straße schrien Kinder, der Geruch von kochendem Essen, Wäsche und Klosetts im Flur war fast unerträglich.

Henri Rousseau machte auf. Er war klein und untersetzt und ähnelte Vincent im Körperbau. Er hatte kurze, dicke Finger, der Kopf wirkte fast viereckig. Er hatte eine platte Nase und ein breites Kinn und große, unschuldsvolle Augen.

»Ich danke Ihnen für die Ehre, daß Sie zu mir gekommen sind, Monsieur van Gogh«, sagte er mit sanfter, freundlicher Stimme.

Theo stellte Vincent vor. Rousseau bot ihnen Stühle an. Das Zimmer war farbenfreudig, fast heiter. Rousseau hatte seine rot-weiß karierten Bauerngardinen an den Fenstern angebracht. Die Wände waren von oben bis unten mit Bildern von wilden Tieren, Dschungeln und unwahrscheinlichen Landschaften bedeckt.

Neben dem abgenutzten Klavier in der Ecke standen vier Knaben, sie hielten Geigen in den Händen und zitterten beinahe vor Erregung. Auf dem Kaminsims standen Schüsseln mit Semmeln, die Rousseau selbst gebacken und mit Kümmel bestreut hatte. Bänke und Stühle standen im Zimmer umher.

»Sie sind der erste Gast, Monsieur van Gogh«, sagte Rousseau. »Der Kritiker Guillaume Pille gibt mir die Ehre, eine kleine Gesellschaft mitzubringen.«

Plötzlich hörte man von der Straße erregte Kinderstimmen und das dumpfe Getöse von Wagenrädern auf dem Kopfsteinpflaster. Rousseau riß die Tür auf. Zierliche Frauenstimmen erklangen im Treppenhaus.

»Nur weiter! Immer weiter!« dröhnte eine Stimme. »Die eine

Hand auf dem Geländer und mit der andern die Nase zu-
gehalten!«

Lachendes Geschrei folgte diesem Witz. Rousseau, der alles
deutlich gehört hatte, wandte sich zu Vincent und lächelte.
Vincent glaubte, noch niemals solch klare und unschuldige
Augen im Gesicht eines Mannes gesehen zu haben – so völlig ohne Arg und Mißtrauen.

Zehn bis zwölf Leute kamen ins Zimmer gestürmt. Die Männer trugen Fracks, die Frauen prächtige Abendtoiletten, zierliche Schuhchen und lange, weiße Handschuhe. Sie erfüllten
das Zimmer mit dem Duft kostbarer Parfüms, zarten Puders,
von Seide und feinen alten Spitzen.

»Henri«, rief Guillaume mit tiefer, prahlerischer Stimme, »du
siehst, da sind wir! Aber wir können nicht lange bleiben. Wir
sind unterwegs zum Ball bei der Prinzessin de Broglie. Inzwischen mußt du meine Gäste gut unterhalten.«

»Ach, ich möchte ihn so gern kennenlernen«, schwärmte ein
schlankes, feuerblondes Mädchen im Empirekleid, das tief
ausgeschnitten war. »Man stelle sich vor: hier also ist der
große Maler, von dem ganz Paris redet. Wollen Sie mir die
Hand küssen, Monsieur Rousseau?«

»Hab acht, Blanche«, sagte jemand, »du weißt . . . dieser Maler . . .«

Rousseau lächelte und küßte ihr die Hand. Vincent zog sich in
eine Ecke zurück. Pille und Theo unterhielten sich ein Weilchen. Die andern gingen paarweise im Zimmer umher, machten Bemerkungen über die Bilder an den Wänden und lachten unaufhörlich. Sie befühlten den Stoff der Gardinen, faßten alles an und stöberten im ganzen Zimmer herum, um
neuen Grund zum Lachen zu finden.

»Wollen Sie sich bitte setzen, meine Damen und Herren«,
sagte Rousseau, »mein Orchester wird Ihnen eine meiner eigenen Kompositionen vorspielen. Ich habe sie Monsieur Pille
gewidmet. Sie heißt ›Chanson Raval‹.«

»Kommt! Kommt alle miteinander!« rief Pille. »Rousseau will
uns unterhalten. Jean, Blanche, Jacques! Kommt, setzt euch.
Es wird köstlich werden!«

Die vier zitternden Knaben standen vor einem einzigen Notenpult und stimmten ihre Geigen. Rousseau saß am Klavier und schloß die Augen. Nach einem Augenblick sagte er: »Fertig!« und fing an zu spielen. Die Komposition war ein schlichtes Pastorale. Vincent bemühte sich, zuzuhören, aber das Gekicher der Gesellschaft übertönte die Musik. Am Ende applaudierten sie lärmend und mit viel Stimmenaufwand. Blanche ging zum Klavier, legte Rousseau die Hände auf die Schulter und sagte: »Das war schön, Monsieur, sehr schön. Ich bin noch nie so gerührt gewesen.«

»Sie schmeicheln mir, Madame.«

Blanche lachte schallend.

»Guillaume, hast du das gehört? Er meint, daß ich ihm schmeichle.«

»Jetzt werde ich Ihnen noch eine Komposition spielen«, sagte Rousseau.

»Singen Sie uns eins Ihrer Gedichte vor, Henri. Sie haben doch so viele!«

Rousseau lächelte wie ein Kind.

»Gut, Monsieur Pille, wenn Sie es wünschen, werde ich ein Gedicht dazu singen.«

Er ging zu einem Tisch, nahm ein Bündel Gedichte, blätterte sie durch und nahm eins heraus. Er setzte sich ans Klavier und fing an zu spielen. Vincent fand die Musik gut. Er fand auch die paar Zeilen des Gedichts, soweit er sie verstehen konnte, reizend. Aber der Gesamteindruck von Musik und Worten zusammen war überaus komisch. Die Gäste heulten vor Lachen.

Als die Musik zu Ende war, ging Rousseau in die Küche hinaus und kam mit großen, dicken Kaffeetassen zurück, die er seinen Gästen anbot. Sie pickten den Kümmel von den Brötchen und warfen ihn sich gegenseitig in den Kaffee. Vincent rauchte in der Ecke seine Pfeife.

»Komm, Henri, zeig uns deine letzten Gemälde. Dazu sind wir hergekommen. Wir müssen sie hier sehen, in deinem Atelier, ehe sie für den Louvre angekauft werden.«

»Ich habe ein paar entzückende neue«, sagte Rousseau. »Ich nehme sie Ihnen von der Wand ab.«

Die Gäste sammelten sich um den Tisch und versuchten, sich gegenseitig in übertriebenen Schmeicheleien zu überbieten.

»Das ist göttlich – einfach göttlich!« hauchte Blanche. »Ich muß es für mein Boudoir haben. Ich kann keinen einzigen Tag ohne es weiterleben. Cher Maître, wieviel kostet dieses unsterbliche Meisterwerk?«

»Fünfundzwanzig Francs.«

»Fünfundzwanzig Francs! Stellt euch das vor! Fünfundzwanzig Francs für ein großes Kunstwerk. Werden Sie es mir widmen?«

»Es würde mir eine Ehre sein.«

»Ich habe Françoise versprochen, ihr eins mitzubringen«, sagte Pille. »Henri, es soll für meine Braut sein. Es muß das Beste sein, was du je gemacht hast.«

»Da habe ich gerade das Richtige für Sie, Monsieur Pille.«

Er nahm ein Gemälde von der Wand, das ein seltsames Tier darstellte, das aus einem Märchendschungel heraussieht. Alle lachten und schrien auf Pille ein.

»Was ist das?«

»Es ist ein Löwe.«

»Nein – ein Tiger.«

»Ich sage euch, es ist bestimmt meine Waschfrau. Ich erkenne sie ganz genau.«

»Das hier ist ein bißchen größer, Monsieur«, sagte Rousseau in rührender Einfalt. »Es kostet dreißig Francs.«

»Das ist es wert, Henri, das ist es bestimmt wert. Eines Tages werden meine Enkel dieses wunderbare Bild für dreißigtausend Francs verkaufen.«

»Ich möchte auch eins haben . . . ich auch!« riefen ein paar andere. »Ich muß eins für meine Freunde mitnehmen. Das ist das beste Theater der Saison!«

»Los alle miteinander!« rief Pille. »Wir kommen sonst zu spät zum Ball! Und bringt die Bilder mit. Wir werden bei der Prinzessin de Broglie Aufsehen damit erregen! Leb wohl, Henri. Wir haben uns herrlich unterhalten. Lad uns bald wieder einmal ein!«

Sie lärmten die Treppen hinunter, schrien sich gegenseitig

Witze zu und hinterließen Wolken kostbaren Parfüms, die sich mit den Gerüchen, die sonst das Haus beherrschten, mischten.

Theo und Vincent gingen zur Tür. Rousseau stand am Tisch und sah auf den Haufen Münzen hinunter.

»Macht es dir etwas aus, wenn ich dich allein nach Hause gehen lasse, Theo?« fragte Vincent leise. »Ich möchte gern hierbleiben und ihn näher kennenlernen.«

Theo ging. Rousseau merkte nicht, daß Vincent die Tür zuzog und sich dagegenlehnte. Er fuhr fort, das Geld auf dem Tisch zu zählen.

»Achtzig Francs ... neunzig Francs ... hundert – hundertundfünf.«

Er hob den Kopf und sah, daß Vincent ihn beobachtete. Der kindlich einfältige Ausdruck kehrte in seine Augen zurück. Er schob das Geld beiseite und grinste töricht.

»Lassen Sie die Maske fallen, Rousseau!« sagte Vincent. »Ich bin ein Bauer und Maler wie Sie.«

Rousseau trat vom Tisch fort, ging zu Vincent hin und ergriff voller Wärme seine Hand.

»Ihr Bruder hat mir Ihre Bilder von den holländischen Bauern gezeigt. Sie sind gut. Besser als Millets. Ich habe sie oft, sehr oft angesehen. Ich bewundere Sie, Monsieur.«

»Und ich habe auch Ihre Bilder betrachtet, Rousseau, während die andern sich wie Narren benommen haben. Ich bewundere Sie ebenfalls.«

»Danke sehr. Wollen Sie sich setzen? Wollen Sie sich eine Pfeife mit meinem Tabak stopfen? – Es sind hundertundfünf Francs, Monsieur. Ich werde mir dafür Tabak, Lebensmittel und Leinwand zum Malen kaufen können.«

Sie setzten sich am Tisch einander gegenüber und rauchten in freundschaftlich-nachdenklichem Schweigen.

»Ich nehme an, Sie wissen, daß man Sie einen Verrückten nennt, Rousseau!«

»Ja, ich weiß. Und im Haag habe ich gehört, daß man Sie ebenfalls für einen Irren hält.«

»Ja, das stimmt.«

»Sollen sie denken, was sie wollen. Eines Tages werden meine Gemälde im Luxembourg hängen!«

»Und meine«, sagte Vincent, »im Louvre.«

Sie lasen sich ihre Gedanken an den Augen ab und brachen in ein herzliches Gelächter aus.

»Die Leute haben recht, Henri«, sagte Vincent, »wir sind tatsächlich verrückt.«

»Wollen wir darauf eins trinken gehen?« fragte Rousseau.

Am folgenden Mittwoch, so um die Mittagszeit, klopfte Gauguin an van Goghs Tür.

»Ihr Bruder hat mir gesagt, ich solle Sie heute abend ins Café Batignolles mitnehmen. Er hat bis spät in der Galerie zu tun. – Das sind aber interessante Gemälde. Kann ich sie mir ansehen?«

»Natürlich. Ein paar davon habe ich in Brabant gemacht, die andern im Haag.«

Gauguin sah sich die Bilder lange aufmerksam an. Einige Male hob er die Hand, öffnete den Mund, als wenn er sprechen wollte. Aber er schien nicht imstande zu sein, seinen Gedanken Ausdruck zu geben.

»Verzeihen Sie, daß ich frage, Vincent«, sagte er schließlich, »sind Sie etwa Epileptiker?«

Vincent war gerade dabei, sich einen Mantel aus Schafspelz anzuziehen, den er zu Theos Entsetzen in einem Laden für getragene Kleider aufgetrieben hatte und hartnäckig trug. Er wandte sich um und starrte Gauguin an.

»Ob ich was bin?« fragte er.

»Epileptiker. Einer von diesen Burschen, die Anfälle haben.«

»Nicht daß ich wüßte, Gauguin. Wie kommen Sie zu der Frage?«

»Nun ... Ihre Bilder da ... sie sehen aus, als ob sie gleich aus der Leinwand platzen würden. Wenn ich mir Ihre Arbeit ansehe – und es ist heute nicht das erste Mal, daß mir das passiert –, fange ich an, in einen solchen Zustand nervöser Erregung zu kommen, daß ich mich kaum beherrschen kann. Ich habe das Gefühl, daß, wenn das Bild nicht explodiert, jedenfalls ich explodieren werde. Allen Ernstes, Vincent, ich glaube, ich könnte nicht eine Woche lang mit Ihren Bildern leben. Sie würden mich innerhalb einer Woche verrückt machen.«

»Wollen wir nicht gehen?«

Sie gingen die Rue Montmartre hinauf zum Boulevard Clichy.

»Haben Sie gegessen?« fragte Gauguin.

»Nein. Sie?«

»Wollen wir zu Batailles gehen?«

»Eine gute Idee. Haben Sie Geld mit?«

»Nicht einen Centime. Wie steht's mit Ihnen?«

»Ich bin pleite, wie gewöhnlich. Ich hatte erwartet, daß Theo mich zum Essen mitnimmt.« Gauguin schnalzte mit der Zunge. »Hm, ich glaube, wir essen also nicht . . .«

»Wir wollen wenigstens hinaufgehen und nachsehen, was es heute als Stammessen gibt.«

Sie gingen die Rue Lepic hinauf, wandten sich dann nach rechts in die Rue des Abbesses. Madame Batailles hatte eine tintengekritzelte Menükarte an einem der künstlichen Bäume, die in Töpfen vor der Tür des Restaurants standen, mit Reißzwecken angeheftet.

»Hm«, sagte Vincent, »›côte de veau aux petits pois‹. Mein Lieblingsessen.«

»Ich hasse Kalbfleisch«, sagte Gauguin. »Gut, daß wir nicht zu essen brauchen.«

»Was für eine dumme Ausrede.«

Sie schlenderten die Straße hinunter und gingen in den kleinen, dreieckigen Park am Fuß des Hügels.

»Hallo«, sagte Gauguin, »da auf der Bank ist Paul Cézanne – fest eingeschlafen. Warum der Idiot die Schuhe als Kopfkissen benutzt, kann ich allerdings nicht begreifen. Wir wollen ihn wecken.«

Er versetzte dem schlafenden Mann einen kräftigen Schlag auf die nackte Fußsohle. Cézanne sprang mit einem lauten Schmerzensschrei von der Bank hoch.

»Warum legst du dir die dreckigen Provence-Schuhe unter den Kopf? Ist das nicht schlimmer als gar kein Kissen?«

Cézanne brummte: »Ich benutze sie doch nicht als Kissen. Ich tue sie unter den Kopf, damit sie mir niemand stiehlt, während ich schlafe.«

Gauguin wandte sich an Vincent. »Man könnte meinen, daß er ein Künstler ist, der am Hungertuch nagt, wenn man ihn reden hört. Sein Vater besitzt ein Bankunternehmen und halb Aix-en-Provence. Paul, das ist Vincent van Gogh, Theos Bruder.«

Cézanne und Vincent gaben sich die Hand.

»Schade, daß wir dich nicht vor einer halben Stunde getroffen haben, Cézanne«, sagte Gauguin. »Dann hätten wir zusammen essen können. Bei Batailles gibt's heute das beste ›côte de veau aux petits pois‹, das ich jemals gegessen habe.«

»War es wirklich gut?« fragte Cézanne.

»Gut? Köstlich! Nicht wahr, Vincent?«

»Köstlich, ja, das ist das richtige Wort.«

»Also, dann gehe ich auch hin und esse dasselbe. Kommt doch mit und leistet mir Gesellschaft.«

»Ich weiß nicht, ob ich noch eine Portion essen könnte. Was meinen Sie, Vincent?«

»Kaum. Aber wenn Monsieur Cézanne darauf besteht . . .«

»Sei ein netter Kerl, Gauguin! Du weißt, ich hasse es, allein zu essen. Ihr könnt ja etwas anderes nehmen, wenn ihr kein Kalbfleisch mehr essen wollt.«

»Nun gut, um dir den Gefallen zu tun. Kommen Sie, Vincent!«

Sie gingen die Rue des Abbesses wieder hinauf zu Batailles.

»Guten Abend, meine Herren«, sagte der Kellner. »Haben Sie sich schon etwas ausgesucht?«

»Ja«, sagte Gauguin, »bringen Sie uns drei Tagesplatten.«

»Bien. Und was für Wein?«

»Bestimme du den Wein, Cézanne. Du verstehst mehr davon als ich.«

»Wollen mal sehen – also: Saint-Estèphe, Bordeaux, Sauternes, Beaune . . .«

»Hast du den Pommard, den sie hier haben, schon einmal versucht?« unterbrach Gauguin. »Manchmal meine ich, das ist der beste Wein, den sie überhaupt haben.«

»Bringen Sie uns eine Flasche Pommard«, sagte Cézanne zu dem Kellner.

Gauguin verschlang das Kalbfleisch und die grünen, zarten Erbsen, dann wandte er sich zu Cézanne, der noch beim Essen war.

»Übrigens, Paul«, bemerkte er, »wie ich hörte, wird Zolas ›L'Œuvre‹ zu Tausenden verkauft –«

Cézanne sah ihn düster und böse an und schob sein Essen von sich. Er wandte sich zu Vincent.

»Haben Sie das Buch gelesen, Monsieur?«

»Noch nicht. Ich habe eben ›Germinal‹ ausgelesen.«

»›L'Œuvre‹ ist ein schlechtes Buch«, sagte Cézanne, »und noch dazu ein falsches. Außerdem ist es der schlimmste Verrat, der jemals an einer Freundschaft geschah. Das Buch handelt von einem Maler, Monsieur van Gogh. Von mir! Emile Zola ist mein ältester Freund. Wir sind zusammen in Aix aufgewachsen. Wir gingen zusammen zur Schule. Ich kam dann nach Paris, nur weil er hier war. Wir standen uns näher als Brüder, Emile und ich. Während unserer ganzen Jugend machten wir Pläne, wie wir, Seite an Seite, große Künstler werden würden. Und nun tut er mir das an.«

»Was hat er Ihnen denn angetan?« fragte Vincent.

»Er hat mich lächerlich gemacht. Mich verspottet. Hat mich vor ganz Paris verhöhnt. Jeden Tag erzählte ich ihm von meinen Theorien in bezug auf Licht oder von meinen Anschauungen, in zweidimensionalen Flächen dreidimensionale Körper darzustellen. Er hörte zu, er ermutigte mich, er holte mich über meine Pläne aus. Und die ganze Zeit war er nur darauf aus, Material für sein Buch zu sammeln, um zu zeigen, was für ein Narr ich bin.«

Er leerte sein Glas, wandte sich wieder zu Vincent und fuhr fort, seine kleinen, erbitterten Augen blitzten von leidenschaftlichem Haß.

»Zola hat drei von uns in dem Buch zusammengefaßt, Monsieur van Gogh, mich, Bazille und einen armen elenden Jungen, der Manets Atelier sauberzumachen pflegte. Der Junge hatte künstlerischen Ehrgeiz, aber er erhängte sich schließlich aus lauter Verzweiflung. Zola schildert mich als Visionär, als elenden, irregeleiteten Teufel, der glaubt, daß er die Kunst revolutioniere, der aber in Wirklichkeit nicht in der konventionellen Weise malt, weil er einfach nicht genug Talent hat, um überhaupt zu malen. Er schildert, wie ich mich an dem Baugerüst vor meinem Meisterwerk erhänge, weil es mir endlich klar wird, daß das, was ich für Genie nahm, nur verrückte Farbenkleckserei war. Er stellt mir einen andern Künstler aus Aix gegenüber, einen sentimentalen Bildhauer, der das alltäglichste, akademischste Zeug produziert – und ihn macht er zu einem großen Künstler.«

»Das ist ja wirklich amüsant«, sagte Gauguin, »wenn man sich daran erinnert, daß Zola der erste war, der als Vorkämpfer für Manets Revolution in der Malerei eintrat. Emile hat mehr für die Malerei getan als irgendein lebender Mensch sonst.«

»Ja, er hat Manet angebetet, weil der die Akademiker stürzte. Aber wenn ich nun versuche, über die Impressionisten hinauszugehen, dann nennt er mich einen Narren und Idioten. Was Emile angeht, so ist er ein mittelmäßiger Kopf und ein verabscheuungswürdiger Freund. Ich habe es längst aufgeben müssen, ihn zu besuchen. Er wohnt wie ein verdammter Bourgeois: dicke Teppiche überall, Vasen auf dem Kaminsims, Diener, ein mit Schnitzereien und Plastiken verziertes Schreibpult, um seine Meisterwerke daran zu schreiben. Pfui! Er ist ein schlimmerer Kleinbürger, als Manet es jemals zu sein gewagt hätte. Wahlverwandtschaft die beiden: deshalb kamen sie auch so gut miteinander aus. Nur weil ich aus derselben Stadt bin wie Emile, und weil er mich als Kind kannte, meint er, ich könnte unmöglich etwas Wichtiges leisten.«

»Ist noch etwas Pommard in der Flasche, Cézanne?« fragte Gauguin. »Danke schön! Was ich gegen Zola habe, ist, daß er seine Waschfrauen wie echte Waschfrauen reden läßt, wenn er dann aber an anderes geht, vergißt er, den Stil zu ändern.«

»Ich habe Paris satt! Ich gehe nach Aix zurück und bleibe dort bis an mein Lebensende. Von einem Hügel, der aus dem Tal aufsteigt, kann man die ganze Gegend überblicken. Die Sonne ist klar und leuchtend in der Provence, und Farben gibt's dort – ah ... was für Farben! Ich kenne ein Stückchen Land oben auf dem Hügel, das zum Verkauf steht. Es ist ganz mit Kiefern bedeckt. Da werde ich mir ein Atelier bauen und einen Garten mit Apfelbäumen anlegen. Drum herum laß ich eine große Mauer bauen. Und dann gehe ich niemals wieder aus der Provence fort – in meinem ganzen Leben nicht!«

»Der Einsiedler von Aix! Was für ein charmanter Titel! Wir brechen jetzt wohl besser auf und gehen ins Café Batignolles. Sie werden schon alle da sein.«

Beinahe alle waren da. Lautrec hatte schon einen Haufen Untertassen vor sich stehen, der ihm bis zum Kinn reichte. Georges Seurat unterhielt sich leise mit Anquetin, einem hageren, quirligen Maler, der die Methode der Impressionisten mit der, die bei den japanischen Drucken angewandt wurde, zu vereinen suchte. Henri Rousseau nahm Brötchen aus der Tasche und tunkte sie in den Milchkaffee, Theo unterhielt sich lebhaft mit zwei der modernen Pariser Kunstkritiker.

Batignolles war früher ein Vorort am Eingang des Boulevard Clichy gewesen. Hier hatte Edouard Manet die geistesverwandten Seelen von Paris um sich versammelt. Vor Manets Tode traf sich die »École des Batignolles« zweimal in der Woche in diesem Café. Legros, Fantin-Latour, Courbet, Renoir – alle hatten sich hier getroffen und ihre Kunsttheorien ausgearbeitet, aber jetzt war die Schule von den Jüngeren übernommen worden.

Cézanne sah Emile Zola. Zola stand auf, ging zu einem Tisch, der weitab stand, bestellte Kaffee und blieb dort allein sitzen. Gauguin stellte Vincent Zola vor, dann ließ er sich neben Toulouse-Lautrec nieder. Zola und Vincent blieben allein an dem Tisch.

»Ich sah, daß Sie mit Cézanne hereingekommen sind, Monsieur van Gogh. Zweifellos hat er Ihnen etwas über mich gesagt.«

»Ja.«

»Was hat er gesagt?«

»Ich fürchte, Ihr Buch hat ihn tief verletzt.«

Zola seufzte und schob den Tisch von der ledergepolsterten Bank ab, um für seine Fülle mehr Platz zu gewinnen.

»Haben Sie schon von der Schwenninger-Kur gehört?« fragte er. »Sie behaupten, daß man dreißig Pfund innerhalb von drei Monaten abnehmen kann, wenn man zu den Mahlzeiten nichts trinkt.«

»Davon habe ich nichts gehört.«

»Es hat mir selbst sehr weh getan, das Buch über Paul Cézanne zu schreiben, aber jedes Wort darin ist wahr. Sie sind ein Maler. Würden Sie das Bildnis eines Freundes verfälschen, bloß weil es ihn unglücklich macht? Natürlich nicht. Paul ist ein großartiger Kerl. Er war jahrelang mein bester Freund. Aber seine Arbeit ist einfach lächerlich ... Sie wissen, wir sind sehr tolerant bei uns zu Hause, Monsieur, aber wenn meine Freunde kommen, muß ich Pauls Gemälde in einen Schrank einschließen, damit er nicht ausgelacht wird.«

»Seine Arbeit kann doch nicht so schlecht sein! Gauguin achtet ihn sehr!«

»Es bricht mir das Herz«, fuhr Zola fort, »mit ansehen zu müssen, wie Cézanne sein Leben in dieser Weise vergeudet. Er sollte nach Aix zurückgehen, den Platz seines Vaters in der Bank übernehmen – so könnte er noch etwas aus seinem Leben machen. Wie die Dinge jetzt stehen ... eines Tages wird er sich aufhängen ... genauso, wie ich es im ›L'Œuvre‹ vorausgesagt habe. Haben Sie das Buch gelesen, Monsieur?«

»Noch nicht. Ich habe eben ›Germinal‹ ausgelesen.«

»So, und was meinen Sie dazu?«

»Ich finde, es ist das feinste Buch seit Balzac.«

»Ja, es ist mein Meisterwerk. Es erschien im letzten Jahr im ›Gil Blas‹ im Feuilleton. Ich habe eine ganze Menge Geld dafür bekommen. Und nun sind schon mehr als 60 000 Exemplare von dem Buch verkauft. Mein Einkommen ist noch nie so groß gewesen wie jetzt. Ich baue grad einen neuen Flügel an mein Haus in Medan an. Das Buch hat schon vier Streiks und Aufstände in den Bergwerksbezirken Frankreichs hervorgerufen. ›Germinal‹ wird eine ungeheure Revolution entfesseln, und dann – Kapitalismus ade! Was malen Sie, Monsieur? Was hat Gauguin gesagt, wie ist Ihr Vorname?«

»Vincent. Vincent van Gogh. Theo van Gogh ist mein Bruder.«

Zola legte den Bleistift hin, mit dem er auf die Steinplatte des Tisches gekritzelt hatte, und starrte Vincent an.

»Seltsam«, sagte er.

»Was ist seltsam?« fragte Vincent.

»Ihr Name. Ich habe ihn schon irgendwo einmal gehört.«

»Vielleicht hat mich Theo einmal Ihnen gegenüber erwähnt.«

»Das auch. Aber das war es nicht. Einen Augenblick! Es war . . . ›Germinal‹! Sind Sie jemals in den Kohlenbergwerksbezirken gewesen?«

»Ja. Ich habe zwei Jahre lang in der Borinage gelebt.«

»In der Borinage. Petit Wasmes! Marcasse!«

Zola sprangen die Augen fast aus dem runden, bärtigen Gesicht.

»So . . . Sie sind also der zweite Christus.«

Vincent errötete. »Was meinen Sie damit?«

»Ich habe fünf Wochen in der Borinage zugebracht, als ich Material für ›Germinal‹ sammelte. Die ›gueules noires‹ erzählten immer von einem Christus-Menschen, der als Prediger unter ihnen gearbeitet hat.«

»Sprechen Sie leise, ich bitte Sie.«

»Sie brauchen sich dessen nicht zu schämen, Vincent«, sagte er. »Was Sie da zu tun versucht haben, war an sich gut. Nur haben Sie nicht die richtigen Mittel gewählt. Religion wird das Volk niemals weiterbringen. Nur die Niederen im Geiste werden sich mit dem Elend in dieser Welt durch die Aussicht auf die Seligkeit in der nächsten abfinden.«

»Das habe ich auch herausgefunden – aber zu spät.«

»Sie haben zwei Jahre in der Borinage zugebracht, Vincent. Sie haben Ihr Essen, Ihr Geld, Ihre Kleider den andern gegeben. Sie haben sich beinahe zu Tode gearbeitet. Und was haben Sie dafür erhalten? Nichts! Man hat Sie einen ›Irren‹ genannt und Sie aus der Kirche ausgestoßen. Als Sie fortgingen, war die Lage nicht besser als damals, wie Sie hinkamen.«

»Sogar schlechter.«

»Aber mit meinen Mitteln werde ich es vollbringen. Das geschriebene Wort wird eine Revolution entfachen! Jeder Bergarbeiter in Belgien und Frankreich, der lesen kann, hat mein Buch gelesen. Kein Café, keine elende Hütte in der ganzen Gegend ist ohne ein abgegriffenes Exemplar meines ›Germinal‹. Diejenigen, die nicht lesen können, haben es sich immer und immer wieder vorlesen lassen. Schon vier Streiks! Und Dutzende mehr im Kommen! Das ganze Land erhebt sich. ›Germinal‹ wird eine neue Gesellschaft schaffen, was Ihre Religion nicht vollbringen konnte. Und was erhalte ich zum Lohn?«

»Nun? . . .«

»Francs. Tausende und aber Tausende. – Würden Sie mir bei einem Glas Gesellschaft leisten?«

Die Diskussion am Tisch, wo Lautrec saß, wurde lebhaft. Jeder wandte ihm seine Aufmerksamkeit zu. »Wie steht's mit ›meiner Methode‹?« hatte Gauguin gefragt. Seurat übersah die Ironie. Sein Gesicht mit den edlen Zügen verriet keine Bewegung, es war wie eine fein durchgearbeitete Maske.

»Ein neues Buch über Farbenberechnung ist erschienen – von Ogden Rood, einem Amerikaner. Ich halte es für einen Fortschritt über Helmholtz und Chevral hinaus, wenn auch nicht ganz so anregend wie das Werk von de Superville. Sie könnten es alle zu Ihrem Vorteil lesen.«

»Ich lese keine Bücher über Malerei«, sagte Lautrec. »Das überlasse ich den Laien.«

Seurat knöpfte die schwarz-weiß karierte Jacke auf und schob die große blaue, mit weißen Punkten gesprenkelte Schleife zurecht.

»Sie sind selbst ein Laie«, sagte er, »solange Sie die Farben nur aufs Geratewohl anwenden.«

»Ich wende sie nicht aufs Geratewohl an. Ich weiß instinktiv, was richtig ist.«

»Die Wissenschaft ist doch eine Methode, Georges«, warf Gauguin ein. »Wir sind durch Jahre schwerer Arbeit, ständigen Herumexperimentierens wissenschaftlich geworden in der Art, wie wir die Farben anwenden.«

»Das genügt noch nicht, mein Freund. Unser Zeitalter ist auf objektive Produktion gerichtet. Die Tage der Inspiration und der Arbeit ins Ungewisse sind für immer vorbei.«

»Ich kann die Bücher beim besten Willen nicht lesen«, sagte Rousseau. »Ich bekomme Kopfschmerzen davon. Dann muß ich den ganzen Tag malen, um sie loszuwerden.«

Alle lachten. Anquetin wandte sich an Zola und fragte: »Haben Sie schon in der heutigen Abendzeitung den Angriff gegen ›Germinal‹ gelesen?«

»Nein. Was steht darin?«

»Der Kritiker nennt Sie den unmoralischsten Schriftsteller des neunzehnten Jahrhunderts.«

»Die alte Leier. Kann man nichts Neues gegen mich finden?«

»Sie haben aber doch recht, Zola«, sagte Lautrec. »Ich finde Ihre Bücher sinnlich und obszön.«

»Sie müssen es ja wissen – –«

»Garcon!« rief Zola. »Eine Runde!«

»Jetzt geht's los«, bemerkte Cézanne. »Wenn Emile eine Runde spendiert, folgt eine mindestens einstündige Vorlesung.«

Der Kellner brachte die Getränke. Die Maler zündeten sich ihre Pfeifen an und rückten zu einem kleinen, intimen Kreis zusammen. Die Gaslampen erhellten den Raum mit ihren Lichtspiralen. Die Unterhaltung an den anderen Tischen war gedämpft.

»Man sagt, daß meine Bücher unmoralisch sind«, begann Zola, »aus demselben Grunde, aus dem man Ihre *Bilder* unmoralisch nennt, Henri. Das Publikum kann nicht verstehen, daß es moralische Urteile im Bereich der Kunst nicht gibt. Die Kunst ist amoralisch – genau wie das Leben. Für mich gibt es keine obszönen Bilder oder Bücher, es gibt nur solche, die schlecht sind in der Idee und in der Ausführung. Eine Dirne von Toulouse-Lautrec ist moralisch, da sie die Schönheit, die hinter der äußeren Erscheinung liegt, sehen läßt, hingegen ist ein unschuldiges Dorfmädchen von Bouguereau unmoralisch, weil es sentimentalisiert und so süßlich ist, daß sich einem der Magen umdreht, wenn man es nur ansieht.«

»Ja, das ist wahr«, nickte Theo zustimmend.

Vincent sah, daß die Maler Respekt vor Zola hatten, nicht deshalb, weil er erfolgreich war – auf den Erfolg im üblichen Sinne sahen sie voll Verachtung –, sondern weil sein Ausdrucksmittel: die Sprache, ihnen geheimnisvoll und schwierig schien. Sie hörten aufmerksam auf jedes Wort.

»Das einfache menschliche Gehirn denkt dualistisch: Licht und Schatten, Süß und Sauer, Gut und Böse stehen einander gegenüber. In Wirklichkeit aber existiert dieser Dualismus nicht. Die Welt besteht nicht aus Gut oder Böse, sondern aus Sein und Handeln. Wenn wir eine Handlung beschreiben, beschreiben wir Leben; wenn wir diese Handlung jedoch mit Namen wie Verdorbenheit, Obszönität benennen, befinden wir uns bereits im Bereich subjektiver Vorurteile.«

»Aber Emile«, warf Theo ein, »was würden die breiten Massen des Volkes tun, wenn es keine moralischen Maßstäbe gäbe?«

»Natürlich müssen wir gewisse ›Gesetzestafeln‹ haben«, stimmte Zola ihm zu. »Das Gemeinwohl verlangt gewisse Opfer vom Individuum. Ich wende mich nicht gegen das Moralische, sondern vielmehr gegen die Prüderie, die auf ein Bild wie ›Olympia‹ spuckt und Maupassant unterdrücken möchte.«

»Lassen wir die Ethik einen Augenblick beiseite, und sprechen wir wieder vom Unmoralischen in der Kunst«, sagte Vincent. »Meine Bilder hat zwar noch niemand obszön genannt, aber man wirft mir eine noch größere Unmoral vor: Häßlichkeit.«

»Da haben Sie es, Vincent«, sagte Toulouse-Lautrec.

»Ja, für das Publikum ist das der Kern der neuen Auffassung von Unmoral«, stimmte Gauguin ein. »Haben Sie gesehen, wie der ›Mercure de France‹ uns in diesem Monatsheft nennt? Den Kult des Häßlichen!«

»Nun, derselbe kritische Vorwurf wird auch gegen mich erhoben«, sagte Zola. »Eine Gräfin hat neulich zu mir gesagt: ›Mein lieber Monsieur Zola, wie kommt ein Mann mit Ihrer ungewöhnlichen Begabung dazu, alle Steine aufzuheben, nur um nachzusehen, welch ekelhafte Insekten darunter herumwimmeln!‹«

Lautrec zog einen alten Zeitungsausschnitt aus der Tasche. »Hört mal her, was der Kritiker über meine Bilder in der letzten Ausstellung der ›Indépendants‹ gesagt hat. ›Toulouse-Lautrec muß der Vorwurf gemacht werden, daß er sich darin gefällt, triviale Freuden, grobe Amüsements und sonstige niedere Motive darzustellen. Schönheit der Gesichtszüge, Eleganz der Gestalt, Grazie der Bewegung – ihnen gegenüber scheint er völlig unempfindlich zu sein. Es stimmt zwar, daß er seine mißgestalteten Wesen, deren Häßlichkeit abstoßend ist, mit Liebe und Sorgfalt malt – aber was für einen Sinn hat diese perverse Haltung?‹«

»Er hat schon recht«, entgegnete Seurat. »Wenn eure Haltung auch nicht pervers ist, so seid ihr doch alle, die ihr hier seid, mehr oder weniger auf dem Irrweg. Die Kunst hat mit abstrakten Dingen zu tun wie Farbe, Muster, Ton. Sie sollte nicht dazu benutzt werden, um die sozialen Verhältnisse zu bessern oder das Häßliche aufzudecken. Die Malerei sollte wie die Musik sein – völlig vom Alltag getrennt.«

»Victor Hugo ist vor einem Jahre gestorben«, sagte Zola, »und mit ihm ist eine ganze Kultur dahingegangen. Eine Kultur der schönen Gesten, der Romantik, kunstvoller Lügen und feiner Ausflüchte. Meine Bücher vertreten die neue Kultur, die unmoralisch ist. Und mit Ihren Bildern ist es auch nicht anders!«

»Meine Herren«, fuhr er dann fort, »lassen Sie uns also das Manifest dessen formulieren, was man den Kult des Häßlichen nennt! Erstens: wir glauben, daß alle Wahrheit schön ist, wie entsetzlich auch immer ihr Gesicht sein mag. Wir umarmen die Natur bedingungslos und ohne jede Einschränkung. Wir glauben, daß eine harte Wahrheit mehr Schönheit in sich birgt als eine noch so anziehende Lüge und alle Erdhaftigkeit mehr Poesie als sämtliche Pariser Salons. Wir glauben, daß Schmerz gut ist, weil er das tiefste aller menschlichen Gefühle ist, wir glauben, daß Liebe schön ist, auch wenn sie sich in einem Straßenmädchen offenbart. Wir stellen die Tatsache, daß eine Sache Charakter hat, über jede Frage von Schön und Häßlich. Schmerz ist uns mehr als Schönheit, die harte, grobe

Wirklichkeit mehr als aller Reichtum Frankreichs zusammengenommen. Wir akzeptieren das Leben als Ganzes – ohne moralische Werturteile. Wir schätzen das kleine Barmädchen so hoch wie die Herzogin, den Hausmeister wie den General, den Bauern wie den Minister, denn sie alle haben ihren Platz auf der Erde und sind als Fäden in das Muster des Lebens eingewebt.«

Anfang Juni zogen Theo und Vincent in die neue Wohnung: 54, Rue Lepic, Montmartre. Das Haus lag nicht weit von der Rue Laval.
Ihre Wohnung war im dritten Stockwerk. Sie bestand aus drei Zimmern, einer Kammer und einer Küche. Das Wohnzimmer war behaglich mit Theos schönen Louis-Philippe-Möbeln eingerichtet und hatte einen großen Ofen, um sie gegen die Pariser Kälte zu schützen. Theo hatte eine besondere Gabe, alles wohnlich zu machen. Sein Schlafzimmer lag neben dem Wohnzimmer. Vincent schlief in der Kammer, hinter der sein Atelier lag, ein Zimmer von durchschnittlicher Größe, mit einem Fenster.
»Du brauchst jetzt nicht mehr bei Cormans zu arbeiten, Vincent«, sagte Theo. Sie waren dabei, die Möbel im Wohnzimmer aufzustellen.
»Gott sei Dank! Aber ich sollte noch ein paar weibliche Aktzeichnungen machen.«
Theo rückte das Sofa übereck und musterte das Zimmer noch einmal kritisch.
»Du hast seit ziemlich langer Zeit kein Gemälde fertiggemacht, nicht wahr?« fragte er.
»Nein.«
»Warum nicht?«
»Was hätte das für Sinn? Ehe ich nicht die Farben richtig mischen kann... Wohin soll dieser Stuhl, Theo? Unter die Lampe oder neben das Fenster? – – Aber jetzt, wo ich ein Atelier für mich allein habe...«
Am nächsten Morgen stand Vincent mit der Sonne auf, stellte die Staffelei in sein neues Atelier, spannte eine Lein-

wand in den Rahmen, legte die funkelnagelneue Palette zurecht, die Theo ihm gekauft hatte, und weichte die Pinsel ein. Als es für Theo Zeit war, aufzustehen, machte er Kaffee und ging zur Bäckerei hinab, um knusprige, frische Brötchen zu holen.

Theo fühlte Vincents stürmische Erregung über den Frühstückstisch hinweg.

»Nun hast du also drei Monate Schule absolviert, Vincent«, sagte er. »Nein, ich meine nicht Cormans, sondern die Schule von Paris. Du hast die wichtigste Malerei kennengelernt, die seit dreihundert Jahren in Europa geleistet worden ist. Und nun bist du soweit, um . . .«

Vincent schob sein halbbeendetes Frühstück von sich und sprang auf: »Ich glaube, ich fang an . . .«

»Halt! Setz dich! Frühstücke erst einmal fertig. Du hast Zeit genug, du brauchst dir keine Sorgen zu machen. Ich kaufe dir die Farben und die Leinwand en gros, damit du immer genug hast. Aber um Gottes willen, arbeite langsam und sorgfältig.«

»Red keinen Unsinn, Theo! Habe ich jemals langsam und sorgfältig gearbeitet?«

Als Theo am Abend nach Hause kam, hatte Vincent sich in eine unsinnige Wut hineingepeitscht. Sechs Jahre lang hatte er unter den herzzerreißendsten Umständen Fortschritte gemacht, jetzt aber, wo ihm alles leicht gemacht wurde, sah er sich einer demütigenden Unfähigkeit gegenüber: er konnte nichts leisten.

Es wurde zehn Uhr, ehe Theo ihn beruhigen konnte. –

Die folgenden Wochen waren eine Qual für beide. Jeden Abend, wenn Theo von der Galerie zurückkam, fand er Vincent in einer seiner hundert aufgeregten Stimmungen. Das starke Schloß an seiner Tür half ihm nicht viel. Vincent saß bis in die frühen Morgenstunden bei ihm auf dem Bett und redete auf ihn ein. Wenn Theo einmal einschlief, schüttelte Vincent ihn bei den Schultern und weckte ihn wieder auf.

»Hör endlich mit dem Herumgelaufe auf und setz dich einen Augenblick ruhig hin«, bat Theo eines Nachts. »Du mußt dir mindestens ein Jahr Zeit lassen, ehe du deiner Arbeit kritisch gegenüberstehen kannst. Du wirst dünn und nervös. Du weißt, daß du in dieser Verfassung nicht dein Bestes leisten kannst.«

Die Hitze des Pariser Sommers kam. Die Sonne versengte die Straßen. Ganz Paris saß bis ein oder zwei Uhr nachts bei Eisgetränken vor den Cafés. Die Blumen auf der Butte Montmartre blühten in vielen Farben. Die Seine wand sich schimmernd durch die Stadt, durch Baumgruppen und grüne Rasenflächen.

Vincent schnallte sich jeden Morgen die Staffelei auf den Rücken und ging fort, um nach Bildmotiven Ausschau zu halten. Er hatte niemals in Holland einen solch anhaltenden, heißen Sonnenschein kennengelernt und noch nie so tiefe und starke Farben gesehen wie hier. Fast immer kam er des Abends rechtzeitig zurück, um an den erregten Diskussionen im »entresol« bei Goupils teilzunehmen.

Eines Tages kam Gauguin zu ihm, um ihm beim Farbenmischen zu helfen. »Von wem kaufst du diese Farben?« fragte er.

»Theo besorgt sie en gros.«

»Du solltest Père Tanguy unterstützen. Er hat die niedrigsten Preise, und er läßt einen auch nicht im Stich, wenn man mal blank ist.«

»Wer ist denn dieser Père Tanguy? Ich habe dich schon früher von ihm reden hören.«

»Hast du ihn immer noch nicht kennengelernt? Großer Gott, du darfst keinen Augenblick länger zögern. Setz deine schöne Kaninchenfellmütze auf – wir gehen hinunter zur Rue Clauzel.«

Als sie die sich abwärts windende Rue Lepic hinuntergingen, erzählte ihm Gauguin Tanguys Geschichte: »Ehe er nach Paris kam, war er Stuckarbeiter. Dann hat er als Farbenreiber in Monets Hause gearbeitet, dann nahm er irgendwo auf der Butte eine Stellung als Pförtner an. Seine Frau besorgte die Hausarbeit, und er fing an, mit Farben zu hausieren. Er lernte Pissarro, Monet und Cézanne kennen, und da sie ihn gern hatten, fingen wir alle an, unsere Farben bei ihm zu kaufen. Er war an einem der letzten Aufstände beteiligt, da er es aber nicht fertigbekam, auf Menschen zu schießen, warf er das Gewehr fort. Dafür wurde er verurteilt, zwei Jahre als Strafgefangener in Brest zu arbeiten. Wir bekamen ihn aber frei.

Er hatte ein paar Francs gespart und machte dafür den kleinen Laden auf, hier in der Rue Clauzel. Lautrec strich die Ladenfront für ihn blau an. Er war der erste in Paris, der ein Bild von Cézanne ausstellte. Von da an haben wir immer alle unsere Sachen bei ihm gehabt. Nicht etwa, daß er jemals ein Bild verkauft hätte. Ach nein! Père ist ein großer Kunstenthusiast, aber da er arm ist, kann er sich's nicht leisten, selbst Bilder zu erwerben. So stellt er sie in seinem kleinen Laden aus, wo er den ganzen Tag unter ihnen leben kann.«

»Du meinst, er würde selbst dann kein Bild verkaufen, wenn er ein gutes Angebot dafür erhielte?«

»Bestimmt nicht! Er nimmt nur Bilder zu sich, die er liebt, und wenn er erst einmal in eins vernarrt ist, bekommt man es nicht wieder aus dem Laden heraus. Ich war einmal dort, als ein gutgekleideter Mann hereinkam. Er bewunderte einen Cézanne und fragte nach dem Preis. Jeder andere Händler wäre froh gewesen, ihn für sechzig Francs zu verkaufen. Père Tanguy aber sah das Bild lange an und sagte dann: ›Ah ja, das da. Das ist ein besonders guter Cézanne. Unter sechshundert Francs kann ich ihn nicht hergeben.‹ Als der Mann dann davonlief, nahm Père das Bild von der Wand und hielt es mit Tränen in den Augen vor sich hin.«

»Was hat es dann für einen Zweck, ihn eure Werke ausstellen zu lassen?«

»Nun, Père Tanguy ist ein seltsamer Kauz. Alles, was er von Kunst versteht, ist das Farbenreiben. Und doch hat er einen untrüglichen Sinn für das Echte. Wenn er eins deiner Bilder haben will, so gib es ihm. Das wird deine offizielle Einführung in die Pariser Kunst bedeuten. Hier ist die Rue Clauzel, wir müssen einbiegen.«

Die Rue Clauzel war dichtgedrängt voller kleiner Läden, über denen zwei oder drei Stockwerke mit Wohnungen lagen, die weiße Fensterläden hatten. Père Tanguys Laden war gerade gegenüber einer »Ecole primaire de filles«.

Père Tanguy saß über ein paar japanischen Drucken, die gerade in Paris in Mode kamen.

»Père, ich habe einen Freund mitgebracht, Vincent van Gogh. Er ist ein glühender Sozialist.«

»Ich freue mich, Sie in meinem Laden zu sehen«, sagte Père Tanguy mit weicher, fast frauenhaft klingender Stimme. Tanguy war ein kleiner Mann mit einem feisten Gesicht und den sehnsüchtig-treuherzigen Augen eines Hundes. Er trug einen breitkrempigen Strohhut, den er tief in die Stirn gezogen hatte. Er hatte kurze Arme und dicke Hände. Das rechte Auge konnte er nur halb so weit öffnen wie das linke.

»Sind Sie wirklich ein Sozialist, Monsieur van Gogh?« fragte er schüchtern.

»Ich weiß nicht, was Sie unter Sozialismus verstehen, Père Tanguy. Ich finde, jeder sollte so viel arbeiten, wie er kann, und zwar an der Arbeit, für die er am geeignetsten ist, und er sollte das dafür erhalten, was er braucht, um zu leben.«

»Nichts einfacher als das«, lachte Gauguin.

»Ach, Paul«, sagte Père Tanguy. »Du warst doch an der Börse. Das Geld macht die Menschen zu Tieren, nicht wahr?«

»Ja, das, oder der Mangel an Geld.«

»Nein, Mangel an Geld niemals, höchstens Mangel an Nahrung und an dem Nötigsten, was man zum Leben braucht.«

»Ganz richtig, Père Tanguy«, sagte Vincent.

»Unser Freund Paul«, sagte Tanguy, »verachtet die Menschen, die Geld machen, und er verachtet uns, weil wir es nicht können. Aber ich gehöre schon lieber zu den letzteren.«

»Dann«, sagte Gauguin, »bin ich durch den Zwang der Verhältnisse ebenfalls tugendsam. Père Tanguy, kann ich noch ein bißchen Farbe haben? Ich weiß, ich schulde dir eine ganze Menge, aber ich kann nicht arbeiten, wenn ich nicht . . .«

»Ja, Paul, ich gebe dir noch Kredit. Wenn ich ein bißchen weniger und du ein bißchen mehr Vertrauen zu den Menschen hättest, wären wir beide besser daran. Wo ist das neue Bild, das du mir versprochen hast? Vielleicht kann ich es verkaufen und so das Geld für meine Farben wieder hereinbekommen.«

Gauguin blinzelte Vincent zu: »Ich bringe dir zwei, Père Tan-

334

guy, du kannst sie dann nebeneinander hängen. Wenn du mir
nun eine Tube Schwarz geben willst ... eine Gelb ...«
»Bezahlen Sie erst einmal Ihre Rechnung, dann werden Sie
auch mehr Farben bekommen!«
Die drei Männer drehten sich gleichzeitig um. Madame Tanguy warf die Tür zu, die den Laden mit der Wohnung verband, und trat ein. Sie war eine hagere kleine Frau mit einem
harten, dünnen Gesicht und Augen, in denen Bitterkeit lag.
Sie stürmte auf Gauguin zu.
»Glauben Sie, wir handeln aus Wohltätigkeit? Glauben Sie,
wir können von Tanguys Idealismus leben? Bezahlen Sie Ihre
Rechnung, Sie Gauner, oder ich hetze die Polizei auf Sie.«
Gauguin lächelte in seiner liebenswürdigsten Art, nahm Madame Tanguys Hände und küßte sie galant.
»Glauben Sie nur nicht, daß Sie mich damit umstimmen können, Sie Taugenichts. Ich richte mich dabei zugrunde, diese
schmutzigen Farben zu reiben, und dann kommen Sie und
stehlen sie.«
»Meine Verehrteste, seien Sie nicht so herzlos zu mir. Sie
haben die Seele eines Künstlers, sie strahlt aus jedem Zug Ih-
res lieblichen Gesichtes.«
Madame nahm ihre Schürze hoch, als wolle sie sich damit die
Seele eines Künstlers aus dem Gesicht wischen.
»Blödsinn«, rief sie, »ein Künstler in der Familie ist gerade
genug. Was denken Sie, wovon er seinen Lebensunterhalt be-
streiten sollte, wenn ich nicht für ihn verdiente?«
»Ganz Paris spricht von Ihrer Freundlichkeit und Tüchtigkeit,
Madame!«
Er beugte sich herab und führte noch einmal seine Lippen
über ihre rauhen Hände. Sie wurde weich.
»Na, Sie sind schon ein Schurke und Schmeichler. Aber dies
eine Mal sollen Sie noch ein bißchen Farbe haben. Doch sehen
Sie zu, daß Sie die Rechnung bezahlen.«
»Für diese Freundlichkeit werde ich Ihr Porträt malen. Eines
Tages wird es im Louvre hängen und uns beide unsterblich
machen.«
Als Madame sich wieder in die Wohnung hinter dem Laden

zurückgezogen hatte, sagte Père Tanguy zu Vincent: »Sie sind Maler, Monsieur? Es würde mich freuen, wenn Sie Ihre Farben bei mir kaufen würden. Und vielleicht erlauben Sie, daß ich mir einmal ein paar Bilder von Ihnen ansehe?«

»Mit Freude! – Das sind entzückende japanische Drucke, die Sie hier haben. Sind sie verkäuflich?«

»Ja. Sie sind sehr in Mode hier in Paris, seit die Brüder Goncourt sie sammeln. Unsere jungen Maler stehen sehr unter ihrem Einfluß.«

»Die beiden habe ich gern, ich möchte sie eingehender studieren. Wieviel kosten sie?«

»Drei Francs das Stück.«

»Ich nehme sie mit. Ach Gott – ich habe ja ganz vergessen, daß ich heute morgen den letzten Franc ausgegeben habe. Gauguin, haben Sie sechs Francs da?«

»Ich? Mach keinen Witz!«

Vincent legte die japanischen Drucke mit Bedauern auf den Ladentisch zurück.

»Ich fürchte, ich muß sie doch hierlassen, Père Tanguy.

Père drückte sie ihm wieder in die Hand und sah mit einem scheuen Lächeln zu ihm auf.

»Sie brauchen sie doch für Ihre Arbeit. Nehmen Sie sie bitte mit. Sie zahlen dann ein andermal.«

Theo hatte Vincents Freunde eingeladen. Sie kochten vier Dutzend harte Eier, besorgten ein Faß Bier und machten unzählige Schüsseln mit Brötchen und feinem Backwerk zurecht. Der Tabakrauch im Wohnzimmer war so dick, daß Gauguin wie ein Überseedampfer im Nebel aussah, wenn er durch das Zimmer ging. Lautrec hockte in einer Ecke, schlug die Eier auf der Lehne von Theos Lieblingsstuhl auf und warf die Schalen auf dem Teppich herum. Rousseau war ganz aufgeregt über ein kleines parfümiertes Briefchen, das er grad von einer ihn bewundernden Dame erhalten hatte, die ihn kennenlernen wollte. Er erzählte die Geschichte immer und immer wieder, seine Augen waren ganz groß vor lauter Verwunderung. Seurat war dabei, eine neue Theorie zu entwickeln, er hielt

Cézanne am Fenster fest und erklärte ihm alles. Vincent schenkte Bier vom Faß, lachte über die zweideutigen Geschichten, die Gauguin zum besten gab, überlegte mit Rousseau, wer wohl seine unbekannte Freundin sein könnte, debattierte mit Lautrec darüber, ob man einen Eindruck am besten durch Linien oder Punkte wiedergeben könnte, und endlich rettete er Cézanne aus den Klauen von Seurat.

Die Erregung im Zimmer war ungeheuer. Die Männer, die hier versammelt waren, waren alle starke Persönlichkeiten, wilde Egoisten, Bahnbrecher und Bilderstürmer. Theo nannte sie Besessene, verfolgt von einer fixen Idee. Sie debattierten, kämpften, fluchten, verfochten ihre eigenen Theorien leidenschaftlich und verdammten ebenso leidenschaftlich alles andere. Sie sprachen mit gewaltigem Stimmaufwand. Die Zahl dessen, was sie in der Welt haßten, war unübersehbar. Eine Halle hätte zwanzigmal so groß sein können wie Theos Wohnzimmer und wäre doch zu klein gewesen, um die dynamische Kraft dieser schreienden, kämpfenden Maler in sich aufzunehmen.

Die allgemeine Erregung, die den Raum füllte, spornte Vincent zu begeisterten Reden an, Theo jedoch verursachte sie heftige Kopfschmerzen. Das laute, kämpferische Geschrei lag seiner Natur nicht. Er hatte sie alle gerne, die hier waren. Hatte er nicht im stillen seit Jahren bei Goupils für sie gekämpft? Theo hatte etwas Zartes, fast Frauenhaftes. Toulouse-Lautrec hatte einmal mit seinem beißenden Humor bemerkt: »Schade, daß Theo Vincents Bruder ist. Er hätte eine gute Frau für ihn abgegeben.«

Es war Theo ebenso zuwider, Bouguereaus zu verkaufen, wie es Vincent gewesen wäre, solche Bilder zu malen. Und doch: Wenn er Bouguereau verkaufte, erlaubte Valadon ihm, Degas auszustellen. Eines Tages würde er Valadon dazu bringen, daß er einen Cézanne ausstellen durfte, dann einen Gauguin oder einen Lautrec und schließlich – an einem noch fernen Tage – einen Vincent van Gogh . . .

Er verließ unbemerkt die lärmenden streitsüchtigen Künstler in dem raucherfüllten Zimmer und ging die Anhöhe hinauf.

Da, allein, sah er lange auf die Lichter von Paris, die vor ihm ausgebreitet lagen.

Gauguin debattierte mit Cézanne. Er rühmte sich, der einzige Mann in Paris zu sein, der mit der Pfeife im Mund Bier trinken konnte.

»Ihre Gemälde sind kalt, Cézanne«, schrie er. »Eiskalt. Es friert mich, wenn ich sie nur ansehe. Auf all den Kilometern Leinwand, die Sie bemalt haben, ist nicht ein Gramm Gefühl.«

»Es ist auch gar nicht meine Absicht, Gefühl zu malen«, erwiderte Cézanne in scharfem Ton. »Das überlasse ich den Romanschriftstellern. Ich male Äpfel und Landschaften.«

»Sie malen deshalb kein Gefühl, weil Sie dazu nicht imstande sind. Sie malen nur mit den Augen.«

»Womit malt man denn sonst?«

»Mit allen möglichen Mitteln!« Gauguin sah sich schnell im Zimmer um: »Lautrec malt mit der Galle, Vincent malt mit dem Herzen, Seurat malt mit dem Gehirn – das ist beinahe so schlimm wie mit den Augen malen. Und Rousseau malt mit seiner Phantasie.«

Seurat setzte sich auf die Lehne eines Diwans und rief: »Sie können sich wohl lustig machen über einen Mann, der mit dem Kopf malt, aber das Mit-dem-Kopf-Malen hat mir soeben geholfen, zu entdecken, wie wir unsere Gemälde doppelt so eindrucksvoll gestalten könnten wie bisher.«

»Muß man das Zeug schon wieder mit anhören?« stöhnte Cézanne.

»Seien Sie bloß ruhig, Cézanne. Gauguin, setzen Sie sich irgendwohin, und bringen Sie nicht das ganze Zimmer durcheinander. Rousseau, hören Sie endlich auf, die Geschichte von Ihrer Anbeterin zu erzählen. Hören Sie alle zu!«

»Was ist die Malerei heute? Licht! Was für Licht? Abgestuftes Licht. Farbenpunkte, die ineinanderfließen . . .«

»Das ist doch nicht die Malerei – das ist Pointillismus.«

»Um Gottes willen, Georges, kommen Sie uns wieder mit diesem intellektuellen Zeug?«

»Hören Sie zu! Wir bringen ein Gemälde fertig. Und was tun wir dann? Wir überlassen es irgendeinem Narren, der es in einen furchtbaren Goldrahmen steckt und den Eindruck vollkommen zuschanden macht. Nun schlage ich vor, daß wir ein Bild niemals aus den Händen geben, ehe wir es nicht gerahmt haben. Wir müssen den Rahmen so anstreichen, daß er ein Teil des Bildes wird und mit ihm ein Ganzes bildet.«

»Aber Seurat! Sie gehen nicht weit genug! Jedes Bild muß doch schließlich auch in einem Zimmer aufgehängt werden. Und wenn das Zimmer nun in unpassenden Farben gemalt ist, wird es beides, Bild und Rahmen, tot machen.«

»Richtig, warum also nicht das Zimmer so anstreichen, daß es zum Bilde paßt?«

»Eine gute Idee«, sagte Seurat.

»Wie steht es mit dem Haus, in dem das Zimmer sich befindet?«

»Ach, Georges, Sie haben die ausgefallensten Einfälle.«

»Das kommt daher, wenn man mit dem Gehirn malt.«

»Warum müssen Sie sich eigentlich immer gegenseitig bekämpfen?« fragte Vincent. »Warum versuchen Sie nicht, zusammenzuarbeiten?«

»Vielleicht kannst du uns sagen, was wir davon haben, wenn wir zusammenarbeiten.«

»Das werde ich auch«, erwiderte Vincent. »Ich habe einen Plan ausgearbeitet. Wir sind nichts als ein Haufen Unbekannter. Manet, Degas, Sisley und Pissarro haben uns den Weg bereitet. Sie sind akzeptiert worden, und ihre Arbeiten werden in den großen Galerien ausgestellt. Sie sind also die Künstler der großen Boulevards. Wir aber müssen in die Seitenstraßen gehen, wir sind die Künstler der kleinen Boulevards. Warum können wir unsere Gemälde nicht in den Restaurants in den Seitenstraßen ausstellen? In den Arbeiterlokalen? Jeder von uns gibt, sagen wir, fünf Gemälde. Jeden Nachmittag hängen wir sie in einem andern Restaurant aus. Wir verkaufen die Bilder für das, was die Arbeiter zahlen können. Wir würden somit nicht nur unsere Arbeiten stets vor den Augen des Publikums haben, wir würden es auch der armen Bevölkerung von Paris möglich machen, Kunst zu sehen und schöne Bilder für wenig Geld zu kaufen.«

»Ah«, hauchte Rousseau, mit vor Erregung großen Augen, »das ist ein wundervoller Gedanke.«

»Ich brauche ein Jahr, um ein Gemälde fertigzustellen«, murrte Seurat. »Denken Sie, daß ich es irgendeinem dreckigen Tischler für fünf Sous verkaufen will?«

»Sie könnten ja Ihre kleinen Studien beisteuern.«

»Ja, aber wenn die Restaurants die Bilder nun nicht ausstellen wollen?«

»Selbstverständlich werden sie es wollen.«

»Warum auch nicht? Es kostet sie nichts, und sie verschönern ihre Räume.«

»Wie fangen wir es an? Wer wird die Restaurants ausfindig machen?«

»Das habe ich alles schon überlegt«, rief Vincent. »Wir machen Père Tanguy zu unserm Geschäftsführer. Er wird die Restaurants finden, die Bilder aufhängen und das Geld einnehmen.«

»Natürlich, er ist der richtige Mann dazu.«

»Rousseau, sei ein guter Kerl und lauf zu Père Tanguy hinunter und sag ihm, wir möchten über etwas Wichtiges mit ihm sprechen.«

»Auf mich könnt ihr nicht rechnen«, sagte Cézanne.

»Wieso? Was ist los?« fragte Gauguin. »Hast du Angst, daß die Augen der Arbeiter deine schönen Bilder beflecken?«

»Nein, das nicht. Ich gehe Ende des Monats nach Aix zurück.«

»Versuch es doch einmal, Cézanne«, drängte Vincent. »Wenn es nicht geht, hast du ja nichts verloren.«

»Also gut.«

Père Tanguy kam freudig erregt angelaufen. Rousseau hatte ihm nur einen wirren Bericht geben können. Der runde Strohhut saß ihm schief auf dem Kopf, und sein dickes kleines Gesicht leuchtete vor Begeisterung.

Als er den Plan gehört hatte, rief er aus: »Ja, ha, ich kenne gerade das richtige Restaurant. Restaurant Norvins. Der Inhaber ist ein Freund von mir. Die Wände sind leer, und es wird ihm Freude machen. Wenn wir bei ihm ausgestellt haben, kenne ich ein anderes Restaurant in der Rue Pierre. Ach, es gibt Tausende von Restaurants in Paris.«

»Wann wird die erste Ausstellung des Vereins des Petit Boulevard stattfinden?« fragte Gauguin.

»Warum warten?« erwiderte Vincent. »Warum nicht gleich morgen anfangen?«

Tanguy hüpfte auf einem Bein herum, nahm den Hut ab und drückte ihn wieder in die Stirn.

»Ja, ja, morgen! Bringen Sie mir Ihre Gemälde morgen früh. Ich werde sie nachmittags im Restaurant Norvins aufhängen. Und wenn die Leute dann zum Abendessen kommen, werden wir eine Sensation entfachen. Was geben Sie mir da? Ein Glas Bier? Schön! Meine Herren, ich trinke auf das Wohl des Künstlervereins des Petit Boulevard. Möge seine erste Ausstellung ein Erfolg sein!«

Père Tanguy klopfte am folgenden Mittag an Vincents Wohnungstür.

»Ich habe es den andern schon gesagt«, sagte er. »Wir können bei Norvins nur ausstellen, wenn wir dort zu Abend essen.«

»Das ist in Ordnung.«

»Gut. Die andern sind einverstanden. Wir können die Bilder nicht vor halbfünf aufhängen. Kommen Sie um vier Uhr zu mir in den Laden, dann gehen wir alle zusammen hin.«

»Wird gemacht.«

Als Vincent den blauen Laden in der Rue Clauzel erreichte, war Père Tanguy gerade dabei, die Gemälde auf den Handkarren zu verladen. Die Künstler standen im Laden, rauchten und debattierten über japanische Drucke.

»Also«, rief Père, »es kann losgehen!«

Er schob den Karren langsam mitten auf der Fahrstraße den Hügel hinauf. Die Maler liefen hinunter, zu zwei und zwei. Zuerst kamen Gauguin und Lautrec. Es machte ihnen immer Spaß, zusammen zu gehen, weil sie ein so komisches Bild abgaben. Seurat hörte Rousseau zu, der am Nachmittag wieder ein parfümiertes Briefchen erhalten hatte. Vincent und

Cézanne, die mürrsich waren und fortwährend über »Würde« und »Haltung« knurrten, kamen zuletzt.

Es war ein seltsames Bild, diese so verschiedenartigen, phantastisch angezogenen Männer, die hinter einem gewöhnlichen Handkarren her durch die Straßen liefen.

Die neugierigen Blicke der belustigten Zuschauer störten sie nicht. Sie lachten und redeten voll guter Laune.

»Vincent«, rief Rousseau. »Habe ich dir schon von dem Brief erzählt, den ich heute nachmittag erhalten habe? Auch parfümiert. Von derselben Dame.«

Er lief neben Vincent her, flatterte mit den Armen und erzählte die ganze, nie enden wollende Geschichte von neuem. Als er endlich fertig war und wieder neben Seurat her ging, rief Lautrec Vincent zu sich.

»Weißt du, wer Rousseaus Dame ist?« fragte er.

»Nein. Wie sollte ich!«

Lautrec kicherte. »Es ist Gauguin. Er schenkt Rousseau eine Liebesgeschichte. Der arme Kerl hat niemals eine Frau gehabt. Gauguin wird ihm zwei Monate lang parfümierte Briefe schicken und dann ein Rendezvous mit ihm verabreden. Er wird sich als Frau anziehen und Rousseau in einem der Séparées mit Gucklöchern auf dem Montmartre treffen. Wir werden hinter den Gucklöchern stehen und zusehen, wie Rousseau zum erstenmal jemandem den Hof macht. Es wird kostbar sein.«

»Gauguin, du bist ein Teufel!«

»Ach, geh, Vincent«, sagte Gauguin. »Ich finde, es ist ein großartiger Witz.«

Endlich kamen sie zum Restaurant Norvins. Es war ein bescheidenes kleines Lokal und lag zwischen einer Weinstube und einem Lagerhaus für Pferdebedarfsartikel. Es war außen gelb und innen hellblau gestrichen. Es standen etwa zwanzig Tische mit rot-weiß karierten Tischtüchern darin. Hinten, in der Nähe der Küchentür, war ein erhöhter Büroverschlag für den Eigentümer.

Eine ganze halbe Stunde lang zankten sich die Künstler darüber, welche Bilder nebeneinander hängen sollten. Père Tan-

guy war beinahe außer sich. Der Besitzer wurde immer ärger·
licher, denn die Zeit für das Abendessen nahte, und noch immer war das Restaurant ein Chaos. Seurat weigerte sich, seine
Bilder überhaupt aufhängen zu lassen, weil das Blau der Wände den Himmel in seinen Bildern zunichte mache. Cézanne
ließ seine Stilleben nicht neben Lautrecs »elende Plakate«
hängen, und Rousseau fühlte sich beleidigt, weil sie seine
Bilder an der Rückwand neben der Küche anmachen wollten.
Père Tanguy kam voller Verzweiflung zu Vincent. »Hier
sind zwei Francs. Legen Sie dazu, was Sie können, und bringen Sie alle schleunigst zur Kneipe gegenüber. Wenn ich nur
fünfzehn Minuten für mich allein arbeiten kann, schaffe ich
es.«
Die List gelang. Als die Schar dann zurückkam, war alles in
bester Ordnung. Sie setzten sich ruhig um einen großen Tisch
an der Eingangstür. Père Tanguy hatte überall Plakate angebracht: »Diese Gemälde preiswert zu verkaufen. Auskunft
beim Inhaber!«
Nun war es halb sechs. Vor sechs würde das Abendessen nicht
serviert werden. Die Männer waren unruhig wie kleine Schul-
mädchen. Jedesmal, wenn die Tür aufging, sahen sie hoff-
nungsvoll hin. Aber die Gäste bei Norvins erschienen nie, ehe
die Uhr sechs schlug.
»Sieh mal Vincent an«, flüsterte Gauguin Seurat zu. »Er ist so
aufgeregt wie eine Primadonna.«
»Gauguin, ich wette mit dir um ein Essen, daß ich eher ein
Gemälde verkaufen werde als du«, sagte Lautrec.
»Einverstanden!«
»Cézanne, mit dir wette ich drei zu eins.« Es war Lautrec, der
das sagte.
Cézanne wurde ganz rot bei dieser Beleidigung, und alle
lachten über ihn.
»Bedenkt«, sagte Vincent, »daß der Verkauf in Père Tanguys
Händen liegt. Daß ihr nicht selber versucht, mit den Käufern
zu verhandeln!«
»Warum kommt niemand?« fragte Rousseau. »Es ist schon
spät.«

Als der Zeiger der Uhr an der Wand sich immer mehr der Zwölf näherte und es fast sechs Uhr war, wurde die Gruppe immer unruhiger. Selbst gescherzt wurde nicht mehr. Sie ließen kein Auge von der Tür. Voller Spannung saßen sie da.

»Ich habe mich nicht einmal auf der Ausstellung der ›Unabhängigen‹ vor den Augen der Pariser Kritiker so gefühlt«, sagte Seurat leise.

»Seht, seht«, flüsterte Rousseau, »der Mann da, der über die Straße kommt, der kommt sicher hierher.«

Aber der Mann ging an Norvins vorbei und verschwand. Die Uhr schlug sechs. Beim letzten Schlag öffnete sich die Tür, und ein Arbeiter kam herein. Er war dürftig gekleidet. Die abfallenden Schultern und der gebeugte Rücken zeugten deutlich von seiner Müdigkeit. Die sechs Maler beobachteten ihn. Er sah die Karte an, bestellte und löffelte dann sofort seine Suppe aus. Er hob die Augen nicht von dem Suppenteller.

»Hm«, sagte Vincent, »das ist seltsam!«

Zwei Metallarbeiter kamen. »Guten Abend«, sagte der Inhaber. Sie brummten, ließen sich schwer auf die nächsten Stühle fallen und fingen sofort an, sich heftig über irgendein Geschehnis des Tages zu streiten.

Langsam füllte sich das Restaurant. Ein paar Frauen waren auch dabei. Sie schienen alle ihren bestimmten Tisch zu haben. Zuerst sahen sie die Karte durch, nachdem ihnen dann das Essen gebracht worden war, waren sie so sehr damit beschäftigt, daß sie nicht einmal aufsahen. Nach dem Essen zündeten sie sich ihre Pfeifen an, unterhielten sich, breiteten die Abendzeitung aus und lasen.

»Möchten die Herren jetzt auch essen?« fragte der Kellner gegen sieben Uhr.

Niemand antwortete. Der Kellner entfernte sich. Ein Mann und eine Frau traten ein.

Als der Mann gerade seinen Hut aufhängen wollte, bemerkte er einen Tiger von Rousseau, der durch den Dschungel sah. Er zeigte ihn seiner Gefährtin. Am Tisch der Maler erstarrten alle vor Spannung und Erregung. Rousseau war halb aufgestanden. Die Frau flüsterte dem Manne leise etwas zu und lachte. Sie setzten sich, neigten die Köpfe dicht nebeneinander und über die Suppenteller und aßen heißhungrig.

Um dreiviertel acht brachte der Kellner die Suppe, ohne erst noch einmal gefragt zu haben. Niemand rührte sie an. Als sie kalt geworden war, nahm der Kellner sie fort.

Er brachte das Essen. Lautrec zeichnete mit der Gabel Bilder in die Soße. Nur Rousseau konnte essen. Aber die Karaffe mit dem roten, sauren Wein tranken sie alle aus, selbst Seurat.

Die Gäste bezahlten einer nach dem andern, erwiderten das flüchtige »Guten Abend!« des Besitzers und gingen.

»Tut mir leid, meine Herren«, sagte der Kellner, »aber es ist halb neun. Wir machen zu.«

Père Tanguy nahm die Bilder von den Wänden und trug sie auf die Straße. Er schob den Karren durch den dunkelnden Abend nach Hause.

Der Geist des alten Goupil und Onkel Vincent van Goghs war für immer aus den Galerien verschwunden. Statt dessen wurden jetzt Bilder wie irgendeine andere Ware, wie Schuhe oder Heringe, verkauft. Man quälte Theo beständig damit, daß er mehr Geld machen müsse und schlechtere Bilder verkaufen solle.

»Theo«, sagte Vincent, »warum gehst du nicht von Goupils fort?«

»Die andern Kunsthändler sind ebenso«, erwiderte Theo müde. »Außerdem bin ich nun schon so lange da – es wäre nicht gut, zu wechseln.«

»Du mußt weggehen. Ich bestehe darauf. Denn du wirst mit jedem Tag unglücklicher. Mache dir keine Sorgen um mich. Ich brauche kein Dach über dem Kopf. Theo, du bist der bekannteste und beliebteste unter den jungen Kunsthändlern von Paris. Warum machst du nicht eine eigene Galerie auf?«

»Um Himmels willen – müssen wir die ganze Geschichte noch einmal durchkauen?«

»Theo, ich habe eine großartige Idee. Wir geben dir alle unsere Gemälde, und dann wird das Geld, das du dafür bekommst, unter uns verteilt. Wir können genug Francs zusammenkratzen, um eine kleine Galerie in Paris aufzumachen. Auf dem Lande nehmen wir uns ein Haus, wo wir alle zusammen leben und arbeiten werden. Portier hat neulich einen Lautrec verkauft und Père Tanguy bereits einige Cézanne. Ich bin überzeugt, daß wir die jungen Kunstinteressenten von Paris heranziehen könnten. Und für das Haus auf dem Lande würden wir auch nicht viel Geld brauchen. Da würden wir einfach zusammen leben, statt, wie hier in Paris, ein Dutzend verschiedene Wohnungen halten zu müssen.«

»Vincent, ich habe schreckliche Kopfschmerzen, laß mich jetzt bitte schlafen.«

»Nein. Du kannst am Sonntag schlafen. Wo gehst du hin? Gut, zieh dich aus, wenn du willst, aber ich möchte auf alle Fälle mit dir sprechen. Ich setze mich hier zu dir auf das Bett. Wenn du bei Goupils unglücklich bist, und alle jungen Pariser Maler dazu bereit sind, und wir ein bißchen Geld zusammenbringen können . . .«

Am folgenden Abend brachte Vincent Père Tanguy und Lautrec mit. Theo hatte im stillen gehofft, daß Vincent den Abend fortbleiben würde. Père Tanguys Augen leuchteten.

»Monsieur van Gogh, Monsieur van Gogh, es ist ein herrlicher Gedanke. Sie müssen es machen! Ich werde meinen Laden aufgeben und mit aufs Land ziehen. Ich reibe Farben, spanne die Leinwand und baue die Rahmen. Mehr als mein Essen und ein Dach über dem Kopf brauche ich nicht.« Theo seufzte und ließ das Buch, in dem er gerade gelesen hatte, müde sinken.

»Wo bekommen wir das Geld für ein solches Unternehmen her? Das Geld, um eine Galerie aufzumachen, ein Haus zu mieten und allen zu essen zu geben?«

»Hier, ich habe es mitgebracht«, rief Père Tanguy. »Zweihundertundzwanzig Francs – meine Ersparnisse. Nehmen Sie es, Herr van Gogh. Es ist ein Anfang . . .«

»Lautrec, Sie sind vernünftig. Was meinen Sie zu diesem Unsinn?«

»Ich finde, daß es ein verdammt guter Plan ist. Wie die Dinge jetzt laufen, stehen wir nicht vereint gegen ganz Paris, sondern fressen uns gegenseitig auf. Wenn wir zusammenhalten könnten . . .«

»Nun gut. Lautrec, Sie sind wohlhabend. Würden Sie uns helfen?«

»Aber nein. Wenn die Kolonie mit Hilfsgeldern unterstützt wird, hat sie ihren Zweck verfehlt. Ich steuere zweihundertzwanzig Francs bei, ebenso wie Père Tanguy.«

»Es ist ein so verrückter Plan! Wenn ihr Männer etwas von geschäftlichen Dingen verständet . . .«

Père Tanguy lief zu Theo und drückte ihm bittend die Hand.

»Mein lieber Monsieur van Gogh, ich bitte Sie, ich bitte Sie, sagen Sie nicht, daß der Gedanke verrückt ist. Es ist ein herrlicher Gedanke. Sie müssen, Sie müssen einfach . . .«

»Jetzt kannst du dich nicht herauswinden, Theo«, sagte Vincent, »wir halten dich fest. Wir werden das nötige Geld zusammenbringen und dich zu unserem Geschäftsführer machen. Du hast Goupils Lebewohl gesagt. Dort hast du nichts mehr zu suchen.«

Theo strich sich über die Augen.

»Ich kann mir nicht vorstellen, daß ich eine so wilde Bande jemals führen könnte.«

Am nächsten Abend, als Theo heimkam, fand er sein Haus voll von erregten Malern. Die Luft war blau von dem Rauch schlechten Tabaks. Laute, heftige Stimmen tönten durcheinander. Vincent saß auf einem zerbrechlichen Tisch und führte die Verhandlungen.

»Nein, nein«, rief er, »wir werden nicht bezahlt werden. Absolut kein Geld – wir wollen das ganze Jahr kein Geld sehen. Theo wird die Bilder verkaufen, und wir werden Unterkunft, Verpflegung und Materialien erhalten.«

»Was wird mit denen von uns, deren Arbeiten nicht verkauft werden?« fragte Seurat. »Wie lange werden wir sie unterstützen?«

»Solange, wie sie bei uns bleiben und arbeiten wollen.«

»Prachtvoll«, grunzte Gauguin. »Wir werden bald die Malerdilettanten ganz Europas vor der Tür haben!«

»Da ist Monsieur van Gogh!« schrie Père Tanguy, als er

plötzlich den an die Tür gelehnten Theo sah. »Unserem Verwalter ein dreifaches Hoch, Hoch, Hoch!«

Alle waren in der größten Aufregung. Rousseau wollte wissen, ob er noch Geigenunterricht in der Kolonie geben könne. Anquetin sagte, er wäre mit der Miete drei Monate im Rückstand, man müsse deshalb das Landhaus möglichst schnell finden. Cézanne bestand darauf, daß man sein eigenes Geld ausgeben können müsse, wenn man etwas hätte. Vincent rief: »Nein, das würde unsere Gesellschaft zerstören. Wir müssen alles unter uns teilen.« Lautrec wollte wissen, ob man Frauen im Hause haben könnte. Gauguin bestand darauf, daß jeder zwangsweise wenigstens zwei Gemälde im Monat beitragen müßte.

»Dann trete ich nicht ein!« schrie Seurat. »Ich bringe doch nur ein großes Gemälde im Jahre fertig.«

»Wie steht es in bezug auf Material?« fragte Père Tanguy. »Gebe ich jedem dieselbe Menge Farbe und Leinwand jede Woche?«

»Nein, nein, natürlich nicht!« antwortete Vincent. »Wir erhalten alle genauso viel Material, wie wir brauchen, nicht mehr und nicht weniger. Ebenso wie mit dem Essen.«

»Ja, aber was wird aus dem Überschuß, nachdem wir angefangen haben, die Bilder zu verkaufen? Wer erhält den Gewinn?«

»Niemand!« sagte Vincent. »Sobald wir ein bißchen Geld übrig haben, werden wir ein Haus in der Bretagne eröffnen, dann ein anderes in der Provence. Bald werden wir Häuser überall haben, und dann werden wir von einem Ort zum andern gehen.«

»Wie steht es mit dem Fahrgeld? Bekommen wir das aus dem Gewinn?«

»Werden wir viel reisen können? Wer hat darüber zu entscheiden?«

»Wenn zuviel Maler in dem Hause sind, was dann? Wer muß dann 'raus? Können Sie mir das sagen?«

»Theo, Theo, Sie sind Geschäftsführer. Sagen Sie uns alles. Kann jeder beitreten? Ist die Mitgliedschaft begrenzt? Müssen wir uns einer bestimmten Schule anpassen? Werden wir Modelle da draußen im Hause haben?«

Beim Morgengrauen brach die Versammlung endlich auf. Die Leute unten hatten ununterbrochen mit Besen gegen die Decke geklopft. Theo ging etwa um vier Uhr ins Bett, aber Vincent, Père Tanguy und einige der Begeisterten stellten sich um sein Bett und drängten darauf, er möchte am Ersten Goupils kündigen. – –

Die Erregung wuchs ständig. Die Kunstwelt von Paris teilte sich in zwei Gruppen. Die älteren ansässigen Maler sprachen von den verrückten Van-Gogh-Brüdern. Alle andern sprachen endlos von dem Experiment.

Vincent arbeitete und diskutierte Tag und Nacht. Es waren so viele tausend Einzelheiten zu regeln: wie sie ihr Geld bekommen sollten, wo das Geschäft aufgemacht werden sollte, wie man die Preise festlegen würde, wer Mitglied werden könnte, wer das Haus auf dem Lande führen sollte. Theo kam fast gegen seinen Willen in fieberhafte Erregung. Die Räume in der Rue Lepic waren jeden Abend überfüllt. Die Presse kam, um Material für Feuilletons zu holen. Kritiker diskutierten dort, Maler aus ganz Frankreich kehrten nach Paris zurück, um Mitglied der neuen Organisation zu werden.

Vincent zeichnete zahllose Pläne, Verfassungen, machte Aufstellungen, schrieb Bittschriften, Manifeste für Zeitungen, Flugschriften, die Europa über den Zweck der Künstlerkolonie aufklären sollten.

In seinem Eifer vergaß er zu malen.

Fast dreitausend Francs flossen in die Kasse der Organisation. Die Maler gaben ihre letzten Francs. Ein Bildermarkt wurde auf dem Boulevard Clichy abgehalten, und jeder pries seine eigenen Gemälde. Briefe und Geld kamen aus ganz Europa. Das kunstliebende Paris kam in die Wohnung, fing Feuer und stiftete in seiner Begeisterung beträchtliche Summen. Vincent war zugleich Sekretär und Schatzmeister.

Theo bestand darauf, daß sie vor der Eröffnung fünftausend Francs haben mußten. Er hatte einen Laden in der Rue Tronchet gefunden, den er für günstig hielt, und Vincent hatte ein wunderschönes Haus im Walde von Saint-Germain-en-Laye entdeckt, das für billiges Geld zu haben war. Die Gemälde der interessierten Maler strömten unaufhörlich in die Rue Lepic, bis kein Raum mehr frei war. Nach einem Monat waren die schönen alten Louis-Philippe-Möbel abgenutzt.

Vincent fand nicht einmal die Zeit, an seine Palette zu denken. Die Mahlzeiten hielt er nicht inne. Er fand kaum Zeit zum Schlafen, und in seinen Augen war eine fieberhafte Energie.

Zu Beginn des Frühlings waren fünftausend Francs vorhanden. Theo kündigte der Firma Goupil am Ersten des Monats. Er hatte sich entschlossen, das Geschäft in der Rue Tronchet zu übernehmen. Vincent machte eine kleine Anzahlung auf das Haus in Saint-Germain. Die Liste der Mitglieder wurde von Theo, Vincent, Père Tanguy, Gauguin und Lautrec für die Eröffnung festgelegt. Aus der Menge der Gemälde, die in der Wohnung aufgestapelt lagen, suchte Theo die heraus, die er in der ersten Ausstellung zeigen wollte, Rousseau und Anquetin lagen im Streit, wer das Innere des Geschäfts ausschmücken sollte und wer das Äußere. Theo machte es nichts aus, lange aufzubleiben. Jetzt war er so begeistert wie Vincent am Anfang. Er arbeitete fieberhaft, um die Organisation bis zum Sommer zu beenden. Er diskutierte lange mit Vincent, ob das zweite Haus am Atlantischen Ozean oder am Mittelmeer liegen sollte.

Eines Morgens schlief Vincent ungefähr um vier Uhr ein, vollkommen erschöpft, Theo weckte ihn nicht. Er schlief bis zum Mittag und wachte erfrischt auf. Er ging in sein Atelier. Das Gemälde auf der Staffelei war schon viele Wochen alt. Die Farbe auf der Palette war trocken, rissig und mit Staub bedeckt. Die Farbentuben lagen in den Ecken, die Pinsel lagen umher, vollkommen steif durch die alte Farbe.

Er brachte die unordentlichen Haufen von Bildern in Theos Zimmer und stapelte sie auf seinem Bett auf. Im Atelier ließ er nur seine eigenen Bilder. Er legte sie auf die Staffelei, eins nach dem andern, und nagte an seinen Nägeln, während er sie betrachtete.

Ja, er hatte Fortschritte gemacht. Langsam waren seine Farben heller geworden, sie strahlten immer mehr Licht aus. Es kam ihm zum erstenmal zum Bewußtsein, daß er sich technisch nach einer sehr individuellen Seite hin entwickelt hatte. Er ahmte seine Freunde nicht mehr nach. Er hatte den Impressionismus vollkommen in sich aufgenommen. Nun suchte und fand er endlich einen neuen Weg. Er stellte seine neuesten Bilder auf die Staffelei und erkannte den großen Fortschritt in Auffassung und Technik. Es hatte sich bei ihm eine ganz persönliche Methode herausgebildet, die Früchte des Winters waren gereift.

Die Wochen der Ruhe hatten sein Auge geöffnet, er sah nun deutlich, daß er eine neue, eigene impressionistische Technik entwickelt hatte.

Er betrachtete sich im Spiegel und sah, daß Bart und Haar unordentlich und ungepflegt, das Hemd schmutzig war und die Beinkleider wie Lumpen an seinem Körper herabhingen. Er bügelte seinen Anzug, zog Theos Hemd an, nahm fünf Francs aus der Kasse und ging zum Barbier. Dann wanderte er nachdenklich zu Goupils in die Rue Montmartre.

»Theo«, rief er, »kannst du ein wenig mit mir hinauskommen?«

Im Hintergrund eines Cafés, in einer verborgenen Ecke, sagte ihm Theo: »Weißt du, Vincent, heute ist es das erste Mal seit einem Monat, daß ich mit dir ein Wort allein spreche.«

»Ich weiß, Theo, ich glaube, ich bin ein Narr gewesen.«

»Wieso?«

»Theo, sag mir offen, bin ich ein Maler, oder bin ich der Geschäftsführer der Künstlergemeinschaft?«

»Was willst du damit sagen?«

»Ich war durch den Ausbau dieser Kolonie so in Anspruch genommen, daß ich keine Zeit zum Malen fand, und wenn das Haus erst eröffnet ist, werde ich keinen Augenblick mehr Zeit haben.«

»Meinst du wirklich?«

»Theo, ich will malen, ich habe nicht sieben Jahre lang gearbeitet, um Verwalter einer Künstlergemeinschaft zu werden. Du kannst dir nicht vorstellen, wie ich mich nach meinem

Pinsel sehne, Theo! Am liebsten würde ich mit dem nächsten Zug Paris verlassen.«

»Aber Vincent, jetzt, wo wir alles vorbereitet haben!«

»Ich sagte dir, ich war ein Narr, Theo. Kannst du ein Geständnis hören?«

»Ja.«

»Mir ist der Anblick von anderen Malern zuwider. Ich kann ihr Gerede, ihre Theorien, ihren ständigen Streit nicht mehr ertragen. Du brauchst dich nicht lustig zu machen, ich bin fertig mit dem Diskutieren. Das ist gerade das Wesentliche. Was sagte Mauve immer? Ein Mann kann entweder malen oder über Malerei sprechen, er kann aber nicht beides zugleich. Theo, hast du mich sieben Jahre lang unterstützt, nur um meine geistreichen Reden zu hören?«

»Du hast viel Gutes für die Kolonie getan, Vincent.«

»Ja, aber jetzt, wo wir hinausziehen wollen, fühle ich, daß ich nicht gehen will. Ich könnte unmöglich dort leben und arbeiten. Theo, ich möchte wissen, ob du es verstehen kannst... Als ich allein in Brabant und im Haag war, hielt ich mich für eine wichtige Persönlichkeit. Ich war ein einsamer Mann, der gegen eine ganze Welt kämpfte. Ich war ein Künstler, der einzige lebende Künstler. Alles, was ich malte, war wertvoll. Ich wußte, daß ich große Fähigkeiten besaß und daß schließlich die Welt sagen würde: er ist ein fabelhafter Maler.«

»Und jetzt?«

»Ach, jetzt bin ich nur einer von vielen. Denke nur an all die verfluchten Gemälde in unserer Wohnung von Künstlern, die sich unserer Kolonie anschließen wollen. Sie glauben auch, daß sie große Maler werden. Nun, vielleicht bin ich nur einer von ihnen, wie soll ich es wissen? Ehe ich nach Paris kam, wußte ich nicht, daß es hoffnungslose Narren gibt, die sich ihr ganzes Leben lang täuschen. Jetzt weiß ich es, und das schmerzt mich.«

»Es hat mit dir nichts zu tun!«

»Vielleicht nicht. Aber ich werde nie diesen Zweifel loswerden. Wenn ich allein auf dem Lande bin, dann vergesse ich, daß Tausende von Bildern täglich gemalt werden. Ich denke, daß mein Gemälde das einzige ist und daß es ein wundervolles Geschenk für die Welt bedeutet. Ich würde immer fortfahren zu malen, selbst wenn ich wüßte, daß meine Arbeit abstoßend wäre, aber diese... diese Illusion... hilft. Verstehst du mich?«

»Ja.«

»Außerdem bin ich nicht Großstadtmaler. Ich gehöre nicht hierher. Ich bin ein Maler des Landes. Ich will zurück zu meinen Feldern. Ich muß eine Sonne finden, die so heiß ist, daß sie alles in mir ausbrennt, nur nicht die Lust zu malen!«

»So... du willst... Paris... verlassen?«

»Ja, ich muß.«

»Und was wird aus der Kolonie?«

»Ich werde mich zurückziehen. Aber du mußt sie weiterführen.«

Theo schüttelte den Kopf. »Nein, nicht ohne dich.«

»Warum nicht?«

»Ich weiß nicht. Ich wollte es nur für dich tun... weil du es wolltest.«

Sie schwiegen einige Minuten.

»Du hast noch nicht gekündigt, Theo?«

»Nein, ich wollte es am Ersten tun.«

»Ich glaube, wir können das Geld den Leuten zurückgeben, denen es gehört!«

»Ja. Wann wirst du abfahren?«

»Nicht, bis meine Palette sauber ist! Dann werde ich abfahren. Nach dem Süden wahrscheinlich. Ich weiß nicht wohin. Ich möchte allein sein. Und malen, malen . . Ganz allein.«

Plötzlich umarmte er Theo mit rauher Zärtlichkeit.

»Sag mir, daß du mich nicht verachtest. Alles jetzt so plötzlich hinzuwerfen und dich allein zu lassen!«

»Wie sollte ich dich verachten?«

Theo lächelte unendlich traurig. Er streichelte die Hand, die auf seiner Schulter lag.

»... Nein... natürlich nicht. Ich verstehe. Ich glaube, du hast recht... Trink rasch aus, ich muß zurück zu Goupils.«

Vincent arbeitete noch einen Monat, aber obwohl seine Palette jetzt beinah so klar und hell war wie die seiner Freunde, schien er doch keine Ausdrucksform zu finden, die ihn befriedigte. Zuerst glaubte er, es sei das Unreife seiner Zeichnung. So versuchte er, langsam und kaltblütig zu arbeiten. Die ängstliche Art der Farbgebung war für ihn eine Qual, aber nachher das Bild anzuschauen, war für ihn noch schlimmer. Er versuchte, die Arbeit seines Pinsels durch glatte Oberflächen zu verbergen, versuchte, mit dünner Farbe zu arbeiten an Stelle der reichen und dicken Farbgebung. Nichts schien zu nützen. Immer wieder hatte er die Empfindung, einem herrlichen Ziel zuzustreben, das er nicht begreifen konnte.

»Ich hätte es beinah erreicht«, murmelte er eines Abends in seiner Wohnung, »fast, aber nicht ganz. Wenn ich nur wüßte, was im Wege war.«

»Ich glaube, ich kann es dir sagen«, erklärte Theo, während er das Bild aus den Händen seines Bruders nahm.

»Wirklich? Und was ist es?«

»Es ist Paris.«

»Paris?«

»Ja. Paris war dein Übungsplatz. Solange du hier bleibst, wirst du nur ein Schuljunge sein. Denke an unsere Schule in Holland, Vincent. Wir lernten, wie andere etwas machten und wie es gemacht werden müßte, aber wir taten nie selbst etwas. Ich werde sehr einsam ohne dich sein, Vincent, aber ich weiß, daß du gehen mußt. Irgendwo in dieser Welt muß ein Ort sein, den du dir zu eigen machen kannst. Ich weiß nicht, wo er ist, es liegt bei dir, ihn zu finden.«

»Weißt du, an welches Land ich in der letzten Zeit so viel gedacht habe?«

»Nein.«

»Afrika.«

»Afrika! Wirklich?«

»Ja, ich dachte in diesem verfluchten langen Winter an die brennende Sonne. Da fand Delacroix seine Farbe, und es könnte sein, daß ich mich dort wiederfände.«

»Afrika ist weit weg, Vincent«, sagte Theo nachdenklich.

»Theo, ich brauche Sonne. Ich brauche sie in ihrer stärksten Intensität. Ich fühlte, wie es mich im Winter nach dem Süden zog wie durch einen gewaltigen Magneten. Ehe ich Holland verließ, habe ich nicht gewußt, daß es eine Sonne gibt. Jetzt weiß ich, daß man ohne sie nicht malen kann. Vielleicht brauche ich eine heiße Sonne, um mich zur Reife zu bringen, der Pariser Winter hat mich bis auf die Knochen erstarrt. Theo, ich glaube, etwas von dieser Kälte ist auf meine Palette und auf meinen Pinsel übergegangen. Es liegt mir nicht, eine Sache nur halb zu machen. Ich setze meine ganze Persönlichkeit ein. Wenn ich nur die afrikanische Sonne hätte, dann würde das Eis schmelzen, und die Palette würde Feuer fangen.«

»Hm«, sagte Theo, »wir müssen das überlegen, vielleicht hast du recht.«

Paul Cézanne gab ein Abschiedsfest für alle Freunde. Mit Hilfe seines Vaters hatte er das Stück Land auf dem Berge gekauft, von dem aus man Aix sehen konnte, und er kehrte nach Hause zurück, um ein Atelier zu bauen.

»Geh fort von Paris, Vincent«, sagte er, »und komme in die Provence. Nicht nach Aix, das ist mein Land, aber in die Nähe. Die Sonne ist dort schöner und klarer als anderswo, du findest in der Provence so reine und helle Farben, wie du sie nie zuvor gesehen hast. Ich bleibe mein ganzes Leben dort.«

»Ich werde der nächste sein, der Paris verläßt«, sagte Gauguin, »ich kehre in die Tropen zurück. Wenn du denkst, du hättest die wahre Sonne in der Provence, Cézanne, dann müßtest du zu den Marquesas kommen. Da sind Sonne und Farben ebenso primitiv wie die Menschen.«

»Ich denke«, sagte Vincent, »ich werde nach Afrika gehen.«

»Nun«, murmelte Lautrec, »haben wir uns noch einen kleinen Delacroix aufgebürdet?«

»Wirklich, Vincent?« fragte Gauguin.

»Ja, aber nicht gleich. Ich glaube, ich werde in die Provence gehen, um mich erst an die Sonne zu gewöhnen.«

»Du kannst nicht nach Marseille«, sagte Seurat, »es gehört Monticelli.«

»Nach Aix kann ich auch nicht gehen, weil es Cézanne gehört«, entgegnete Vincent, »Monet hat Antibes schon ganz für sich in Anspruch genommen, und Marseille ist Fadas Heiligtum. Kann mir jemand vorschlagen, wohin ich fahren könnte?«

»Halt«, rief Lautrec, »ich weiß gerade das Richtige. Hast du jemals an Arles gedacht?«

»Arles? Das ist eine alte römische Siedlung, nicht wahr?«

»Ja, es liegt an der Rhône, einige Stunden von Marseille. Ich war einmal dort. Die Farbenpracht der Landschaft stellt Delacroix' afrikanische Sonne tief in den Schatten.«

»Ist dort schöne Sonne?«

»Sonne? Genug, um dich verrückt zu machen. Und du müßtest die schönen Mädchen von Arles sehen! Die herrlichsten Frauen der Welt! Sie haben noch die reinen Züge ihrer griechischen Vorfahren und viele die kräftig gedrungene Gestalt der römischen Eroberer. Und doch haben sie etwas Orientalisches. Ich nehme an, daß das mit dem Eindringen der Sarazenen im achten Jahrhundert zusammenhängt. In Arles wurde einst die echte Venus gefunden. Das Modell war eine Arlesierin.«

»Dann müssen sie wunderbar sein«, sagte Vincent.

»Sie sind es. Und dann der Mistral.«

»Was ist der Mistral?« fragte Vincent.

»Du wirst es erfahren, wenn du da bist«, antwortete Lautrec und verzog den Mund.

»Wie ist das Leben, ist es billig?«

»Du kannst nirgends Geld ausgeben, außer für Essen und Wohnung, und das kostet nicht viel.«

Paris hatte Vincent aufgeregt. Er hatte zuviel getrunken und zuviel Pfeife geraucht, er hatte sich zu sehr mit äußeren Dingen beschäftigt. Er war guter Laune. Er fühlte eine große Sehnsucht, allein zu sein, um in Ruhe gestalten zu können.

Er brauchte nur heiße Sonne, um zur Reife zu gelangen. Er hatte das Gefühl, als ob der Höhepunkt seines Lebens, die volle schöpferische Kraft, der er in diesen acht Jahren zugestrebt hatte, nicht sehr fern sei. Er wußte, daß nichts, was er bisher gemalt hatte, wirklichen Wert besaß; vielleicht hatte er nur noch kurze Zeit, um die großen Bilder zu schaffen, die sein Leben rechtfertigen sollten.

In Paris war er geborgen. Er hatte immer ein Heim bei Theo. Sein Bruder würde ihn nie aufgeben und ihn jederzeit mit Malutensilien versehen. Er erfüllte ihm jeden Wunsch, soweit es ihm möglich war. Er wußte, daß fern von Paris die Sorgen beginnen würden. Er würde ohne Theo mit seinem Geld nicht auskommen. Meist würde er Hunger leiden. Er würde in kleinen, ärmlichen Cafés einsam sein Leben fristen müssen, ohne einen Freund, mit dem er sich aussprechen könnte.

»Arles wird dir gefallen«, sagte Toulouse-Lautrec am folgenden Tage, »es ist ruhig, und kein Mensch wird dich stören. Die Hitze ist trocken, die Farben sind prächtig, und es ist der einzige Fleck in Europa, wo du eine japanische Klarheit findest. Es ist das Paradies der Maler. Wenn ich nicht Paris so liebte, würde ich selbst hingehen!«

An jenem Abend gingen Theo und Vincent in ein Wagner-Konzert. Sie kamen früh heim und verbrachten eine ruhige Stunde in Erinnerung an ihre Kindheit in Zundert. Am nächsten Morgen bereitete Vincent den Kaffee für Theo. Als sein Bruder zu Goupils gegangen war, räumte er die kleine Wohnung auf und säuberte sie so gründlich wie noch nie. An die Wand hing er das Bild von den rosa Krabben, ein Porträt von Vater Tanguy in seinem runden Strohhut, die Moulin de la Galette, einen weiblichen Akt und eine Studie der Champs Elysées.

Als Theo am Abend heimkam, fand er folgenden Brief auf dem Tisch im Wohnzimmer:

»Lieber Theo!

Ich bin nach Arles gefahren und werde Dir schreiben, sobald ich dort bin. Ich habe einige meiner Bilder an die Wand gehängt, damit Du mich nicht vergessen sollst.

Ich drücke Deine Hand.

Dein Vincent«

ARLES

Die Sonne in Arles war ein wirbelnder, flüssiger Ball zitronengelben Feuers, der über den grellblauen Himmel flog und die
Luft mit blendendem Licht übergoß. Die furchtbare Hitze und
die scharfe Klarheit in der Luft schufen eine neue, bisher unbekannte Welt.

Vincent stieg früh am Morgen aus dem Wagen dritter Klasse
und ging den gewundenen Weg hinunter, der vom Bahnhof
zur Place Lamartine führte, dem Marktplatz, der auf der einen
Seite vom Deich der Rhône, auf der anderen von armseligen
Hotels und Cafés begrenzt wurde. Arles lag geradeaus, an der
Seite eines Hügels, wie angeklebt, schläfrig in der heißen,
tropischen Sonne.

Die Frage seiner künftigen Wohnung ließ Vincent gleichgültig.
Er ging in das erste beste Hotel auf dem Platz, das Hôtel de la
Gare, und nahm sich ein Zimmer. Darin stand eine quiet-
schende Messingbettstelle, ein gesprungener Krug in einem
Becken und ein sonderbarer Stuhl. Der Besitzer brachte noch
einen rohen Tisch hinein. Um eine Staffelei aufzustellen,
fehlte es an Raum, aber Vincent glaubte, den ganzen Tag im
Freien malen zu können.

Er warf seinen Rucksack aufs Bett und ging hinaus, um sich in
der Stadt umzusehen. Nach einer langen Kletterei erreichte
er den von der Sonne ausgedörrten Rathausplatz. Auf seinem
weiteren Wege kam er an kühlen, steinernen Höfen vorbei,
die den Eindruck machten, als lägen sie hier seit den ältesten
Tagen Roms unberührt. Um der glühenden Sonne kein Ziel
zu bieten, hatte man die Straßen so eng gebaut, daß Vincent
beide Häuserreihen mit den Fingerspitzen berühren konnte.
Wegen des unangenehmen Nordwestwindes waren sie an der
Seite des Hügels in labyrinthartigen Windungen angelegt.
Keine Straße lief zehn Meter lang geradeaus. Auf den Gassen
lag Müll, schmutzige Kinder standen in den Torwegen, alles
machte einen unglücklichen, gejagten Eindruck.

Vincent verließ den Rathausplatz, durchschritt eine kurze
Gasse, die zur Hauptverkehrsstraße am Ende der Stadt führte,
ging durch einen kleinen Park und kletterte den Hügel wieder
abwärts bis zur Römischen Arena. Er sprang von Sitzreihe zu

Sitzreihe und kam endlich oben an. Er setzte sich auf einen Steinblock und sah in die Gegend, über die er sich als Herr und Meister gesetzt hatte.

Die Stadt unter ihm stürzte steil wie ein unberechenbarer Wasserfall zur Rhône. Die Dächer der Häuser schienen zu einem bunten Muster ineinander verstrickt. Ursprünglich waren sie alle von Ziegeln aus rotem Ton bedeckt, aber die unaufhörlich sengende Sonne hatte sie zu einem bunten Farbenkasten verbrannt, vom leichten Gelb und zartesten Rosa der Muschelschalen bis zum grellen Blau und Lehmbraun.

Die breite, reißende Rhône machte eine scharfe Windung am Fuße des Hügels und stürzte weiter zum Mittelmeer. An beiden Seiten des Flusses waren steinerne Dämme. Trinquetaille leuchtete von dem gegenüberliegenden Ufer wie eine künstliche, gemalte Stadt. Hinter Vincent lagen die Berge, riesige Reihen, die hoch hinauf in das klare weiße Licht ragten. Vor ihm ausgebreitet lag eine Landschaft von bebauten Feldern, von Obstgärten, die in Blüte standen, der aufsteigende Hügel von Montmajour und fruchtbare Täler, in welche Tausende von tiefen Furchen gepflügt waren, die sich ganz fern irgendwo einander näherten.

Was Vincent aber am meisten verwirrte, so daß er seine Hand über die Augen legen mußte, war die Farbe der Landschaft. Der Himmel war von einer so grellen, unerbittlichen und tiefen Bläue, daß er schließlich nicht mehr blau wirkte; er schien farblos zu sein. Das Grün der vor ihm ausgebreiteten Felder war das satteste Grün. Die zitronengelbe, feurige Sonne, die blutrote Erde, das schreiende Weiß der einsamen Wolke über Montmajour, das stets wechselnde Rosa der Obstgärten ... es waren unglaubliche Farben. Wie konnte er sie malen? Wie konnte er es überhaupt jemandem glaubhaft machen, daß sie wirklich waren, auch wenn er fähig sein sollte, sie auf die Leinwand zu bringen?

Vincent ging durch die Hauptstraße zum Lamartine-Platz, packte seine Staffelei, seine Farben und seine Leinwand zusammen und eilte zum Rhôneufer. Überall begannen die Mandelbäume zu blühen. Der glitzernde, weiße Glanz der auf das Wasser prallenden Sonnenstrahlen verursachte einen stechenden Schmerz in den Augen. Er hatte seinen Hut im Hotel gelassen. Die Sonne brannte auf sein rotes Haar und sog alle Kälte, alle Müdigkeit, Entmutigung und allen Ekel des Stadtlebens aus seiner Seele heraus.

Einen Kilometer weiter am Ufer entlang sah er eine Zugbrücke sich vom blauen Himmel abheben, über die ein kleiner Wagen lief. Der Fluß war so blau wie eine Quelle, und die gelben Ufer hatten grüne Grasflecken.

Im Schatten eines einsamen Baumes stand eine Gruppe von Waschfrauen in Unterröcken und bunten Umschlagtüchern und wusch schmutzige weiße Kleidungsstücke.

Vincent stellte seine Staffelei auf, machte einen tiefen Atemzug und schloß die Augen. Diese Farben konnte niemand mit offenen Augen einfangen. Er vergaß Seurats Belehrungen über den wissenschaftlichen Pointillismus, Gauguins Ausführungen über primitive dekorative Kunst, Lautrecs Farbenlinien und Ausdrücke leidenschaftlichen Hasses.

Übrig blieb nur Vincent.

Gegen Mittag kehrte er ins Hotel zurück. Er setzte sich an einen kleinen Tisch in der Bar und bestellte einen Absinth. Er war viel zu aufgeregt, um an Essen denken zu können. Ein Mann, der neben ihm am Tisch saß, sah die Farben, die über Vincents Hände, Gesicht und Kleider gespritzt waren, und begann eine Unterhaltung mit ihm.

»Ich bin ein Pariser Reporter«, erzählte er, »ich bin schon seit drei Monaten hier unten und sammle Material für ein Buch über die provenzalische Sprache.«

»Ich bin erst heute morgen von Paris gekommen«, sagte Vincent.

»Das habe ich gesehen. Wollen Sie lange bleiben?«

»Ich denke, ja.«

»Wenn ich Ihnen raten darf, bleiben Sie nicht. Arles ist der ungesündeste Platz der Erde.«

»Warum glauben Sie das?«

»Ich glaube gar nichts, ich weiß es. Ich habe diese Leute seit drei Monaten beobachtet. Sehen Sie sie sich doch an. Schauen

Sie ihnen in die Augen. Nicht ein normaler Mensch in der ganzen Nachbarschaft von Tarascon!«

»Es ist sonderbar, so etwas zu behaupten«, bemerkte Vincent.

»In einer Woche werden Sie mir recht geben. Das Land um Arles herum ist der geplagteste, der am meisten leidende Teil der Provinz. Sie waren draußen in der Sonne. Können Sie sich einen Begriff machen von dem, was es für die Leute heißt, diesem grellen Licht Tag für Tag ausgesetzt zu sein? Es brennt ihnen das Gehirn aus dem Kopf, das kann ich Ihnen sagen. Und dann der Mistral! Er tobt während hundert Tagen im Jahre, daß die Stadt wahnsinnig wird. Wollen Sie auf den Straßen entlanggehen, werden Sie gegen die Häuser geschleudert, sind Sie draußen auf dem Felde, werden Sie auf den Boden geschleudert und fliegen in den Dreck. Ich habe gesehen, wie dieser vermaledeite Sturm Fenster eindrückte, Bäume herauswirbelte, Zäune umriß und Menschen und Tiere auf den Feldern quälte, daß ich glaubte, sie würden in Stücke gerissen werden. Ich bin nur drei Monate hier, ein bißchen verrückt bin ich aber auch schon. Morgen früh fahre ich ab!«

»Ein wenig übertreiben Sie aber doch?« erkundigte sich Vincent. »Die Arlesier scheinen mir ganz in Ordnung zu sein, soweit ich das heute sehen konnte.«

»Soweit Sie es sehen konnten, ja, aber warten Sie, bis Sie sie näher kennenlernen. Im Vertrauen, wissen Sie, was meine ganz persönliche Meinung ist?«

»Nein, was denn? Wollen Sie einen Absinth mit mir trinken?«

»Danke. Meine persönliche Meinung ist, daß Arles in gewissem Sinne ›epileptisch‹ ist. Es peitscht sich selbst zu solch einer Höhe äußerster Nervenspannung hinauf, daß man überzeugt ist, es wird einen Anfall erleiden und Schaum vor den Mund bekommen.«

»Und bekommt es den?«

»Eben nicht, das ist das Sonderbare. Das Land erreicht dauernd neue Höhepunkte und hat nie einen. Ein dutzendmal dachte ich, die Einwohner würden verrückt werden und sich die Kehle gegenseitig durchschneiden. Aber immer, wenn eine

Explosion unvermeidlich scheint, hört der Sturm für ein paar Tage auf und die Sonne verkriecht sich hinter den Wolken.«

»Na«, lachte Vincent, »wenn Arles nie einen Höhepunkt hat, können Sie es ja wohl kaum ›epileptisch‹ nennen, nicht wahr?«

»Nein«, entgegnete der Reporter, »aber ich kann es ›epileptoidal‹ nennen.«

»Was zum Teufel ist das?«

»Ich schreibe darüber einen Artikel für meine Zeitung. Dieser deutsche Artikel brachte mich darauf.«

Er zog eine Zeitung aus der Tasche und schob sie über den Tisch zu Vincent.

»Die Ärzte haben über hundert Fälle nervöser Erkrankungen untersucht, die der Epilepsie nicht unähnlich waren, aber nie zu Ausbrüchen führten. Auf der nebenstehenden Karte ist die aufsteigende Kurve der Nervosität und ihrer Steigerung skizziert; die Ärzte nennen es fliegende Erregung. In jedem dieser Fälle haben die davon Betroffenen bis zum fünfunddreißigsten, ja bis zum achtunddreißigsten Lebensjahr unter ständig steigendem Fieber zu leiden. Im Durchschnittsalter von sechsunddreißig stellen sich dann schwere Anfälle ein. Danach ist es nur noch eine Angelegenheit von einem halben Dutzend Krämpfen, und in ein oder zwei Jahren ist alles aus.«

»Ein bißchen jung zum Sterben«, sagte Vincent, »in dem Alter fängt man ja erst an, bewußt zu leben.«

Der Reporter steckte die Zeitschrift wieder in die Tasche.

»Meine Ansicht ist die«, führte er aus. »Arles ist eine epileptoidale Stadt. Ihr Puls ist seit Jahrhunderten immer höher getrieben worden. Die erste Krisis steht bevor, ganz sicher, und zwar bald. Wenn es soweit ist, werden wir Zeugen einer entsetzlichen Katastrophe sein. Dieses Land kann nicht ewig in einem gehetzten und gequälten Zustand bleiben. Irgend etwas muß geschehen und wird geschehen!«

Jeden Morgen erhob sich Vincent vor Tagesanbruch, zog sich an und wanderte einige Kilometer am Flusse entlang oder ins Land hinein, um eine Stelle zu finden, die ihn reizte. Jeden Abend kehrte er mit einem fertigen Bilde zurück, so weit fertig, daß er nichts mehr damit tun konnte. Nach dem Abendessen ging er sofort ins Bett.

Er wurde so etwas wie eine Malmaschine, die eine neue Leinwand nahm, während die andere noch frisch war, und er wußte kaum, was er tat. Die Obstgärten des Landes standen in Blüte. Eine wilde Leidenschaft entstand in ihm, sie alle zu malen. Er dachte nicht mehr nach über seine Malerei. Er malte eben. Die acht Jahre seiner angestrengten Arbeit fanden nun ihren Ausdruck in dem Durchbruch einer siegreichen Energie. Manchmal war, wenn er vor Tagesanbruch mit der Arbeit begann, das Bild schon mittags fertig. Er ging dann zur Stadt zurück, trank eine Tasse Kaffee und trottete wieder in eine andere Richtung, mit einer neuen Leinwand bepackt.

Er wußte nicht, ob das, was er malte, gut oder schlecht war. Es war ihm auch gleichgültig. Er war von Farben trunken.

Niemand sprach mit ihm. Und er sprach auch niemanden an. Das bißchen Kraft, das ihm das Malen noch ließ, verbrauchte er im Kampf mit dem Sturm. An drei Tagen in der Woche mußte er seine Staffelei mit Pflöcken festmachen, die in die Erde getrieben waren. Die Staffelei schwankte vorwärts und rückwärts im Winde wie ein Laken auf der Wäscheleine.

Er trug niemals einen Hut. Die glühende Sonne brannte langsam seine Haare vom Kopf. Wenn er auf seinem Messingbett im Hotel lag, hatte er nachts ein Gefühl, als läge sein Kopf in einem feurigen Ball. Die Sonne machte ihn farbenblind. Er konnte draußen das Grün der Felder nicht von dem Blau des Himmels unterscheiden. Wenn er aber ins Hotel zurückkehrte, fand er, daß die Leinwand irgendwie die glühende und leuchtende Übertragung aus der Natur sei.

Eines Tages arbeitete er an einem Obstgarten mit lila Boden, einem roten Zaun und zwei rosafarbigen Pfirsichbäumen, die sich von einem Himmel mit dem herrlichsten Blau und Weiß abhoben.

»Die beste Landschaft wahrscheinlich, die ich je gemacht habe«, murmelte er.

Wieder im Hotel, fand er einen Brief vor, der ihm die Todesnachricht von Anton Mauve brachte, der im Haag gestorben war. Er schrieb unter seine Pfirsichbäume »Souvenir de Mauve. Vincent und Theo« und sandte das Bild sofort ins Haus am Uileboomen.

Am folgenden Morgen fand er einen Obstgarten, in dem Pflaumenbäume in Blüte standen. Während seiner Arbeit erhob sich ein kräftiger Wind, der in Zwischenräumen wie die Wellen eines Sees wiederkehrte. Dabei schien die Sonne, und die weißen Blüten auf den Bäumen leuchteten. Selbst auf die Gefahr hin, jede Minute seine Staffelei auf der Erde liegen zu sehen, malte Vincent weiter. Es erinnerte ihn an die Tage in Scheveningen, wo er im Regen stand, Sandstürme kamen, das sturmgepeitschte Schaumwasser des Meeres über ihn und die Staffelei stürzte, und er malte. Sein Bild hatte eine weiße Grundfarbe mit einem gut Teil Gelb, Blau und Lila darin. Als er fertig war, bemerkte er, daß er etwas im Bilde hatte, das er eigentlich nicht hineinbringen wollte, den Sturm nämlich.

»Sie werden denken, ich war betrunken, als ich das malte«, lachte er.

Die Menschen in Arles mieden Vincent. Vor Sonnenaufgang sahen sie ihn aus der Stadt gehen, schwer mit seiner Staffelei beladen, ohne Hut, mit einem stark hervorstechenden Kinn und einer fieberähnlichen Erregung in den Augen, und sie sahen ihn heimkommen mit zwei feurigen Löchern im Gesicht, das Obere seines Kopfes so rot wie ein Stück rohes Fleisch, ein nasses Stück Leinwand unter dem Arm, erregte Gebärden vollführend, als rede er mit sich selbst. Die Stadt hatte ihm einen Namen gegeben, und jeder nannte ihn so: Fou-Roux, den rothaarigen Narren.

Der Hotelbesitzer betrog Vincent um jeden Franc, den er bekommen konnte. Vincent bekam woanders nichts zu essen; denn fast jeder in Arles aß zu Hause. Die Restaurants waren sehr teuer. Vincent suchte sie alle auf, um eine kräftige Suppe zu erhalten, aber es war keine zu haben.

»Macht es so viel Arbeit, Kartoffeln zu kochen, Madame?« fragte er an einer Stelle.

»Unmöglich, mein Herr.«

»Haben Sie dann vielleicht etwas Reis?«

»Den gibt's morgen erst.«

»Und wie ist's mit Makkaroni?«

»Nach Makkaroni ist keine Nachfrage.«

Schließlich mußte er alle ernsthaften Gedanken an Essen aufgeben und davon leben, was ihm gerade in den Weg kam. Die heiße Sonne speiste seine Lebenskraft, wenn auch der Magen sehr vernachlässigt wurde. Anstatt gesunder Nahrung nahm er Absinth, Tabak und Daudets Geschichten vom Tartarin. Die zahllosen Stunden vor der Staffelei machten seine Nerven überempfindlich. Er brauchte Reizmittel. Der Absinth erregte ihn noch am folgenden Tage, wo dann seine Erregung durch den Sturm aufgepeitscht und von der Sonne in ihn eingebrannt wurde.

Als es weiter in den Sommer hineinging, wurde alles verbrannt. Vincent sah um sich nichts als altes Gold, Bronze und Kupfer, das von einem grünlichblauen Himmel überdeckt wurde, der eine siedende Hitze ausstrahlte. Schwefelgelb lag auf allem, was das Sonnenlicht traf. Seine Leinwand war immer ein Stück helles, brennendes Gelb. Er wußte, daß Gelb in der europäischen Malerei seit der Renaissance nicht mehr gebraucht wurde, aber es störte ihn nicht.

Er war überzeugt davon, daß ein gutes Bild zu machen nicht leichter war, als einen Diamanten oder eine Perle zu finden. Er war mit sich selbst unzufrieden, aber da war noch ein Fünkchen Hoffnung, das ihn glauben ließ, alles käme noch zu einem guten Ende. Manchmal schien sogar dies nur eine Fata Morgana. Wirklich glücklich fühlte er sich nur, wenn er bei der Arbeit war. Ein persönliches Leben hatte er nicht. Er war nur ein Mechanismus, ein blind arbeitender Automat, dem man jeden Morgen Nahrung, etwas zu trinken und Farbe zuführte und der abends dafür ein fertiges Bild lieferte.

Vincent hatte nicht mehr den Ehrgeiz, erfolgreich zu sein. Er arbeitete, weil er mußte. Er konnte ohne Frau, Heim und Kinder leben, ohne Liebe, Freundschaft und Gesundheit; er kam aus ohne festes Einkommen, ohne Bequemlichkeit und Nahrung; er kam sogar ohne den lieben Gott aus. Aber er konnte nicht ohne ein Etwas leben, das größer war als er selbst, das sein eigenes Leben war – die Kraft und Fähigkeit nämlich: zu schaffen.

Er wollte gern nach dem Leben malen, aber die Leute in Arles saßen nicht für ihn. Sie meinten, daß er schlecht male. Jeder fürchtete, daß seine Bekannten ihn im Porträt lächerlich finden würden. Wenn seine Bilder glatt und spielerisch wie die Bouguereaus gewesen wären, würden die Leute zu ihm geströmt sein. Er mußte die Hoffnung auf Modelle aufgeben und auf den Feldern arbeiten.

Der Sommer reifte. Herrlich war die große Hitze, die jetzt, da der Wind starb, das Land beherrschte. Es leuchtete in allen Schattierungen vom blassen Schwefelgelb zum blassen Goldgelb. Er wurde oft an Renoir, besonders an dessen reine, klare Linie erinnert.

An einem frühen Morgen sah er ein schlichtes Mädchen. Ihre Haut war kaffeebraun, ihre Haare aschblond, das Mieder aus einem bedruckten blaßrosa Stoff. Die jungen Brüste hoben sich deutlich ab.

Am Abend im Hotel wollte der Schlaf nicht kommen, das Bild des Mädchens stand vor seinen Augen.

Seit Monaten hatte er nur beim Einkaufen mit Frauen gesprochen.

Er sprang auf, eilte über den Lamartine-Platz in das schwarze Gewirr der Häuser. Nachdem er einige Augenblicke bergauf gestiegen war, hörte er Lärm. In der Rue des Ricolettes trugen Gendarmen zwei Zuaven fort, die von betrunkenen Italienern getötet worden waren. Die roten Feze der Soldaten lagen in Blutlachen auf dem holprigen Pflaster. Die Gendarmen stießen die Italiener fort zum Gefängnis, während die wütende Menge ihnen nachströmte. Er hörte Rufe: »Hängt sie auf! Hängt sie auf!«

Vincent schlüpfte in das Haus von Monsieur Louis. Der Besitzer begrüßte ihn höflich und führte ihn in ein kleines Zimmer links neben dem Eingang. Einige Paare saßen dort und tranken.

Vincent ging an den Tisch und zündete seine Pfeife an. Im

Flur lachte jemand, und ein Mädchen tanzte herein. Sie setzte sich Vincent gegenüber in einen Stuhl und lächelte ihm zu.

»Ich bin Rachel«, sagte sie.

»Du«, sagte Vincent, »du bist fast ein Kind! Wie lange bist du hier?«

»Bei Louis? Ein Jahr.«

Die gelbe Gaslampe war hinter ihr; ihr Gesicht war im Schatten. Sie lehnte den Kopf gegen die Wand und hob das Kinn, so daß das Licht auf ihr Gesicht fiel.

Vincent sah große, ein wenig leere blaue Augen in einem vollen Gesicht, dessen Rundlichkeit durch die um den Kopf gelegten schwarzen Haare betont wurde. Kinn und Nacken waren auch gerundet. Das Mädchen trug ein leichtes Kattunkleid und Sandalen.

»Rachel ist hübsch«, sagte er.

Ihre Augen leuchteten in kindlicher Freude. Sie beugte sich mit einer schnellen Bewegung über den Tisch und nahm seine Hand.

»Es ist nett, daß du mich gerne hast«, sagte sie. »Ein komischer Mann bist du, Fou-Roux.«

»Fou-Roux! Also kennst du mich?«

»Ich habe dich auf dem Lamartine-Platz gesehen. Warum gehst du mit dem großen Bündel auf dem Rücken immer so eilig vorbei? Und warum trägst du keinen Hut? Brennt die Sonne nicht? Deine Augen sind so rot. Tun sie dir nicht weh?«

Vincent lachte.

»Es ist nett von dir, dir meinetwegen Sorgen zu machen. Rachel, wenn ich dir meinen wirklichen Namen sage, würdest du mich danach nennen?«

»Wie heißt du?«

»Vincent!«

»Nein, ›Fou-Roux‹ habe ich lieber. Würde es dich ärgern, wenn ich dich Fou-Roux nenne? – – Kann ich etwas zu trinken haben? Der alte Louis beobachtet mich vom Flur aus.«

Sie ließ die Finger über das sanfte Fleisch des Halses gleiten, die blauen Augen lächelten. Er sah, daß sie lächelte, um ihn in fröhliche Stimmung zu versetzen.

»Bestelle eine Flasche Wein«, antwortete Vincent, »aber billigen, ich habe nicht viel Geld.«

Als der Wein gebracht wurde, sagte Rachel: »Komm doch zu mir nach oben, da ist es netter.«

Sie stiegen die Steintreppen hinauf und traten in Rachels Zimmer. Dort standen ein enges Bett, eine Kommode, ein Stuhl. Einige farbige Medaillons von Julien hingen an den Wänden. Auf der Kommode saßen zwei abgegriffene Puppen.

»Rachel«, sagte Vincent, »wenn du mich Fou-Roux nennst, weiß ich, wie ich dich nennen werde.«

»Ach, wie denn? Sag es mir! Ich mag neue Namen gerne.«

Vincent ließ die Hand leicht über ihren weichen runden Körper gleiten.

»Ich werde dich Taube nennen, denn du siehst wie eine Taube aus und hast solch milde Augen.«

Rachel küßte ihn auf das Ohr.

»Was für komische Ohren du hast, Fou-Roux«, sagte sie zwischen kleinen Schlucken. Sie trank den roten Wein wie ein Kind mit der Nase im Glas.

»Hast du sie gern?« fragte Vincent.

»Ja. Weißt du, sie sind so sanft und rund, beinahe wie die Ohren eines Hündchens.«

»Du kannst sie haben.«

Rachel lachte sehr darüber. Sie hob das Glas und wollte trinken, mußte aber wieder kichern. Ein Tropfen Wein fiel auf die linke Brust.

»Du bist nett, Fou-Roux«, sagte sie. »Die meisten Menschen sagen, daß du verrückt bist. Aber du bist es nicht, nicht wahr?«

Vincent verzog das Gesicht.

»Wirst du mein Liebster sein?« fragte Rachel. »Willst du jeden Abend kommen?«

»Ich fürchte, nicht so oft, kleine Taube.«

»Warum nicht?« Rachel schmollte.

»Nun, unter anderem habe ich nicht genug Geld.«

Rachel zwickte ihn in sein Ohr.

»Wenn du nicht fünf Francs hast, Fou-Roux, würdest du dein Ohr abschneiden und es mir geben?«

Rachel setzte das Weinglas hin. Vincent fühlte den schmiegsamen Körper, fühlte die kleinen Brüste gegen sich brennen. Sie küßte ihn, und er entdeckte, wie samten ihr Mund war.

Als er eine halbe Stunde später das Haus verließ, hatte er heftigen Durst; er mußte einige Glas klares, kaltes Wasser trinken.

Je feiner eine Farbe zerstoßen wird, um so mehr wird sie von Öl durchweicht. Aber Öl war für Vincent nur ein Bindemittel. Er hatte nichts dagegen, wenn seine Gemälde rauh aussahen. So entschloß er sich, nicht mehr feine Farben aus Paris kommen zu lassen, sondern sie selbst zuzubereiten. Theo bat Père Tanguy, ihm die drei Chromfarben und außerdem Malachit, Zinnober, Kobaltblau und Ultramarin zu schicken. Vincent zerdrückte sie in dem kleinen Hotelzimmer. Nun kosteten ihn die Farben weniger, waren frischer und hielten länger.

Dann wurde er mit der Leinwand unzufrieden. Der dünne Überzug genügte nicht mehr, um die reichen Farben einzusaugen. Theo sandte ihm Ballen nichtpräparierter Leinwand; abends mischte er den Malgrund in einem kleinen Napf und überzog die Leinwand damit, auf die er am nächsten Tag malen wollte.

Georges Seurat hatte ihn auf die Rahmen seiner Bilder achten gelehrt. Als er Theo die ersten Gemälde aus Arles schickte, schrieb er ihm genau, aus welchem Holz die Rahmen gemacht und wie sie getönt werden sollten. Aber er ruhte nicht eher, als bis er seine Gemälde auch selbst einrahmen konnte.

Er kaufte dünne Holzstreifen, schnitt sie in der richtigen Größe zu, zimmerte sie zusammen und tönte sie.

Jetzt machte er alles selbst.

»Eigentlich schade, daß ich nicht meine eigenen Bilder kaufen kann«, murmelte er leise vor sich hin, »dann würde ich vollkommen unabhängig sein.«

Der Mistral kam wieder auf. Die ganze Natur schien zu toben. Der Himmel war klar. Blendende Sonne begleitete Dürre und schneidende Kälte. Vincent malte ein Stilleben in seinem Zimmer: eine blau emaillierte Kaffeekanne, eine Tasse in

Königsblau und Gold, einen hellblau und weiß karierten Milchkrug, einen blauen Majolikakrug mit einem Muster in Rot, Grün und Braun, und schließlich zwei Orangen und drei Zitronen.

Als der Wind nachließ, ging er wieder ins Freie und malte eine Aussicht auf die Rhône mit der eisernen Brücke bei Trinquetaille. Der Himmel und der Fluß hatten die Farbe von Wermut, die Kais eine Schattierung von Lila, die Menschen, die die Ellbogen auf das Geländer stützten, waren beinahe schwarz, die eiserne Brücke leuchtend blau. Über dem schwarzen Hintergrund lag ein Hauch von lebhaftem Orange. In dem Ganzen gab es Striche starken Malachitgrüns.

Er versuchte nicht, genau das wiederzugeben, was die Augen sahen, sondern benutzte die Farben willkürlich, um sich mit größerer Kraft auszudrücken. Er erkannte, daß das, was Pissarro ihm in Paris gesagt hatte, stimmte. »Man muß den Eindruck der Farben, sei es Harmonie oder Dissonanz, kühn übertreiben.« In Maupassants Vorwort zu »Pierre et Jean« fand er einen ähnlichen Gedanken: »Der Künstler hat das Recht zu übersteigern, eine Welt zu schaffen, die schöner, einfacher und auch tröstlicher ist als die unsere.«

In eintägiger schwerer Arbeit unter der brennenden Sonne vollendete er das Bild eines großen gepflügten Feldes, in dem die schweren, veilchenblauen Erdklumpen nach dem Horizont zu anstiegen. Darauf stand ein Sämann in Blau und Weiß. Im Hintergrund leuchtete reifes Korn. Über allem strahlte die gelbe Sonne an einem gelben Himmel.

Vincent wußte, daß die Pariser Kritiker sagen würden, er arbeite zu schnell. Er war anderer Meinung. War es doch sein tiefes Naturgefühl, das ihn vorwärtstrieb. Und wenn dieses Gefühl manchmal so stark war, daß er schnell und selbstvergessen arbeitete, wenn manchmal Strich auf Strich folgte wie die Worte einer Rede, so kamen auch ebenso selbstverständlich schwere Tage ohne alle Eingebung.

Er nahm die Staffelei auf den Rücken und machte sich auf den Heimweg, am Montmajour vorbei. So schnell ging er, daß er einen Mann mit einem Jungen bald einholte. Er erkannte den alten Roulin, den Briefträger aus Arles. Im Café hatte er oft in seiner Nähe gegessen und mit ihm sprechen wollen, aber der passende Augenblick war nie gekommen.

»Guten Tag, Herr Roulin«, sagte er.

»Ach, Sie sind es – – der Herr Maler«, antwortete Roulin.

»Guten Tag. Ich habe meinen Jungen auf einen kleinen Sonntagsspaziergang mitgenommen.«

»Ein herrlicher Tag ist das gewesen, nicht wahr?«

»Ach ja, schön ist es, wenn dieser teuflische Nordwind nicht so bläst! Sie haben heute ein Bild gemalt?«

»Ja.«

»Ich bin ein unwissender Mann – – von der Kunst verstehe ich nichts. Aber es wäre für mich eine große Ehre, wenn ich es ansehen könnte.

»Gerne!«

Der Junge lief voraus und spielte. Vincent und Roulin gingen nebeneinander weiter. Während Roulin das Bild betrachtete, studierte ihn Vincent. Roulin trug seine blaue Postmütze. Er hatte sanfte, fragende Augen und einen langen, welligen Bart, der Nacken und Kragen vollständig bedeckte und auf seiner dunkelblauen Uniform ruhte. Vincent fühlte in ihm dieselbe ruhige, nachdenkliche Art, die ihn bei Vater Tanguy so angezogen hatte. Das schlichte, etwas schwermütige Bauerngesicht stand im Widerspruch zu dem üppigen griechischen Bart. »Ich bin ein unwissender Mann«, wiederholte Roulin, »und Sie werden verzeihen, daß ich spreche. Aber Ihre Kornfelder sind lebendig, ebenso lebendig wie das Feld, wo ich Sie an der Arbeit sah.«

»Dann mögen Sie es?«

»Das kann ich nicht genau sagen, ich weiß nur, daß ich hier innen etwas fühle.«

Er strich mit der Hand über die Brust.

Sie hielten einen Augenblick am Fuße des Montmajour. Die Sonne versank rot hinter der alten Abtei, ihre Strahlen fielen auf die Stämme und die Zweige der Föhren, die aus den Ruinen emporwuchsen; sie nahmen eine rötliche Färbung an, während die anderen Föhren sich in der Ferne von dem zar-

ten, blaugrünen Himmel tiefblau abhoben. Der weiße Sand, die weißen Felsschichten unter den Bäumen waren bläulich.
»Das ist auch lebendig, nicht wahr?« fragte Roulin.
»Es wird noch leben, wenn wir nicht mehr sind, Roulin.«
So sprachen sie ruhig und freundlich miteinander, während sie weitergingen. Es gab nichts Verletzendes in Roulins Art zu reden. Sein Geist war schlicht und zugleich tief. Für seine vier Kinder, seine Frau und sich hatte er hundertfünfunddreißig Francs im Monat; seit fünfundzwanzig Jahren trug er die Post aus, sein Gehalt hatte sich nur wenig erhöht, niemals war er befördert worden.
»Als ich jung war«, sagte er, »dachte ich viel über Gott nach. Aber im Laufe der Jahre schien sich der Begriff von ihm zu verflüchtigen. Denn wenn ich an die Menschen denke . . . und an die Welt, die sie schaffen . . .«
»Ich weiß, Roulin, aber das Gefühl wird bei mir immer tiefer, daß wir Gott nicht an dieser Welt messen dürfen. Sie ist nur eine Studie, aus der nichts Vollendetes kommt. Was kann man machen, wenn eine Studie schlecht ist und man doch den Künstler gerne hat? Man urteilt nicht. Aber man hat doch das Recht, etwas Besseres zu verlangen.«
»Ja, so ist es«, stimmte Roulin ein, »etwas ein wenig Besseres.«
»Ehe wir urteilen, müßten wir andere Werke von derselben Hand sehen. Diese Welt schuf er offenbar in einer schlechten Stunde.«
Es dämmerte über dem gewundenen Landweg. Die ersten Sterne funkelten durch das tiefe Blau des Nachthimmels. Roulins sanfte, offene Augen erforschten Vincents Gesicht.
»Sie meinen, daß es andere Welten gibt, Herr van Gogh?«
»Ich weiß nicht, Roulin. Als der Drang zum Malen in mir durchbrach, hörte ich auf, solche Fragen zu überlegen. Aber dieses Leben scheint so unvollendet, meinen Sie nicht? Manchmal denke ich, daß ebenso wie Züge oder Wagen Mittel zur Ortsveränderung auf dieser Erde sind, der Typhus und die Schwindsucht uns von einer Welt zur anderen befördern.«
»Ach, Sie Künstler, Sie denken viel.«

»Roulin, würden Sie mir einen Gefallen tun? Lassen Sie mich Ihr Porträt malen. Niemand in Arles will für mich sitzen.«

»Das würde mir eine große Freude machen, Herr van Gogh. Aber warum wollen Sie mich malen? Ich bin ziemlich häßlich, ein einfacher Mann.«

»Wenn es einen Gott gäbe, Roulin, glaube ich, daß er ungefähr solche Augen und so einen Bart haben würde wie Sie.«

»Sie treiben Spaß mit mir!«

»Im Gegenteil, Roulin.«

»Würden Sie morgen zum Abendbrot zu uns kommen? Es ist immer sehr einfach bei uns, aber wir würden uns freuen, wenn Sie kämen.«

Madame Roulin, eine Bauernfrau, erinnerte ihn etwas an Madame Denis. Auf dem rot-weiß karierten Tischtuch standen ein wenig geschmortes Gemüse und Fleisch mit Kartoffeln, hausbackenes Brot und eine Flasche sauren Weins. Nach dem Essen zeichnete Vincent Madame Roulin. Während er arbeitete, sprach er mit ihrem Manne.

»Mein ganzes Leben lang«, sagte Roulin, »habe ich versucht zu verstehen, Herr van Gogh, warum der eine mehr als der andere hat, warum der eine schwer arbeiten soll, während sein Nachbar die Hände in den Schoß legt. Vielleicht bin ich zu unwissend, um es zu verstehen. Meinen Sie, daß ich es besser verstehen könnte, wenn ich gebildet wäre?«

Vincent sah von der Arbeit auf. Waren die Worte zynisch gemeint? Aber Roulins Gesicht war wie immer arglos und offen.

»Ja, mein Freund«, erwiderte er, »die meisten Gebildeten scheinen es sehr gut zu verstehen! Aber ich bin so unwissend wie Sie. Ich werde es niemals verstehen oder hinnehmen können.«

Um vier Uhr morgens stand Vincent auf, lief drei bis vier Kilometer zu der Landschaft, an die er dachte, und malte bis zum Einbruch der Nacht. Es war nicht angenehm, einsam nach Hause zu gehen, aber das nasse Gemälde unter dem Arm tröstete ihn.

Innerhalb von sieben Tagen malte er sieben große Gemälde. Am Ende der Woche fühlte er sich halbtot von der Arbeit. Es war ein unbegreiflich schöner Sommer gewesen, aber er konnte jetzt nicht mehr. Ein ungestümer Nordwind blies Wolken von Staub hoch, die die Bäume in Weiß einhüllten. Vincent war gezwungen, sich auszuruhen. Er schlief sechzehn Stunden lang.

Er war in Not. Am Donnerstag war sein Geld zu Ende, und Theos Brief mit den fünfzig Francs würde nicht vor Montag kommen. Es war nicht Theos Schuld. Jeden zehnten Tag sandte er fünfzig Francs, dazu alle Malutensilien. Vincent war begierig gewesen, seine Bilder in Rahmen zu sehen, und hatte mehr bestellt, als sein Budget zuließ. Vier Tage lang lebte er jetzt von dreiundzwanzig Tassen Kaffee und einem Laib Brot, den der Bäcker ihm auf Kredit gab.

Plötzlich fühlte er kein Zutrauen mehr zu seiner Arbeit. Er meinte, daß er mit seinen Bildern Theo niemals für seine Güte entschädigen könnte. Er überlegte, ob nicht irgendwie das Geld, das er ausgegeben hatte, wieder einzubringen war, damit Theo keinen Verlust erlitte. Er sah seine Gemälde eines nach dem anderen an und warf sich vor, daß sie nicht die Kosten wert seien. Selbst wenn er gelegentlich eine leidliche Studie hervorbrächte, könne Theo anderswo eine ebenso gute billiger kaufen.

»Aber auch dann«, sagte er sich, »hat eine bemalte Leinwand mehr Wert als eine leere. Mehr maße ich mir nicht an, darin liegt mein Recht zu malen.«

Er war überzeugt, daß, wenn er in Arles blieb, seine Eigenart als Maler ausreifen würde. Das Leben war kurz. Es verging schnell. Da er Maler war, mußte er den Pinsel immer in der Hand haben.

»Meine Malerfinger werden geschmeidig«, meinte er, »auch wenn der Körper zerfällt.«

Er schrieb eine lange Liste von Farben auf, die er Theo bitten würde zu senden. Plötzlich fiel ihm auf, daß nicht eine darunter auf dem holländischen Farbenbrett zu finden war, nicht bei Mauve, Maris oder Weißenbruch. In Arles war der Bruch mit der Überlieferung seines eigenen Landes vollkommen geworden.

Nachdem sein Geld am Montag gekommen war, fand er ein Restaurant, wo er für einen Franc essen konnte. Alles darin war grau, grau wie Straßenpflaster war der Steinfußboden, grau die Wände. Die Fensterläden und die grünen Vorhänge an der Tür waren geschlossen, damit der Staub nicht hereinwehte. Scharfe, feurige Sonnenstrahlen durchstachen die Läden.

Eine Woche hatte Vincent sich ausgeruht. Dann entschloß er sich, nachts zu malen. Während die Gäste am Tisch saßen und die Kellnerinnen hin und her eilten, malte er das graue Restaurant. Danach den warmen, kobaltblauen Nachthimmel der Provence mit den Tausenden von hellen Sternen. Er malte das Café, das die ganze Nacht offenblieb, damit die Leute ohne Geld hier eine Schlafstelle hätten oder die, die zu betrunken waren, um den Weg zu finden, hier Zuflucht suchen konnten.

In der ersten Nacht malte er es von außen, in der nächsten von innen. Durch Rot und Grün versuchte er das Triebhafte und Entsetzliche im Menschen auszudrücken. Das Innere malte er blutrot und dunkelgelb. Mitten im Zimmer stand das grüne Billard. Das zitronengelbe Licht von vier Lampen war mit Orange und Grün vermischt. Auch in den schlafenden Vagabunden herrschte der Widerstreit von Rot und Grün. Er wollte zum Ausdruck bringen, daß man im Café ins Verderben stürzen, irrsinnig werden, Verbrechen begehen konnte.

Daß ihr Fou-Roux die ganze Nacht hindurch in den Straßen malte, tagsüber aber schlief, belustigte die Bürger von Arles.

Am Ersten des nächsten Monats erhöhte der Hotelbesitzer die Miete für Vincents Zimmer und forderte auch Lagergeld für die Bilder, die Vincent in einer Kammer aufstapelte. Vincent verabscheute das Hotel, die Geldgier des Besitzers reizte ihn. Mit den Mahlzeiten im grauen Restaurant war er zufrieden, doch waren sie zu teuer, um immer dort zu essen. Der Winter kam, er hatte kein Atelier, in dem er arbeiten konnte. Das

Hotelzimmer bedrückte ihn. Das Essen in den billigeren Restaurants konnte er nicht mehr vertragen.

Er mußte ein dauerndes Heim und ein Atelier für sich finden.

Eines Abends, als er mit dem alten Roulin den Lamartine-Platz überquerte, erblickte er nicht weit von seinem Hotel auf einem gelben Haus ein Plakat: »Haus zu vermieten.« Seine zwei Seitenflügel umschlossen einen Hof. Es sah auf den Platz und die Stadt am Hügel. Vincent schaute sehnsüchtig darauf.

»Schade, daß es so groß ist«, sagte er zu Roulin, »ich möchte so gern gerade so ein Haus haben.«

»Es ist nicht notwendig, das ganze Haus zu mieten, Monsieur. Sie können zum Beispiel den rechten Flügel allein mieten.«

»Tatsächlich? Was meinen Sie – – wie viele Zimmer hat das Haus? Würde es sehr teuer sein?«

»Ich schätze, daß es drei bis vier Zimmer hat. Es wird sehr preiswert sein, nicht halb so teuer wie das Hotel. Morgen zur Mittagszeit werde ich es mit Ihnen ansehen, wenn Sie wollen. Wenn ich dabei bin, wird der Hauswart entgegenkommender sein.«

Am folgenden Morgen war Vincent so freudig erregt, daß er nichts anderes tun konnte, als auf dem Platz hin und her zu gehen und das Haus von allen Seiten anzusehen. Es war gut gebaut und sehr sonnig. Es gab zwei Eingänge. Der linke Flügel war schon bewohnt.

Nach dem Mittagessen kam Roulin. Zusammen besichtigten sie den rechten Flügel des Hauses. Der Flur führte zu einem großen Zimmer, das in ein kleines ging. Die Wände waren weiß getüncht. Der Boden des Flurs und die Treppen, die zur ersten Etage hinaufführten, waren aus rotem Ziegelstein. Im ersten Stock fand er ein großes Zimmer mit einer Kammer. Die Böden waren mit roten Fliesen bedeckt. Alles glänzte von Sauberkeit, und die weißen Wände warfen die helle Sonne zurück.

Der Wirt, dem Roulin geschrieben hatte, wartete auf sie im oberen Zimmer. Roulin und er unterhielten sich einige Augenblicke in schnellem Provenzalisch, von dem Vincent sehr wenig verstehen konnte. Der Briefträger wandte sich dann an Vincent.

»Er möchte unbedingt wissen, wie lange Sie das Haus behalten werden.«

»Sagen Sie ihm: lange.«

»Würden Sie es wenigstens auf sechs Monate mieten?«

»Ja! Doch! Ja!«

»Dann sagt er, daß er es Ihnen für fünfzehn Francs im Monat geben will.«

Fünfzehn Francs! Für ein ganzes Haus! Nur ein Drittel von dem, was er im Hotel bezahlte. Weniger, als er für das Atelier im Haag bezahlt hatte. Ein dauerndes Heim für fünfzehn Francs im Monat. Eilig zog er das Geld aus der Tasche.

»Hier! Geben Sie ihm das. Das Haus ist gemietet.«

»Er möchte gerne wissen, wann Sie einziehen«, sagte Roulin.

»Heute, sofort!«

»Aber mein Herr, Sie haben keine Möbel. Wie können Sie einziehen?«

»Ich werde eine Matratze und einen Stuhl kaufen. Ach, Roulin, Sie wissen nicht, was es bedeutet, das ganze Leben in elenden Hotelzimmern zu verbringen. Ich muß sofort einziehen!«

»Wie Sie wünschen, mein Herr.«

Der Wirt ging. Roulin ging wieder an die Arbeit. Vincent ging von Zimmer zu Zimmer, die Treppen hinauf und wieder herab, um sich alle Ecken und Enden des neuen Königreiches zu merken. Die fünfzig Francs von Theo waren am vorigen Tag gekommen, er hatte noch etwa dreißig Francs in der Tasche. Er eilte hinaus, kaufte eine billige Matratze und einen Stuhl und trug sie selbst zum gelben Hause. Sein Schlafzimmer würde er im Erdgeschoß, sein Atelier in der ersten Etage einrichten.

Die Matratze legte er auf die roten Fliesen, den Stuhl trug er zum Atelier hinauf. Dann kehrte er zum letzten Male zu seinem Hotel zurück.

Der Besitzer benutzte die Gelegenheit, um noch einmal vierzig Francs zu fordern. Solange Vincent den Zuschlag nicht bezahlt hätte, würde er die Gemälde zurückbehalten. Vin-

cent mußte den Wirt durch die Polizei zwingen, sie heraus-
zugeben. Er kam nicht darum herum, die Hälfte des erdichte-
ten Mietzuschlags zu zahlen.

Gegen Abend entdeckte er einen Laden, in dem er einen kleinen Gasherd, zwei Töpfe und eine Petroleumlampe auf Kredit kaufen konnte. Drei Francs hatte er übrig. Das kleine
Zimmer im Erdgeschoß wurde seine Küche.

Als es auf dem Lamartine-Platz und im gelben Hause dunkel
wurde, machte sich Vincent auf dem Herd Suppe und Kaffee.
Er breitete eine Zeitung auf dem Bett aus, stellte das Abendessen darauf und setzte sich mit übereinandergeschlagenen
Beinen davor. Er hatte vergessen, Messer und Gabel zu kaufen. Mit einem Pinselstiel durchstach er Fleisch und Kartoffeln
und führte sie so zum Munde; sie schmeckten ein wenig nach
Farbe.

Nach der Mahlzeit stieg er mit der Lampe die Treppen hinauf. In das leere Zimmer im ersten Stock fiel das Mondlicht,
die Staffelei zeichnete sich gegen das Fenster ab, dahinter lag
der dunkle Garten des Lamartine-Platzes.

Er legte sich auf die Matratze schlafen. Als er am Morgen erwachte, öffnete er die Fenster und schaute auf das Grün des
Gartens, die aufsteigende Sonne und den Weg, der sich in die
Stadt hinaufwand. Er machte sich Kaffee, lief, die Kanne in der
Hand, durch das Haus, trank ab und zu einen Schluck und
malte sich in Gedanken aus, mit welchen Möbeln und mit
welchen Bildern er die Zimmer verschönern würde. Ach, hier
würde er glückliche Stunden verbringen!

Am nächsten Tage erhielt er einen Brief seines Freundes Paul
Gauguin, der arm und elend in einem Café in Pont-Aven in
der Bretagne lag. »Aus diesem Loch kann ich nicht heraus«,
schrieb Gauguin, »denn ich kann die Rechnung nicht zahlen,
und der Besitzer hält meine ganzen Bilder hinter Schloß und
Riegel. Unter den mannigfachen Qualen der Menschheit ist
nichts für mich ärgerlicher als der Geldmangel. Und doch bin
ich zu dauernder Armut verdammt.«

Vincent sah die Maler dieser Erde vor sich: die meisten von
ihnen waren krank und gequält, lebten in bitterer Not, von

ihren Mitmenschen gemieden und verhöhnt. Warum? Was
war ihr Verbrechen? Und wie konnten sie in einer solchen
Lage gute Arbeit leisten? Der Maler der Zukunft würde nicht
in elenden Cafés schmachten. Er würde ein freier Mensch sein
und deshalb seine Farben so kennen wie noch nie jemand auf
dieser Erde.

Vincent schätzte Gauguin als großen Maler und auch als
Mensch. Gauguin könnte sterben, könnte gezwungen sein,
seine Arbeit aufzugeben. Das wäre ein Unglücksfall, der die
Welt der Maler schwer erschüttern würde.

Plötzlich wußte er die Lösung. Das gelbe Haus war für zwei
groß genug. Für jeden war ein Schlafzimmer und ein Atelier
da. Wenn sie auf jeden Centime achteten, könnten sie von
seinen hundertundfünfzig Francs im Monat leben. Die Miete
würde nicht mehr als jetzt kosten, das Essen nur wenig mehr.
Wenn es nicht ginge, würde Theo vielleicht noch fünfzig
Francs im Monat für ein Gemälde von Gauguin hinzulegen.
Schön würde es sein, einen Freund bei sich zu haben, einen
Maler, der die eigene Sprache spricht und die Arbeit versteht.
Außerdem könnte er von Gauguin wunderbare Dinge über
die Malerei erfahren.

Nun erst empfand er, wie einsam er gewesen war.

Gauguin müßte er auf alle Fälle hier in Arles bei sich haben.
Die heiße Sonne der Provence würde ihn ausheilen, genauso,
wie sie ja Vincent ausgeheilt hatte. Bald würde ihr Atelier in
vollem Schwunge sein – – das erste Atelier des Südens. Sie
würden die Tradition von Delacroix und Monticelli weiterführen. Sie würden Sonne und Farbe in die Malerei hinein-
fluten lassen, die Welt würde in ihren Bildern wie neu erwacht die schwelgerische Natur schauen.

Gauguin mußte gerettet werden!

Vincent drehte sich um und lief im Trab den ganzen Weg zum
Lamartine-Platz zurück. Er öffnete die Tür des gelben Hauses,
stürzte die Treppen hinauf und fing an, die Zimmer einzu-
teilen.

»Hier oben werden wir schlafen – – jeder in seinem Zimmer.
Die unteren Zimmer benutzen wir als Ateliers. Ich werde Bet-

ten, Matratzen, Bettwäsche, Stühle, Tische kaufen — — es wird ein wirkliches Heim werden. Das ganze Haus werde ich mit Blumen und Blüten ausschmücken.«

Doch das war alles nicht so leicht, wie er erwartet hatte. Theo war bereit, fünfzig Francs mehr im Monat zu schicken, aber weder Theo noch Gauguin konnten die Eisenbahnfahrt bezahlen. Gauguin war zu krank, um sich zu bewegen, schuldete zu viel, als daß man ihm erlauben würde, Pont-Aven zu verlassen, war zu niedergeschlagen, als daß er sich für neue Pläne hätte interessieren können.

Vincent war in das gelbe Haus verliebt. Mit dem Geld von Theo kaufte er sich einen Tisch und eine Kommode. »Bis zum Ende des Jahres«, schrieb er an den Bruder, »werde ich mich ganz verwandelt haben. Doch denke ich nicht, daß ich dann Arles verlasse. Ich werde bis zum Ende meines Lebens hierbleiben. Ich werde der Maler des Südens werden. Und du mußt dir vorstellen, daß du ein Landhaus in Arles hast. Ich möchte gern alles so einrichten, daß du in den Ferien immer hierherkommen kannst.«

Er schränkte seine Lebensbedürfnisse bis zum äußersten ein, alles übrige steckte er in das Haus. Jeden Tag mußte er zwischen sich und ihm wählen. Sollte er Fleisch für das Mittagessen kaufen oder jenen Majolikakrug? Neue Schuhe oder die grüne Steppdecke für Gauguins Bett? Einen Rahmen aus Kiefernholz für die neue Leinwand oder jene Binsenstühle? Immer siegte das gelbe Haus.

Er wurde ruhig, wenn er an das Haus dachte, denn es schien ihm eine Sicherung der Zukunft. Er wollte ein Atelier gründen, in dem Generationen von Malern in ihrer Arbeit den Süden deuten würden. Das Haus sollte so schön ausgestattet werden, daß es Theo für die Entsagung der vergangenen Jahre entschädigte.

Seine Kräfte kehrten zurück, er arbeitete wieder. Er wußte, daß er eine Landschaft um so besser verstand, je öfter er sie ansah. Fünfzigmal ging er nach dem Felde am Fuße des Montmajour, studierte alles genau. In dem heftigen Nordwind schwankte die Staffelei hin und her. Es war schwer, technisch gut und zugleich mit Gefühl zu arbeiten. Von sieben Uhr morgens bis sechs Uhr abends malte er und rührte sich nicht vom Fleck. Eine Leinwand pro Tag.

Eines Abends bemerkte Roulin, daß es am nächsten Tag ungewöhnlich heiß werden würde. Er saß mit Vincent bei einem Glas Bier im Café Lamartine. »Und danach«, sagte er, »kommt der Winter.«

»Wie ist der Winter hier?« fragte Vincent.

»Kaum auszuhalten. Viel Regen, unangenehmer Wind und schneidende Kälte. Aber er hält nur zwei Monate an.«

»So, morgen wird der letzte schöne Tag sein! Dann weiß ich, was ich morgen malen werde, Roulin. Einen herbstlichen Garten, darin zwei Zypressen, flaschenförmig, in schwerem, dunklem Grün, junge Kastanienbäume mit tabak- und orangefarbenen Blättern, eine kleine Eibe mit veilchenblauem Stamm und zitronengelbem Laub, zwei kleine blutrote Büsche mit scharlachfarbenen und purpurnen Blättern.«

»Wenn Sie etwas beschreiben, Herr van Gogh, merke ich, daß ich mein ganzes Leben lang blind gewesen bin.«

Am nächsten Morgen erhob sich Vincent mit der Sonne. Er war in bester Laune. Er stutzte seinen Bart, kämmte die wenigen Haare, die ihm die Sonne von Arles gelassen hatte, zog den einzigen noch guten Anzug an und setzte, eine besonders feierliche Abschiedsgeste gegenüber der Sonne, seine Pariser Kappe aus Kaninchenfell auf.

Roulin hatte recht gehabt. Die Sonne stieg auf, ein brennender gelber Ball. Die Kappe hatte keinen Schirm, und die Sonne drang in seine Augen. Der Herbstgarten lag zwei Stunden von Arles nach Tarascon zu an einem kleinen Abhang. Vincent stellte die Staffelei in die Furchen eines Kornfeldes. Er warf die Kappe hin, legte die gute Jacke ab und machte die Leinwand zurecht. Obwohl es noch früher Morgen war, sengte die Sonne sehr und warf den Schleier tanzenden Feuers, den er schon kannte, vor seine Augen.

Er studierte die Landschaft sorgfältig, analysierte die Farben und die Gliederung des Ganzen. Als er fühlte, daß er alles verstanden hatte, weichte er die Pinsel ein, öffnete die Farbentuben und säuberte das Messer, mit dem er dicke Farbe auftrug. Er warf noch einen Blick auf den Garten, mischte die Farben auf der Palette und hob den Pinsel.

Die Natur aber war zu gewaltig. Vincent malte wie im Rausch, und es war, als ob eine ferne Macht ihm die Hand führe. Sein ganzes Ich war ausgelöscht, aufgelöst in dem Schleier sprühenden, tanzenden Feuers. Geblendet, verwirrt redete er mit Sonne und Erde, als ob sie ihm zuhörten. In Einsamkeit und Furcht sprach er fiebrig vor sich hin, geschüttelt von wilden Zweifeln an seinem Künstlertum. Leidenschaft, Sehnsucht und gleichzeitig das Gefühl seiner physischen Gebrechlichkeit und seines Nichtwürdigseins verzehrten ihn. Er lief durch die Sonnenglut, stand still, redete mit übertriebenen Gebärden und warf sich verzweifelt in die Furchen des Feldes. Er träumte, daß Sonne und Erde mit ihm in seiner Unsicherheit, seinem Schmerz und seiner überspannten Leidenschaft erzitterten, daß er überwältigend geliebt wurde, wie weder Kay noch Margot ihn jemals hätten lieben können ... Als die Sonne sank und die Erdenwärme sanfter und lieblicher geworden war, überkam ihn Ruhe und Sicherheit, ein Gefühl von Geborgenheit, als wenn er seine Leidenschaft an der Brust dieser Vertrauten und Geliebten ausgetobt hätte. Er wußte, daß er ein großer Künstler werden würde. Mochten die scharfen Knochen seines Gesichtes auch wie die eines Totenkopfes hervortreten, mochten Krankheit und Erschöpfung ihn zerfressen, es schadete nichts, denn in seiner einsamen, zermürbenden Arbeit lebte die die Welt beseelende Liebe.

Am Abend erwachte er im Dunkeln. Die Sonne war untergegangen. Die eine Backe war steif von Lehm, denn er hatte das heiße Gesicht darin eingewühlt. Die Erde war kühl und roch nach Würmern. Er zog die Jacke an, setzte seine Kappe auf, befestigte die Staffelei auf seinem Rücken und nahm die Leinwand unter den Arm. Er lief über den dunklen Weg nach Hause.

Als er das gelbe Haus erreichte, warf er seine Staffelei und die Leinwand auf die Matratze in seinem Schlafzimmer. Er ging eine Tasse Kaffee trinken. Auf dem kalten Stein des Tisches legte er den Kopf in seine Hände. Er erinnerte sich nur dunkel an die Ereignisse des Tages.

Er bestellte eine zweite Tasse Kaffee. Nach einer Stunde kehrte er über den Lamartine-Platz zum gelben Hause zurück. Ein kalter Wind wehte. Es roch nach Regen.

Jetzt zündete er die Lampe in seinem Schlafzimmer an und setzte sie auf den Tisch. Die gelbe Flamme beleuchtete das Zimmer. Plötzlich bemerkte er etwas Farbiges auf der Matratze. Überrascht ging er zum Bett und hob die Leinwand auf, die er am Morgen mitgenommen hatte.

Da, in wunderbarem, glänzendem Licht sah er den Herbstgarten: die zwei Zypressen, flaschenförmig, grün wie Flaschenglas, die jungen Kastanienbäume, deren Blätter tabak- und orangefarben waren, die Eibe mit zitronengelbem Laub und veilchenblauem Stamm, zwei kleine Büsche, blutrot mit scharlachfarbenen und purpurnen Blättern; im Vordergrund Sand und Gras und über allem ein leuchtend blauer Himmel, ein wirbelnder Ball schwefelgelben Feuers.

Einige Minuten stand er da und sah das Bild aufmerksam an. Er hängte es an die Wand. Er ging zur Matratze zurück, setzte sich, schaute es wieder und wieder an. »Es ist gut«, murmelte er vor sich hin.

Der Winter zog heran. Vincent verbrachte die Tage in seinem warmen, gemütlichen Atelier. Theo schrieb, daß Gauguin, der Paris kurz besucht hatte, in einer schrecklichen Stimmung wäre und sich mit allen Kräften dagegen sträubte, nach Arles zu gehen. Und doch fuhr Vincent fort, Pläne zu schmieden. Bis in alle Einzelheiten hinein malte er sich aus, wie er, sobald Gauguin und er das Haus an ihrem gemeinsamen Arbeitsplatz ausgestaltet hatten, es noch erweitern würde. Wie jeder Maler, der kommen wollte, willkommen sein würde. Als Gegenleistung für Vincents Gastfreundschaft würde er Theo ein Gemälde im Monat senden müssen. Und Theo, sobald er auf diese Weise genug impressionistische Bilder bei sich hätte, sollte Goupils verlassen und eine eigene Galerie in Paris eröffnen.

In seinen Briefen legte er klar, daß Gauguin Direktor des Ateliers, Meister aller Maler, die da arbeiten, sein würde. Er gab keinen Franc, der zur Verzierung seines eigenen Schlafzimmers dienen konnte, für andere Zwecke aus. Der Boden war aus roten Fliesen. Die Wände malte er zartviolett. Er kaufte Laken und Kissenbezüge in einer grüngelben, sehr hellen Farbe, dann eine scharlachrote Decke. Das Bettgestell und die Stühle malte er so gelb wie frische Butter, die Tür lila, den Waschtisch orangegelb und die Schüssel darauf blau. An die Wand hing er einige seiner Bilder. Die Fensterläden nahm er ab. Als das Ganze fertig war, malte er es leicht und schnell in der Art der japanischen Maler für Theo.

Gauguins Zimmer wollte er viel vornehmer machen. So billige Möbel wie für sein Zimmer waren des Meisters nicht würdig. Madame Roulin schätzte, daß das Bettgestell aus Walnuß, das er sich für Gauguin ersehnte, ganze dreihundertfünfzig Francs kosten würde – eine so hohe Summe, daß er sie unmöglich aufbringen könnte. Er hörte aber nicht auf, die kleineren Sachen für das Zimmer zu kaufen, und geriet durch die wiederholten Ausgaben in immer größere Geldnot.

Wenn er kein Geld hatte für Modelle, stand er vor einem Spiegel und malte immer wieder sein eigenes Porträt. Rachel kam und war sein Modell; jede Woche kam Madame Roulin einmal mit den Kindern; Madame Ginoux, die Frau des Besitzers des Cafés, das er häufiger aufsuchte, saß für ihn in der Tracht der Arlesierin. Mit großen, kräftigen Pinselstrichen brachte er das Bild in einer Stunde fertig. Auf dem blassen zitronengelben Hintergrund war ihr Gesicht grau, ihre Kleider schwarz mit grobem Preußenblau. Er ließ sie sich in einen geborgten Stuhl aus Orangenholz setzen, sie stützte die Ellenbogen auf einen grünen Tisch.

Ein dickhalsiger Zuavenjunge mit kleinem Gesicht und Tigeraugen ließ sich überreden, gegen eine kleine Summe für ihn zu sitzen. In einem Kniestück auf grünem Hintergrund malte ihn Vincent in seiner blauen Uniform, mit verblichenem, rotorangenem Schnürenbesatz, auf der Brust zwei blasse

Sterne. Auf dem katzenartigen Kopf war eine rötliche Kappe. Die Zusammenstellung solcher Farben wirkte hart, gewöhnlich und grell, aber sie paßte zu dem Thema des Bildes.

Stundenlang saß er mit Zeichenpapier und Bleistift am Fenster und versuchte die Technik zu meistern, mit wenigen Strichen Menschen und Tiere zu zeichnen. Er kopierte viele der Bilder, die er im Sommer gemalt hatte, denn er dachte, daß, wenn er in diesem Jahre fünfzig Studien zu zweihundert Francs fertigbringen könnte, er sich nicht allzusehr mit dem Gedanken zu quälen brauchte, daß er sein Brot nicht verdiene.

In diesem Winter lernte er manches, zum Beispiel, daß man, wenn man den Körper malt, Preußenblau nicht benutzen darf, denn sonst wirkt das Fleisch hölzern; daß seine Farbe nicht so fest war, wie sie sein müßte; daß sehr wesentlich für den Maler in diesem Land des Südens der Kontrast zwischen Rot und Grün, Orange und Blau, Schwefelgelb und Lila ist; daß er wünschte, daß seine Bilder Trost enthielten wie gewisse Musik; daß er etwas Göttliches in den Männern und Frauen, die er malte, zum Ausdruck bringen wollte, so wie es früher der Heiligenschein zum Ausdruck brachte, und daß er zu diesem Zweck so leuchtende und lebendige Farben benutzte. Und schließlich lernte er auch, daß für den, der eine gewisse Begabung hat, arm zu sein, die Armut ewig währt.

Ein Onkel aus der Van-Gogh-Familie starb und hinterließ Theo eine kleine Erbschaft. Da Vincent so gerne Gauguin bei sich haben wollte, entschloß sich Theo, die Hälfte des Geldes für die Ausstattung von Gauguins Schlafzimmer zu verwenden und seine Fahrt nach Arles zu bezahlen. Vincent war entzückt. Er faßte einen neuen Plan für die Verzierung der Wände. Er wollte ein Dutzend Wandtafeln von den herrlichen Sonnenblumen in Arles malen, in denen Blau und Gelb zusammenklingen.

Aber Gauguin begeisterte sich nicht im geringsten für die Fahrt, auch jetzt nicht, da er wußte, daß er die Fahrt nicht zu bezahlen brauchte. Aus irgendeinem Grunde, der Vincent verborgen blieb, zog er vor, sich seine Zeit in Pont-Aven zu vertreiben. Vincent war eifrig bemüht, die Dekoration des

Hauses fertigzustellen und das Atelier für die Arbeit bereitzumachen, ehe der Meister ankam.

Jetzt war es Frühling. Die Reihe der Oleanderbüsche im Garten blühte unbegreiflich schön und verschwenderisch. Sie beugte sich nieder unter der Last der neuen und verblühten Blumen; die Zweige erneuten sich unaufhörlich.

Vincent lud die Staffelei wieder auf den Rücken und ging aufs Land, um die Sonnenblumen für die zwölf Wandtafeln zu suchen. Die Farbe der gepflügten Felder war so sanft wie die der Bauernschuhe. Weiße Wolken bildeten Flecken auf dem vergißmeinnichtblauen Himmel.

Bei Sonnenaufgang malte er Sonnenblumen, die auf hohen Stämmen standen. Andere nahm er mit nach Hause und malte sie in einer grünen Vase.

Den Außenwänden des Hauses gab er einen frischen gelben Anstrich. Die Bewohner des Lamartine-Platzes fanden das sehr lustig.

Als er mit seiner Arbeit an dem Hause fertig war, war der Sommer schon da. Mit dem Sommer kam die glühend heiße Sonne, der Mistral, der alles vor sich her trieb; die wachsende Erregung in der Luft, die Landschaft und die Steinstadt am Hügel wirkten gefoltert, gequält.

Und Paul Gauguin kam.

Vor Morgengrauen kam er in Arles an und wartete in einem kleinen Nachtcafé auf die Sonne. Der Besitzer sah ihn an. »Sie sind der Freund«, rief er aus, »ich erkenne Sie!«

»Was reden Sie, um des Teufels willen?«

»Herr van Gogh hat mir das Porträt gezeigt, das Sie ihm geschickt hatten, Monsieur.«

Gauguin ging, um Vincent zu wecken. Sie begrüßten sich laut und herzlich. Vincent zeigte Gauguin das Haus, half ihm, seinen Koffer auszupacken, fragte nach Paris. Sie unterhielten sich einige Stunden lebhaft.

»Willst du schon heute arbeiten, Gauguin?«

»Meinst du, daß ich Carolus-Duran bin, daß ich aus dem Zug steige, das Farbenbrett in die Hand nehme und sofort meinen Eindruck von dem Sonnenlicht festlegen kann?«

»Ich frage nur.«

»Dann stelle nicht so dumme Fragen.«

»Ich werde heute auch nicht arbeiten. Komm mit, ich zeig' dir die Stadt.«

Er führte Gauguin auf den Hügel hinauf, über den in Sonne gebadeten Rathausplatz und dann die Marktstraße entlang hinter die Stadt. Die Zuaven exerzierten auf dem Felde neben den Baracken, ihre roten Feze brannten in der Sonne. Vincent führte ihn weiter durch den kleinen Park des Römischen Forums. Die Frauen von Arles machten den Morgenspaziergang. Vincent hatte Gauguin schwärmerisch erzählt, wie schön sie wären.

»Was denkst du darüber, Gauguin?« fragte er.

»Ich kann mich nicht begeistern.«

»Aber sieh mal die Farbe des Körpers, nicht so sehr die Form. Sieh mal, wie schön die Sonne sie gebräunt hat.«

Sie kehrten zu dem gelben Hause zurück, um ihr weiteres Zusammenleben zu besprechen und zu ordnen. Sie brachten eine Büchse an der Küchenwand an und taten die Hälfte des Geldes hinein — — so viel für Tabak, so viel für Nebenausgaben, einschließlich Miete. Auf die Büchse legten sie ein Stückchen Papier und einen Bleistift, damit sie jeden Franc, den sie entnahmen, aufschreiben konnten. In eine andere Büchse legten sie das übrige Geld, das sie in vier Teile geteilt hatten, um damit das Essen der nächsten Wochen zu bezahlen.

»Du bist ein guter Koch, nicht wahr, Gauguin?«

»Ein wunderbarer. Ich war Matrose.«

»Also in Zukunft sollst du kochen. Aber heute abend koche ich dir zu Ehren die Suppe.«

Als er am Abend die Suppe auftischte, konnte Gauguin sie nicht essen.

»Wie du so ein Gemisch machen kannst, verstehe ich nicht, Vincent. So bereitest du wohl auch die Farben für deine Bilder vor?«

»Was ist mit den Farben in meinen Bildern?«

»Lieber Junge, du zappelst immer noch im Neuimpressionismus hin und her. Du gibst am besten deine gegenwärtige Methode auf. Sie entspricht gar nicht deinem Wesen.«

Vincent schob den Suppenteller beiseite.

»Also nach einem flüchtigen Blick bist du davon überzeugt? Ein fähiger Kritiker bist du!«

»Nun, schau selbst hin. Blind bist du nicht, nehme ich an. Die überbetonten gelben Farben zum Beispiel, die sind ja wirr.«

Vincent sah hinauf zu den Sonnenblumentafeln an der Wand.

»Ist das dein Urteil über meine Sonnenblumen?«

»Nein, mein Lieber, ich finde noch eine ganze Menge zu kritisieren.«

»Zum Beispiel?«

»Zum Beispiel die Harmonien – sie sind langweilig und unfertig.«

»Du lügst!«

»Setz dich doch, Vincent. Sieh mich nicht so an, als ob du mich ermorden wolltest. Ich bin ziemlich viel älter als du und reifer. Du versuchst noch, hast dich noch nicht gefunden. Hör, was ich dir sage, ich werde dir etwas Unterricht erteilen.«

»Entschuldige, Paul. Ich möchte doch, daß du mir hilfst.«

»Dann schlag dir den Unsinn aus deinem Kopf. Den ganzen Tag hast du gefaselt und geschwärmt über Meissonier und Monticelli. Sie sind beide wertlos. Solange du diese Art von Malerei bewunderst, wirst du selbst niemals ein gutes Gemälde fertigbringen.«

»Monticelli war ein großer Maler. Er wußte mehr über Farbe als alle anderen seiner Zeit.«

»Er war ein Idiot und ein Säufer.«

Vincent sprang auf und betrachtete Gauguin mit wildem, durchbohrendem Blick. Der Suppenteller fiel auf den roten Fliesenboden und zerbrach.

»Sag das nicht von ›Fada‹! Er ist meinem Herzen beinahe so nah wie mein eigener Bruder. Das Gerede, daß er ein Säufer und verrückt war, ist nur böser Klatsch. Kein Säufer hätte Monticellis Bilder malen können. Die anspruchsvolle Arbeit der Balancierung der sechs Grundfarben, die starke Anspannung, die genaue Kalkulierung, während der er in einer einzigen halben Stunde an Hunderte von Einzelheiten denken mußte – – all das setzt gesunden Verstand voraus und Nüchternheit. Wenn du das Geschwätz über ›Fada‹ wiederholst, bist du ebenso böswillig wie die widerliche Frau, die damit anfing.«

»Türlüttütü, mon chapeau pointu!«

Vincent fuhr zurück, als ob ihm ein Glas kaltes Wasser ins Gesicht geworfen worden wäre. Die Worte und Gefühle in ihm waren wie erwürgt. Er versuchte, seines Zornes Herr zu werden, aber er konnte es nicht. Er lief in sein Schlafzimmer und schlug die Tür heftig hinter sich zu.

Am folgenden Morgen war der Streit vergessen. Sie tranken den Morgenkaffee zusammen und gingen dann jeder allein auf die Suche nach Bildern. Als Vincent am Abend zurückkehrte, übermüdet von der Balancierung der sechs Farben, wie er es nannte, fand er, daß Gauguin schon dabei war, das Abendessen auf dem kleinen Gasherd vorzubereiten. Eine Zeitlang sprachen sie ruhig zusammen; dann kamen sie wieder auf Maler und die Malerei zu sprechen, das einzige Thema, für das sie sich leidenschaftlich interessierten.

So gerieten sie wieder in Streit.

Die Maler, die Gauguin bewunderte, verachtete Vincent. Die, die Vincent anbetete, wurden von Gauguin mit dem Bannfluch belegt. Sie waren völlig verschiedener Meinung über die Wege zu ihrer Kunst. Vielleicht hätten sie irgendein anderes Thema ruhig und freundlich besprechen können, aber die Malerei war für sie die Quintessenz des Lebens. Jeder kämpfte für seine Ansicht bis zum letzten Rest seiner Nervenkraft. Gauguin hatte zweimal soviel physische Kraft wie Vincent, aber Vincents zornige Erregung glich das ungefähr aus.

Selbst wenn sie über Dinge sprachen, über die sie dieselbe Meinung hatten, waren sie wie elektrisiert. Nachher waren sie dann vollkommen erschöpft, wie entladene Batterien.

»Du wirst erst ein Künstler werden, Vincent«, kündigte Gauguin an, »wenn du die Natur ansehen, zu deinem Atelier zurückgehen und sie kalten Blutes malen kannst.«

»Ich will nicht kaltblütig malen, du Dummkopf. Ich will begeistert malen! Deswegen bin ich in Arles.«

»Die ganze Arbeit, die du geleistet hast, ist sklavische Nachahmung der Natur. Du mußt lernen, aus dem Stegreif zu malen.«

»Aus dem Stegreif! Guter Gott!«

»Und noch etwas; du hättest gut getan, auf Seurat zu hören. Die Malerei ist abstrakt. Da ist kein Platz für die Geschichten, die du erzählst, und die Moral, die du lehrst.«

»Ich lehre Moral? Du bist irrsinnig.«

»Wenn du predigen willst, Vincent, kehre zur Kirche zurück. Die Malerei ist Farbe, Linie und Form, nicht mehr. Der Künstler kann das Dekorative in der Natur wiedergeben, aber das ist alles.«

»Die dekorative Kunst«, höhnte Vincent. »Wenn das alles ist, was du aus der Natur herausholen kannst, gehst du am besten wieder zurück zur Börse.«

»Wenn ich das mache, werde ich auch deine Predigt am Sonntagmorgen hören. Was holst du aus der Natur, Brigadier?«

»Bewegung, Gauguin, den Rhythmus des Lebens.«

»Nun geht es los!«

»Wenn ich die Sonne male, will ich, daß die Menschen fühlen, wie sie sich unbeschreiblich schnell dreht und Licht- und Hitzewellen von enormer Kraft ausstrahlt. Wenn ich ein Kornfeld male, will ich, daß die Menschen fühlen, wie die Atome in dem Korn drängen und drücken, bis sie vollgewachsen sind und bersten. Wenn ich einen Apfel male, will ich, daß die Menschen fühlen, wie der Saft des Apfels gegen die Schale drückt, wie die Samen im Kerngehäuse nach außen drängen, eine neue Frucht werden wollen!«

»Wie oft habe ich dir gesagt, Vincent, daß ein Maler keine Theorien haben darf.«

»Hier, sieh auf diese Schlucht, Gauguin. Ich möchte, daß man fühlt, wie endlos sich das Wasser über die Seiten herabgegossen hat. Wenn ich das Porträt eines Mannes male, möchte ich, daß man den ganzen Strom seines Lebens fühlt, alles, was er jemals gesehen, getan und gelitten hat.«

»Um des Teufels willen, was ist der Sinn davon, wohin willst du?«

»Ich will dir etwas sagen, Gauguin. Die Felder, die das Korn heraufsenden, das Wasser, das in die Schlucht herabeilt, der Saft der Traube − − sind eins. Die einzige Einheit im Leben ist der Rhythmus, in dem wir alle tanzen: gepflügte Felder, Häuser, Pferde, Wagen im Korn, Äpfel, Männer, Wasser, die Sonne. Wenn ich einen Bauern im Felde male, möchte ich, daß man fühlt, wie die Sonne in den Bauern, in das Feld, in das Korn, den Pflug und die Pferde hineinströmt − wie sie alle zurückströmen in die Sonne. Wenn man diesen allumfassenden Rhythmus ahnt, versteht man ein bißchen das Leben. Das allein ist Gott.«

»Brigadier«, sagte Gauguin, »du hast recht.«

Vincent war auf dem Höhepunkt des Gefühls, er zitterte in fiebriger Erregung. Gauguins Worte waren für ihn ein Schlag ins Gesicht.

»Was meinst du, wenn du sagst: Brigadier, du hast recht?«

»Ich meine, wir vertagen die Sitzung und trinken einen Absinth im Café.«

Am Ende der zweiten Woche sagte Gauguin: »Vielleicht habe ich heute abend das Glück, ein nettes molliges Mädchen zu finden.«

»Halte dich von Rachel weg, sie gehört mir!«

Sie liefen durch das Wirrsal steinerner Gassen zu Monsieur Louis.

Als Rachel die Stimme Vincents hörte, lief sie durch den Gang und warf sich in seine Arme. Vincent machte Louis mit Gauguin bekannt.

»Monsieur Gauguin«, sagte Louis, »Sie sind Künstler. Vielleicht würden Sie mir über zwei neue Gemälde, die ich im vorigen Jahr in Paris kaufte, Ihre Meinung sagen.«

»Gern. Wo haben Sie sie gekauft?«

»Bei Goupils, am Opernplatz. Sie sind in diesem Vorderzimmer. Würden Sie eintreten, Monsieur?«

Rachel führte Vincent in ein Zimmer links vom Eingang, schob ihn in einen Stuhl neben dem Tisch und setzte sich auf seinen Schoß.

»Mich hat Louis niemals über seine Bilder befragt«, brummte Vincent.

»Er ist nicht der Meinung, daß du ein Künstler bist, Fou-Roux.«

»Vielleicht hat er recht.«

»Du hast mich nicht mehr lieb«, schmollte Rachel.

»Warum meinst du das, kleine Taube?«

»Du hast mich lange nicht besucht.«

»Weil ich so schwer arbeitete, um das Haus für meinen Freund vorzubereiten.«

»Dann hast du mich doch lieb, auch wenn du nicht kommst?«

»Auch wenn ich nicht komme.«

Sie zwickte seine kleinen runden Ohren, dann küßte sie sie, eins nach dem anderen.

»Um das zu beweisen, Fou-Roux, würdest du mir deine komischen kleinen Ohren geben? Du hast sie mir einmal versprochen.«

»Wenn du sie abnehmen kannst, kannst du sie haben.«

Sie hörten plötzlich einen lauten Schrei aus dem gegenüberliegenden Zimmer, dann ein Kreischen oder ein Jauchzen. Vincent lief über den Gang in den Salon.

Gauguin lag zusammengekrümmt auf dem Boden und schüttelte sich vor Lachen, die Tränen strömten über seine Wangen. Louis hielt die Lampe über ihn und sah, wie vom Donner gerührt, auf ihn hinab. Vincent kniete über Gauguin und faßte ihn an der Schulter.

»Paul, Paul, was fehlt dir?«

Gauguin versuchte zu sprechen, er konnte nicht. Nach einem Augenblick hauchte er mühevoll: »Vincent ... endlich ... wir sind gerechtfertigt ... schau ... schau ... da an der Wand ... die zwei Bilder, die Louis von Goupils kaufte ... für sein Prunkzimmer. Es sind beides Bouguereaus!«

Er stolperte über die eigenen Beine, stand auf und stürzte jählings durch die Vordertür.

»Warte! Warte!« Vincent eilte ihm nach. »Wohin gehst du?«
»Zum Telegraphenbüro. Das muß ich dem Klub Batignolles
sofort mitteilen.« –

Der Sommer kam mit seiner furchtbaren Hitze, seinem blendenden Licht. Die Landschaft blühte in verschwenderischen
Farben. Das Grün, Blau, Gelb, Rot war so grell, daß es erschütterte, es zu sehen. Was die Sonne berührte, verbrannte
sie bis auf den Grund. Die Hitze zitterte Woge auf Woge
durch das Rhônetal. Die glutende Sonne brach die Kraft der
beiden Maler, saugte ihre Widerstandskraft aus. Der Mistral
kam auf, peitschte ihre Körper, riß an ihren Nerven, schüttelte ihnen die Köpfe auf den Nacken, bis sie meinten, daß sie
abbrechen oder bersten würden. Doch zogen sie jeden Morgen
mit der Sonne hinaus und arbeiteten, bis das schreiende Blau
des Tages sich zum tiefen Blau der Nacht vertiefte.

Zwischen Vincent und Gauguin – – der eine ein Vulkan, der
andere innerlich auf dem Siedepunkt – – bereitete sich ein
wilder Kampf vor. Nachts, wenn sie zu erschöpft waren, um
schlafen zu können, zu nervös, um stillzusitzen, rieben sie
sich mit ihrer ganzen Energie aneinander. Ihr Geld schmolz
zusammen. Sie hatten keine Möglichkeit, sich zu vergnügen.
Ihre gehemmten Leidenschaften brachen sich Bahn. Gauguin
wurde niemals müde, Vincent bis zum äußersten zu reizen
und, wenn er sich dann wütend verteidigte, ihm ins Gesicht
zu werfen: »Brigadier, du hast recht.«

»Vincent, kein Wunder, daß du nicht malen kannst. Schau die
Unordnung in diesem Atelier an, und was für ein Durcheinander in diesem Farbenkasten! Mein Gott, wenn dein holländisches Gehirn für Daudet und Monticelli nicht so feurig begeistert wäre, könntest du es vielleicht kehren und etwas Ordnung darin machen.«

»Das hat nichts mit dir zu tun, Gauguin. Hier ist mein Atelier.
Halte du dein Atelier so, wie du willst!«

»Wenn wir bei diesem Thema sind, kann ich dir auch noch
sagen, daß dein Geist ebenso chaotisch ist wie dein Farbenkasten. Du bewunderst jeden Briefmarkensammler in Europa,
doch du kannst nicht einsehen, daß Degas . . .«

»Degas! Was hat er je gemalt, das neben einen Millet gestellt werden könnte?«

»Millet? Der sentimentale Kerl! Der . . . !«

Vincent geriet wegen dieser Herabsetzung Millets, den er als seinen Meister und geistigen Vater betrachtete, in Wut. Er stürmte von Zimmer zu Zimmer Gauguin nach. Gauguin floh vor ihm. Das Haus war klein. Vincent schrie, redete ihn feierlich an, hob die Fäuste vor Gauguins mächtigem Gesicht. Bis weit in die drückend heiße, tropische Nacht hinein hielt der Kampf der beiden an.

Beide arbeiteten äußerst intensiv. Sie hatten das Gefühl, daß sie selbst, wie auch die Natur, auf einem schöpferischen Höhepunkt angelangt waren; sie wußten nicht, wie lange sie mit dieser dämonischen Kraft noch rechnen konnten. Tag für Tag kämpften sie mit den flammenden Farben ihrer Bilder, Nacht für Nacht stand das eine Ich in herrischem Kampf mit dem anderen. Wenn sie nicht erbittert miteinander stritten, waren ihre freundlichen Diskussionen doch so explosiv, daß sie nachher schlaflos lagen. Geld kam von Theo. Sie gaben es sofort für Tabak und Absinth aus. Es war zu heiß, sie konnten nicht essen. Sie glaubten, der Absinth würde ihre Nerven beruhigen. Er steigerte aber ihre Erregung.

Ein tückischer, peitschender Nordwind kam auf und hielt sie im Hause. Gauguin konnte nicht arbeiten. Er reizte Vincent so lange, bis er ihn in heftigsten Zorn versetzte. Er hatte bisher niemand gekannt, der über Ideen so außer sich geraten konnte.

Es war Gauguins einziger Zeitvertreib, und er hörte damit nicht auf. Am fünften Tag des Mistrals sagte er: »Du beruhigst dich am besten, Vincent.«

Er hatte seinen Freund gequält, bis der Sturm im gelben Hause den heulenden Nordwind beinah mild und ruhig erscheinen ließ.

»Du auch, nicht wahr, Gauguin?«

»Es ist nämlich so, daß einige Männer, die viel mit mir zusammen waren und die die Gewohnheit hatten, mit mir zu diskutieren, wahnsinnig geworden sind.«

»Wie, drohst du mir?«

»Nein, ich warne.«

»Also, achte selbst darauf, wenn du willst.«

»Gut, aber sage nicht, daß ich daran schuld bin, wenn etwas passiert.«

»Ach Paul, Paul, laß uns nicht mehr streiten! Ich weiß, du bist ein besserer Maler als ich. Ich weiß, daß ich viel von dir lernen kann. Aber sieh nicht auf mich herab, hörst du? Neun Jahre lang habe ich geschuftet, und jetzt bin ich auch in der Lage, über diese Malerei etwas zu sagen! Gib es zu – ich habe es, nicht wahr? Sprich, Gauguin!«

»Brigadier, du hast recht.«

Der Nordwind erstarb. Die Arlesier wagten wieder, auf die Straßen zu gehen. Die furchtbare Sonne kam zurück. Unerträgliche Hitze brütete über Arles. Die Polizei hatte mit ungestümen Gewalttaten zu tun. In den Augen der Menschen glomm wilde Erregung. Niemand lachte. Niemand sprach. Die Steindächer waren glühend heiß. Auf dem Lamartine-Platz kam es zu lärmendem Streit, Messer funkelten. Eine Katastrophe lag in der Luft. Arles konnte den Druck nicht mehr aushalten. Das Rhônetal schien im Begriff, in tausend Stücke zu zerspringen.

Vincent dachte an den Pariser Journalisten.

»Was wird es sein?« fragte er sich endlich. »Ein Erdbeben oder eine Revolution?«

Trotz allem malte er noch immer ohne Hut auf den Feldern. Er brauchte die weiße, blendende Hitze, damit die Leidenschaften in ihm loderten. Sein Gehirn war wie ein Schmelztiegel, der glühend Bild an Bild ausgoß.

Während er in schneller Reihenfolge Gemälde auf Gemälde schuf, wuchs in ihm das Gefühl, daß in diesen wenigen, mit schöpferischer Kraft überladenen Wochen die ganzen neun Jahre seiner Arbeit ihren Höhepunkt erreicht hätten, um ihn endlich – für einen flüchtigen Augenblick – zum vollendeten Künstler zu machen. Jetzt übertraf er weit die Arbeit des vorigen Sommers. Nie wieder würde es ihm gelingen, Gemälde zu schaffen, in denen das Wesen der Natur und sein eigenes Temperament so stark zum Ausdruck kommen würden.

Er malte von vier Uhr morgens, bis die Nacht kam und er nicht mehr sehen konnte. So schuf er zwei, sogar manchmal drei Bilder an einem Tag. Jedes erschütterte ihn im Innersten, als ob es ein Jahr seines Lebens kostete.

Er wußte nicht, wie lange er so schaffen konnte. Er wußte nur, daß er diese kurze Spanne in der Unendlichkeit mit dem Aufwand aller Kräfte halten mußte, damit er die Bilder, die in ihm reiften, gestalten konnte.

So malten sie den ganzen Tag, stritten die ganze Nacht, aßen sehr wenig, schliefen gar nicht; sie waren übersättigt von der Sonne, von den Farben, von der Erregung, von Tabak und Absinth; die Elemente und auch der innere schöpferische Drang peinigten sie, und sie peinigten sich gegenseitig. Sie wurden von Stunde zu Stunde reizbarer.

Gauguin malte ein Porträt Vincents, während dieser ein Stilleben von Pflügen auf dem Felde malte. Vincent starrte auf das Bild. Zum erstenmal wurde ihm klar, was Gauguin von ihm dachte.

»Das Bild stellt mich gewiß dar«, sagte er, »aber als Irrsinnigen!«

Am gleichen Abend gingen sie zusammen ins Café. Vincent bestellte einen leichten Absinth. Plötzlich warf er das Glas und den Inhalt Gauguin an den Kopf. Gauguin wich schnell aus. Er hob Vincents Körper auf und trug ihn in seinen Armen über den Lamartine-Platz. Vincent befand sich plötzlich im Bett. Er schlief sogleich ein.

»Mein lieber Gauguin«, sagte er am nächsten Morgen sehr ruhig, »ich erinnere mich irgendwie daran, daß ich dich gestern beleidigte.«

»Ich vergebe es gern und von ganzem Herzen«, sagte Gauguin, »aber die Szene von gestern könnte sich wiederholen! Wenn ich getroffen wäre, würde ich mich nicht so leicht beherrschen können und würde dich bei der Kehle fassen. Erlaube mir, deinem Bruder zu schreiben und ihm mitzuteilen, daß ich zurückkomme.«

»Nein! Nein! Paul, das kannst du nicht! Das gelbe Haus verlassen? Alles darin habe ich für dich gemacht.«

Den ganzen Tag tobte der Sturm. Vincent kämpfte verzweifelt, um Gauguin bei sich zu behalten. Gauguin widerstand aber allen Bitten. Vincent flehte ihn an, lobte ihn, fluchte, drohte. Endlich weinte er. Diesmal war er der Stärkere. Ihm schien, sein ganzes Leben hinge davon ab, ob er seinen Freund im gelben Haus behalten konnte. Am Abend war Gauguin völlig erschöpft. Er gab nach, nur um ein bißchen Ruhe zu haben.

In jedem Zimmer des gelben Hauses zitterte die Luft in elektrischer Spannung. Gauguin konnte nicht schlafen. Gegen Morgen erst fiel er in leichten Schlummer.

Ein seltsames Gefühl weckte ihn auf. Vincent stand über sein Bett gebeugt und beobachtete ihn in der Dunkelheit.

»Was ist mit dir, Vincent?« fragte er in strengem Ton.

Vincent ging wieder aus dem Zimmer, legte sich ins Bett und fiel in einen tiefen Schlaf.

In der folgenden Nacht fuhr Gauguin mit demselben seltsamen Gefühl wieder aus dem Schlaf. Vincent stand wieder da und starrte in der Dunkelheit auf ihn.

»Vincent! Geh ins Bett!«

Vincent wandte sich um und ging.

Beim Abendessen am nächsten Tag gerieten sie über die Suppe in einen wilden Streit.

»Du hast Farbe hineingegossen, Vincent, während ich nicht hinsah!« schrie Gauguin.

Vincent lachte. Er ging zur Wand und schrieb mit Kreide:

> »Je suis Saint Esprit,
> Je suis sain d'esprit.«

Einige Tage lang war er sehr ruhig. Er sah niedergeschlagen und schwermütig aus. Mit Gauguin wechselte er kaum ein Wort. Er nahm den Pinsel fast gar nicht in die Hand. Er las nicht. Er saß in einem Stuhl und starrte vor sich hin.

Am Nachmittag des vierten Tages, während ein bösartiger Nordwind tobte, bat er Gauguin, mit ihm spazierenzugehen.

»Gehen wir nach den Anlagen«, schlug er vor. »Ich möchte dir etwas sagen.«

»Kannst du es mir nicht hier, wo es bequemer ist, sagen?«

»Nein, ich kann nicht im Sitzen sprechen. Ich muß laufen.«

»Also, wenn du mußt . . .«

Sie gingen auf dem Weg, der die linke Seite der Stadt hinaufführte. Sie kamen gegen den Wind kaum an. Die Zypressen in den Anlagen wurden von seiner Gewalt fast bis auf die Erde gebeugt.

»Was hast du mir zu sagen?« fragte Gauguin.

Er mußte in Vincents Ohr schreien. Der Wind zerriß die Worte.

»Paul, ich habe in den letzten Tagen viel nachgedacht. Mir ist ein wunderbarer Gedanke gekommen.«

»Verzeih, wenn ich ein bißchen vorsichtig bin, was deine wunderbaren Gedanken betrifft.«

»Wir haben alle als Maler versagt. Weißt du, warum?«

»Wie? Ich kann kein Wort hören. Schrei es mir ins Ohr.«

»Weisst du, warum wir alle als Maler versagt haben?«

»Nein. Warum?«

»Weil jeder allein malt!«

»Zum Teufel, was?«

»Manches malt man gut, manches schlecht. Aber man wirft alles zusammen in sein Gemälde.«

»Brigadier, ich hänge an deinen Worten.«

»Erinnerst du dich an die Brüder Both? Holländische Maler. Der eine war begabt für Landschaftsmalerei, der andere für menschliche Gestalten. Zusammen malten sie ein Bild. Der eine malte die Landschaft, der andere die Figuren. Sie waren erfolgreich.«

»So, und was ist der Sinn der vielen Worte?«

»Wie? Ich kann dich nicht hören. Komme näher!«

»Ich sagte: Fahre fort.«

»Paul, so müssen wir es machen. Du und ich, Seurat, Cézanne, Lautrec, Rousseau. Wir müssen alle zusammen an demselben Gemälde arbeiten. Das wäre eine wahre Malergemeinschaft. Jeder würde malen, was er am besten könnte. Seurat

die Luft. Du die Landschaft. Cézanne die Oberflächen. Lautrec
die Figuren. Ich die Sonne und den Mond und die Sterne.
Zusammen könnten wir e i n großer Künstler werden. Was
meinst du dazu?«

»Türlütütü, mon chapeau pointu!«

Er lachte laut auf, barsch und grausam. Sein Spott wurde vom
Wind in Vincents Gesicht getrieben.

»Brigadier«, schrie er, sobald er wieder atmen konnte. »Wenn
das nicht der tollste Gedanke ist, für alle Zeiten ... Verzeih,
ich heule vor Lachen.«

Er schwankte den Weg hinunter, hielt sich den Leib vor Lachen, konnte sich kaum aufrecht halten.

Vincent stand ganz still.

Schwarze Vögel schossen aus dem Himmel auf ihn herab. Tausende von schwarzen Vögeln krächzten und schlugen mit den
Flügeln um ihn her. Sie stürzten auf ihn nieder, verschlangen
ihn, flogen durch seine Haare, in die Nase, in den Mund, in
die Ohren, in die Augen, begruben ihn in einer dicken,
schwarzen Wolke schlagender Fittiche. Gauguin kehrte zurück.

»Komm, Vincent, wir wollen zu Louis gehen. Deinen un-
schätzbaren Einfall muß ich feiern.«

Vincent folgte ihm stumm nach der Rue des Ricolettes.

Gauguin ging nach oben.

Rachel setzte sich im Gastzimmer auf Vincents Schoß.

»Kommst du nicht mit mir herauf, Fou-Roux?« fragte sie.

»Nein.«

»Warum nicht?«

»Ich habe keine fünf Francs.«

»Dann wirst du mir statt dessen dein Ohr geben?«

»Ja.«

Nach wenigen Minuten kam Gauguin zurück. Beide gingen
den Hügel hinab zum gelben Haus. Gauguin verschlang sein
Abendessen. Er lief aus der Haustür, ohne ein Wort zu sagen.
Ehe er den Lamartine-Platz ganz überquert hatte, hörte er
hinter sich einen wohlbekannten Schritt, kurz, schnell, un-
regelmäßig.

Er drehte sich schnell um.

Vincent stürzte ihm nach, ein offenes Rasiermesser in der Hand.

Er hielt einen Meter vor ihm und starrte ihn regungslos an. Dann ließ er den Kopf fallen, drehte sich um, lief schnell nach Hause.

Gauguin ging zum Hotel. Er bestellte ein Zimmer, verriegelte die Tür und legte sich schlafen.

Vincent stieg indes die Treppen zu seinem Schlafzimmer hinauf. Er setzte den Spiegel, mit dessen Hilfe er so oft sein eigenes Porträt gemalt hatte, auf den Waschtisch.

Im Spiegel sah er seine blutunterlaufenen Augen.

Jetzt war alles zu Ende. Sein Leben war vorbei. Das las er in seinem Gesicht.

Am besten jetzt einen sauberen Schluß machen.

Er hob das Rasiermesser. Er fühlte den scharfen Stahl auf seinem Hals.

Er hörte seltsam flüsternde Stimmen.

Die Sonne von Arles warf einen Feuerschleier zwischen seine Augen und das Glas.

Er schlitzte das rechte Ohr ab.

Nur ein winziges Stückchen des Ohrlappens ließ er übrig.

Das Rasiermesser fiel aus seiner Hand. Er band Tücher um den Kopf.

Das Blut tropfte auf den Boden.

Er nahm das Ohr aus der Schüssel. Er wusch es. Er wickelte es in mehrere Stücke Zeitungspapier. Das Bündel wickelte er wiederum in Zeitungspapier und schnürte es zu.

Über den dicken Verband zog er eine Baskenmütze. Er lief die Treppen hinab, ging aus der Vordertür, überquerte den Lamartine-Platz, kletterte den Hügel hinauf, läutete an der Tür von Monsieur Louis.

Ein Dienstmädchen kam zur Tür.

»Schicken Sie Rachel zu mir.«

Rachel kam sogleich.

»Ach, du bist es, Fou-Roux. Was willst du?«

»Ich habe dir etwas mitgebracht.«

»Mir? Ein Geschenk? Wie nett von dir, Fou-Roux.«

»Hebe es sorgfältig auf. Es ist eine Erinnerung an mich.«

»Was ist es?«

»Öffne es. Du wirst sehen.«

Rachel wickelte das Papier auf. Sie sah entsetzt auf das Ohr. Sie fiel ohnmächtig auf die Fliesen.

Vincent wandte sich und ging den Hügel hinab. Er überquerte wieder den Lamartine-Platz, schloß die Tür des gelben Hauses hinter sich und ging zu Bett.

Als Gauguin um halb acht am folgenden Morgen zurückkam, fand er eine erregte Menge vor dem Hause. Roulin rang die Hände verzweifelt.

»Was haben Sie Ihrem Kameraden angetan, Monsieur?« fragte ein Mann in einem melonenartigen Hut. Er sprach streng und schroff.

»Ich weiß nicht.«

»Ach, doch . . . Sie wissen es allzu gut . . . er ist tot.«

Gauguin stand lange fassungslos. Die Menge starrte ihn an, schien ihn mit scharfen, neugierigen Blicken zerreißen zu wollen. Er konnte nicht atmen.

»Gehen wir zusammen hinauf, Monsieur«, sagte er stammelnd. »Wir werden sehen.«

Nasse Tücher lagen in den beiden unteren Zimmern auf dem Boden. Die Treppen, die zu Vincents Zimmer führten, waren blutbefleckt.

Im Bett lag Vincent in Laken gewickelt, zusammengekrümmt wie der Hahn eines Gewehres. Er schien leblos zu sein. Gauguin berührte leicht den Körper. Er war warm. Gauguin war plötzlich voller Energie und Lebenskraft.

»Seien Sie so gut, Monsieur«, sagte er dem Polizeiinspektor mit gedämpfter Stimme, »diesen Herrn mit größter Vorsicht zu wecken. Wenn er nach mir fragt, sagen Sie ihm, daß ich nach Paris gefahren bin. Der bloße Anblick von mir würde für ihn vielleicht den Tod zur Folge haben.«

Der Polizeiinspektor sandte nach einem Doktor und einer Droschke. Vincent wurde ins Krankenhaus gebracht. Roulin lief keuchend neben der Droschke her.

Dr. Felix Rey, ein junger Praktikant im Krankenhaus von

Arles, war ein kleiner, untersetzter Mann mit einem eckigen Kopf, aus dem ein schwarzer Haarschopf hervorschoß. Er behandelte Vincents Wunde und legte ihn dann in einem zellenähnlichen Zimmer, aus dem vorher alles hinausgetragen worden war, ins Bett. Als er fortging, verschloß er die Tür hinter sich.

Bei Sonnenuntergang, als Dr. Rey den Puls des Kranken fühlte, erwachte Vincent. Er starrte auf die Decke, dann auf die geweißte Wand, dann durch das Fenster auf den dunkelnden blauen Himmel. Langsam wanderten seine Augen zu dem Gesicht Dr. Reys.

»Wo bin ich?«

»Sie sind in dem Krankenhaus von Arles.«

Einen Augenblick verzog sich Vincents Gesicht schmerzlich. Er hob die Hand und war im Begriff, die Stelle zu berühren, wo das rechte Ohr gewesen war.

»Sie sollen es nicht berühren«, sagte Dr. Rey.

»So . . . ich erinnere mich jetzt.«

»Die Wunde ist sehr sauber. Sie werden innerhalb weniger Tage wieder in Ordnung sein.«

»Wo ist mein Freund?«

»Er ist nach Paris zurückgekehrt.«

»Ich verstehe . . . Kann ich meine Pfeife haben?«

»Noch nicht . . . bitte.«

Herr Doktor Rey wusch und verband die Wunde.

»Es ist kein so wichtiger Unfall«, sagte er. »Die kleinen Kohlblätter am Kopf sind nicht nötig, um zu hören. Sie werden das Ohr nicht vermissen!«

»Sie sind gut. Warum ist dieses Zimmer . . . so leer?«

»Ich ließ alles wegräumen, um Sie zu schützen.«

»Gegen wen?«

»Gegen sich selbst.«

». . . So . . . ich verstehe.«

»Jetzt muß ich fort. Ich schicke den Diener mit Ihrem Abendessen herein. Versuchen Sie, absolut stillzuliegen. Der Blutverlust hat Sie geschwächt.«

Am folgenden Morgen, als Vincent erwachte, saß Theo an

seinem Bett. Theos Gesicht sah schmal und blaß aus; seine Augen waren blutunterlaufen.

»Theo«, sagte Vincent.

Theo glitt vom Stuhl, kniete sich neben das Bett und nahm Vincents Hand. Er weinte.

»Theo ... immer, wenn ich erwache ... und dich so nötig habe ... bist du bei mir.«

Theo konnte nicht sprechen.

»Es war schwer für dich, den ganzen Weg hierherkommen zu müssen. Wie hast du es gewußt?«

»Gauguin telegraphierte gestern. Ich habe den Nachtzug genommen.«

»Gauguin hätte das nicht tun sollen. Du mußtest zuviel Geld ausgeben, Theo. Du bist wohl auch die ganze Nacht aufgeblieben?«

»Ja, Vincent.« – Sie schwiegen einige Minuten.

»Ich habe Doktor Rey gesprochen, Vincent. Er meint, es war ein Sonnenstich. Du hast ohne Hut in der Sonne gearbeitet, nicht wahr?«

»Ja.«

»Siehst du, das darfst du nicht tun. In Zukunft mußt du den Hut aufsetzen. Hier in Arles sind Sonnenstiche keine Seltenheit.«

Vincent faßte Theos Hand. Theo schluchzte.

»Ich möchte dir gern etwas erzählen, Vincent, aber es ist vielleicht besser, ein paar Tage damit zu warten.«

»Etwas Gutes, Theo?«

»Ich glaube, du wirst finden, daß es gut ist.«

Doktor Rey kam herein.

»Wie geht es dem Kranken heute?«

»Herr Doktor, kann mir mein Bruder eine gute Nachricht erzählen?«

»Aber sicher! Einen Augenblick noch. Ich möchte einen Blick ... Schön, schön, jetzt wird es schnell heilen.«

Der Arzt ging. Vincent bettelte um die Nachricht.

»Vincent«, sagte Theo, »ich ... ich ... habe ein Mädchen kennengelernt.«

»Theo.«

»Ja . . . es ist ein holländisches Mädchen. Johanna Bunger. Sie ist in vielem wie Mutter.«

»Hast du sie sehr lieb, Theo?«

»Ja. Ich bin so entsetzlich einsam gewesen, nachdem du fort warst, Vincent. Vorher war es nicht so schlimm – – ehe du kamst, aber nachdem wir ein ganzes Jahr zusammen waren . . .«

»Es war schwer, mit mir zu wohnen, Theo. Ich fürchte, ich habe es dir sehr schwer gemacht.«

»Ach, Vincent, wenn du wüßtest, wie oft ich mich danach gesehnt habe, nach der Wohnung in der Rue Lepic zu gehen und deine Gemälde auf meinem Bett zu finden! Aber jetzt dürfen wir nicht mehr sprechen. Du mußt viel Ruhe haben. Ich sitze still neben dir.«

Theo blieb zwei Tage in Arles. Er fuhr nur nach Hause, nachdem Doktor Rey versichert hatte, daß Vincent sich schnell erholen und daß er als Arzt und auch als Freund auf ihn achten würde.

Jeden Abend kam Roulin und brachte Blumen. In den Nächten litt Vincent unter schlimmen Visionen.

Doktor Rey bespritzte die Kissen und Matratzen des Bettes mit Kampfer gegen die Schlaflosigkeit.

Am Ende des vierten Tages, als der Arzt sah, daß Vincent sich erholt hatte, ließ er die Tür des Zimmers offen und ließ den Krankenwärter die Möbel wieder hereinbringen.

»Kann ich aufstehen?« fragte Vincent.

»Wenn Sie meinen, daß Sie die Kraft haben.«

Am Ende der zweiten Woche gab Doktor Rey Vincent die Erlaubnis, wieder zu malen.

Ein Wärter wurde zum gelben Hause geschickt, um die Staffelei und Leinwand zu holen. Doktor Rey saß für Vincent, um ihm seinen Willen zu lassen. Vincent arbeitete langsam, ein wenig jeden Tag. Als das Porträt fertig war, überreichte er es dem Arzt.

»Ich möchte gern, daß Sie dieses Bild als Erinnerung an mich behalten, Herr Doktor. Es ist die einzige Weise, in der ich Ihnen meine Dankbarkeit für Ihre Güte zeigen kann.«

»Das ist sehr nett von Ihnen, Vincent. Ich fühle mich geehrt.«

Der Arzt nahm das Porträt mit nach Hause und hing es über einen Riß an der Wand.

Vincent blieb noch zwei Wochen im Krankenhaus. Er malte den Patio, in dem die Sonne brannte. Während er arbeitete, setzte er einen breiten Strohhut auf den Kopf. Mit dem Malen des Blumengartens war er volle zwei Wochen beschäftigt.

»Besuchen Sie mich jeden Tag«, sagte Doktor Rey am Gartentor des Krankenhauses, als Vincent sich von ihm verabschiedete. »Und vergessen Sie nicht: keinen Absinth, keine Erregung und kein Arbeiten in der Sonne ohne Hut.«

»Ich verspreche es Ihnen, und vielen Dank für alles.«

»Ich schreibe Ihrem Bruder, daß Sie sich jetzt vollkommen erholt haben.«

Vincent erfuhr bei seiner Rückkehr, daß der Hausbesitzer sich verpflichtet hatte, das Haus an einen Tabakhändler zu vermieten. Für Vincent war das gelbe Haus ein Stück seines Selbst. Dort hatte er in dem Boden der Provence Wurzel geschlagen. Er hatte es innen und außen gemalt, jedes Stück davon. Er hatte es wohnlich gemacht. Trotz des Unglücks sah er es als sein Heim für das Leben an. Er war entschlossen, dem Wirt äußersten Widerstand entgegenzusetzen.

Zuerst fürchtete er sich, wegen seiner Schlaflosigkeit, die auch der Kampfer nicht überwinden konnte, allein im Hause zu schlafen. Doktor Rey gab ihm Bromkalium, um die unerträglichen Sinnestäuschungen, die ihn schreckten, zu vertreiben. Endlich schwiegen die Stimmen, die ihm so merkwürdige Geschichten ins Ohr geflüstert hatten. Sie waren nur noch in seinen Träumen zu hören.

Noch war er viel zu schwach, um im Freien zu arbeiten. Ruhe und Heiterkeit kehrten nur langsam zurück. Roulin und er hatten eine fröhliche Mahlzeit im Restaurant, er war guten Mutes, ohne Angst. Behutsam fing er an, an einem unvollendeten Porträt von Roulins Frau zu arbeiten.

Eines Nachmittags erkundigte er sich nach Rachels Gesundheit.

»Täubchen«, sagte er, »es tut mir leid, daß ich dir so viel Unangenehmes zufügte.«

»Mache dir keine Sorgen darum, Fou-Roux. In dieser Stadt ist so etwas nicht ungewöhnlich.«

Seine Freunde kamen und versicherten ihm, daß in der Provence jeder an Fieber, Sinnestäuschungen oder Irrsinn litte.

»Hier, im Lande von Tartarin«, sagte Roulin, »sind wir alle etwas verrückt.«

»So, so«, entgegnete Vincent, »wir verstehen uns wie Glieder derselben Familie.«

Es vergingen einige Wochen. Vincent konnte den ganzen Tag im Atelier arbeiten. Wahnsinns- und Todesvorstellungen verließen ihn. Er fing an, sich beinahe gesund zu fühlen.

Endlich wagte er, wieder unter freiem Himmel zu malen. Die Sonne verbrannte das leuchtende Gelb der Kornfelder. Er hatte regelmäßig gegessen und geschlafen, er hatte Erregung und Begeisterung vermieden; jetzt konnte er das Herrliche nicht mehr einfangen.

»Künstler wie Sie«, hatte Doktor Rey gesagt, »sind überempfindlich für das Leben und die Natur, daher können sie sie für uns andere deuten. Aber wenn Sie nicht achtgeben, wird diese Überempfindlichkeit Sie ins Verderben führen. Die Anstrengung zerbricht mit der Zeit jeden Künstler.«

Vincent wußte, daß die herrschende Note in den Bildern von Arles, die hohe gelbe Note, nur dann zu erreichen war, wenn das erregte Herz höher schlug und die empfindsamen Nerven bis zum äußersten gespannt waren. So nur könnte er wieder Großes schaffen, aber der Weg würde ins Verderben führen.

»Ein Künstler hat seine Aufgabe zu erfüllen« – – öfters sprach er die Worte leise vor sich hin. »Wie sinnlos ist mein Leben, wenn ich nicht so malen kann, wie ich mir vorgenommen habe!«

Wieder ging er ohne Hut durch die Felder und nahm die Macht der Sonne in sich auf. Wieder trank er die unglaublichen Farben des Himmels, des feurigen, gelben Sonnenballs, der grünen Felder und der berstenden Blumenkelche. Er ließ sich vom Nachtwind umstürmen, von der erstickenden Nacht umarmen und seine Phantasie von den Sonnenblumen so erregen, daß seine Schaffenskraft bis zum äußersten anwuchs. Nun verging der Appetit. Wieder lebte er von Kaffee, Absinth und Tabak. Nachts, während er schlaflos dalag, rauschten die tiefen Farben vor seinen Augen vorüber. Endlich nahm er die Staffelei auf den Rücken und ging wieder in die Felder.

Seine Kräfte kehrten zurück, er fühlte den allumfassenden Rhythmus der Natur; in wenigen Stunden konnte er eine breite Leinwand mit blendender Sonne durchfluten. Jeden Tag schuf er ein neues Bild; jeden Tag stieg das Thermometer des Gefühls. Er malte siebenunddreißig Gemälde ohne Unterbrechung.

Eines Morgens erwachte er und fühlte sich träge, schlafsüchtig. Er konnte nicht arbeiten. Er saß auf einem Stuhl, sah auf die Wand, bewegte sich den ganzen Tag kaum. Wieder hörte er Stimmen Seltsames erzählen. Als die Nacht herabsank, ging er zu dem grauen Restaurant, setzte sich an einen kleinen Tisch, bestellte einen Teller Suppe. Die Kellnerin brachte ihn. Eine warnende Stimme tönte scharf in seinem Ohr.

Er warf den Teller zu Boden, so daß er in tausend Stücke zersprang.

»Sie wollen mich vergiften!« rief er. »Sie haben Gift in die Suppe hineingetan!«

Er sprang auf und stieß den Tisch um. Einige Gäste liefen aus der Tür. Andere starrten ihn mit offenem Munde an.

Zwei Gendarmen kamen herein und trugen ihn zum Krankenhaus.

Nach vierundzwanzig Stunden wurde er vollkommen ruhig. Er sprach mit Doktor Rey über das, was passiert war. Jeden Tag arbeitete er ein wenig, machte Spaziergänge in der Gegend und kehrte zum Abendbrot und für die Nacht in das Krankenhaus zurück. Manchmal litt er unbeschreibliche Seelenqualen, dann aber kamen Augenblicke, in denen er durch die Erscheinungen und den Schleier der Zeit flüchtig, doch wunderbar klar hindurchblicken konnte.

Doktor Rey erlaubte ihm, wieder zu malen. Vincent malte

einen Obstgarten mit Pfirsichbäumen am Wege, im Hintergrund die Alpen; er malte einen Olivenhain, die Blätter der Bäume waren altsilbern, wurden gegen den blauen Himmel grün, die gepflügte Erde war orangefarben.

Nach drei Wochen kehrte er zum gelben Haus zurück. Es war aber nicht so wie vorher. Die Stadt, besonders der Lamartine-Platz, war gegen ihn eingenommen.

Nicht ein Wirt erlaubte ihm einzutreten.

Die Kinder von Arles versammelten sich vor dem gelben Haus und ersannen Spiele, die ihn quälten.

»Fou-Roux, Fou-Roux«, schrien sie, »schneid dir das andere Ohr ab!«

Vincent machte alle Fenster zu. Das Geschrei und Gelächter der Kinder drang trotzdem herein.

»Fou-Roux! Fou-Roux!«

»Verrückter Mann! Verrückter Mann!«

Unter seinem Fenster sangen sie ein kleines Lied, das einer von ihnen gedichtet hatte:

> »Fou-Roux, du verrückter Tor,
> Schnittst dir ab dein rechtes Ohr;
> Noch so laut man schreien kann,
> Du hörst nichts, du armer Mann!«

Vincent ging fort, um ihnen zu entfliehen. Sie folgten ihm aber durch die Straßen, in die Felder, eine lustige Bande singender und lachender kleiner Schelme.

Von Tag zu Tag wurden ihrer mehr. Vincent stopfte sich Watte in die Ohren. Er arbeitete an der Staffelei, machte Kopien seiner Bilder. Die Rufe der Kinder hörte er trotzdem. Sie brannten sich in sein Gehirn ein.

Die Jungen wurden kühner. Sie kletterten die Abzugsröhre wie kleine Affen hinauf, setzten sich auf das Gesims am Fenster, guckten in das Zimmer und schrien hinter Vincents Rücken:

»Fou-Roux, schneid das andere Ohr ab! Wir wollen das andere Ohr!«

Der Lärm auf dem Lamartine-Platz wurde immer größer. Die Jungen zerbrachen die Fenster, steckten die Köpfe hinein, warfen Steine nach Vincent. Die Menge unten ermutigte sie, wiederholte die Lieder und Rufe.

»Holt das andere Ohr! Wir wollen das andere Ohr!«

»Fou-Roux! Es ist Gift in der Suppe!«

»Fou-Roux! Paß auf! Gift in der Suppe!«

> »Fou-Roux, du verrückter Tor,
> Schnittst dir ab dein rechtes Ohr;
> Noch so laut man schreien kann,
> Du hörst nichts, du armer Mann!«

Die Knaben auf dem Fenstergesims führten die Menge unten an. Zusammen intonierten sie immer lauter:

»Fou-Roux, Fou-Roux, wirf uns dein Ohr herunter!«

Vincent erhob sich unsicher und schwer von dem Stuhl an der Staffelei. Drei Jungen saßen auf dem Fenstergesims und sangen laut. Er griff nach ihnen. Sie kletterten blitzschnell hinab. Das Volk unten lachte. Vincent stand am Fenster und sah auf sie nieder.

Es schossen schwarze Vögel aus dem Himmel zu ihm herab – – Tausende von schwarzen Vögeln krächzten und schlugen mit den Flügeln um ihn herum. Sie verdunkelten den Lamartine-Platz, stürzten auf ihn nieder, füllten das Zimmer, verschlangen ihn, flogen durch seine Haare, in die Nase, in den Mund, in die Augen, begruben ihn in einer dicken, schwarzen Wolke schlagender Fittiche.

Vincent sprang zum Fenster.

»Fort! Ihr Teufel! Fort mit euch! Um Gottes willen, laßt mich in Frieden!«

»Fou-Roux, Fou-Roux, wirf uns dein Ohr herunter! Wirf uns dein Ohr herunter!«

»Fort! Laßt mich in Ruhe! Hört ihr, laßt mich in Ruhe!«

Es griff mit beiden Händen nach der Waschschüssel und warf sie aus dem Fenster. Sie zerschmetterte auf den Straßensteinen.

In verzweifelter Wut nahm er nacheinander alles, was er im Zimmer finden konnte, und warf es auf den Lamartine-Platz hinab, wo es hoffnungslos zerschmetterte – Stühle, Staffelei, Spiegel, Tisch, Bettwäsche, Sonnenblumengemälde von den Wänden, und bei manchem Stück erinnerte er sich scharf und schmerzlich, mit welchen Opfern er es für das Heim seines Lebens gekauft hatte.

Als das Zimmer leer war, stand er hilflos zitternd am Fenster. Er fiel über das Fensterbrett. Sein Kopf hing über die Steine des Lamartine-Platzes.

Eine Bittschrift wurde auf dem Lamartine-Platz herumgereicht. Neunzig Männer und Frauen zeichneten:

»An den Herrn Bürgermeister Tardieu!

Wir, die unterzeichneten Bürger von Arles, sind überzeugt, daß Vincent van Gogh, wohnhaft am Lamartine-Platz Nr. 2, ein gemeingefährlicher Wahnsinniger ist, den man sich nicht frei bewegen lassen sollte.

Hiermit bitten wir Sie als Bürgermeister, ihn einzusperren.«

Die Wahlen nahten. Bürgermeister Tardieu wollte die Wähler nicht kränken. Er befahl dem Polizeiinspektor, Vincent zu verhaften.

Als die Gendarmen ihn fanden, lag er auf dem Boden unter dem Fenster. Sie trugen ihn ins Gefängnis, sperrten ihn hinter Schloß und Riegel in eine Zelle. Vor der Tür wurde ein Gefängniswärter aufgestellt.

Als Vincent wieder zu sich kam, bat er darum, Doktor Rey sehen zu dürfen. Es wurde ihm nicht erlaubt. Er bat um Papier und Bleistift, denn er wollte Theo schreiben. Auch diese Bitte wurde abgelehnt.

Nach vieler Mühe gelang es Doktor Rey, zu ihm ins Gefängnis zu kommen.

»Versuchen Sie, Ihre Empörung nicht zu äußern, Vincent«, sagte er, »sonst sagt man, Sie seien ein gemeingefährlicher Wahnsinniger, und dann ist alles zu Ende. Außerdem kann

413

die starke Erregung Ihren Zustand noch verschlimmern. Ich werde Ihrem Bruder schreiben, und wir beide werden Sie schon hier herausholen.«

»Bitte, lassen Sie Theo nicht hierherkommen. Er ist eben im Begriff zu heiraten. Es würde alles verderben.«

»Ich werde ihn bitten, nicht zu kommen. Ich habe einen Plan.«

Zwei Tage später kam Doktor Rey wieder. Der Wärter stand noch vor der Zelle.

»Vincent«, sagte er, »ich habe eben gesehen, wie man Ihr gelbes Haus räumt. Der Besitzer hat Ihre Möbel im Keller eines Cafés aufgestapelt und Ihre Gemälde eingeschlossen. Er sagt, er wird sie nicht eher freigeben, bis die rückständige Miete bezahlt ist.« – Vincent schwieg.

»Dorthin können Sie also nicht zurückgehen, und so denke ich, daß Sie am besten meinem Rat folgen. Es ist unmöglich zu sagen, wie oft Sie diese Anfälle haben werden. Wenn Sie in einer angenehmen Umgebung in Ruhe und Frieden leben und sich nicht aufregen, kann es sein, daß dieses der letzte Anfall war. Sonst können sie jeden Monat oder jeden zweiten Monat wiederkehren. Deswegen meine ich, um sich selbst und andere zu schützen... wäre Ihnen zu raten... in eine...«

»In eine Nervenheilanstalt zu gehen.«

»Ja.«

»Dann meinen Sie, daß ich...«

»Nein, Vincent, Sie sind es nicht. Sie können selbst sehen, daß Sie ebenso vernünftig sind wie ich. Aber diese Anfälle gleichen anderen Fieberkrankheiten. Man verliert dabei den Kopf. Wenn so eine Krise herannaht, macht man natürlich Unsinn. Deshalb müssen Sie in ein Krankenhaus gehen, wo man Sie dann pflegen würde.«

»Ich verstehe.«

»In St. Remy, nur fünfundzwanzig Kilometer von hier, ist so ein Haus, das St. Paul de Mausole genannt wird. Die dritte Klasse kostet hundert Francs pro Monat. Das können Sie aufbringen. Das Haus war früher ein Kloster. Es steht am Fuße der Berge. Es ist schön dort, Vincent, und ruhig, angenehm ruhig. Der Arzt verdient Vertrauen, und die Schwestern werden Sie pflegen. Das Essen wird einfach und gut sein. Sie werden sich erholen können.«

»Kann man da malen?«

»Aber natürlich. Sie können dort tun, was Sie wollen ... solange es nicht für Sie schädlich ist. Das Krankenhaus liegt inmitten großer Gärten. Sie werden glauben, in einem Sanatorium zu sein. Wenn Sie dort ein Jahr leben, werden Sie vielleicht wieder vollkommen gesund werden.«

»Aber wie komme ich überhaupt aus diesem Loch?«

»Ich habe mit dem Polizeiinspektor gesprochen. Er ist damit einverstanden, daß Sie nach St. Paul de Mausole gehen, vorausgesetzt, daß ich Sie begleite.«

»Und Sie meinen, daß es wirklich gesund und schön dort ist?«

»Reizend ist es, Vincent. Sie werden dort wunderbare Plätze zum Malen entdecken.«

»Es klingt gut. Hundert Francs pro Monat sind nicht viel. Vielleicht ist es gerade das, was ich brauche, um ruhiger zu werden.«

»Selbstverständlich. Ich habe Ihrem Bruder schon geschrieben, ihm gesagt, eine weite Reise wäre für Sie, da Sie im Augenblick so anfällig sind, kaum ratsam, gewiß nicht eine Reise nach Paris. Ich sagte ihm, daß meiner Meinung nach St. Paul das allerbeste für Sie wäre.«

»Gut, wenn Theo dafür ist ... ich bin mit allem einverstanden, wenn ich ihm nur nicht mehr Sorgen mache ...«

»Ich erwarte alle Augenblicke die Antwort. Sobald ich von ihm höre, komme ich zurück.«

Theo fügte sich. Es gab keine andere Möglichkeit. Er schickte für die Bezahlung der Rechnungen Geld. Dr. Rey begleitete Vincent im Wagen zum Bahnhof und fuhr mit ihm im Zug nach Tarascon. Von Tarascon aus fuhren sie mit einer kleinen Seitenlinie durch ein fruchtbares, grünes Tal nach St. Remy. Dann ging es in einer Droschke zwei Kilometer am Hügel hinauf durch die schlafende Stadt auf einen schwarzen, kahlen Bergkamm zu. Als sie sich ihm näherten, sah Vincent Klostermauern.

Die Droschke hielt. Vincent und Dr. Rey stiegen aus. Rechts war ein runder Platz ohne Bäume, auf dem ein Triumphbogen und ein Tempel der Vesta standen.

»Seltsam«, sagte Vincent.

»Es gab hier einmal eine römische Siedlung. Jetzt sind nur diese Denkmäler und das Kloster übrig.

Kommen Sie, Vincent, Dr. Peyron erwartet uns.«

Sie gingen durch einen kleinen Föhrenhain zum Klostertor. Dr. Rey zog an der eisernen Klingel, sie schallte laut. Kurz darauf wurde das Tor geöffnet, und Dr. Peyron erschien.

»Guten Tag, Herr Doktor«, sagte Dr. Rey. »Ich habe einen Freund, Vincent van Gogh, mitgebracht – – wir haben schon Briefe über ihn gewechselt. Ich weiß, daß Sie gut für ihn sorgen werden.«

»Ja, Dr. Rey, wir werden unser Bestes tun.«

»Sie verzeihen, Herr Doktor, ich muß mich beeilen, um den Zug nach Tarascon zu erreichen.«

»Natürlich, Herr Doktor, ich verstehe vollkommen.«

»Auf Wiedersehen, Vincent«, sagte Dr. Rey. »Seien Sie zufrieden, und Sie werden gesund werden. Ich werde Sie so oft wie möglich besuchen. Nach einem Jahr geht es Ihnen hoffentlich wieder gut.«

»Danke sehr. Sehr freundlich von Ihnen. Auf Wiedersehen.«

»Auf Wiedersehen, Vincent.«

Er wandte sich um und verschwand in den Föhren.

»Würden Sie hereinkommen, Vincent?«

Dr. Peyron ging etwas zur Seite, Vincent trat ein.

Die Tür des Irrenhauses fiel hinter ihm ins Schloß.

ST.REMY

Die Abteilung, in die Vincent kam, erinnerte an einen Warte-
saal dritter Klasse im Bahnhof eines verlassenen Dorfes. Die
Bewohner trugen Hüte, Augengläser, Stöcke und Reisemäntel,
als ob sie eben im Begriff wären, abzufahren.

Schwester Deschanel führte Vincent durch den langen, flur-
ähnlichen Raum und zeigte auf ein leeres Bett.

»Hier werden Sie schlafen«, sagte sie. »Abends ziehen Sie die
Vorhänge zu, damit Sie ungestört sind. Wenn Sie Ihre Kleider
weggepackt haben, möchte Dr. Peyron im Büro ein Wort mit
Ihnen sprechen.«

Die elf Männer, die um den ungeheizten Ofen saßen, bekun-
deten bei Vincents Ankunft keinerlei Interesse. Durch die
Länge des Zimmers schwebte der gestärkte weiße Rock, der
schwarze Mantel und der schwarze Schleier der Schwester Deschanel, bis sie den Blicken Vincents entschwand.

Vincent setzte den Koffer hin und sah sich im Zimmer um.
An beiden Seiten standen die Betten in Reihen, und jedes
Bett war von einem Gestell umgeben, auf dem schmutzige,
gelbweiße Vorhänge hingen. Die rauhen Balken des Daches
waren zu sehen, die Wände waren weiß getüncht. Mitten im
Zimmer stand ein Ofen mit einem eckigen Rohr. Die einzige
Lampe im Zimmer hing über dem Ofen.

Seltsam, wie still die Männer waren. Sie sagten kein Wort. Sie
lasen nicht, spielten nicht. Nein. – Sie stützten die Hände auf
die Spazierstöcke und betrachteten den Ofen.

An der Wand, am Kopf des Bettes, war ein Kleiderkasten angebracht, aber Vincent zog es vor, seine Pfeife, Tabak und ein
Buch hineinzulegen. Er schob seinen Koffer unter das Bett und
ging in den Garten.

Der Klostergang war ganz verlassen. Unter hohen Kiefern
wucherte das Unkraut üppig zwischen ungepflegtem Gras.
Fahles Sonnenlicht fiel zwischen die hohen Mauern. Vincent
wandte sich links zu dem Hause, in dem Dr. Peyron und seine
Familie wohnte. Er klopfte.

Doktor Peyron war Marinearzt in Marseille gewesen, dann
Augenarzt. Ein schwerer Gichtanfall hatte ihn veranlaßt, die
Nervenanstalt auf dem Lande zu übernehmen.

»Sie haben länger Erfahrung mit Nervenkrankheiten, Herr Doktor. Können Sie mir erklären, wie ich dazu kam, mir ein Ohr abzuschneiden?«

»Der Vorfall ist nicht ungewöhnlich bei Epileptikern, Vincent. Ich habe zwei ähnliche Fälle gekannt. Die Gehörnerven werden außerordentlich empfindlich, der Kranke meint, daß die Sinnestäuschungen verschwinden, wenn er das äußere Ohr abschneidet.«

»... So ... Das leuchtet mir ein ... Und die Behandlung hier? ...«

»Behandlung? Nun ... also ... jede Woche müssen Sie wenigstens zwei heiße Bäder nehmen. Das ist unerläßlich. Und Sie müssen jedesmal zwei Stunden im Wasser sitzen. Dadurch werden Sie ruhiger.«

»Und was sonst, Herr Doktor?«

»Sie müssen absolut ruhig bleiben, sich nicht aufregen. Nicht arbeiten, nicht lesen, nicht diskutieren, sich über nichts erregen.«

»Ich weiß ... ich fühle mich zu schwach, um zu arbeiten.«

»Wenn Sie an dem religiösen Leben hier nicht teilnehmen wollen, werde ich den Schwestern sagen, sie sollen Sie nicht drängen. Falls Sie etwas benötigen, kommen Sie zu mir.«

»Danke schön, Herr Doktor.«

»Abendbrot gibt es um fünf Uhr, wenn es läutet. Versuchen Sie, sich an das Leben in der Anstalt möglichst bald zu gewöhnen. Das ist der schnellste Weg zur Genesung.«

Vincent kehrte wieder in das Gebäude für die dritte Klasse zurück. Er setzte sich auf sein Bett. Die anderen saßen immer noch am Ofen. Endlich läutete es. Die elf Männer erhoben sich mit einer Art grimmiger Entschlossenheit und gingen zur Tür. Vincent folgte ihnen.

Der Boden des Zimmers, in dem der Abendtisch gedeckt war, war aus nackter Erde. Es gab kein Fenster. Sie aßen an einem aus langen Brettern zusammengezimmerten Tisch auf Holzbänken. Die Schwestern brachten das Essen. Es schmeckte moderig wie in einer schlechten Pension. Zuerst wurden eine unappetitliche Suppe und Schwarzbrot auf den Tisch gesetzt, dann zusammengekochte Erbsen, Bohnen und Linsen. Vincents Kameraden verschlangen die Gerichte, strichen die Brotkrumen vom Tisch in die Hände und aßen auch sie.

Nach der Mahlzeit saßen sie wieder stumm am Ofen, als ob sie sich ausschließlich auf die Verdauung konzentrieren wollten. Später stand einer nach dem anderen auf, legte die Kleider ab, zog die Vorhänge um sein Bett und legte sich hin. Sie hatten noch immer kein Wort gesagt.

Die Sonne ging gerade unter. Vincent stand am Fenster und sah hinaus über das grüne Tal. Gegen den blassen, zitronenfarbenen Himmel hoben sich zart die dunklen Kiefernzweige ab. Aber Vincent stand regungslos da, er empfand nichts, nicht den leisesten Wunsch, das Bild zu malen.

Er stand am Fenster, bis die schwere provenzalische Dunkelheit den schwarzen Himmel in sich aufgesogen hatte. Niemand kam, um die einzige Lampe anzuzünden. Was konnte man tun, als an sein eigenes Leben denken?

Er legte sich schlafen. Die Augen weit aufgerissen, starrte er die Dachbalken an. Er hatte Delacroix' Buch mitgebracht. Er fühlte in den Kasten, zog es heraus und hielt den Ledereinband an sein Herz. So lag er in der Dunkelheit, getröstet, weil er das Buch fühlen konnte. Er gehörte nicht zu diesen Geisteskranken, sondern zu dem großen Meister, dessen prophetische Worte er ans Herz und im Herzen hielt.

Er schlief ein. Mitten in der Nacht erwachte er plötzlich und hörte im Nebenbett ein Stöhnen. Es wurde lauter, verwandelte sich in ein Schreien und Jammern.

»Warum verfolgen Sie mich? Ich habe ihn nicht getötet. Mich können Sie nicht hinters Licht führen. Ich weiß – – Sie sind Geheimpolizist.«

Vincent sprang auf und schob den Vorhang zur Seite. Er sah einen blonden jungen Mann, der sein Nachthemd mit den Zähnen zerriß. Als er Vincent erblickte, preßte er die Hände zusammen und kniete vor ihm nieder.

»Führen Sie mich nicht ab. Ich habe es nicht getan, sage ich Ihnen. Ich kann ihn nicht getötet haben – – das Geld ist nicht bei mir. Sehen Sie!«

Er zerrte die Decken von dem Bett und fing an, die Matratze aufzureißen. Doch regte sich niemand im Saal.

Vincent lief zum Bett, das daneben stand, zog den Vorhang zur Seite und schüttelte den Schläfer. Der öffnete die Augen und starrte Vincent an.

»Stehen Sie auf, und helfen Sie mir, ihn zu beruhigen«, sagte Vincent. »Ich fürchte, er kann sich weh tun.«

Der Mann fing an, aus dem Munde zu geifern. Zusammenhanglose, wirre Laute kamen hervor.

»Schnell«, rief Vincent, »wir können ihn nur zu zweit halten.« Er fühlte eine Hand auf der Schulter, drehte sich um und sah einen der älteren Männer.

»Es hat keinen Zweck – – man kann nichts mit ihm anfangen«, sagte der Mann. »Er ist geistesgestört, hat, seit er hier ist, nicht ein Wort hervorgebracht. Kommen Sie, wir beruhigen den Jungen.«

Zusammen hielten sie ihn auf dem Bett fest, aber seine rasenden Schreie hallten noch eine Stunde lang durch den Raum, bis er nur noch erschöpft schluchzen konnte. Schließlich fiel er in einen fiebrigen Schlaf. Der ältere Mann kam zu Vincent herüber.

»Der Junge hat Jura studiert«, sagte er. »Er hat sich überarbeitet. Seine Anfälle kommen ungefähr jeden zehnten Tag. Er tut niemandem etwas zuleide. Ich wünsche Ihnen, gut zu ruhen.«

Dann legte er sich wieder schlafen. Vincent ging ans Fenster und sah den Morgenstern. Er erinnerte sich an Daubignys Bild, in dem die unermeßliche Ruhe und Erhabenheit des Weltalls zum Ausdruck kommt und auch unendliches Mitgefühl mit dem winzigen und schwachen Menschen, der von weit, weit unten heraufschaut.

Am nächsten Morgen nach dem Frühstück gingen die Männer in den Garten. Jenseits der Mauer war der Bergkamm zu sehen, öde und unfruchtbar, seitdem die Römer über ihn gestiegen waren. Vincent sah zu, wie die anderen träge Kegel spielten. Er saß auf einer Steinbank und blickte auf die efeubedeckten Räume und das Immergrün zu seinen Füßen. Die

Schwestern aus dem Orden vom heiligen Josef von Aubenas gingen an ihm auf ihrem Wege zur alten römischen Kapelle vorüber. Sie liefen schnell, still und heimlich wie Mäuse. Ihre Augen lagen tief in den Höhlen, sie drehten leise murmelnd den Rosenkranz.

Nach einer Stunde kamen die Männer vom Kegelspiel in den kühlen Raum zurück. Ihre regungslose Untätigkeit erschreckte Vincent.

Schließlich konnte er den Anblick nicht mehr ertragen, er ging wieder im Garten spazieren. Das fest verschlossene Tor war der einzige Ausgang, die Mauern waren beinahe vier Meter hoch.

Er setzte sich auf eine Steinbank neben einen Strauch wilder Rosen. Er wollte sich klar darüber werden, welchen Sinn sein Aufenthalt hier hatte. Aber eine furchtbare Bangigkeit und Angst ließen ihn nicht denken. Er fühlte sich leer, ohne Hoffnung und ohne Wunsch.

Verzweifelt kehrte er wieder ins Haus zurück. Kaum war er durch die Säulenhalle gegangen, hörte er etwas wie das Heulen eines Hundes. Ehe er die Tür seiner Abteilung erreicht hatte, wurde es das wilde Heulen eines Wolfes.

Vincent lief durch den langen Raum. In der fernsten Ecke, das Gesicht zur Wand, sah er den alten Mann, der ihm in der Nacht geholfen hatte. Der Kopf war zurückgeworfen, das Gesicht hatte einen tierischen Ausdruck. Er heulte mit der ganzen Kraft seiner Lungen. Das Wolfsheulen verwandelte sich in das seltsame Schreien eines Dschungeltieres. Die Wände gaben den traurigen Laut wieder.

Die Männer am Ofen blieben stumm sitzen. Das tierische Wehklagen wurde herzzerreißend.

»Ich muß ihm irgendwie helfen«, sagte Vincent.

Der junge blonde Mann hielt ihn zurück.

»Es ist besser, ihn in Ruhe zu lassen«, sagte er. »Wenn man ihn anspricht, wird er wütend. Nach einigen Stunden wird es vorbei sein.«

Die Wände des Klosters waren dick, doch konnte Vincent während des ganzen Mittagessens das qualvolle Heulen vernehmen. Den Nachmittag verbrachte er in einer fernen Ecke des Gartens, aber auch dort drang das wahnsinnige Jammern in seine Ohren.

An demselben Abend bei Tisch griff ein junger Mann, dessen linke Seite paralysiert war, nach einem Messer, sprang auf und hielt das Messer über sein Herz.

»Die Zeit ist gekommen«, schrie er, »ich töte mich.«

Der Mann, der rechts neben ihm saß, stand müde auf und ergriff den Arm des Gelähmten.

»Heute nicht, Raymond«, sagte er. »Heute ist Sonntag.«

»Doch, doch, heute! Ich möchte nicht leben! Ich will nicht! Laß mich los! Ich möchte mich töten!«

»Morgen, Raymond, morgen. Heute ist nicht der richtige Tag.«

»Laß meinen Arm los! Ich werde dieses Messer in mein Herz stoßen! Ich sage dir, ich muß mich töten!«

»Ich weiß, ich weiß, aber heute nicht. Heute nicht.«

Er nahm das Messer aus Raymonds Hand und führte den vor Wut über seine Schwäche Weinenden zur Abteilung zurück.

Vincent wandte sich zu dem Mann neben ihm, dessen rot umränderte Augen die zitternden Finger ängstlich beobachteten, während er die Suppe zum Munde führte.

»Was ist mit ihm?« fragte er.

Der Mann ließ den Löffel sinken und sagte: »Seit einem Jahr ist nicht ein Tag vergangen, an dem Raymond nicht versucht hätte, Selbstmord zu begehen.«

»Warum versucht er es hier?« fragte Vincent. »Warum stiehlt er nicht das Messer und tötet sich, wenn alle schlafen?«

»Vielleicht hat er doch nicht den Wunsch zu sterben.«

Im Laufe von vierzehn Tagen hatte Vincent jeden der elf Mitbewohner des Saales seine eigene Art des Anfalls durchmachen sehen.

Nicht ein Tag ging vorbei, ohne daß er gerufen wurde, einen, der plötzlich seine Sinne verlor, zu beruhigen. Die Kranken der dritten Klasse waren ihre eigenen Ärzte und Krankenpfleger, denn Peyron besuchte sie nur einmal in der Woche, und die Wächter bemühten sich nur um die der ersten und zweiten Klasse. Die Männer blieben immer zusammen und zeigten in solchen Augenblicken endlose Geduld. Jeder wußte, daß auch er bald an der Reihe und dann auf die Hilfe und Nachsicht seiner Nachbarn angewiesen sein würde.

Es war eine Brüderschaft der Geisteskranken.

Vincent war froh, daß er gekommen war. Da er ihr Leben nun kannte, verlor er allmählich das Grauen und die Angst vor dem Wahnsinn. Er sah ihn als eine Krankheit an wie irgendeine andere. In der dritten Woche fand er seine Kameraden nicht schrecklicher als Schwindsüchtige oder Krebskranke.

Der einzige Verkehr, den Vincent mit einem vernünftigen Menschen hatte, waren die fünf Minuten, die er mit Doktor Peyron sprach.

»Sagen Sie mir, Herr Doktor«, fragte er, »warum sprechen die Männer niemals zusammen? Einige scheinen intelligent genug zu sein, wenn sie nicht gerade einen Anfall haben.«

»Sie können nicht sprechen, Herr van Gogh, denn in dem Augenblick, wo sie zu reden anfangen, kommt ein Krankheitsfall. Sie haben gelernt, daß sie nur weiterleben können, wenn sie vollkommen ruhig bleiben.«

»Sie könnten ebensogut tot sein, nicht wahr?«

Peyron zuckte die Achseln. »Mein lieber Herr van Gogh, das ist eine Frage der Anschauung.«

»Aber warum lesen sie nicht einmal? Ich meine Bücher . . .«

»Das Lesen peitscht sie zum Denken auf, und bald haben sie einen schweren Anfall. Nein, mein Freund, sie müssen in einer verschlossenen, inneren Welt wohnen. Man braucht sie nicht zu bemitleiden. Erinnern Sie sich nicht daran, was der englische Dichter Dryden sagte: ›Sicher liegt in dem Wahnsinn eine Art Freude, die nur der Wahnsinnige kennt.‹«

Ein Monat ging vorbei. Vincent wünschte sich nicht fort und entdeckte diesen Wunsch auch nicht bei den anderen. Er erklärte sich diese Gleichgültigkeit damit, daß sie alle zu sehr erschüttert waren, um an dem Leben in der Welt teilzunehmen.

Vincent hielt sich aufrecht, um sich für den Tag zu stärken, wo der Wunsch und die Kraft zu malen wiederkehren würden.

Die anderen führten ein Pflanzenleben, dachten nur an die drei Mahlzeiten. Vincent fürchtete, auch dieser trägen Eßgier zu verfallen. Er nahm deshalb nur ein wenig Schwarzbrot und etwas Suppe zu sich. Theo schickte ihm eine Shakespeare-Ausgabe in einem Band. Er las Richard II., Heinrich IV. und Heinrich V., um sich von der Gegenwart abzulenken.

Er kämpfte mutig, damit der Kummer sich nicht in seinem Herzen sammle wie Wasser in einem Sumpf.

Theo war jetzt verheiratet. Er und seine Frau Johanna schrieben oft an Vincent. Theo war nicht gesund. Vincent fürchtete mehr für ihn als für sich selbst. Er bat Johanna, Theo gute holländische Kost zu geben.

Vincent wußte, daß die Arbeit ihn mehr als alles andere von schwermütigen Gedanken abhalten würde. Sich mit seiner ganzen Kraft in sie zu stürzen, würde ihm vielleicht die Rettung bringen. Die Männer in der Abteilung hatten nichts, das sie vor dem Verfall bewahren konnte, er aber hatte seine Malerei, die es ihm ermöglichen würde, eines Tages gesund und glücklich die Anstalt zu verlassen.

Am Ende der sechsten Woche gab Doktor Peyron Vincent ein kleines Zimmer als Atelier. Die Tapeten waren graugrün, auf den seegrünen Fenstergardinen war ein blasses Rosenmuster. Die Gardinen und ein alter Lehnsessel, dessen Kissen wie ein Monticelli-Bild bespritzt war, waren von einem wohlhabenden Verstorbenen zurückgelassen worden. Das Zimmer sah auf ein schräges Kornfeld und auf weite Wiesen, die von keinen Anstaltsmauern umgeben waren. Vor dem Fenster aber waren dicke, schwarze Stäbe angebracht.

Vincent malte die Landschaft. Im Vordergrund war das Korn vom Sturm auf den Boden geworfen und vernichtet worden. Jenseits des grauen Laubs einiger Olivenbäume lagen Hütten und Hügel. Darüber malte Vincent eine große grauweiße, im blauen Himmel verlorene Wolke.

Zum Abendessen kam er freudestrahlend zur Abteilung zurück. Seine Kraft hatte ihn nicht verlassen. Er hatte der Natur wieder ins Angesicht gesehen. Die Liebe zu seiner Arbeit war zurückgekehrt und hatte ihn gezwungen, wieder zu schaffen.

Jetzt konnte die Anstalt ihn nicht mehr töten. Er war auf dem Wege der Genesung. In wenigen Monaten würde er sie verlassen und nach Paris zu seinen alten Freunden fahren. Das Leben fing für ihn wieder an. Er schrieb Theo einen langen, jubelnden Brief, bat um Farben, Leinwand, Pinsel und interessante Bücher.

Am nächsten Morgen stieg die Sonne heiß und golden auf. Die Heuschrecken im Garten zirpten schrill. Vincent nahm die Staffelei mit ins Freie, er malte Föhren, die Büsche und die Wege. Die anderen Männer sahen still und ehrfurchtsvoll über seine Schulter.

»Sie haben bessere Sitten als die Leute in Arles«, dachte Vincent.

Spät am selben Nachmittag besuchte er Doktor Peyron. »Ich fühle mich vollkommen erholt, Herr Doktor, und möchte von Ihnen die Erlaubnis haben, morgen außerhalb der Mauer zu malen.«

»Sie sehen gewiß viel besser aus, Herr van Gogh. Die Ruhe und die Bäder haben Ihnen sehr geholfen. Aber meinen Sie nicht, daß es etwas gefährlich ist, so bald auszugehen?«

»Gefährlich? Ach nein. Warum?«

»Sie könnten . . . einen Anfall haben . . . in den Feldern . . .«

Vincent lachte. »Es kommen keine Anfälle mehr, Herr Doktor. Damit bin ich fertig. Ich fühle mich wohler als je zuvor.«

»Aber nein, ich fürchte . . .«

»Herr Doktor, bitte tun Sie mir den Gefallen. Wenn ich mich frei bewegen und die Dinge, die ich liebe, malen kann, werde ich viel glücklicher sein.«

»Ja, also, wenn Arbeit das ist, was Sie brauchen . . .«

Das Tor wurde für Vincent geöffnet. Er nahm die Staffelei auf den Rücken und ging auf die Suche nach Bildern. Ganze Tage verbrachte er in den kleinen Bergen hinter der Anstalt. Die Zypressen von St. Remy lebten in seinen Gedanken, so wie es früher die Sonnenblumen getan hatten. Er fand sie in Linien und Gleichmaß so schön wie ägyptische Obelisken. Ihre schwarzen Formen hoben sich wunderbar von der sonnigen Landschaft ab.

Die Gewohnheiten der Tage in Arles kehrten wieder. Jeden Morgen bei Sonnenaufgang wanderte er mit einer leeren Leinwand fort; jeden Abend brachte er ein Stück Natur in seinem Bilde heim. Wenn etwa seine Kraft und seine Fähigkeiten nachgelassen hatten, so konnte er es doch nicht empfinden. Jeden Tag fühlte er sich kräftiger, aufnahmefähiger, sicherer.

Jetzt, da er wieder Herr seines Schicksals war, fürchtete er sich nicht mehr, am Anstaltstisch zu essen. Er verschlang alles, was es gab, selbst die unappetitliche Suppe. Er brauchte Nahrung, damit er arbeiten konnte. Er hatte nichts mehr zu befürchten. Er hatte sich selbst in der Hand.

Als er drei Monate in der Anstalt war, fand er ein Zypressenmotiv, das ihm das Gefühl gab, als würde er von allen Schmerzen, die er erlitten hatte, befreit. Die Bäume waren massiv. Davor waren niedrige Sträucher. Hinten wuchsen veilchenblaue Hügel empor. An dem grün- und rosafarbenen Himmel stand der abnehmende Mond. Er malte das dichte Gestrüpp im Vordergrund mit sehr dicker Farbe, darin etwas Gelb, Veilchenblau und Grün. Als er mit dem Bild fertig war, glaubte er, daß er wieder zur festen Erde zurückgefunden habe.

Theo sandte mehr Geld, als er brauchte. Er erhielt die Erlaubnis, nach Arles zu fahren, um seine Bilder abzuholen. Die Menschen auf dem Lamartine-Platz waren höflich, aber als er das gelbe Haus wiedersah, fühlte er sich krank. Er fürchtete einen Rückfall. Er besuchte Roulin und Doktor Rey nicht, obwohl er es vorgehabt hatte, sondern ging nur zum Wirt, der seine Bilder noch hatte. –

Am Abend kam Vincent nicht zur Anstalt zurück, obwohl er es versprochen hatte. Am folgenden Tage fand man ihn zwischen Tarascon und St. Remy. Er lag in einem Graben, das Gesicht zur Erde gewandt.

Drei Wochen lang fieberte und phantasierte er. Die Männer in der Abteilung, mit denen er Mitleid gehabt hatte, weil ihre Anfälle immer wiederkehrten, hatten große Geduld mit ihm.

Als er sich genügend erholt hatte und es ihm klar wurde, was passiert war, sagte er sich wiederholt:

»Es ist scheußlich! Scheußlich!«

Eine furchtbare Hoffnungslosigkeit kam über Vincent. Je mehr er sich körperlich erholte und sich darüber klar wurde, was werden sollte, um so zweckloser schien es ihm, weiterzumalen. Doch wenn er nicht malte, konnte er nicht leben.

Doktor Peyron schickte ihm etwas Fleisch und Wein, aber er erlaubte ihm nicht, in die Nähe seines Ateliers zu gehen. Solange Vincent noch schwach war, war ihm das einerlei, aber als er sich wieder kräftiger fühlte, konnte er die Trägheit der anderen nicht mehr ertragen.

»Herr Doktor Peyron«, sagte er, »meine Arbeit ist für meine Genesung notwendig. Wenn ich gezwungen werde, so wie diese Geistesgestörten müßig dazusitzen, werde ich einer von ihnen werden.«

»Aber es war die übermäßige Arbeit, die den letzten Anfall herbeiführte. Ich muß Sie vor einer Wiederholung schützen!«

»Nein, Herr Doktor, es war nicht die Arbeit. Es war die Reise nach Arles, die den Anfall zur Folge hatte. Als ich den Lamartine-Platz und das gelbe Haus sah, wurde ich krank. Wenn ich ihm fernbleibe, wird sich der Anfall nicht wiederholen. Bitte, lassen Sie mich in mein Atelier gehen.«

»Ich kann in dieser Frage keine Verantwortung übernehmen. Ich werde Ihrem Bruder schreiben. Wenn er sich einverstanden erklärt, können Sie wieder arbeiten.«

Theos Antwort auf die Frage von Doktor Peyron war die Bitte, er möchte Vincent erlauben, wieder zu malen. Der Brief brachte auch eine andere Nachricht, die Vincent neu belebte. Theo würde bald Vater werden.

Vincent fühlte sich ebenso glücklich und voller Kraft wie vor dem letzten Anfall. Er setzte sich sofort hin und schrieb einen strahlenden Brief an seinen Bruder.

»Theo, ich wünsche, daß Dir die Familie sein wird, was mir die Natur, Lehmklumpen, Gras, das gelbe Korn, die Bauern sind. Das Kind, das Johanna Dir schenkt, wird Dich der Wirklichkeit viel näher bringen, als es sonst in der Großstadt möglich ist. Jetzt fühlst Du Dich gewiß tief mit der Natur verbunden, wenn, wie Du schreibst, Johanna schon fühlt, wie sich das Kind bewegt.«

Er kehrte in sein Atelier zurück und malte noch einmal die Landschaft vor dem vergitterten Fenster: das Kornfeld mit einem kleinen Schnitter und einer großen Sonne. Alles, mit Ausnahme der Mauer und der veilchenfarbenen Hügel im Hintergrund, malte er gelb.

Doktor Peyron gab Theos Bitte nach und erlaubte Vincent, außerhalb der Mauer zu arbeiten. Er malte die Zypressen, die aus der Erde in den gelben Sonnenhimmel emporwuchsen. Er malte auch die Frauen, die Oliven pflückten. Die Erde war vorn veilchen- und weiter hinten ockerfarben. Die Baumstämme wirkten wie Bronze, das Laub graugrün. Der Himmel und die drei Figuren der Frauen leuchteten in einem tiefen Rosa.

Auf seinem Wege unterhielt er sich öfters mit den Bauern, die auf dem Felde arbeiteten.

»Sehen Sie«, sagte er ihnen, »ich pflüge genauso wie Sie – – wenn auch nicht auf den Feldern, so doch in meinen Bildern.«

Der Spätherbst reifte zu voller Schönheit. Die Erde der Provence brachte tiefblaue Farbentöne hervor; das verbrannte Gras flammte um die kleinen rosafarbenen Blumen im Garten; der grüne Himmel hob sich vom gelben Laub ab.

Und mit dem Spätherbst kehrte Vincents ganze Kraft zurück. Er sah, daß er Fortschritte machte. Er hatte gute Einfälle. Er fing an, die Gegend besser zu verstehen. Sie war von der Landschaft um Arles sehr verschieden. Die Hügel, die über das Tal ragten, schützten es zum großen Teil vor dem heftigen Nordwind. Die Sonne blendete weit weniger. Jetzt fühlte er sich in St. Remy zu Hause. In den ersten Monaten seines Aufenthalts hatte er gefürchtet, daß sein Geist in der Anstalt zerstört werden würde. Jetzt, wo er in seiner Arbeit aufging, war es ihm gleichgültig, wo er wohnte. Obwohl er sich vollkommen gesund fühlte, meinte er, daß es keinen Sinn habe, in eine fremde Umgebung zu ziehen und wieder sechs Monate zu verlieren, bis er die neue Landschaft erfaßt hätte.

Die Briefe aus Paris machten ihm Freude. Johanna kochte für Theo, und er erholte sich zusehends. Sie blieb auch in den letzten Monaten der Schwangerschaft heiter und gesund. Jede Woche schickte Theo Tabak, Schokolade, Farben, Bücher und eine Zehn- oder Zwanzig-Francs-Note.

Jetzt erinnerte sich Vincent kaum mehr des Anfalls nach dem Besuch in Arles. Wiederholt versicherte er sich selber, daß er schon sechs Monate gesund wäre, wenn er die verwünschte Stadt nicht besucht hätte. Sobald seine Studien der Zypressen- und Olivenhaine trocken waren, wusch er sie mit Wasser und einem bißchen Wein ab, so daß das Öl von der Oberfläche verschwand. Dann schickte er sie an Theo. Als Theo ihm schrieb, daß er eine Anzahl seiner Bilder bei den »Unabhängigen« ausstellen werde, fühlte er sich enttäuscht; denn er war sich bewußt, noch mehr leisten zu können. Er wollte mit der Ausstellung seiner Bilder warten, bis er seine Technik vervollkommnet hatte.

Aus den Briefen Theos erfuhr er, daß seine Arbeit erstaunlich schnell bekannt wurde. Er beschloß, nach dem Jahr in der Anstalt ein Haus im Dorf von St. Remy zu mieten und weiter den Süden zu malen. Wieder fühlte er die ungeheure Freude, die ihn in Arles, als er die Sonnenblumen malte, erfüllt hatte. –

Als er eines Nachmittags ruhig in den Feldern arbeitete, begann er leicht zu phantasieren. Spät in der Nacht fanden ihn die Wärter der Anstalt sieben Kilometer von seiner Staffelei entfernt. Seine Arme hielten einen Zypressenstamm umschlungen.

Am Ende des fünften Tages wurde Vincent wieder klar. Was ihn am tiefsten verwundete, war, daß seine Kameraden den Anfall als unvermeidlich hinnahmen.

Der Winter kam heran. Vincent lag noch im Bett; er hatte nicht die Willenskraft, aufzustehen. Jetzt glühte der Ofen in

der Mitte des Zimmers. Von morgens bis abends saßen die
Männer in müder Stille da. Die Fenster in der Abteilung
waren klein und hochgelegen, es kam sehr wenig Licht herein. Die Wärme verbreitete den Geruch von Verwesung. Die
Schwestern, die sich noch tiefer als sonst in ihre schwarzen
Mäntel und Hauben einhüllten, murmelten Gebete und betasteten ihre Kreuze. Die unfruchtbaren Hügel im Hintergrund schienen zu drohen.

Vincent lag wach in seinem Bett. Was hatte ihn Mauves Sche-
veningengemälde gelehrt? »Lerne leiden, ohne zu klagen.« Ja,
lerne auch das Leiden ohne Widerwillen anschauen ... Aber
wenn er das tat, war er in Gefahr, sich selbst zu verlieren.
Denn in jedem Leben kommt ein Augenblick, in dem man
das Leid wie einen schmutzigen Mantel abwerfen muß.

Die Tage vergingen eintönig. Er hatte weder Ideen noch Hoffnungen. Einmal hörte er, wie sich die Schwestern über seine
Arbeit unterhielten. Sie überlegten, ob er malte, weil er verrückt war, oder verrückt war, weil er malte.

Ein Schwachsinniger setzte sich an sein Bett und plärrte. Vincent fühlte, daß der Kranke ihn gern hatte, und jagte ihn
nicht fort. Manchmal sprach er mit ihm, weil ihm niemand
anders zuhörte.

»Sie meinen, daß meine Arbeit mich verrückt gemacht hat«,
sagte er eines Tages, als zwei Schwestern vorbeigingen. »Ich
weiß, daß der Maler im Grunde genommen zu sehr in dem,
was seine Augen sehen, aufgeht und daß er wenig Herr seines
sonstigen Lebens ist. Aber macht ihn das unfähig, in dieser
Welt zu leben?«

Der Schwachsinnige antwortete nur zusammenhangloses
Zeug.

Es war eine Zeile aus dem Buch von Delacroix, die ihm endlich die Kraft gab, aus dem Bett aufzustehen. »Ich entdeckte die
Malerei«, schrieb Delacroix, »als mir der Atem ausgegangen
und die Zähne ausgefallen waren.«

Einige Wochen hatte er nicht einmal den Wunsch, in den Garten zu gehen. Er saß am Ofen und las die Bücher, die Theo
aus Paris gesandt hatte. Wenn einer der Nachbarn einen

Anfall hatte, schaute er nicht auf. Er war so lange von gesunden Menschen getrennt, daß ihm die Mitbewohner des Saales nicht mehr unnormal vorkamen.

»Es tut mir leid«, sagte Doktor Peyron, »aber ich kann Ihnen nicht wieder erlauben, außerhalb der Mauer zu malen.«

»Sie erlauben doch, daß ich im Atelier arbeite?«

»Ich rate Ihnen davon ab.«

»Wäre es Ihnen lieber, ich beginge Selbstmord, Herr Doktor?«

»Nun gut, arbeiten Sie im Atelier. Aber wenige Stunden am Tag.«

Selbst der Anblick der Staffelei und des Pinsels konnte ihn nicht zu neuem Leben erwecken. Er saß regungslos in dem Monticelli-Armstuhl und schaute durch die eisernen Stangen auf die kahlen Felder.

Ein paar Tage später wurde er von Doktor Peyron ins Büro gerufen, um einen Einschreibebrief entgegenzunehmen. Als er den Umschlag aufmachte, fiel ein auf seinen Namen ausgeschriebener Scheck über vierhundert Francs heraus. Es war die größte Geldsumme, die er jemals in der Hand gehabt hatte. Warum hatte Theo so viel geschickt?

»Mein lieber Vincent!

Endlich! Eines Deiner Bilder ist für vierhundert Francs verkauft worden. Es ist ›Der rote Weingarten‹, den Du im letzten Frühling in Arles gemalt hast. Anna Bock, die Schwester des holländischen Malers, hat ihn erworben.

Gratuliere herzlich, lieber Junge! Bald werden wir Deine Bilder in ganz Europa verkaufen! Benütze dieses Geld, um nach Paris zurückzukehren, wenn Doktor Peyron einverstanden ist.

Neulich lernte ich einen entzückenden Mann kennen, Doktor Gachet. Er wohnt in Auvers-sur-l'Oise, nur eine Stunde von Paris. Jeder bedeutende Maler seit Daubigny hat in seinem Hause gearbeitet. Er behauptet, daß er Deinen Fall vollkommen versteht und daß, wenn Du nach Auvers kommen willst, er zu jeder Zeit gerne bereit ist, für Dich zu sorgen. Ich schreibe morgen wieder.

Theo«

Vincent zeigte den Brief Doktor Peyron und seiner Frau. Peyron las ihn sorgfältig und befühlte den Scheck. Er gratulierte Vincent. Vincent ging zu neuem Leben angeregt fort. Als er den Garten halb durchquert hatte, merkte er, daß er Theos Brief vergessen hatte. Er lief schnell zurück.

Im Begriff zu klopfen hörte er seinen Namen. Er zögerte einen Augenblick unschlüssig.

»Aber warum tat er das?« fragte Madame Peyron.

»Vielleicht, weil er dachte, daß es seinem Bruder guttun würde.«

»Er kann das Geld doch nicht entbehren . . .?«

»Wahrscheinlich meinte er, Vincents Gesundheit sei die Summe wert.«

»Du glaubst, daß es auf keinen Fall stimmen kann?«

»Meine liebe Marie, wie könnte es? Diese Frau soll die Schwester eines Künstlers sein. Wie in aller Welt könnte jemand mit einem bißchen Einsicht . . .?«

Vincent ging.

Beim Abendessen erhielt er ein Telegramm von Theo: »Nannten den Jungen nach Dir. Johanna und Vincent geht's gut.«

Der Verkauf des Bildes, die wunderbare Nachricht von Theo machten Vincent über Nacht gesund. Frühmorgens ging er wieder in sein Atelier, weichte die Pinsel auf, sortierte die Gemälde und Studien, die gegen die Wand gelehnt standen.

»Wenn Delacroix die Malerei erst entdeckte, als er Atem und Zähne verloren hatte, kann ich, der ich weder Zähne noch Verstand habe, sie auch wiederentdecken.«

Mit wilder Entschlossenheit stürzte er sich in seine Arbeit. Er zeichnete den »Barmherzigen Samariter« nach Delacroix, den »Sämann« und den »Grabenden« nach Millet. Er beschloß, sein Unglück mit dem nordischen Phlegma hinzunehmen. Das Leben für die Kunst war erschütternd schwer. Das hatte er gewußt, als er vor Jahren anfing. Warum also klagen?

Genau zwei Wochen, nachdem er den Scheck über vierhundert Francs erhalten hatte, kam die Januar-Ausgabe des »Mercure de France«. Theo hatte auf dem Umschlag einen Aufsatz mit dem Titel »Die Einsamen« angestrichen. Er las:

»Was die Arbeit van Goghs charakterisiert, ist die übermäßige Kraft und die Gewalt des Ausdrucks. In der kategorischen Betonung des Wesentlichen, in der oft tollkühnen Vereinfachung der Form, in dem Übermut, der Sonne ins Gesicht zu schauen, in der Leidenschaft der Zeichnung und Färbung offenbart er sich als ein gewaltiger und männlicher Künstler, ein Erneuerer. Manchmal ist er brutal, manchmal überaus zart.

Vincent van Gogh kommt von Frans Hals her. Sein Realismus liegt jenseits der Anschauungswelt der körperlich so gesunden und geistig so gut balancierten holländischen Kleinbürger, von denen er abstammt. Was seine Bilder auszeichnet, ist das gewissenhafte Studium der Charaktere, das fortwährende Suchen nach der Quintessenz des Gegenstandes, seine tiefe und beinah kindliche Liebe zu Natur und Wahrheit.

Wird sich dieser kräftige und wahrhafte Künstler jemals durchsetzen können? Kaum. Er ist dem philiströsen Geist von heute zu einfach und dabei zu fein. Nur die Künstler, seine Brüder, werden ihn voll verstehen.

G. Albert Aurier«

Vincent zeigte den Artikel Doktor Peyron nicht.

Seine ganze Kraft, seine große Liebe zum Leben strömte zurück. Er malte ein Bild vom Innern der Abteilung, malte den Oberaufseher und dessen Frau, kopierte wieder nach Millet und Delacroix, füllte seine Tage und Nächte mit ungestümer Arbeit.

Aus dem bisherigen Verlauf seiner Krankheit schloß er, daß die Krisen sich regelmäßig jeden dritten Monat wiederholten. Nun gut, er würde sich jedesmal, wenn die Zeit herannahte, besonders in acht nehmen. Wenn es soweit wäre, würde er die Arbeit aufgeben, sich ins Bett legen und sich auf eine kurze Unpäßlichkeit vorbereiten. Nach ein paar Tagen würde er dann wieder aufstehen können, genauso, als wenn er an einer Erkältung gelitten hätte.

Das einzig störende Moment in der Anstalt war jetzt die fanatische Religiosität der Schwestern. Seit die Tage dunkler geworden waren, schienen sie von einer Art Hysterie befallen zu sein. Sie murmelten Gebete vor sich hin, küßten die Kreuze, betasteten die Perlen, gingen, die Augen auf die Bibel gesenkt, durch den Saal und liefen fünf- oder sechsmal am Tag in die Kapelle zum Gottesdienst. Seit den Tagen in der Borinage hatte er eine Abneigung gegen alle religiöse Übertreibung. Es kamen Augenblicke, in denen er die fanatische Religiosität der Schwestern kaum ertragen konnte. Um so leidenschaftlicher ging er dann an seine Arbeit, damit er die schwarzverhüllten Gestalten vergäße.

Achtundvierzig Stunden vor dem Ende des dritten Monats ging er gesund und heiteren Mutes ins Bett. Er zog die Vorhänge zu, damit der religiöse Eifer der Schwestern ihn nicht beunruhigte.

Der Tag der Krise kam. Vincent war bereit. Er wäre beinahe froh gewesen, wenn der Anfall rechtzeitig gekommen wäre. Die Stunden schleppten sich hin. Nichts geschah. Er fühlte sich vollkommen normal. Er war erstaunt, dann enttäuscht. Ein zweiter Tag verging. Immer noch war er gesund. Als der dritte ohne Anfall zu Ende ging, wurde ihm froh zumute.

»Das ist erstaunlich! Die Anfälle sind doch zu Ende – – Doktor Peyron hatte nicht recht. Jetzt brauche ich nichts mehr zu fürchten. Hier im Bette zu liegen, ist nur Zeitverlust. Morgen früh stehe ich auf und arbeite.« –

Im Dunkel der Nacht, als alle schliefen, stand er schnell und lautlos auf. Auf nackten Füßen lief er über den Steinboden des Saales und tastete sich zum Keller hin, wo die Kohlen aufbewahrt wurden. Er kniete nieder, fegte eine Handvoll Kohlenstaub zusammen und beschmierte damit sein Gesicht.

»Sehen Sie, Madame Denis, jetzt bin ich einer von ihnen. Früher haben die Leute zu mir kein Vertrauen gehabt, aber jetzt bin ich einer der ihren, jetzt kann ich den Bergarbeitern das Wort Gottes bringen.«

Kurz vor der Morgendämmerung fanden ihn die Wärter. Er flüsterte Gebete vor sich hin, wiederholte zusammenhanglose Zeilen aus der Bibel, antwortete fernen Stimmen, die ihm seltsame Dinge ins Ohr raunten.

Einige Tage hielten die religiösen Sinnestäuschungen an. Als er wieder zu sich gekommen war, bat er eine der Schwestern, Doktor Peyron zu ihm zu bringen.

»Meiner Meinung nach hätte sich dieser Anfall vermeiden lassen, Herr Doktor«, sagte er, »wenn es hier nicht so viel religiöse Hysterie gäbe.«

Doktor Peyron zuckte die Achseln, lehnte sich gegen das Bett und zog die Vorhänge hinter sich zu.

»Ich bin leider machtlos dagegen. So ist es jeden Winter. Ich kann es nicht gutheißen, kann es aber auch nicht verbieten. Die Arbeit der Schwestern ist trotz allem gut.«

»Es ist schwer genug«, sagte Vincent, »unter diesen Geistesgestörten bei Sinnen zu bleiben. Wenn aber die religiöse Hysterie noch hinzukommt . . . Die Zeit für den Anfall war schon vorbei.«

»Täuschen Sie sich nicht, Herr van Gogh. Die Krise mußte kommen. Ihre Nerven bereiten sich alle drei Monate darauf vor. Wenn die Sinnestäuschungen nicht religiöser Natur gewesen wären, hätten sie eine andere Form angenommen.«

»Wenn ich noch einen solchen Anfall habe, Herr Doktor, werde ich meinen Bruder bitten, mich wegzunehmen.«

»Wie Sie meinen, Herr van Gogh.«

An dem ersten wirklichen Frühlingstag ging Vincent wieder an seine Arbeit im Atelier. Wieder malte er die Landschaft vorm Fenster – – ein Feld, das gepflügt wurde. Gegen die Hügel im Hintergrund hoben sich die gelben Stoppeln und die veilchenblaue Erde ab. Überall begannen jetzt die Mandelbäume zu blühen, und noch einmal wurde der Himmel, wenn die Sonne unterging, zart zitronenfarben.

Aber der Frühling brachte Vincent kein neues Leben. Zum erstenmal, seitdem er sich an diesen Ort gewöhnt hatte, zerrissen ihm das schwachsinnige Plärren und die unabwendbaren Anfälle der anderen die Nerven. Dazu kam, daß er die schnellen, verstohlenen Bewegungen der schwarzverhüllten Frauen ansehen mußte. Und jedesmal, wenn er eine von ihnen erblickte, zitterte er vor grauenhafter Angst.

»Theo«, schrieb er dem Bruder, »es würde mich unglücklich machen, St. Remy zu verlassen; hier könnte ich noch viel gute

Arbeit fertigbringen. Doch wenn ich wieder einen Anfall religiöser Natur haben sollte, wäre die Anstalt daran schuld, nicht meine Nerven. Zwei oder drei solcher Anfälle würden genügen, um mich zu töten.

Bereite Dich vor! Wenn ich zum zweitenmal religiösen Wahnvorstellungen verfalle, werde ich, sobald ich nur wieder auf den Beinen bin, nach Paris abfahren. Vielleicht wär es überhaupt für mich am besten, nach dem Norden zurückzukehren, wo die Menschen meist einen gesunden Verstand besitzen.

Würde der Doktor Gachet, von dem Du geschrieben hast, sich ernsthaft für meinen Fall interessieren?«

Theo antwortete, er habe noch einmal mit Doktor Gachet gesprochen und ihm einige von Vincents Bildern gezeigt; der Arzt wünsche nichts sehnlicher, als daß Vincent nach Auvers kommen möge und dort male.

»Er ist nicht nur Spezialist für nervöse Krankheiten, Vincent, sondern er versteht auch etwas von der Malerei. Ich bin überzeugt, daß Du nicht in besseren Händen sein könntest. Wenn Du kommen möchtest – telegraphiere, und ich fahre mit dem ersten Zug nach St. Remy.«

Die erste Frühlingshitze kam. Die Heuschrecken fingen an, im Garten zu singen. Vincent malte den Säulengang am Eingang der Abteilung, die Wege und Bäume im Garten, sein eigenes Porträt im Spiegel. Er dachte nur zur Hälfte an die Malerei, zur Hälfte aber an die Zeit.

Denn der nächste Anfall war im Mai fällig.

Er hörte Stimmen in den leeren Gängen. Er antwortete ihnen, und seine eigene Stimme hallte wie eine boshafte Antwort des Schicksals zurück. Diesmal fanden sie ihn bewußtlos in der Kapelle. Erst Mitte Mai erholte er sich wieder.

Theo bestand darauf, ihn von St. Remy abzuholen. Aber Vincent wollte die Reise allein machen. Einer der Wächter könnte ihn nach Tarascon auf den Bahnhof bringen. Er schrieb:

438

»Lieber Theo!

Ich bin kein Krüppel, auch kein gefährliches Tier. Laß mich Dir und mir selbst beweisen, daß ich ein normaler Mensch bin. Wenn ich mich von dieser Anstalt mit eigener Kraft losreißen und ein neues Leben in Auvers anfangen kann, werde ich vielleicht meine Krankheit überwinden.

Ich habe nur noch diese Hoffnung. Sobald ich aus dem Haus der Geisteskranken heraus bin, werde ich sicher wieder gesund. Nach Deiner Schilderung ist Auvers ruhig und schön. Wenn ich vorsichtig bin und Doktor Gachet auf mich aufpaßt, wird alles gut gehen. Ich werde vor der Abfahrt des Zuges telegraphieren. Hol mich von dem Lyoner Bahnhof ab. Ich möchte am Sonnabend abfahren, so daß ich den Sonntag mit Dir, Johanna und dem Kleinen verbringen kann.

Vincent«

AUVERS

Theo konnte vor Angst die ganze Nacht nicht schlafen. Zwei Stunden vor der Ankunft des Zuges ging er zum Lyoner Bahnhof. Johanna mußte mit dem Kinde zu Hause bleiben. Sie stand auf dem Balkon der Wohnung im dritten Stock in der Cité Pigalle und sah durch die Blätter des großen schwarzen Baumes nach unten. Ob nicht bald eine Droschke um die Ecke biegen würde, aus der Rue Pigalle in die Cité Pigalle?

Vom Lyoner Bahnhof bis zu Theos Wohnung war ein langer Weg. Johanna erschien die Zeit des Wartens endlos. Allmählich überkam sie die Furcht, daß Vincent in dem Zuge etwas passiert wäre. Aber endlich kam die Mietskutsche doch um die Ecke, zwei leuchtende Gesichter blickten zu ihr herauf, zwei Hände winkten. Sie strengte die Augen an, um den neuen Bruder zu sehen.

Die Cité Pigalle war eine Sackgasse, die am Ende durch einen Hof mit Garten und durch die Ecke eines Hauses abgeschlossen wurde. Es waren nur zwei langgestreckte Häuser an jeder Seite dieser wohlhabend und gediegen aussehenden Straße. Theo wohnte Nr. 8, in dem Hause beinahe am Ende. Davor war ein kleiner Garten. In wenigen Sekunden hielt die Droschke vor dem großen schwarzen Baum.

Vincent sprang die Treppen hinauf. Theo ihm nach. Johanna hatte erwartet, einen Kranken zu sehen, aber der Mann, der sie so herzlich umarmte, hatte eine gesunde Farbe, er lächelte und machte den Eindruck großer Entschlossenheit.

»Er scheint vollkommen gesund zu sein. Er sieht kräftiger aus als Theo«, war ihr erster Gedanke.

Aber sie konnte es nicht ertragen, sein Ohr zu sehen.

»Theo!« rief Vincent – er hielt Johannas Hände in den seinen und sah ernst, doch lächelnd auf sie. »Du hast dir eine liebe, gute Frau ausgesucht.«

»Das will ich meinen, Vincent« – lachte Theo seinen Dank.

Johanna hatte die sanften braunen Augen von Anna Cornelia, der Mutter der beiden Brüder; wie diese war auch sie voll stiller Anteilnahme an dem Geschick anderer und voller Mitleid. Das Kind war noch sehr klein, doch spürte man bei Johanna schon jetzt ein bißchen das zukünftige Matriarchalische.

Sie hatte schlichte, gute Gesichtszüge, die Masse hellbraunen Haares war von der hohen holländischen Stirn zurückgekämmt. Ihre Liebe zu Theo schloß Vincent mit ein.

Theo zog Vincent mit ins Schlafzimmer, wo das Kind in der Wiege schlief. Die beiden Männer sahen still auf den Kleinen herab, es waren Tränen in ihren Augen. Johanna ging auf Zehenspitzen zur Tür, sie wollte geräuschlos fortgehen, sie allein lassen. Als sie die Hand auf die Türklinke legte, wandte sich Vincent lächelnd zu ihr und sagte, indem er auf die feine, gehäkelte Decke über dem Kind deutete:

»Hülle ihn nicht zu fein in Spitzen ein, Schwesterchen.«

Johanna schloß die Tür sanft hinter sich. Vincent schaute wieder auf das Kind und fühlte den Schmerz desjenigen, der auf der Erde keine Kinder zurückläßt, dessen Tod ewig ist.

Theo verstand seine Gedanken.

»Du hast noch Zeit, Vincent. Eines Tages wirst du eine Frau finden, die dich liebt und das Schwere deines Lebens mit dir teilt.«

»Nein, Theo, dazu ist es zu spät.«

»Vor einigen Tagen fand ich gerade die richtige Frau für dich.«

»Ach, nein! Wer war es?«

»Eine Frau in einem Roman von Turgenjew – eine, die das tiefste Elend gekostet hatte – deine Frau müßte so sein.«

»... Was würde eine Frau mit mir wollen, einem Mann mit nur einem Ohr?«

Der kleine Vincent erwachte, schaute zu ihnen auf und lächelte. Theo hob das Kind aus der Wiege und legte es in Vincents Arme. Vincent hielt es an seinem Herzen, es war so sanft und warm.

»Mensch! So darfst du es nicht halten!«

»Mit dem Pinsel bin ich allerdings geschickter.«

Theo nahm das Kind und hielt es gegen seine Schulter; sein Kopf berührte die zarten braunen Locken des Jungen.

Vincent legte die Arme um die beiden. »Du schaffst so, Theo«, sagte er, »und ich – ich male. So muß es sein!«

Einige Bekannte von Vincent kamen am Abend, um ihn zu

begrüßen. Der erste war Aurier, jung und hübsch, mit Locken und Barthaar zu beiden Seiten des glatten Kinnes. Vincent führte ihn ins Schlafzimmer, wo Theo einen Blumenstrauß von Monticelli aufgehängt hatte.

»Herr Aurier, Sie sagten in Ihrem Artikel, daß ich der einzige Maler sei, der das Metallische, Edelsteinartige an den Farben erkannt hat. Nun sehen Sie dieses Monticelli-Bild. ›Fada‹ hat das doch schon Jahre vor meiner Pariser Zeit erkannt.«

Vincent setzte sich darüber eine Stunde lang mit Aurier auseinander. Aurier war aber nicht von seiner Meinung abzubringen. Als Dank für seinen Artikel gab ihm Vincent eins von den Gemälden der Zypressen in der Nähe von St. Remy.

Toulouse-Lautrec kam von den vielen Treppen keuchend herein, so barsch, laut und herzlich wie immer.

»Vincent«, schrie er, während er die Hände aller schüttelte, »auf der Treppe ging ich an einem Leichenträger vorbei. War er eigentlich auf der Suche nach dir oder mir?«

»Nach dir, Lautrec! Nach mir – das wäre doch kein Geschäft!«

»Eine Wette, Vincent! – Daß in seinem kleinen Notizbuch dein Name vor meinem stehen wird.«

»Abgemacht! Und der Einsatz?«

»Ein schönes Essen im Café Athen und nachher die Oper.«

»Ach ihr, macht doch nicht so häßliche Witze«, sagte Theo. Er lächelte, aber nur schwach.

Ein Fremder kam herein, blickte umher, bis seine Augen auf Lautrec fielen, sank dann in einen Stuhl in der Ecke. Alle erwarteten, daß Lautrec ihn vorstellen würde, aber er sprach weiter.

»Würdest du uns nicht deinen Bekannten vorstellen?« fragte Vincent.

»Das ist doch kein Bekannter von mir«, lachte Lautrec. »Das ist mein Wächter.«

Niemand sprach.

»Wußtest du nicht, Vincent? Ich war ungefähr zwei Monate non compos mentis. Man behauptete, das Trinken wäre daran schuld – also ich trinke jetzt nur Milch. Ich schicke dir eine

Einladung zu meiner nächsten kleinen Gesellschaft. Darauf ist ein Bild von mir, wie ich eine Kuh am falschen Ende melke.«

Johanna reichte Erfrischungen herum. Alle redeten zur gleichen Zeit, die Luft wurde von dem Tabakrauch undurchsichtig. Vincent erinnerte sich seiner früheren Pariser Tage.

»Wie geht es Georges Seurat?« fragte Vincent Lautrec.

»Georges! Hast du nicht gehört?«

»Theo hat mir nichts geschrieben«, sagte Vincent. »Was ist los?«

»Georges geht allmählich an Schwindsucht zugrunde. Der Arzt meint, daß er höchstens einunddreißig wird.«

»Schwindsucht! Aber Georges war kräftig und gesund. Wie konnte so etwas . . .?«

»Überarbeitet, Vincent«, sagte Theo. »Du hast ihn seit zwei Jahren nicht gesehen. Er hetzte sich unmenschlich. Schlief zwei bis drei Stunden pro Tag und arbeitete sonst immer wie besessen. Selbst seine gute alte Mutter konnte ihn nicht retten.«

»Georges verläßt uns bald«, murmelte Vincent in Gedanken versunken.

Rousseau brachte Vincent selbstgebackene Semmeln. Père Tanguy, der immer noch denselben runden Strohhut trug, begrüßte ihn feierlich mit einer kleinen Rede und überreichte ihm einen japanischen Druck.

Um zehn Uhr ließ Vincent sich nicht halten, einen Liter Oliven zu kaufen. Jeder mußte davon essen, selbst Lautrecs Wächter.

»Wenn ihr die silbergrünen Olivenhaine in der Provence sehen könntet«, rief er, »würdet ihr Oliven bis zum Ende eures Lebens essen!«

»Da du von Olivenhainen sprichst, Vincent«, sagte Lautrec, »möchte ich gerne fragen: Was hältst du eigentlich von den Arlesierinnen?« –

Am folgenden Morgen trug Vincent für Johanna den Kinderwagen auf die Straße hinunter, damit das Kind eine Stunde in der Sonne auf dem Gartenweg stehen konnte. Er ging dann in die Wohnung zurück, stand in Hemdsärmeln umher und schaute die Bilder an den Wänden an. In dem Eßzimmer über dem Kaminsims hingen »Die Kartoffelesser«, in dem Wohnzimmer fand er die »Landschaft von Arles«, die »Nachtaussicht auf die Rhône«, im Schlafzimmer die »Baumblüte«. Unter den Betten, unter dem Sofa, unter dem Speiseschrank und in großen Stößen in der Kammer lagen – zur Verzweiflung der Aufwärterin – überall ungerahmte Bilder von Vincent.

Während er etwas in Theos Schreibtisch suchte, fand Vincent große, fest zusammengeschnürte Pakete von Briefen. Seine Briefe waren es – er war erstaunt, als er sie sah. Theo hatte seit zwanzig Jahren jede Zeile von seinem Bruder aufbewahrt – von der Zeit an, wo Vincent aus Zundert zu Goupils im Haag gefahren war. Es waren siebenhundert Briefe. Vincent überlegte sich, warum in aller Welt Theo sie behalten hatte.

In einem anderen Teil des Schreibtisches fand er die Zeichnungen, die er Theo seit zehn Jahren gesandt hatte – alle nach Zeiträumen geordnet. Da waren die Bergleute und ihre Frauen in der Borinage, die Grabenden und Säenden auf den Feldern in der Nähe von Etten, die alten Männer und Frauen vom Haag, die Grabenden in der Geest und die Fischer von Scheveningen, die Weber und die Kartoffelesser von Nuenen, die Cafés und Straßen von Paris, die ersten Skizzen der Sonnenblumen und der Baumblüte in Arles und der Garten der Anstalt in St. Remy.

»Ich veranstalte eine Ausstellung meiner eigenen Bilder!« rief Vincent aus.

Er nahm alle Bilder von den Wänden, nahm die Zeichnungen aus der Schublade und zog die Stöße ungerahmter Bilder unter den Möbeln hervor. Er ordnete sie sorgfältig nach Zeiträumen. Dann wählte er die Zeichnungen und Gemälde aus, die am besten den Geist der Landschaften, die er gesehen hatte, wiedergaben.

Im Vorderflur am Eingang zur Wohnung heftete er ungefähr dreißig seiner ersten Studien von den Bergleuten an – wie sie aus dem Bergwerk kamen, sich über ihre Herde beugten oder in ihren kleinen Hütten am Tisch saßen.

»Hier werden die Kohlezeichnungen ausgestellt«, sagte er zu sich.

Dann ging er durch die übrigen Zimmer und stellte fest, daß das Badezimmer der nächst unwichtige Raum war. An seinen vier Wänden befestigte er eine Reihe von Studien der brabantischen Bauern aus Etten.

»Und hier sind die Bleistiftskizzen.«

Jetzt war die Küche an der Reihe. Hier hing er die Bilder aus dem Haag und aus Scheveningen auf, die Aussicht von seinem Fenster auf das Holzlager, die Sanddünen und die Fischerboote, die auf den Strand gezogen wurden.

»Raum III«, sagte er, »Aquarelle.«

In die kleine Kammer brachte er das Gemälde von seinen Freunden, den de Groots, »Die Kartoffelesser« – – das erste Ölbild, in dem sich sein eigener Stil entfaltete. Die übrigen Wände bedeckte er mit Dutzenden von Studien der Weber um Nuenen, der Bauern in Trauerkleidung, des Friedhofs hinter der Kirche seines Vaters, des spitzen Kirchturms.

In sein Schlafzimmer hing er die Gemälde aus der Pariser Zeit – dieselben, die er am Abend seiner Abreise nach Arles in Theos Wohnung an den Wänden angemacht hatte. Das Wohnzimmer schmückte er mit den leuchtenden Gemälden aus Arles. Schließlich brachte er in Theos Schlafzimmer die Bilder an, die er in St. Remy geschaffen hatte.

Als er fertig war, räumte er auf, nahm seinen Hut, zog seinen Mantel an, ging die Treppen hinunter und schob den Wagen seines Patenkindes in die Sonne. Johanna hielt ihn am Arm und redete auf holländisch mit ihm.

Kurz nach zwölf Uhr kam Theo mit langen Schritten nach Hause, winkte ihnen glücklich zu, fing an zu laufen und nahm das Kind liebevoll in seine Arme. Sie ließen den Kinderwagen beim Pförtner und unterhielten sich lebhaft, während sie die Treppen hinaufstiegen. Als sie zur Tür kamen, hielt sie Vincent zurück.

»Nun besuchen wir drei eine Van-Gogh-Ausstellung«, sagte er. »Bereitet euch vor, Theo und Jo.«

»Eine Ausstellung, Vincent?« fragte Theo. »Wo?«

»Mach die Augen zu«, antwortete Vincent.

Er stieß die Tür auf, und sie traten in den Flur. Theo und Johanna sahen sich fassungslos um.

»Als ich in Etten war«, sagte Vincent, »bemerkte Vater einmal, daß Gutes niemals aus Schlechtem kommen könnte. Ich sagte ihm aber, daß es in der Kunst nicht nur daher kommen kann, sondern kommen muß. Wenn ihr mir folgen wollt, lieber Bruder und liebe Schwester, werde ich euch zeigen, daß ein Mann, der wie ein unbeholfenes Kind anfing, nach zehn Jahren unermüdlicher Arbeit so weit kam . . . aber das sollt ihr selbst entscheiden.«

Er führte sie in chronologischer Reihenfolge von Zimmer zu Zimmer. Sie standen wie drei Besucher einer Galerie und schauten auf diese Arbeit, das Ergebnis eines Lebens. Sie fühlten das mühsame, schwere Wachstum des Künstlers, das tappende Vorwärtsdrängen zur Reife, die stürmisch erfolgte Wandlung in Paris, den leidenschaftlichen Ausbruch der mächtigen Kräfte in Arles, wo das Können sich vollendete . . . und dann . . . den Zusammensturz . . . die St.-Remy-Bilder . . . das qualvolle Ringen nach der verlorenen Blüte und den langsamen Verfall.

Johanna brachte ein Brabanter Mittagessen auf den Tisch. Danach saßen die Brüder zusammen und unterhielten sich.

»Befolge das genau, was Doktor Gachet dir vorschreibt, Vincent.«

»Ja, Theo, das werde ich tun.«

»Denn, sieh mal, er ist Spezialist für Nervenkrankheiten. Wenn du alles ausführst, was er sagt, wirst du dich sicher erholen.«

»Ich verspreche es.«

»Gachet malt auch. Alljährlich stellt er bei den Unabhängigen unter dem Namen von P. van Ryssel aus.«

»Gute Sachen, Theo?«

»Das würde ich nicht sagen. Aber er ist einer jener Männer, die ein sicheres Gefühl für das Geniale haben. Mit zwanzig Jahren kam er nach Paris, um Medizin zu studieren; hier befreundete er sich mit Courbet, Murger, Champfleury und

Proudhon. Er hielt sich häufig im Café La Nouvelle Athènes auf und wurde bald ein vertrauter Freund von Manet, Renoir, Degas, Durante und Claude Monet. Daubigny und Daumier malten in seinem Hause schon Jahre bevor der Impressionismus anerkannt war.«

»Ach nein!«

»Beinah alles, was er besitzt, wurde entweder in seinem Garten oder im Wohnzimmer bei ihm gemalt. Pissarro, Guillaumin, Sisley, Delacroix — — alle sind hinausgefahren, um mit Gachet in Auvers zu arbeiten. Du wirst auch Gemälde von Cézanne, Lautrec und Seurat an den Wänden finden. Seit der Mitte des Jahrhunderts gibt es keinen wichtigeren Maler, der nicht mit ihm befreundet war.«

»Halt, Theo! Ich habe richtig Angst. In eine solch berühmte Gesellschaft gehöre ich nicht. Hat er Arbeiten von mir gesehen?«

»Du Dummkopf, weshalb will er dich denn sonst in Auvers bei sich haben?«

»Das weiß der liebe Gott!«

»Er meinte, daß deine Nachtszenen aus Arles in der letzten Ausstellung der Unabhängigen das Beste von allem waren. Ich schwöre dir, als ich ihm die Wandtafel der Sonnenblumen zeigte, die du für Gauguin und das gelbe Haus maltest, kamen ihm Tränen in die Augen. Er wandte sich zu mir und sagte: ›Herr van Gogh, Ihr Bruder ist ein großer Künstler. In der Geschichte der Kunst hat es niemals so etwas wie diese Sonnenblumen gegeben. Sie allein würden ihn unsterblich machen.‹«

Doktor Gachet traf Theo und Vincent am Bahnhof. Er war klein, nervös und aufgeregt. In den Augen, die die Brüder so lebhaft willkommen hießen, lag ein melancholischer Zug. Er drückte Vincents Hand herzlich.

»Nun, nun, hier werden Sie ein richtiges Malerdorf finden. Es wird Ihnen schon gefallen. Ich sehe, Sie haben die Staffelei mitgebracht. Haben Sie genug Farben? Sie müssen die Arbeit sofort aufnehmen. Sie werden heute zum Mittagessen zu mir kommen, nicht wahr? Haben Sie einige neue Gemälde mitgebracht? Das Gelb von Arles werden Sie hier nicht finden,

fürchte ich, aber hier werden Sie doch viel anderes sehen – –
ja, viel anderes. Sie müssen bei mir malen. Ich werde Ihnen
Vasen und Tische geben, die von allen, von Daubigny bis zu
Lautrec, gemalt worden sind. Wie geht es Ihnen? Sie sehen gut
aus. Meinen Sie, daß Sie hier gerne wohnen werden? Wir werden Sie gut pflegen. Wir machen Sie wieder gesund!«

Von dem Bahnsteig sah Vincent über einige Bäume hinweg
bis zu der grünen Oise, die sich durch das fruchtbare Tal
wand. Er machte ein paar Schritte zur Seite, um besser sehen
zu können. Theo sprach leise mit Doktor Gachet.

»Würden Sie auf meinen Bruder ganz besonders achten?« sagte
er. »Wenn Sie irgendwelche Symptome eines Anfalls bemer-
ken, telegraphieren Sie mir sofort. Ich muß bei ihm sein,
wenn er... er darf auf keinen Fall... es sind Menschen, die
sagen...«

»Tut! Tut!« unterbrach Doktor Gachet, der unruhig dastand
und seinen kleinen spitzen Kinnbart heftig mit dem Zeige-
finger strich. »Alle Künstler sind etwas verrückt, und was wollen Sie – – er ist doch ein echter Künstler. Aber ich liebe sie
so. Keine ungewöhnliche Seele ist ohne eine Mischung von
Wahnsinn, meinte der große Aristoteles.«

»Ich weiß, Herr Doktor«, sagte Theo, »aber er ist noch so jung,
erst siebenunddreißig Jahre. Das Beste seines Lebens liegt
noch vor ihm.«

Doktor Gachet nahm seine weiße Kappe vom Kopf und fuhr
sich mehrmals durch die Haare.

»Überlassen Sie das alles mir. Ich weiß, wie man Maler behandelt. In einem Monat wird er wieder gesund sein. Die
Arbeit wird ihn retten. Er wird seine Krankheit vergessen.«

Vincent kam zurück, er atmete tief die reine Luft ein.

»Du müßtest Jo und das Bübchen hierherbringen, Theo. Es ist
zu schade, wenn Kinder in der Stadt aufwachsen.«

»Gewiß, gewiß, Sie müssen einen Sonntag hier draußen bei
uns verbringen.«

»Das möchte ich gerne. Aber der Zug ist eingefahren. Auf
Wiedersehen, Doktor Gachet; danke sehr, daß Sie für meinen
Bruder sorgen! Schreibe mir jeden Tag, Vincent.«

Doktor Gachet hatte die Gewohnheit, die Menschen am Ellenbogen zu nehmen und sie in die Richtung, in der er gehen wollte, zu schieben. Er machte das auch mit Vincent, sprach ohne Unterlaß mit seiner hohen Stimme, beantwortete übersprudelnd seine eigenen Fragen.

»Das ist der Weg zum Dorf«, sagte er, »immer geradeaus, es ist ziemlich weit. Aber kommen Sie, wir steigen auf diesen Hügel, von dort aus hat man eine schöne Aussicht. Sie ist nicht schwer – – die Staffelei auf dem Rücken? Da ist die katholische Kirche links. Du meine Güte, dieser Hügel scheint jedes Jahr steiler zu werden. Schöne Kornfelder, nicht wahr? Auvers ist von ihnen umgeben. Eines Tages müssen Sie dieses Feld malen. Natürlich ist es nicht so gelb wie die in der Provence . . . ja, da ist der Friedhof rechts . . . wir haben ihn hier auf der Hügelspitze, von wo er Tal und Fluß überblickt. Meinen Sie, daß die Toten den Unterschied wissen, ob sie hier oder anderswo liegen? . . . Wir haben ihnen den schönsten Flecken Erde im ganzen Tal der Oise ausgesucht . . . wollen wir hineingehen? . . . von dort aus hat man die klarste Aussicht über den Fluß . . . wir werden beinah bis nach Pontoise sehen können . . . ja, das Tor ist offen, schieben Sie nur . . . so ist es richtig . . . also, ist es nicht schön? . . . wir bauten die Wände so hoch, um den Wind draußen zu halten . . . hier werden auch die Protestanten begraben . . .«

Vincent ließ die Staffelei vom Rücken heruntergleiten, setzte sie hin und lief ein bißchen voraus, um den Redefluß nicht so deutlich zu hören. Der Friedhof bildete ein auf dem Gipfel des Hügels und am Abhang ausgebreitetes Viereck. Vincent ging zur Mauer auf der Rückseite; von dort aus konnte er die Windungen der Oise unter sich sehen.

Die Ufer des kühlen, grünen Flusses leuchteten in einem hellen Grün. Rechts sah er die Strohdächer des Dorfes, auf einem Abhang dahinter ein Schloß. Die helle Maisonne flutete durch den Friedhof und auf die Frühlingsblumen, das Blau des Himmels war zart. Die wunderbare, ungebrochene Ruhe war beinahe schon die Ruhe jenseits des Grabes.

»Wissen Sie, Doktor Gachet, es war gut für mich, nach dem

Süden zu gehen. Nun sehe ich den Norden klarer. Sehen Sie, wieviel Veilchenblau auf dem fernen Flußufer liegt, das die Sonne noch nicht erreicht hat?«

»Ja, ja, gewiß, Veilchenblau, das ist es gerade, aber natürlich . . .«

»Und wie still und gesund«, murmelte Vincent, »wie friedlich.«

Sie gingen den gewundenen Weg wieder herab, an den Kornfeldern und der Kirche vorbei, und wandten sich dann rechts nach dem geraden Weg, der ins Dorf führte.

»Es tut mir leid, daß ich Sie nicht bei mir beherbergen kann«, sagte der Doktor, »aber wir haben keinen Platz. Ich werde Sie zu einem guten Gasthof bringen, und jeden Tag malen Sie bei mir und machen es sich recht bequem.«

Er nahm Vincent wieder unterm Arm und führte ihn am Gemeindehaus vorbei, beinah bis zum Flußufer. Dort traten sie in ein Logierhaus für Sommergäste ein. Gachet sprach mit dem Wirt, sie vereinbarten einen Preis von sechs Francs für Zimmer und Verpflegung.

»Jetzt wollen Sie sicher den Koffer auspacken«, sagte Gachet. »Aber kommen Sie bestimmt um ein Uhr zum Mittagessen. Bringen Sie die Staffelei mit. Sie müssen mein Porträt malen. Und lassen Sie mich einige Ihrer neuen Bilder sehen. Wir werden uns gut unterhalten.«

Sobald der Doktor verschwunden war, nahm Vincent sein Gepäck und schickte sich an, das Gasthaus wieder zu verlassen.

»Einen Augenblick«, sagte der Wirt erstaunt. »Wo gehen Sie denn hin?«

»Ich bin ein Arbeiter«, antwortete Vincent. »Ich kann nicht sechs Francs am Tag bezahlen.«

Er lief zum Platz zurück und fand dort gegenüber dem Gemeindehaus ein kleines Café, wo Zimmer und Verpflegung zu dreieinhalb Francs pro Tag zu haben waren.

Bei Ravoux trafen sich die Bauern und Arbeiter, die in der Nähe von Auvers arbeiteten. Im Gastzimmer stand rechts eine kleine Bar; sonst war das dunkle, unfreundliche Zimmer mit groben Tischen und Bänken ausgestattet. Nur ganz hinten war Platz für ein Billard gelassen, dessen grüne Decke beschmutzt und zerrissen war. Es war der Stolz und die Freude von Ravoux. Eine Tür in der hinteren Wand führte durch einen Flur zur Küche. An diesem Flur war die Treppe zu den drei Schlafzimmern. Vom Fenster seines Zimmers konnte Vincent den Turm der katholischen Kirche und ein Stückchen der braunen Friedhofsmauer in der milden Sonne sehen.

Er nahm seine Staffelei, seine Farben und seine Pinsel, außerdem das Porträt einer Frau aus Arles und machte sich auf den Weg zu Gachet. Er ging die Straße, die vom Bahnhof an Ravoux vorbeiführte, entlang und einen Hügel hinauf. Nach einigen Minuten teilte sie sich in drei Wege. Der rechte führte nach oben zum Schloß, der linke durch Erbsenfelder zum Flußufer herab. Gachet hatte ihm gesagt, er müsse den mittleren Weg nehmen, der am Abhang entlanglief. Vincent ging langsam und dachte an den Arzt, dessen Pflege er anvertraut war. Er bemerkte, daß die alten Hütten mit den Strohdächern teilweise durch Villen verdrängt worden waren und wie sehr die Landschaft hierdurch verändert wurde.

Vincent zog den Messingknopf an einer hohen Mauer. Die Glocke läutete. Gachet kam gelaufen und führte Vincent drei steile Steintreppen zu einem auf einer Terrasse gelegenen Blumengarten hinauf. Das Haus war drei Stock hoch, fest und gut gebaut. Hinter ihm lag ein Hof, in dem der Doktor Enten, Hennen, Truthähne, Pfauen und Katzen hielt.

Gachet erzählte ausgiebig von seinen Tieren, dann bat er Vincent, ins Wohnzimmer zu kommen.

Das Zimmer lag im vorderen Teil des Hauses, war hoch und geräumig, hatte aber nur zwei kleine Fenster nach dem Garten zu. Es war mit Möbeln so überladen, daß man kaum Platz finden konnte. Infolge der Dunkelheit wirkten alle Gegenstände schwarz.

Gachet lief geschäftig umher, hob mancherlei Dinge auf, legte sie in Vincents Hände und nahm sie wieder heraus, ehe dieser recht begriff, was es war.

»Sehen Sie – den Blumenstrauß auf dem Bild. Delacroix

benutzte diese Vase für die Blumen. Legen Sie die Hand darauf – – sie fühlt sich genauso an, wie die Vase im Bild aussieht, nicht wahr? Sehen Sie den Stuhl? Courbet saß darin, als er den Garten vom Fenster aus malte. Sind das nicht wunderbar feine Teller? Desmoulins brachte sie aus Japan für mich mit. Claude Monet hat ein Stilleben mit diesem darauf gemacht. Es ist oben. Kommen Sie mit. Ich zeige es Ihnen.«

Am Mittagstisch lernte Vincent Gachets Sohn Paul kennen, einen hübschen, lebendigen Jungen von fünfzehn Jahren. Gachet, dessen Magen nicht in Ordnung war, hatte ein Essen mit fünf Gängen vorbereiten lassen. Vincent war an die Linsen und das Schwarzbrot von St. Remy gewöhnt; nach dem dritten Gang konnte er nicht weiteressen.

»Und nun müssen wir arbeiten«, rief der Doktor. »Sie werden mein Porträt malen, Vincent, nicht wahr? Ich werde gerade so sitzen, wie ich jetzt angezogen bin, ja?«

»Ich fürchte, daß ich Sie etwas besser kennenlernen muß, Herr Doktor, um Sie mit Verständnis zu malen.«

»Ja, vielleicht haben Sie recht. Aber sicher werden Sie etwas malen? Sie werden mich sehen lassen, wie Sie arbeiten? Ich möchte Sie so gerne dabei beobachten.«

»Ich habe eine Stelle im Garten gesehen, die ich gerne malen möchte.«

»Ausgezeichnet! Paul, trage Herrn Vincents Staffelei in den Garten. Sie zeigen uns, wo Sie sie haben wollen, dann sage ich Ihnen, ob schon ein anderer denselben Fleck gemalt hat.«

Während Vincent arbeitete, lief der Doktor um ihn herum, gestikulierte entzückt, bestürzt, erstaunt. Während er über Vincents Schulter guckte, überschüttete er ihn mit Ratschlägen und unterbrach sich selber hundertmal mit lauten Ausrufen.

»Doch, doch, da haben Sie es. Passen Sie auf, sonst werden Sie den Baum verderben. Ach ja, jetzt ist's richtig! Nein! nein! Nicht mehr Kobalt. Hier ist nicht die Provence. Nun ein Fleckchen Gelb auf die Blumen. So, so ist es richtig. Wie lebendig die Dinge unter Ihren Händen werden. Ihr Pinsel weiß nichts von Stilleben. Nein! nein! Ich bitte Sie, seien Sie vorsichtig. Nicht zuviel. Ach, ja, ja, so! Wundervoll!«

Vincent ertrug den langen Monolog, solange er irgend konnte.
Dann wandte er sich an den unruhigen Doktor und sagte:
»Mein lieber Freund, entschuldigen Sie, aber glauben Sie
nicht, daß es für Ihre Gesundheit schädlich ist, wenn Sie sich
so aufregen? Als Mediziner wissen Sie, wie wichtig gerade die
Ruhe ist.«
Aber Gachet konnte nicht ruhig sein, wenn jemand in seiner
Nähe malte.
Als er mit dem Bilde fertig war, ging Vincent mit dem Arzt
ins Haus und zeigte ihm das Porträt der Frau aus Arles, das er
mitgebracht hatte. Gachet schloß ein Auge und sah es an.
Nachdem er sich mit sich selbst lange und ausgiebig über das
Gute und das Fehlerhafte an dem Bilde auseinandergesetzt
hatte, verkündete er:
»Nein, ich bin nicht ganz einverstanden. Ich sehe nicht ganz,
was Sie sagen wollten.«
»Nicht viel – vielleicht nur, daß diese Arlesierin das Typische
an den Frauen in Arles in sich vereint. Ich wollte durch die
Farben ihren Charakter ausdrücken.«
»Ach, wie schade . . .«, sagte der Doktor, »ich finde mich nicht
hinein.«
»Würden Sie mir erlauben, mich im Hause etwas umzu-
schauen, Ihre Büchersammlung anzusehen?«
»Bitte, bitte, soviel Sie wollen! Ich bleibe mit Ihrem Bild hier.«
Von dem höflichen Paul geführt, ging Vincent von Zimmer
zu Zimmer. In einer Ecke fand er ein Gemälde einer liegen-
den Frau von Guillaumin. Es war vernachlässigt und verges-
sen worden, in der Farbe waren Risse. Vincent hob es auf und
sah es besorgt an. Während er, das Bild in der Hand, dastand,
kam Dr. Gachet erregt gelaufen.
»Haben Sie sie bis jetzt angeschaut?« fragte Vincent.
»Ja, ja, und allmählich, ganz allmählich geht sie mir auf.«
»Herr Doktor, dies hier ist ein schöner Guillaumin. Aber
wenn das Bild nicht bald eingerahmt wird, wird es verderben.«
Gachet hörte ihn kaum.
»Sie sagen, daß Sie in der Zeichnung Gauguin gefolgt sind?
Aber nein . . . Der Widerstreit der starken Farben . . . er wider-

spricht dem Weiblichen ... oder vielleicht nicht völlig ... ich möchte sie wieder ansehen, denn langsam ... doch nur langsam ...«

Den Rest des langen Nachmittags verbrachte Gachet vor dem Bild der Frau aus Arles. Als die Nacht kam, war er zutiefst von seiner Schönheit überzeugt. Eine freudige Ruhe ergriff ihn. Er stand erschöpft, aber heiter vor dem Bild.

»Sie ist schön, herrlich. Ich habe niemals ein Bildnis so tief empfunden.«

»Wenn sie Ihnen gefällt, Herr Doktor, möchte ich sie und auch die Gartenszene Ihnen geben.«

»Aber warum wollen Sie mir die Bilder schenken, Vincent? Sie haben gewiß einen hohen Wert.«

»Vielleicht werde ich Ihnen nach kurzer Zeit zur Last fallen. Ich werde kein Geld haben – ich kann Ihnen nur so zahlen.«

»Aber ich würde Sie nicht des Geldes wegen pflegen, Vincent. Ich habe Sie gern.«

»Gut, dann nehmen Sie die Bilder bitte als mein Freund.«

Wieder malte Vincent Tag für Tag. Abends beobachtete er unter der trüben Lampe bei Ravoux das Billardspiel der Arbeiter, dann ging er um neun Uhr schlafen. Er stand um fünf Uhr auf. Vom klaren Himmel schien eine milde Sonne auf das frische Grün im Tal.

Aber die Folgen der Krankheitsperioden und des erzwungenen Müßiggangs in St. Paul zeigten sich. Seine Hand war nicht mehr sicher.

So fürchtete er, daß, wenn er nicht die Proportionen, den Körper wieder studierte, ihm die alte Macht über seine Kunst verlorengehen würde. Er bat Theo, ihm die sechzig Kohlezeichnungen von Bargue zu schicken. Er wollte sie kopieren.

Er sah sich in Auvers nach einem kleinen Hause um, in dem er sich für immer niederlassen konnte. Er dachte darüber nach, ob Theo recht hatte, ob es irgendwo eine Frau gab, die das Leben mit ihm teilen würde.

In der Absicht, sie zu überarbeiten und zu vollenden, holte er einige Bilder aus der Zeit in St. Remy hervor.

Aber diese plötzliche Tätigkeit war nur das letzte Aufwallen eines Organismus, der noch zuviel der alten überwältigenden Kraft in sich hatte, um zugrunde zu gehen.

Die Tage schienen ihm so lang wie Wochen, er wußte nicht, wie er sie ausfüllen sollte; denn er hatte nicht mehr die Kraft, ohne Unterbrechung zu malen. Er hatte auch nicht den Wunsch. Vor der Katastrophe in Arles war ihm kein Tag lang genug gewesen, um seine Arbeit vorwärtszubringen; jetzt war die Endlosigkeit jeden Tages unerträglich.

Wenige Landschaften in der Natur zogen ihn noch an, und kaum hatte er angefangen zu arbeiten, trat bei ihm eine seltsame Ruhe ein, er fühlte sich fast gleichgültig. Der heiße Drang zu malen, jede Minute auszufüllen, hatte ihn verlassen. Er arbeitete jetzt in einem gemächlichen Tempo. Wenn er bis zum Abend nicht fertig wurde . . . war es doch nicht weiter wichtig.

Doktor Gachet blieb sein einziger Freund in Auvers. Nachdem der Arzt den größten Teil des Tages in seinem Sprechzimmer in Paris verbracht hatte, kam er oft abends zum Café Ravoux, um die Bilder anzusehen. Vincent hatte in seinen Augen den schwermütigen Zug entdeckt.

»Warum sind Sie traurig, Herr Doktor?« fragte er.

»Ach, Vincent, ich habe mich so viele Jahre bemüht . . . und ich habe so wenigen helfen können. Der Arzt sieht nichts als Leiden.«

»Ich würde gerne meinen Beruf gegen den Ihren tauschen«, sagte Vincent.

Gachets müde Augen erhellten sich mit einem tiefen Glanz.

»Ach nein, Vincent, es ist das Schönste, was es gibt, Maler zu sein. Mein ganzes Leben lang wollt ich's werden . . . aber ich konnte nur hie und da eine Stunde dazu verwenden . . . die Kranken brauchen mich immer.«

Er kniete sich hin und zog einen Haufen Gemälde unter dem Bett hervor. Er hielt eine glühende Sonnenblume vor sich.

»Wenn ich nur *ein* Bild wie dieses gemalt hätte, Vincent, würde ich das allein als Rechtfertigung meines Lebens ansehen. Ich habe die Jahre damit verbracht, die Leiden der

458

Menschen zu lindern ... aber schließlich starben sie dann doch ... wozu meine Mühe? Aber diese Sonnenblumen von Ihnen ... sie werden den Menschen Freude bringen ... durch Jahrhunderte ... deswegen sollten Sie glücklich sein.«

Einige Tage später malte Vincent ein Bildnis des Arztes in seiner weißen Kappe und seinem blauen Gehrock auf einem kobaltblauen Hintergrund. Den Kopf machte er sehr hell, sehr blond im Ton, für die Hände nahm er ebenfalls helle Fleischfarben. Er ließ Gachet sich gegen einen roten Tisch lehnen, auf dem sich ein gelbes Buch und eine Fingerhutpflanze befanden. Als er das Porträt fertig hatte, belustigte es ihn, daß es einem Selbstbildnis aus der Zeit in Arles vor Gauguins Ankunft ähnelte.

Der Arzt war über alle Maßen von dem Bild begeistert – Vincent hatte niemals solche Lobeshymnen gehört. Er bestand darauf, daß Vincent eine Kopie für ihn machte. Als Vincent einwilligte, war er vollkommen glücklich.

»Sie müssen meinen Steindruckapparat oben unter dem Dach benützen, Vincent«, rief er. »Wir fahren nach Paris, holen Ihre ganzen Gemälde und machen Drucke von ihnen. Es wird Sie keinen Centime kosten. Kommen Sie, ich zeige Ihnen meine Werkstatt!«

Sie kletterten auf einer Leiter nach oben und hoben eine Falltür auf. In Gachets Atelier unter dem Dach waren phantastische Werkzeuge aufgestapelt, es erinnerte an die Werkstatt eines Alchimisten im Mittelalter.

Als sie wieder herunterstiegen, bemerkte Vincent, daß der Guillaumin immer noch nicht gerahmt war.

»Herr Doktor Gachet«, sagte er, »ich muß es Ihnen nochmals sagen: Lassen Sie das Bild einrahmen! Es ist ein Meisterstück und wird sonst bald ruiniert sein.«

»Ach ja, ich werde es natürlich tun. Wann können wir nach Paris fahren, Ihre Bilder abholen? Sie können so viele Steindrucke machen, wie Sie wollen. Ich versehe Sie mit allem Material.«

Der Mai verging ruhig. Juni kam. Vincent malte die katholische Kirche auf dem Hügel. Als der Nachmittag halb vorbei war, hörte er ermüdet auf. Das Bild blieb unfertig liegen. Dann malte er, ausgestreckt auf dem Rücken, den Kopf beinah im Korn, mit großer Anstrengung ein Kornfeld. Weiter entstand ein großes Gemälde von dem Hause der Madame Daubigny und noch eines von dem weißen Haus unter dem Nachthimmel zwischen dunklen Bäumen. Orangefarbenes Licht fiel durch die Fenster, das Grün war dunkel, düsteres Rosa schien hinein. Schließlich malte er zwei Birnbäume, die sich in der Dämmerung schwarz gegen den gelblichen Abend:himmel abhoben.

Aber er hatte keine rechte Freude mehr an seinen Bildern. Er arbeitete, weil es seine Gewohnheit war, weil es nichts anderes für ihn gab. Der große Schwung der vergangenen zehn Jahre trug ihn noch ein bißchen weiter.

»Das habe ich alles so oft gemalt«, sagte er sich leise, als er den Weg entlangging, die Staffelei auf dem Rücken, und nach einem Motiv suchte. »Ich habe nichts Neues darüber zu sagen. Warum mich also wiederholen? Vater Millet hatte recht: ›Ich zöge vor, lieber zu schweigen, als mich schwach auszudrücken.‹«

Seine Liebe zur Natur war nicht tot, aber er fühlte nicht mehr die tiefe, innere Notwendigkeit, eine Landschaft zu bewältigen, sie im Bilde neu zu schaffen. Er war ausgebrannt. Während des ganzen Juni malte er nur fünf Bilder. Er fühlte sich leer, ausgetrocknet, als wenn die Hunderte von Zeichnungen und Gemälden, die in den letzten zehn Jahren aus seinem Pinsel geflossen waren, seine Lebenskraft ausgespült hätten.

Zuletzt arbeitete er nur noch, weil er das Gefühl hatte, daß er Theo Geld schuldete. Als ihm dann einfiel, daß Theos Wohnung schon mit unverkauften Arbeiten von seiner Hand überfüllt war, stieg ein leiser Ekel in ihm auf. Er schob die Staffelei fort.

Er wußte, daß im Juli, am Ende der Dreimonatsperiode, ein neuer Anfall zu erwarten war. Der Gedanke, daß er dann durch etwas Unsinniges das Dorf verärgern könnte, ängstigte ihn. Dazu kam, daß er in Paris mit Theo keine klaren

Abmachungen über das Geld getroffen hatte. Auch beunruhigte und reizte ihn die abwechselnde Niedergeschlagenheit und Begeisterung in den Augen Gachets jeden Tag mehr.

Das Schlimmste aber war, daß Theos Kind erkrankte. Vincent war beinah außer sich vor Angst. Er beherrschte sich, solange er konnte, dann fuhr er nach Paris. Seine plötzliche Ankunft in der Cité Pigalle machte die Verwirrung noch größer. Theo sah blaß und krank aus. Vincent tat alles, was er konnte, um ihn zu beruhigen.

»Ich mache mir nicht nur wegen des Kleinen Sorge, Vincent«, gestand er schließlich.

»Warum denn noch, Theo?«

»Wegen meiner Stellung. Valadon hat gedroht, er würde um meine Entlassung bitten.«

»Aber Theo, das kann er doch nicht! Du bist sechzehn Jahre bei Goupils.«

»Ich weiß. Aber er sagt, daß ich das tägliche Geschäft zugunsten der Impressionisten vernachlässige. Von ihnen verkaufe ich nicht viel und dann auch nur zu niedrigen Preisen. Valadon behauptet, daß meine Galerie seit einem Jahr mit Verlust arbeitet.«

»Aber könnte er dich wirklich entlassen?«

»Warum nicht? Wir sind nicht mehr an der Firma beteiligt.«

»Was würdest du tun, Theo? Einen eigenen Laden eröffnen?«

»Wie könnte ich? Ich hatte eine Kleinigkeit gespart, habe aber alles für die Heirat und das Kind ausgegeben.«

»Wenn du die vielen tausend Francs nicht an mich verschwendet hättest . . .«

»Bitte, Vincent, sag so etwas nicht. Es hat damit nichts zu tun. Du weißt, ich . . .«

»Aber Theo, was kannst du tun? Du hast Jo und das Kleine.«

»Ja. Ich weiß nicht . . . im Augenblick habe ich doch nur wegen des Kindes Angst.«

Vincent blieb einige Tage in Paris. Er blieb der Wohnung möglichst fern, damit er das Kind nicht störe. Paris und seine alten Freunde beunruhigten ihn. Er fühlte ein schleichendes Fieber in sich aufsteigen. Als die Krankheit des kleinen

Vincent nachließ, fuhr er wieder nach dem ruhigen Auvers zurück.

Aber alle Ruhe half ihm nichts, so sehr quälten ihn seine Gedanken. Was würde aus ihm, wenn Theo seine Stellung verlor? Würde er wie ein nichtsnutziger Bettler auf die Straße geworfen werden? Was würde aus Jo und dem Kind? Wenn das Kind starb, was dann? Theo hatte eine zu zarte Gesundheit, um diesen Schmerz überstehen zu können. Wer würde für sie alle sorgen, während Theo nach einer neuen Stellung suchte? Und wo sollte Theo die Kraft hernehmen, um sie zu suchen?

Stundenlang saß er in dem dunklen Café bei Ravoux. Es erinnerte ihn an das Café Lamartine – – in beiden roch es nach abgestandenem Bier und Tabak. Er zielte träge mit dem Billardstock auf die verfärbten Bälle. Sein Geld war zu Ende. Er konnte nicht trinken. Er konnte weder Farbe noch Leinwand kaufen. In einer so schwierigen Lage konnte er Theo um nichts bitten. Dabei fürchtete er, daß er während des Anfalls im Juli wirre Handlungen begehen könnte, etwas, das Theo noch mehr Kummer und Ausgaben aufbürden würde.

Er versuchte trotzdem zu arbeiten, aber er konnte es nicht. Er hatte alles gemalt, was er darstellen, alles gesagt, was er ausdrücken wollte. Der schöpferische Drang war versiegt. Er wußte, daß das Beste in ihm tot war.

Die Tage vergingen. Mitte Juli kam und damit das warme Wetter. Theo, der eben von Valadon entlassen wurde und vor Sorgen um das Kind und wegen der Arztrechnung nicht ein noch aus wußte, schickte Vincent dennoch fünfzig Francs. Vincent zahlte sie an Ravoux. Sie würden beinahe bis Ende Juli ausreichen. Aber nachher? Er konnte nicht mehr Geld von Theo erwarten.

Unter der heißen Sonne lag er auf dem Rücken in den Kornfeldern neben dem kleinen Friedhof. Er lief an den Ufern der Oise entlang, roch das kühle Wasser und das Grün. Er aß bei Gachet und stopfte sich mit Speisen voll, die ihm nicht schmeckten und die er nicht vertragen konnte. Während der Arzt von seinen Bildern schwärmte, sagte sich Vincent:

»Es kann nicht sein, daß er über mich redet – – über meine Bilder. Ich habe niemals so etwas gemalt. Ich erkenne nicht einmal die eigene Unterschrift auf dem Gemälde. Es stammt von einem anderen.«

Wenn er in seinem Zimmer im Dunkeln lag, dachte er : »Und falls Theo seine Stellung doch nicht verliert? Nehmen wir an, daß er mir immer noch hundertfünfzig Francs schicken kann. Was wird dann aus mir? Diese letzten elenden Jahre habe ich noch weitergelebt, weil ich das zum Ausdruck bringen mußte, was in mir wie ein Feuer brannte. Aber jetzt bin ich eine leere Hülse. Soll ich ein Pflanzenleben führen wie die armen Menschen in St. Paul, soll ich irgendeinen Zufall abwarten, der mich wegfegt?«

Oder er machte sich Sorgen über Theo, Johanna und das Kind.

»Wenn meine Kraft und Lebensfreude zurückkehren und ich wieder den Drang zum Malen fühlen sollte – auch dann, wie kann ich noch etwas von Theo annehmen, da er doch alles für Jo und das Kind braucht? Er dürfte mir eigentlich kein Geld geben. Er müßte damit seine Familie aufs Land schicken, wo sie gesund und kräftig würde. Zehn Jahre belaste ich ihn schon! Ist das nicht genug? Ist es nicht Zeit für mich, zu gehen, dem kleinen Vincent Platz zu machen? Ich habe meine Arbeit vollendet, jetzt ist er an der Reihe.«

Aber erschütternder als alles andere war das Grauen vor dem, was ihm bei seinen Anfällen zustoßen konnte. Jetzt war er gesund und Herr seiner Sinne. Aber der nächste Anfall würde aus ihm vielleicht einen Wahnsinnigen machen. Was könnte der arme Theo dann tun? Ihn in eine Anstalt für hoffnungslos Geisteskranke einsperren lassen?

Er gab Doktor Gachet noch zwei Gemälde und entlockte ihm das Geheimnis.

»Nein, Vincent«, sagte der Arzt, »mit den Anfällen sind Sie jetzt fertig. Sie werden von jetzt ab völlig gesund sein. Aber nicht alle Epileptiker sind so glücklich.«

»Was wird schließlich aus ihnen, Herr Doktor?«

»Manchmal, wenn sie eine Anzahl Krisen überstanden haben, verlieren sie ihre Sinne für immer.«

»Und besteht dann für sie keine Hoffnung mehr – – ist mit ihnen dann alles vorbei?«

»Sie können noch einige Jahre in einer Anstalt dahinvegetieren, aber sie werden nie wieder vernünftig.«

»Wissen Sie, Herr Doktor, ob die Kranken sich von dem nächsten Anfall erholen oder ob sie dem Wahnsinn verfallen?«

»Das kann man nie sicher voraussagen, Vincent. Aber warum wollen wir uns über so niederdrückende Dinge unterhalten? Kommen Sie mit zur Werkstatt! Wir wollen Radierungen machen!«

Vier Tage lang verließ Vincent nicht sein Zimmer im Café Ravoux. Madame Ravoux brachte ihm jeden Abend sein Essen.

»Jetzt bin ich noch gesund und vernünftig«, sagte er sich immer wieder. »Ich bin Herr über das eigene Schicksal. Aber wenn der nächste Anfall über mich kommt... wenn er das Gehirn zerreißt... werde ich nicht mehr vernünftig genug sein, um mich töten zu können... und ich werde verloren sein. Ach, Theo, Theo, was soll ich tun?«

Am Nachmittag des vierten Tages ging er zu Gachet. Der Doktor war im Wohnzimmer. Vincent ging in das kleine Zimmer, in das er vor einiger Zeit den ungerahmten Guillaumin gelegt hatte. Er hob das Bild auf.

»Ich sagte Ihnen, es muß eingerahmt werden.«

Doktor Gachet sah ihn erstaunt an.

»Ich weiß, Vincent. Nächste Woche werde ich den Rahmen bei dem Tischler in Auvers bestellen.«

»Es muß jetzt gerahmt werden! Heute! Sofort!«

»Aber Vincent, das ist doch Unsinn.«

Vincent durchbohrte den Doktor mit seinem Blick, schritt drohend auf ihn zu, schob die Hand in die Tasche. Gachet glaubte, daß er einen Revolver ergriff und durch den Stoff der Jacke auf ihn zielte.

»Vincent!« rief er aus.

Vincent zitterte. Er schlug die Augen nieder, zog die Hand aus der Tasche und lief aus dem Hause.

Am folgenden Tage nahm er Staffelei und Leinwand, ging den langen Weg zum Bahnhof, kletterte an der katholischen Kirche vorbei den Abhang hinauf und setzte sich gegenüber vom Friedhof in das Kornfeld.

Es wurde Mittag. Die feurige Sonne brannte auf ihn nieder. Auf einmal schossen schwarze Vögel aus dem Himmel auf ihn herab. Sie füllten die Luft, verdunkelten die Sonne, verschlangen ihn, flogen durch seine Haare, in die Nase, in den Mund, in die Ohren, begruben ihn in einer dicken, schwarzen Wolke schlagender Fittiche.

Vincent arbeitete weiter. Er malte die Vögel über dem gelben Kornfeld. Er wußte nicht, wie lange er den Pinsel hielt, aber als er sah, daß das Bild fertig war, schrieb er »Kornfeld mit schwarzen Vögeln«, in die Ecke, trug die Staffelei und die Leinwand zu Ravoux zurück, warf sich auf das Bett und schlief ein.

Am folgenden Nachmittag lief er wieder in die Felder, aber nach der anderen Seite des Dorfes. Er kletterte am Schloß vorbei den Hügel hinauf. Ein Bauer sah ihn, als er in den Ästen eines Baumes saß.

»Ich kann es nicht«, hörte er Vincent sagen.

Nach einiger Zeit ließ er sich wieder herunter und lief auf ein gepflügtes Feld hinter dem Schloß. Jetzt war alles zu Ende. Er hatte es schon in Arles beim ersten Anfall gewußt, aber es war ihm unmöglich gewesen, einen sauberen Schluß zu machen.

Trotz allem war es eine gute Welt gewesen. Wie Gauguin sagte: »Zu jedem Gift gibt es ein Gegengift.« Jetzt, da er die Welt verließ, wollte er ihr und all den Freunden, die in sein Leben getreten waren, Lebewohl sagen: Ursula, deren Schmähungen ihn aus einem konventionellen Leben herausgerissen und ihn einsam gemacht hatten, Mendes da Costa, der ihm zu dem Glauben verhalf, daß er sich eines Tages finden würde, Kay Vos, deren »Nein, nie, nie!« in seine Seele eingebrannt war, Madame Denis, Jacques Verney und Henri Decrucq, durch die er die Armen und Verachteten dieser Erde lieben gelernt hatte, Pastor Pietersen, dessen Freundlichkeit an

Vincents schlechten Kleidern und rauhen Manieren keinen Anstoß genommen hatte, seinem Vater und seiner Mutter, die so gut sie es konnten, für ihn gesorgt hatten, Christine, der einzigen Frau, die ihm das Schicksal geschenkt hatte, Mauve, der einige Wochen sein Lehrer gewesen war, Weißenbruch und de Bock, seinen ersten Malerfreunden, den Onkeln Vincent, Jan, Cornelius Marinus und Stricker, die ihn zum schwarzen Schaf der Familie van Gogh gestempelt hatten, Margot, die sich aus Liebe zu ihm zu töten versucht hatte, seinen Pariser Malerfreunden: Lautrec, der jetzt wieder in eine Anstalt eingeschlossen war, um dort zu sterben, Georges Seurat, der mit einunddreißig Jahren an Überarbeitung zugrunde ging, Paul Gauguin, der bettelarm in der Bretagne lebte, Rousseau, der in einem Loch in der Nähe der Bastille verfaulte, Cézanne, dem verbitterten Einsiedler auf seinem Hügel bei Aix, Père Tanguy und Roulin, die ihm das Salz in den schlichten Menschen dieser Erde gezeigt hatten, Rachel und Doktor Rey, die ihm Gutes getan, als er es dringend nötig hatte, Aurier und Doktor Gachet, den einzigen Männern, die ihn für einen großen Maler hielten, endlich Theo, der lange für ihn duldete und ihn liebte, dem besten und treuesten aller Brüder.

Worte waren nicht seine Sache, und ein »Auf Wiedersehen« kann man nicht malen.

Er wandte sein Gesicht der Sonne zu, hielt den Revolver in seine Seite und drückte ab. Er sank hin und grub sein Gesicht in den Lehm des Feldes.

Vier Stunden später schwankte er durch das dunkle Café. Madame Ravoux ging ihm bis zu seinem Zimmer nach, sie sah Blut auf seinen Kleidern. Sie lief fort, um Doktor Gachet zu holen.

»Ach, Vincent, Vincent, was haben Sie nur getan?« stöhnte der Arzt, als er ins Zimmer trat.

»Ich habe es verpfuscht, glaube ich, was meinen Sie?«

Gachet untersuchte die Wunde.

»Ach, Vincent, mein Lieber, Guter, wie unglücklich müssen Sie gewesen sein, um dies zu tun! Warum habe ich es nicht geahnt? Warum wollen Sie uns verlassen, wenn wir Sie so lieben? Denken Sie an die schönen Bilder, die Sie noch für die Welt malen können.«

»Würden Sie mir meine Pfeife aus der Westentasche geben?«

Doktor Gachet stopfte Tabak in die Pfeife und schob das Mundstück zwischen Vincents Zähne.

»Ein Streichholz, bitte.«

Doktor Gachet gab ihm Feuer.

Vincent zog ruhig an seiner Pfeife.

»Vincent, heute ist Sonntag. – – Ihr Bruder wird nicht im Geschäft sein. Wo wohnt er?«

»Das werde ich nicht sagen.«

»Aber, Vincent, Sie müssen. Es ist wichtig, daß wir ihn erreichen.«

»Theos Sonntag darf nicht gestört werden. Er ist müde und voller Sorgen. Er braucht Ruhe.«

Vincent gab trotz allen Bittens nicht nach und verschwieg die Adresse in der Cité Pigalle. Bis spät in die Nacht blieb Doktor Gachet bei ihm und beobachtete die Wunde. Dann ging er nach Hause, um sich auszuruhen. Sein Sohn blieb zurück, um über Vincent zu wachen.

Vincent lag die ganze Nacht mit offenen Augen da und sprach nicht. Er rauchte ununterbrochen.

Als Theo am folgenden Morgen zu Goupils kam, fand er Gachets Telegramm vor. Mit dem nächsten Zug fuhr er nach Pontoise und eilte von dort in einer Droschke nach Auvers.

»Nun, Theo«, sagte Vincent.

Theo fiel neben dem Bett auf die Knie und nahm Vincent wie ein Kind in seine Arme. Er konnte nicht sprechen.

Als der Arzt kam, führte ihn Theo hinaus auf den Flur. Gachet schüttelte traurig den Kopf.

»Es besteht keine Hoffnung, mein Freund. Ich kann ihn nicht operieren, um die Kugel herauszunehmen: dazu ist er zu schwach. Wenn er nicht aus Eisen wäre, wäre er schon auf dem Feld gestorben.«

Den ganzen langen Tag saß Theo neben dem Bett und hielt Vincents Hand. Als die Nacht hereinbrach und sie allein waren, sprachen sie ruhig von ihrer Kindheit.

»Erinnerst du dich an die Mühle bei Ryswyk, Vincent?«

»Es war eine schöne alte Mühle, nicht wahr?«

»Wir gingen dort oft am Ufer entlang und malten uns die Zukunft aus.«

»Zur Erntezeit spielten wir in dem hohen Korn. Du hieltest meine Hand, weißt du noch, so wie jetzt.«

»Ja, ich weiß.«

»Als ich im Krankenhaus in Arles lag, dachte ich oft an Zundert. Wir hatten eine glückliche Kindheit, du und ich, Theo. Schön waren auch die Spiele im Garten hinter der Küche im Schatten der Akazien. Mutter backte uns Käsekuchen zum Frühstück.«

»Es scheint so lange her zu sein, Vincent.«

»... Ja ... das Leben ist lang. Theo, halte dich mir zuliebe gesund. Du mußt an Jo und den Kleinen denken. Bring sie beide irgendwohin aufs Land, damit sie kräftig und froh werden. Und bleibe nicht bei Goupils, Theo. Sie haben dein ganzes Leben genommen ... und dir nichts dafür gegeben.«

»Ich werde eine eigene kleine Galerie eröffnen, Vincent. In der ersten Ausstellung werde ich nur die Bilder eines einzigen Malers zeigen, das Lebenswerk von dir, Vincent van Gogh, so, wie du es in der Wohnung geordnet hast ... mit deinen eigenen Händen.«

»Meine Arbeit ... für sie habe ich mein Leben aufs Spiel gesetzt ... und den Verstand habe ich für sie beinahe eingebüßt.«

Die tiefe Ruhe der Nacht sank ins Zimmer.

Kurz nach ein Uhr drehte Vincent den Kopf ein wenig und flüsterte:

»Ich wünschte, ich könnte jetzt sterben, Theo.«

Nach einigen Minuten schloß er die Augen.

Theo fühlte, wie sein Bruder ihn für immer verließ.

Rousseau, Père Tanguy, Aurier und Emile Bernard kamen aus Paris zur Beerdigung.

Die Tür des Cafés Ravoux war verschlossen und die Fensterläden herabgelassen. Der kleine Leichenwagen mit den schwarzen Pferden wartete auf der Straße.

Vincents Sarg stellten sie auf den Billardtisch.

Theo, Doktor Gachet, Rousseau, Père Tanguy, Aurier, Bernard und Ravoux versammelten sich um den Tisch. Keiner konnte sprechen. Es fiel niemandem ein, einen Pastor herbeizurufen.

Der Kutscher des Totenwagens klopfte an die Vordertür.

»Es ist Zeit, meine Herren«, sagte er.

»Um Gottes willen, so können wir ihn nicht fortlassen!« rief Gachet.

Er brachte alle Gemälde aus Vincents Zimmer herunter und schickte seinen Sohn Paul nach Hause, um die übrigen zu holen.

Sie befestigten die Gemälde an den Wänden.

Theo aber stand neben dem Sarg.

Die Sonne, die aus den Gemälden leuchtete, verwandelte das düstere Café wunderbar.

Noch einmal versammelten sich die Männer um den Tisch.

Nur Gachet vermochte zu sprechen.

»Verzweifeln wir nicht, wir, die wir Vincent geliebt haben. Er ist nicht tot. Er wird niemals sterben. Seine Liebe, sein Genie, das wunderbar Schöne, das er geschaffen hat, wird ewig sein und die ganze Welt bereichern. Nicht eine Stunde vergeht, in der ich nicht auf seine Bilder sehe und in ihnen einen neuen Glauben finde, eine neue Deutung des Lebens. Er war mehr, als wir uns vorstellen können . . . ein großer Maler . . . ein großer Philosoph. Er opferte sein Leben für die Kunst.«

Theo versuchte, ihm zu danken.

». . . Ich . . . ich . . .«

Tränen erstickten seine Stimme.

Der Deckel des Sarges wurde geschlossen.

Die sechs Freunde hoben ihn auf und trugen ihn aus dem kleinen Café. Sie stellten ihn in den Wagen. Auf dem sonnigen Weg an den Hütten mit den Strohdächern und an den Villen entlang folgten sie ihm nach.

Am Bahnhof wandte sich der Wagen nach links und fuhr langsam den Abhang hinauf, an der katholischen Kirche vorbei und durch das gelbe Kornfeld.

469

Der schwarze Wagen hielt am Friedhofstor.

Die sechs Männer trugen den Sarg zum Grab. Theo ging allein hinter ihnen her.

Für den letzten Ruheplatz hatte Doktor Gachet die Stelle gewählt, von der Vincent am ersten Tag in das liebliche grüne Tal der Oise hinabgeblickt hatte.

Noch einmal versuchte Theo zu sprechen. Er konnte nicht.

Der Sarg wurde in das Grab hinabgelassen. Erde wurde darauf geschaufelt und festgestampft.

Die sieben verließen den Friedhof und gingen den Hügel hinab.

Nach einigen Tagen kam Doktor Gachet zurück, um Sonnenblumen rings um das Grab zu pflanzen.

Theo fuhr nach Hause nach der Cité Pigalle. Tag und Nacht verließ ihn der rasende Schmerz um den Bruder nicht.

Die Nerven hielten schließlich nicht mehr stand.

Johanna mußte ihn in die Nervenanstalt in Utrecht bringen, wohin Margot vor ihm gegangen war.

Ein halbes Jahr nach dem Tode Vincents, beinahe am selben Tage des Monats, starb Theo. Er wurde in Utrecht begraben. –

Als Johanna eines Tages in der Bibel las, um Trost zu suchen, stieß sie in den Büchern Samuel auf folgende Stelle:

»Und in ihrem Tod waren sie nicht getrennt.«

Sie brachte Theo nach Auvers und ließ ihn neben Vincent betten.

Wenn die heiße Sonne auf den kleinen Friedhof mitten in den Kornfeldern herabbrennt, ruht Theo im Schatten von Vincents leuchtenden Sonnenblumen.

NACHWORT

Der Leser wird fragen: »Wieweit ist diese Erzählung wahr?«

Die Unterhaltungen sind erdacht. Einige wenige Stellen des Buches sind reine Dichtung – – der Leser wird sie meist leicht erkennen. Ein- oder zweimal habe ich eine Episode von geringerer Wichtigkeit, von deren Wahrscheinlichkeit ich – auch wenn Beweise nicht vorlagen – überzeugt war, geschildert, zum Beispiel die kurze Begegnung von Cézanne und van Gogh in Paris. Der Bequemlichkeit halber habe ich einige kleine Kunstgriffe angewandt, so habe ich zum Beispiel während Vincents Wanderungen den Franc als Geldeinheit benutzt. Einige unwesentliche Bruchstücke seiner Lebensgeschichte habe ich fortgelassen. Abgesehen hiervon ist das Buch vollkommen wahr.

Die schriftlichen Hauptquellen bildeten die drei Bände: »Briefe van Goghs an seinen Bruder Theo.« Den größeren Teil des Materials entdeckte ich, den Spuren Vincents folgend, in Holland, Belgien und Frankreich.

Es wäre undankbar, nicht anzuerkennen, wieviel ich den Freunden van Goghs in Europa schulde, die mit ihrer Zeit und ihrem Material so freigebig waren: Colin van Oos und Louis Bron von der »Haagsche Post«, Johan Tersteeg von den Goupil-Galerien im Haag, der Familie von Anton Mauve in Scheveningen, Herrn und Frau Jean Baptiste Denis in Petit Wasmes, der Familie Hofkes in Nuenen, J. Bart de la Faille in Amsterdam, Dr. Felix Rey in Arles, Dr. Edgar le Roy in St. Paul de Mausole und schließlich Paul Gachet in Auvers an der Oise, der Vincents treuester Freund geblieben ist.

Irving Stone

INHALT